제6 개정판

한국의 기업경영

KOREAN BUSINESS & MANAGEMENT

韓国の企業経営

韩国的企业管理

이 덕 훈 저

한남대학교 출판부

머 리 말

산업사회가 고도화되어 현대사회가 더욱 복잡해져가고 있으며 국제화, 정보화대응이 늦어 우리는 IMF위기를 겪었다. 세계적인 대기업들이 도산 직면에 처해 있으며 신문에 보도되는 것처럼 우리가 믿었던 대우 그룹마저 부도를 내고 법정관리에 들어갔다는 현실은 이제는 우리기업이 어떻게 생존하며 어떻게 발전하여야 하는가 하는 문제가 현실의 과제로 등장한다.

지금이야말로 이러한 국제적 환경과 관련하여 경영학에서도 다원화사회의 경영환경의 변화에 대응하기 위해서라도 학문적인 재정립이 필요한 시기라 하겠다. 그동안 경영학계는 물론, 각 대학의 경영학과 자체에서도 미국이나 일본 등의 대기업, 벤처 등의 전략이나 문화에 대해서는 가르치고 연구했으나 우리 한국의 기업경영이나 문화, 전략에 대해서는 소홀했던 것도 사실이다.

또한 요즈음은 불황의 연속으로 어제까지 같이 일하던 동료가 구조조정으로 퇴직 당하여 기업은 물론 한국사회전체가 어둡게 되어 사회에 불안감까지 가져다주었다. 이러한 위기를 극복하고 어떻게 대응하여야하며 기업은 어떤 것인가 하는 것을 중심으로 본 교재는 작성되었다고 할 수 있다.

본서는 이러한 의미에서 우리 한국기업이 성장하고 발전하기 위해 어떻게 해야 하는가 하는 과제를 중심으로 집필되었다. 그러나 본서가 새로운 기법으로 접하고 있다고 하나 완벽하다고는 할 수 없다. 이러한 것은 강호제현들의 지적과 비평을 받아 다시 개정할 때 보완하려고 한다.

본서는 특히, 저자가 경영학을 가르치면서 평소 느꼈던 점을 보완, 정리하였다. 또한 일본에서의 연구생활과 미국에서의 교환교수 당시 외국인들의 질문이 한국기업의 특성, 한국재벌, 한국의 기업가 등이 주를 이루었기 때문에 나름대로 한국의 특성을 살리면서 우리기업과 경영의 미래를 밝혀보고자 접근하였다.

되돌아보면 보잘 것 없는 책이지만 본서가 나오기까지는 많은 분들의 도움이 있었다. 필자의 뒤에서 항상 안녕과 건강을 비는 가족과 좋은 충고를 주는 선배, 동료교수에게 감사를 드리지 않을 수 없다.

또한 본서가 나오기까지 편집, 원고교정에 힘써준 한남대학교 경영학과 박사과정 한광수 선생과 김진세 선생과 한남대학교 대학원 경영학과 의 김은주 조교와 여운천 조교의 도움이 없었더라면 이 책은 빛 보기 어려웠을 것이다. 다시 한번 여러분께 감사를 표한다.

봄을 기다리는 마음으로 오정골에서

2002년 1월

이 덕 훈

개정판을 내면서

최근 한국의 경제발전에 대해 궁금해 하는 외국인 학자들이 많아진 것은 상당히 고무적인 일이다. 동남아에서의 한국자동차의 물결과 미국에서의 한국냉장고, 그리고 중국에서의 한국의 휴대폰 등은 이미 한국이라는 국가보다는 현대, LG, SK, 삼성 등의 기업브랜드로 움직이고 있는 것도 사실이다. 또한 미국의 서브프라임 모기지 때문에 전 세계의 경제가 흔들리고 한국의 불황으로 이어진 것과 온난화 때문에 겪는 기상변화 등은 이미 넓고 넓은 지구가 한마을처럼 변하고 있음도 알려주고 있다.

경영자들은 국적을 불문하고, 현실에 안주하거나 방만하여 기업을 위기로 내모는 경우가 허다하다. 기업은 환경을 중요시하고 있으며 환경변화에 적응하는 것이 기업경영의 정수로 일컬어지고 있다.

지금이야말로 이러한 기업환경과 관련하여 한국의 기업들도 글로벌화의 환경변화에 대응하기 위해서라도 전략의 재정립이 필요한 시기라 하겠다. 그리고 세계적으로 관심을 끌고 있는 우리 한국경제의 해방 후 약 50년간의 여정을 살펴보면 심한파도를 겪기도 했지만 한강의 기적으로 불릴 만큼의 발전과정도 살펴볼 필요가 있다. 특히 안이하게 가던 한국경제는 IMF의 파도 속에 어제까지 같이 일하던 동료를 조기퇴직이니 명예퇴직으로 잃는 등, 한국기업은 물론 사회전체가 어둡게 되어 사회에 불안감까지 가져다주었다. 그러나 다시 일어난 한국경제는 이러한 위기를 극복하고 한국기업이 계속 성장하는 모습을 보여 주었다. 따라서 세계경제 속에서의 한국경제와 한국경제를 지탱하는 한국기업의 경영이 이제는 우리나라 사람들과 외국인들에게도 정확히 알려줄 필요가 있다는 문제의식 하에 본 교재는 집필되었다고 할 수 있다.

물론 본서가 나름대로는 새로운 자료로 한국의 기업경영을 새로운 접근방법에 의한 새로운 기법으로 접하고 있다고 하나 완벽하다고는 할 수 없다. 이러한 것은 강호제현들의 지적과 비평을 받아 다시 개정할 때 보완하려고 한다.

본 개정판이 한국기업의 성장을 다소 이론적이며 추상적으로 다루었다고 사료될지 모르나 필자는 기업의 목표를 이윤추구라는 단편적 사고를 탈피하여 사회적 책임의 완수라는 미래지향적 사고로 집필에 임하였다. 무한경쟁시대를 맞이하여 점점 공통화 되는 고객의 욕구와 압박되어 오는 국제화의 도상에서 한국기업의 갈 길을 경영학도에게 안내하려는 의지로 접근하였다.

되돌아보면 보잘 것 없는 책이지만 본서가 나오기까지는 많은 분들의 도움이 있었다. 정의로움이 무능함으로 비쳐지는 현대에 꿋꿋하게 사시다가 국립묘지에 가신 아버지와 성경책을 벗 삼아 계시는 80의 어머니, 그리고 좋은 충고를 주는 선배, 동료 교수님께 감사를 드린다.

또한 국적을 떠나서 필자의 학문적 지도를 해주신 은사인 일본 立正대학(게이오대학 명예교수)의 후지모리교수님께 감사를 드리고 싶다. 또한 2009년에 게이오대학의 객원교수로 가게 되어 외국에서 본 한국경제, 한국의 경영은 필자에게 한국의 기업경영을 새롭게 보는 중요한 단서가 되었다.

또한 본서가 나오기까지 편집, 원고교정에 힘써준 한남대학교 대학원 경영학과에서 박사를 취득한 KISTI의 박재수 연구원과 스페인에서 석사를 마치고 한남대학교에서 박사를 취득한 한광수 박사의 도움이 없었더라면 이 책의 교정은 더욱 늦어졌을 것이다. 다시 한 번 여러분께 감사를 표한다.

오정골의 연구실에서

2003년 2월

저 자

제4판을 내면서

최근 한국의 경제발전에 대해 궁금해 하는 외국인 학자들이 많아진 것은 상당히 고무적인 일이다. 동남아에서의 한국자동차의 물결과 미국에서의 한국냉장고, 그리고 중국에서의 한국의 휴대폰 등은 이미 한국이라는 국가보다는 현대, LG, SK, 삼성 등의 기업브랜드로 움직이고 있는 것도 사실이다. 또한 미국의 서브프라임 모기지 때문에 전 세계의 경제가 흔들리고 한국의 불황으로 이어진 것과 온난화 때문에 겪는 기상변화 등은 이미 넓고 넓은 지구가 한마을처럼 변하고 있음도 알려주고 있다.

경영자들은 국적을 불문하고, 현실에 안주하거나 방만하여 기업을 위기로 내모는 경우가 허다하다. 기업은 환경을 중요시하고 있으며 환경변화에 적응하는 것이 기업경영의 정수로 일컬어지고 있다.

지금이야말로 이러한 기업환경과 관련하여 한국의 기업들도 글로벌화의 환경변화에 대응하기 위해서라도 전략의 재정립이 필요한 시기라 하겠다. 그리고 세계적으로 관심을 끌고 있는 우리 한국경제의 해방 후 약 50년간의 여정을 살펴보면 심한파도를 겪기도 했지만 한강의 기적으로 불릴 만큼의 발전과정도 살펴볼 필요가 있다. 특히 안이하게 가던 한국경제는 IMF의 파도 속에 어제까지 같이 일하던 동료를 조기퇴직이니 명예퇴직으로 잃는 등, 한국기업은 물론 사회전체가 어둡게 되어 사회에 불안감까지 가져다주었다. 그러나 다시 일어난 한국경제는 이러한 위기를 극복하고 한국기업이 계속 성장하는 모습을 보여 주었다. 따라서 세계경제 속에서의 한국경제와 한국경제를 지탱하는 한국기업의 경영이 이제는 우리나라 사람들과 외국인들에게도 정확히 알려줄 필요가 있다는 문제의식 하에 본 교재는 집필되었다고 할 수 있다.

물론 본서가 나름대로는 새로운 자료로 한국의 기업경영을 새로운 접근방법에 의한 새로운 기법으로 접하고 있다고 하나 완벽하다고는 할 수 없다. 이러한 것은 강호제현들의 지적과 비평을 받아 다시 개정할 때 보완하려고 한다.

한국기업의 성장과 한국경제의 발전에 주목을 한 그룹은 외국학자들이었다. 본 4판은 외국학자와 우리나라 학자들의 의견을 중심으로 다소 이론적이며 추상적이라고 사려될지 모르나 한국적 자본주의라는 개념을 사용하였다. 그 이유는 미국적 경영, 일본적 경영에 대응하는 한국적 경영이 필요하다는 의식 하에 이를 사용하였다. 글로벌화의 무한경쟁시대를 맞이하여 점점 공통화 되는 고객의 욕구와 압박되어오는 국제화의 도상에서 한국기업의 온 길, 갈 길, 가야할 길을 미래지향적사고로 접근하였다.

되돌아보면 보잘 것 없는 책이지만 본서가 나오기까지는 많은 분들의 도움이 있었다. 정의로움이 무능함으로 비쳐지는 현대에 꿋꿋하게 사시다가 국립묘지에 가신 아버지와 성경책을 벗 삼아 계시는 80의 어머니, 그리고 좋은 충고를 주는 선배, 동료 교수님께 감사를 드린다.

또한 국적을 떠나서 필자의 학문적 지도를 해주신 은사인 일본 立正대학(게이오대학 명예교수)의 후지모리교수님께 감사를 드리고 싶다. 또한 2009년에 게이오대학의 객원교수로 가게 되어 외국에서 본 한국경제, 한국의 경영은 필자에게 한국의 기업경영을 새롭게 보는 중요한 단서가 되었다.

또한 본서가 나오기까지 편집, 원고교정에 힘써준 한남대학교 대학원 경영학과에서 박사를 취득한 KISTI의 박재수 연구원과 스페인에서 석사를 마치고 한남대학교에서 박사를 취득한 한광수 박사의 도움이 없었더라면 이 책의 교정은 더욱 늦어졌을 것이다. 다시 한번 여러분께 감사를 표한다.

2009년 5월
오정골의 연구실에서
저 자

제5판을 내면서

한국의 기업경영이란 이름으로 책을 낸지 벌써 10년이 흘렀다. 10년이면 강산도 변한다고 했는데 10년 사이에 본서도 5판을 개정했으니 감개무량하다. 일인당 국민소득도 2001년 기준으로 9,400달러였으나 10년이 지난 지금은 2011년 기준으로 약 23,000달러를 기록 20-50클럽에 가입하였으니 필자로서 흥분되지 않을 수 없다.

IMF 금융위기로 한국기업은 글로벌이라는 단어를 기업경영에 각인하였고 글로벌적 사고와 글로벌 스탠더드 하에 움직이기 시작하였다. 예를 들면 교육계에서는 글로벌화라는 것은 세계적인 사고, 세계적인 수준에서 교육하고, 연구하라는 말이고 세계적인 대학과의 경쟁을 비교한다는 말을 포함하지만, 기업에서는 세계적인 제품을 생산, 판매하기 위해 어떠한 전략이 필요한가를 포함하는 의미라고 보고 싶다.

따라서, 한국의 기업들은 세계적으로 움직이기 시작하였고 한국의 수출액과 무역액이 세계의 톱10에 오르락 내리락 하는 것을 보면 빨리 빨리 하면서 빠르게 움직인 한국인의 의사결정도 한몫을 했으리라고 사료되면서 이러한 속도의 경제가 세계의 관심을 갖게되었다.

2년만에 일본을 다녀왔다. 유학시절에 같이 공부했던 일본인 동료들을 만났는데 삼성이 소니를 이긴 것과 현대자동차, LG 등 한국의 위상이 달라졌음을 피부로 느꼈다.

런던 올림픽에서도 우리의 위상이 또한 달라졌다. 물론, 메달 수가 경제력과 직접적 관계는 없다고 하지만 세계에서 우리 대한민국이 차지하는 인구 대비의 메달 수는 새로운 우리의 전략을 보여준다고 하겠다.

최근 기업을 둘러싼 국제환경은 급변하고 있으며 선진국의 신보호무역주의, EC 통합, 중국과 인도(chindia)의 등장, 신흥 공업 국가의 경제 환경의 변화 등 어느 하나도 우리 한국기업으로서는 무시하지 못할 요인이다. 또한 상술한 국제환경에 적합한 전략을 수행하는 것도 기업의 경영 목표와 직결되는 문제이기 때문에 국제환경에 적합한 국제전략을 수립하는 것이야말로 글로벌시대에 한국기업의 중요 책무이기도 하다. 세계 유수의 글로벌기업들도 환경에 적응하여야 하며 적응하지 못한 기업은 역사에서 사라지고 만다. 따라서 최근의 세계 경제와 글로벌기업은 경영목표를 충분히 달성하기 위해서 국제환경 변화에 빨리 적응하는 것이 중요하다.

특히 요즈음 한국기업의 전략과 성공은 새로운 관심이며 글로벌화와 정보화에 정확하게 적응된 모습을 보여준다. 국제화가 이루어지면서 나타나는 갈등과 적응을 어떻게 해결하며 성공하는가 하는 것은 앞으로 한국기업의 중요한 과제의 하나이다. 본서는 이러한 의미를 갖고 구성된 것이다.

여러 가지 이유 때문에 본서 개정이 차일피일 늦어졌지만, 이 책 역시 다른 책과 마찬가지로 많은 분들의 도움이 없었다면 완성은 어려웠을 것이다. 1년 사이에 장인과 어머니, 이모의 소천(召天)은 활발하게 사고하던 필자를 외롭게, 우울하게 만들기도 하였다.

그러나 필자의 은사이신 일본 게이오 대학의 명예교수이신 후지모리 교수님은, 喜壽이신데도 불구하고 항상 바쁘고 잡무로 식어가는 연구의식을 일깨워 주었으며 새로운 문제의식을 갖게 해 주셨다. 국적을 떠나서 진심으로 감사드린다. 그리고 본서 작성에 도움을 준 제자인 박재수 박사와 한광수 박사와 이영식 박사에게 고마움을 전하며 감사를 표한다.

2012년 8월
매미소리를 들으며
저 자

제6판을 내면서

한국은 지난 60년간 '한강의 기적'으로 불릴 정도로 눈부신 경제성장을 이룩하였다. 물론, 1997년 외환위기를 겪으며 잠시 정체현상을 겪고 2008년 글로벌금융위기에는 다시 후퇴하기도 했지만 한국경제의 발전은 세계사에서 무시할 수 없는 경이적인 발전이었다.

하버드대학의 경제학 교수인 데이비드 렌데스 (David S. Landes)는 그의 저서 부와 빈곤(The Wealth and Poverty of Nation) 에서 한나라가 부자가 되느냐 가난한 나라에서 벗어나지 못하느냐 하는 것은 그 나라의 문화성에 달려 있다고 했다. 이는 기업가정신의 근원이 나라 나름의 '친 기업가정신의 문화성'에 달려 있다는 말과 다름이 없다.

새뮤엘 헌팅톤(Samuel P. Huntington)은 그의 저서 문화가 중요하다(Culture Matters) 의 서문에서 한국과 가나를 비교하면서 한국을 매우 경탄스런 나라로 소개했다. 1960년대에 '한국'과 '가나'는 두나라의 1인당 CNP 수준이 비슷했으며 1차 산업(농산품), 2차 산품(공산품) 그리고 3차 산업인 서비스의 경제점유 분포도 비슷하였다. 특히 농산품의 경제점유율이 아주 유사했으며 경제원조를 받는 것까지 유사하였다. 1960년대에는 한구과 가나 두 나라 모두가 1인당 국민소득이 80달러 정도에 머물러 있었다. 그러던 것이 1990년대에 들어서자 한국은 1인당 국민소득에서 가나를 15배나 앞질러 버렸다. 새뮤엘 헌팅톤은 두 나라의 엄청난 발전의 차이를 문화로 결정지었다. 다시 말하면 한국 사람들의 검약, 근면, 투자, 교육, 조직, 기강, 극기정신을 높이 평가 하였다. 그러나 가나의 국민들은 이러한 가치관이 없었다는 것이다.

한국이 틀림없이 성장한 것 만은 틀림없다. 일본과의 비교를 해봐도 1인당 경상 GDP 역시 구매력평가(PPP) 기준으로 2018년 한국(4만3001달러)이 일본(4만2,725달러)을 추월한 뒤 추세를 유지하고 있는 것으로 조사됐다. 제조업 경쟁력에서도 한국은 일본을 앞질렀다고 보여진다. 유엔산업개발기구(UNIDO)의 세계 제조업 경쟁력 지수(CIP)에 따르면 1990년 한국과 일본의 순위는 각각 17위, 2위였지만 2018년에는 한국이 3위로 올라가고 일본은 5위로 떨어졌다.

그러나 필자는 경제지표에서는 일본을 넘어서거나 격차를 줄인 것은 사실이지만 과학기술이나 기초기술 분야에서는 일본과의 차이가 여전히 큰 것을 간과해서는 안된다고 주장하고 싶다.

그리고 영국 이코노미스트지는 2020년 4월 11일 스페셜리포트에서 한국의 경제구조와 스타트업 생태계를 다뤘다. 내용인 즉슨 '스타트업은 한국 경제에 다른 미래를 제공한다(Startups offer a different future for South Korea's economy)' 인데 재벌중심의 한국경제에 새로운 모델로서의 한국의 스타트업을 소개하였다. 다시 말하면 한국은 수출주도 모델을 내세워 거대 재벌기업과 국가육성 제조업을 우선시하면서 선진국으로 발돋움했다. 그러나, 한국은 선진국에 진입했지만 국가경제의 60%를 차지하는 서비스업의 생산성은 제조업의 절반에 불과하다. 여기에 필요한 것이 스타트업이고 유니콘기업이다. 유니콘기업이야말로 대표적인 본 글로벌이다. 한국의 유니콘기업과 데카톤기업의 성장이 약한 것은 기업가정신과 연결되므로 국제경영과 기업가정신의 연결고리로서 새롭게 보아야 할 부분이다.

금번의 한국의 기업경영 제6판에서는 한국기업의 성장과 한국경제의 발전을 논했지만 한편으로는 유니콘기업과 데카콘기업이 많이 나타나지 못하는 것은 규제타파, 규제혁신의 부족함 때문이라고 생각하며 디지털경제시대에서는 스타트업과 창업 없이는 발전하기 어려움을 논했다.

금년 여름은 필자에게 새로운 도전을 주는 여름이다. 대학정년을 마치고 제2의 인생을 생각하고 출발하는 시기이기 때문이다. 제1판이 2002년 1월이니 벌써 20년이 지났다. 당시에는 한일월드컵 준비하던 시기이다.

1997년(1인당 GDP)1만달러를 돌파하던 한국경제는 1998년 IMF 외환위기로 7,607 달러로 급락 했지만 2001년에는 9,400달러에서 2002년에는 1만달러를 돌파하고 제5판기준 2011년 23,000달러에서 2018년에는 3만달러를 넘고 2022년(6판)에는 한국 3만 4,994달러로 예상하고 있다. 정말 20년 사이에 한국경제는 급격한 성장을 보인 것이다. 현재 한국의 예상액은 3만 4,994달러로 일본의 (1인당 GDP) 의 예상액 3만 2,010달러를 추월할것으로 보고 있지만 대만의 예상액은 3만 6,051달러로 한국이 역전 당할것으로 보고 있다. 세계경제는 아차하는 순간이면 역전당하고 추월당하는 상황이다.

필자는 항상 도전 없이는 새로움과 혁신이 없음을 주장한다. 이 말은 기업이나 인생, 그리고 국가도 도전 없이는 새로움과 혁신이 이루어지지않음을 강조하는말로 21세기의 한국경제가 새로움을 맞으면서 혁신을 이루어 세계경제의 중심이 되기를 바란다.

2022년 6월말

대전의 한 파스쿠치에서

이 덕 훈

목 차

제8장 한국의 재벌의 구조와 특징 • 267

제9장 한국 기업가의 생성과 발전 • 309

제10장 한국기업의 경영문화와 경영스타일 • 361

참고문헌

제 1 장

한국적 자본주의의 등장

제 1 장
한국적 자본주의의 등장

제 1 절 자본주의와 사회주의 기업가의 등장

우리나라에서는 자본주의(Capitalism)라는 말은 사회주의에 반대해서 사용되는 말로 인식되고 있으며, 사회주의는 공산주의, 공산당의 주의와 이념적으로 비슷하게 인식되고 있는 것이 일반적이다. 그러나 자본주의라는 용어는 자본이 생산 활동의 주체가 되는 경제체제와 경제시스템을 가리키는 것으로서, 주의·주장·사상이 아닌 자본경제라는 체제를 가리키는 말이다. 이 경제체제를 긍정하고 옹호하거나 추진하는 사상·주장을 말할 때는 보통 '자유주의(Liberalism)'라는 용어가 사용되지만, 정작 자본주의의 입장에서는 자본주의라는 말을 기피해서 '자유경제(Liberal Economy)', '시장경제(Market Economy)'라고 부르는 경우가 많다.

자본주의의 구조와 동태를 해명하는 데 가장 큰 영향을 끼친 이론이 칼 마르크스(Karl Marx)의 이론인데, 실상 그의 저서 「자본론」에서는 자본주의라는 용어를 사용하지 않고 자본가적(또는 자본주의적·자본제적) 생산양식(kapitalistische produktionsweise)이라는 표현을 사용했다. 그리고 후일 좀바르트(W. Sombart)가 「근대자본주의」라는 저서에서 처음으로 자본주의란 말을 사용했다고 한다.

일반적으로 자본주의는 선진국의 경제체제라는 개념과 베버(M. Weber)가 「프로테스탄트의 윤리와 자본주의 정신」에서 이 용어를 사용했고 중국과 후진국을 아시아적 생산방식이라는 용어로 서구는 자본주의고 자본주의가 아닌 것은 후진적이라는 분위기를 자아내기도 하였다.

나아가 20세기 초두에 들어 역사학파와 제도학파의 영향을 받은 사회과학자들이 자본주의란 용어를 많이 쓰게 되었다. 그중 한사람인 슘페터(Joseph Schumpeter) 경제발전의 이론(Theorie der wirtschaftlichen Entwicklung/1925)에서는 정태이론중심에서 동태화(動態化)가 꾀해지고 있으며, 자본주의 발전의 원동력으로서의 기업가적 기능에 초점을 맞춘 것이 특색이다. 그의 이론에 의하면, 자본주의 발전의 담당자인 기업가가 도입하는 새로운 방안(기술의 진보, 생산조직의 개선, 신제품의 개발, 새로운 판로의 개척 등)이 경제발전의 동력이고, 그것을 가능하게 하는 것이 은행에 의한 신용창조라고 하였다.[1)]

또한 슘페터는 「자본주의·사회주의·민주주의」(1942)에서 경제사회학적인 고찰에서, 자본주의 사회는 붕괴하고 사회주의 사회는 도래할 것인가? 그리고 사회주의 사회가 도래한다면 그 과정은 어떠할 것인가? 이러한 질문에 결론적으로 자본주의는 붕괴될 것이며 그 후 사회주의사회가 출현할 것이라고 전망한다. 이는 언뜻 생각하면 마르크스

1) John Bellamy Foster, (1984), "The Political Economy of Joseph Schumpeter: Theory of Capitalist Development and. Decline,' Studies in Political Economy, 15, pp5-42.

의 이론과 같아 보이지만 사실상 슘페터는 마르크스의 이론을 비판하고 있다.

즉, 자본주의의 초점은 기업가인데 자본주의의 발전에 따라 기업가 기능이 쇠퇴하는 것과 정부의 개입이 증대함에 따라 민간부문의 활력이 약화되는 것 등의 요인도 함께 고려하여 독특한 자본주의붕괴론을 이끌어냄과 함께 사회주의가 어떻게 하면 민주주의적인 것이 될 수 있는가 하는 비교체제론적으로 발전되었다. 그런데 우리가 간과해서는 안 될 점은 이 모두가 서구를 중심으로 논하고 있다는 점이다.

제 2 절 서구자본주의와 일본자본주의

세계는 서구의 자본주의와 서구의 문명을 중심으로 움직였다고 생각해 왔으며 중국을 아시아적 생산방식 등의 후진적 사고로 보는 것이 서구적 사고로는 일반적이었을지 모른다. 그러나 동양의 일본 문화를 서구와 대등하게 비교한 것이 베네딕트의 「국화와 칼」이었고[2] 이는 2차 대전 후에 일본문화를 세계에 알리는 계기가 되었다.

1945년 연합군에게 패하여 제2차 세계대전이 끝나고 일본의 경제는 심한 불황을 겪고 일본인들도 패배의식에서 벗어나지 못했다. 그리고 1950년대 후반에 아베그렌(J. Abegglen)의 조사결과 일본의 공장은 서구와는 다른 일본의 경영제도와 습관으로 움직이고 있다는 것을 주장하였다.[3]

2) Ruth Benedict, The Chrysanthemum and the Sword, 1946.

그러나 이때까지만 해도 일본의 경영이 세계에 뛰어났다고 생각하는 학자나 사람은 없었다.

그러나 1964년 동경올림픽이 이루어지고 전쟁에 진 조그만 섬나라 일본이 미국, 소련에 이어 금메달 16개로(4위 서독 - 금메달 10개, 5위 이태리 - 금메달 10개) 서양의 강대국을 누른 일본의 경제발전과 올림픽 3위라는 자부심이 팽배하였다. 또한 1968년 일본의 GNP가 1천 300억 달러에 달하여 일본이 서독을 제치고 세계 제3위의 경제대국으로 성장하여 전 세계를 놀라게 하였고 발달된 일본경제의 뒤에는 일본인의 독특한 시스템과 가치관이 존재해 있음이 알려지게 되었다.

특히 이러한 과정에서의 성공은 일본의 경제와 시스템 그리고 일본의 기업과 일본문화가 세계적 관심거리가 되었다. 아베글렌과 솔로몬 레빈, 프레드릭 하비슨과 찰스 마이어즈(Abegglen, 1958. Solomon B Levine, 1958. Frederik Harbison & Charles Myers, 1959) 등의 일본경제의 관심자와 요시노[4] 기란(Robert Guillain, 1969)과 칸(Kahn Hermann, 1970), 보겔(Vogel, 1975) 등은 일본문화와 일본경제, 일본경영의 초기붐에 공헌한 학자들이다.

이들은 주로 사회학자나 인류학자의 주장으로 경제발전과 공업화의 논리가 사회제도를 규정하는 요인보다는 오히려 문화로 불리는 요인으로 사회적 제도를 규정하는 측면을 강조한다. 이시기의 일본자본주의는 3종의 신기로 일컬어지는 종신고용, 연공서열, 기업별조합 등 일본적경영의 특징이 발판이며 이것은 OECD의 대일 노동보고서에 등장

3) J. Abegglen, The Japanese Factory, Free Press, 1958.

4) Yoshino, M.Y. Japan's Management system: Tradition and Innovation, Harvard University Press, 1968.

하기까지 하였다.

1980년대에 이르러서는 일본자본주의와 일본경제발전의 한 모습으로 도요타 시스템의 등장하였고[5] 도요타 시스템은 생산에 관한 문화를 중심으로 발전하였고 이를 일본의 독특한 생산방식으로 설명하였다.[6]

특히 아베그렌은 다시 일본기업의 전략에 대해 일본적 특징을 논했고,[7] 회사(Kaisha)를 발표하여 어떻게 일본인들이 마케팅을 하고 성장을 하는가에 대해 논했다.[8]

이 시기는 일본적 경영의 전성기로서 일본적 경영을 배우자는 서구측과 일본적 경영을 가르치려는 일본측의 노력이 엿보이던 시기였다. 미국과 캐나다에서는 일본을 배우자는 것이 공식화 되었고 대학에서까지 일본 경영론이 등장할 정도이었다.

레스터 서로(Lester Thurow)는「효율적 경영 - 일본으로부터의 교훈」에서 미국경제의 재활성화를 위해 미국과 일본의 경제, 경영의 비교에 의한 일본적경영의 효율성을 부각시키고 있다. 또한 그는「대접전: 일·미·유럽, 누가 이길 것인가」에서 일본, 미국, 유럽(독일)이 서로 다른 자본주의를 채택, 경쟁하고 있다고 보고 있다. 미국형 자본주의는 기본적으로 시장원리에 바탕으로 한 '개인주의적 자본주의'다. 유럽형 자본주의는 사회보장제도와 사회적 합의에 의한 사회적 규제를 구조적으로 받아들인 독일형을 중심으로 하고 있다.

---

5) 大野耐一, トヨタ 生産方式, ダイヤモンド社, 1978, 門田安弘, トヨタシステム, 講談社, 1985.

6) Michael A Gusumano, The Japanese Automobile Industry; Technology & Management at Nissan & Toyota, Harvard University Press, 1985.

7) James C. Abbegglen, The Strategy of Japanese Business, Ballinger Publishing Company, 1983.

8) Kaisha-The Japanese Corporation- James C. Abbegglen& George Stalk Jr, Harper&Row 1985.

일본형 자본주의는 정부에 의한 규제와 회사주의를 포함한 것이다. 독일형 자본주의와 일본형 자본주의는 일괄하여 공동체 자본주의, 또는 집단 자본주의라 부를 수 있다. 결국 개인주의적 가치관과 집단주의적 가치관의 대립으로, 그래서 개인주의적 자본주의와 집단주의 자본주의의 대립으로 본다.[9]

로날드 도어(Ronald Dore)는「증권시장자본주의(stock market capitalism)와 복지자본주의(welfare capitalism)」라는 저서에서 일본과 독일의 자본주의와 영국과 미국의 자본주의를 구별하였고 미셀 알베르(Michel Albert)는「자본주의와 자본주의」라는 저서에서 일본과 독일의 자본주의를 라인형 자본주의로 명명하였으며 앵글로 색슨형의 자본주의와는 다름을 예로 들었다.

데이빗 코트스(David Coates)는「자본주의 모델」에서 자본주의 중 미국·영국 등 자유 자본주의(Liberal Capitalism)와 일본·독일 등 신용기반 자본주의(Trust-Based Capitalism)로 2분한다.[10] 또한 진보적 자본주의로서의 일본경제의 부침을 설명하였다. 프랜시스 후쿠야마(Fukuyama)는「트러스트」(1995)에서 사회구성원들 사이에 상호신뢰가 높이 형성되어 있는 나라를 신뢰 국가, 그렇지 않은 나라를 저신뢰국가로 분류한 후 미국, 독일, 일본 등을 전자로, 한국, 중국, 프랑스, 이탈리아 등을 후자로 지적한 바 있다.[11] 또한「대붕괴 신 질서」(1999)에서는 신뢰 등 사회적 고유가치의 집합을 사회적 자본이라고 불렀다.[12] 그는 일본을 인간자본주의(Human Capitalism)로 지칭하였다.

---

9) 박우희, 한국자본주의의 정신, 박영사, 2001, p.15.

10) Do Coates, Models of Capitalism: Growth and Stagnation in the Modern Era, Polity Press.

11) 프랜시스 후쿠야마, 트러스트, 구승희 옮김, 한국경제신문, 1997.

12) 프랜시스 후쿠야마, 대붕괴신질서, 류화선 역, 한국경제신문, 2001, pp.33-44.

홀과 소스키스(Hall & Soskice)는 「자본주의의 다양성」(2001)에서 자유주의시장 경제와 산업조정형 자본주의로 나누어서 미국과 덴마크는 전자로 독일과 일본은 후자로 설명하였다.[13] 이처럼 많은 학자들은 서구와는 다른 동양의 일본적 자본주의를 설명하는 요소로 등장하였던 것이다. 그리고 후쿠야마에 의해 한국과 일본이 비슷한 동양국가이며 유교권국가 이면서도 다르게 등장한 것도 서양에서의 한국경제, 한국경영의 새로운 모습이었다.

제3절 서구적이지 않은 유교자본주의의 발전

1. 동아시아와 유교적 사고

베버는 종교적 이념의 발전과 그것에 따른 세계상의 문제성을 여러 가지 비교한 뒤에 동양과 서양의 합리주의를 구별하여 '아시아적'이라는 표현을 써서 동양을 표현하였다. 이 아시아적이라는 표현은 보편적인 원리, 원칙이 없는 비과학적, 비합리주의적이며 상호부조와 공동체 속에 안주한 응석과 느슨함의 사회를 말한 것이다.[14]

그러나 1960년대 이후 일본의 놀라운 경제성공과 70년대 이후 한국, 대만, 홍콩, 싱가포르 등의 아시아 신흥공업국의 등장으로 동아시아의 기적이란 말이 등장하였다. 그리고 동아시아국가의 이념인 유교가 경제발전의 핵으로 등장하게 되어 동아시아의 기적과 동아시아의 가치인 유교이념이 유행하게 되었다.

---

13) P. A Hall and D Soskice, Varieties of Capitalism, Oxford University Press, 2001.
14) 谷口典子, 東アジアの 經濟と 文化, 成文堂, 1994.

2. 제도적요인의 동아시아적 가치

우리가 일반적으로 논할 때의 70년대의 동아시아의 가치라고 할 경우에는 유교적 사고를 동반하고 있었다. 당시 유교문화권의 이론을 도입한 '허만 칸'의 이론을 비롯하여 1960년대의 일본의 경이적인 발전을 중심으로 유교문화권인 일본, 한국, 대만, 홍콩 등의 국가가 세계인들의 관심이 주목되었던 것이다.

네오 마르크스주의(neo-marxism)의 종속이론가들은 수출주도정책을 채택한 동아시아국가들이 세계자본주의 경제체제에 흡수되면서 주변부(periphery)국가로 전락하면서 진정한 발전을 이루지 못할 것으로 보았다. 그러나 동아시아국가는 빠른 산업화를 통하여 세계경제의 중심부(metropolis)로 이동하면서 세계인의 주목의 대상이 되었다.

따라서 서양의 자유시장 경제론과 종속 이론 등의 설명 방식이 동아시아국가를 설명하기엔 적절치 않다는 인식이 나타나면서 개발국가론, 유교자본주의 등이 등장하였다.

그렇다면 한국, 일본, 대만, 싱가포르 등의 동아시아국가의 가치관은 진정으로 유교적 가치로 볼 수 있는가?가 논의의 대상이 될 수 있다. 그러나 일부 학자들의 지적사항에도 불구하고 한국, 일본, 대만, 싱가포르 등의 동아시아국가를 설명하는 데 유교적 사고를 빼놓고 다른 어떠한 가치관으로도 설명하는 것 또한 무척 어렵다. 상기 논술한 동아시아국가를 중심으로 나타나는 것 역시 유교적 사고이기 때문이다.

일부학자들은 일본에 대해서는 무사도와 신도를 중심으로 표현하기도 하나 대표적인 사고는 유교였으며 메이지(明治)시기의 전기 산업자본주의에서도 유교적 사고(儒敎的 思考)가 크게 작용하였음을 보여주고 있다.[15]

그렇다면 유교적 사고란 무엇인가?가 중요한 과제로 등장한다. 여러 가지 논의가 있겠지만 유교적 사고란, 가족을 위하고 나아가서는 사회와 국가를 위하여 일하고 봉사하는 것이다(수신제가치국평천하(修身齊家治國平天下)). 또한 유교의 국가관은 국민들에게 윤택한 경제생활을 누리게 하고 그것을 바탕으로 도덕과 인륜이 살아 숨 쉬는 사회의 건설인데[16] 서구의 자유주의 국가관과는 다르다.

다시 말하면 서구는 개인은 간섭을 받지 않는 것을 원칙으로 하고 있으나 유교권에서는 가족과 같이 구성원들을 보살필 의무가 있기 때문에 정당한 정부의 간섭은 인정받는다.

일본정부의 이러한 특별한 개입은 특정산업에 대한 금융지원, 수입대체산업의 보호육성, 사양산업에 대한 지원 등 소위 산업정책적인 요소가 유교적 원리라는 데 이의를 제기할 사람은 없었다.

이러한 정부의 간섭은 서양의 자유시장경제에서는 인정할 수 없으며 우선 시장경제의 불투명성으로 간주되기도 한다.

일본을 제외한 대부분의 동아시아 국가는 축적된 생산요소가 미약하여 성장의 가능성을 예견하기가 매우 어려운 상황이었다. 태국과 일본을 제외한 거의 모든 동아시아 국가는 식민지를 겪었거나 반식민지를 겪은 경험을 가지고 있다. 따라서 세계에서는 동아시아 경제성장을 그 누구도 예견하지 않았다.

그러나 불가능하게만 보였던 동아시아의 경제성장이 대두되고, 서구자본주의 세계가 보아 온 자본을 중심으로 한 물질적인 요인으로 설명하기 어려운 하나의 특수성에 눈을 돌리게 된다. 이것이 아시아적 가치이다.

다시 말하면 서구자본주의가 200여 년 동안 이루어 왔던 경제성장

15) Yoshino, Michael, Japan's Managerial system, The MIT Press, 1982, pp.20-23.

16) 함재봉, 탈근대와 유교, 나남출판, 1998.

을 단 30여 년 만에 이루었던 동아시아국가의 경제모델은 자유시장을 중심으로 이루어왔던 서구자본주의가 설명하지 못했던 효율적 국가개입이라는 동아시아 특수성을 인정해야 할 부분이 많다.

다시 말하면 서구자본주의의 경우는 자유시장 중심적 경제제도의 구성요소(Laissez-Faire or Free Market)를 통해 그 결과를 논하고 있고, 동아시아의 경우, 경제발전이 '시간단축(Telescope Time) 방법의 문제'라고 보고 국가의 효과적인 시장개입인 산업 정책적 경제제도(Industry Policy or Selective Intervention)의 성립에 의해 설명을 하고 있다는 것이다.[17]

즉, 동아시아에서는 시장 결정적 구조조정과 정부의 전략적 목표를 지닌 적극적 개입을 통한 산업구조조정이 경쟁우위의 확보에 결정적인 역할을 한다고 믿고 있다. 이것을 존슨은 발전 지향적 국가(Developmental State)로 명명하고 국가관료에 의한 전략산업의 설정과 민간기업과 정부의 긴밀한 협조를 동반한다고 한다.[18]

한국과 일본의 고도의 정부개입전략, 대만의 중소기업전략 등으로 나뉘는데 국가개입은 동아시아국가에서 어느 형태이든지 나타났으며 이는 성공적으로 평가되었다.[19]

로드릭(Rodrick)이 주장하듯이 동아시아국가는 정부와 기업 간의 밀착, 수출보조금에 기인하여 성장하였다고 하였으며, 이러한 관계는 전략적 산업을 촉진하기 위하여 지불유예기간, 보조금, 그리고 관세보호를 한 것에서 드러난다고 하였다. 또한 넉(Ng, 1986)은 싱가포르의 예를 들어, 발전도상국의 경우, 기업이 창업할 경우 정부의 정책에 의해

17) Dani Rodrick, 1994 ; Dwight Perkins, 1994 ; Hal Hill, 1996 ; ADB, 1997 ; Alice H. Amsden, 1989 ; Robert Wade, 1990 ; Steven Radelet, Jeffrey Sachs and Jong-Wha Lee, 1997.

18) Charmers Johnson, MITI & Japanese Miracle, Stanford University Press, 1982.

19) Rodrick, Hong kong meets Godzilla: The world bank and the East Asia Miracle, chapter1.

영향을 받으며, 이는 창업초기에 위험부담을 줄이고 도전할 수 있도록 하는 역할을 하고 있다고 하였다.[20)]

더욱이 최근에 정부와 기업과의 연구는 중요한 시사점을 두고 있으며, 산업정책을 중심적으로 설명하였던 것이 우리의 관심을 끈다.

이러한 맥락에서 동아시아 사회의 가치관은 바로 산업정책적 가치관으로 대표할 수 있다고 볼 때 서구 자유자본주의 하에서의 자유시장 방임주의적 사고(공공정책이외의 경우에는 어떠한 경우에도 국가의 개입은 있을 수 없다는 사고)의 견해에서는 상당히 이해하기 어려운 부분 중의 하나라고 하겠다.

이러한 산업정책적 사고 역시 유교적 사고와 밀접하기 때문에 일부에서는 유교적 사고로 지칭하는 경우도 있다.

서구 학자들은 중국과 일본, 한국, 대만 등 동북아 자본주의를 합쳐 유교자본주의(Confucian Capitalism)라 하고, 이것이 외환위기에 처해지자 정실자본주의(Crony Capitalism)로 격하하기도 했다.

제 4 절 한국의 경제발전과 한국적자본주의의 등장

1. 독특한 한국의 경제발전과 한국적 자본주의

1) 한강의 기적과 고소득국가

한국은 지난 40년간 '한강의 기적'으로 불릴 정도로 눈부신 경제성장을 이룩하였다. 물론, 1997년 외환위기를 겪으며 잠시 정체현상을

20) Ng P.K.L, Private entrepreneurship in maturing economy: The culture of singapore, Proc to AIBSEAR conference, 1986 June 26-28, Taipei.

겪고 2008년에는 다시 후퇴하기도 했지만 한국경제의 발전은 세계사에서 무시할 수 없는 경이적인 발전이었다.

1960년 기준 중간소득국가 101개 중에서, 2008년에 고소득 국가로 올라온 국가는 대한민국을 포함한 13개국이며, 이들은 세계은행에서 공식적으로 중진국 함정(Middle-Income Trap)을 극복한 사례로 인정되었다.[21] 중진국 함정 또는 중진국 덫은 세계은행이 2006년 '아시아경제발전보고서'에서 처음 제기한 경제학 개념으로, 개발도상국이 중간소득국가(Middle income country) 단계에서 성장력을 상실하여 고소득국가(High income country)에 이르지 못하고 중진국에 머무르거나 다시 저소득 국가로 후퇴되는 현상을 말한다.

2007년 골드만삭스는 대한민국이 2050년, 1인당 명목 GDP가 90,294 달러가 되어 91,683달러인 주요국 중 미국에 이어 2위에 오를 것이라고 전망하기도 했다. 또한 북한과의 통일까지 이루어질 시 GDP는 2위로써, 미국을 제외한 G7 국가들을 앞지를 것으로 예상했다.[22] 2020년 유엔 세계경제상황전망 보고서에 따르면 대한민국은 개발도상국으로 분류되었으나 2021년 7월 2일 이후 유엔무역개발회의가 선진국으로 지위를 변경하였다.

한국은 70여 년에 가까운 세월 동안 가파른 고도성장을 이어왔으며, 2022년 IMF 기준 전 세계 경제 순위에서 10위를 기록하고 있다.

새뮤엘 헌팅톤(Samuel P. Huntington)은 그의 저서 「문화가 중요하다(Culture Matters)」의 서문에서 한국과 가나를 비교하면서 한국을 매우 경탄스런 나라로 소개했다. 1960년대에 '한국'과 '가나'는 양국의 1인

---

21) 13개 국가는 대한민국, 일본, 싱가포르, 대만, 홍콩, 아일랜드, 이스라엘, 모리셔스, 포르투갈, 푸에르토리코, 싱가포르, 스페인, 적도기니 등이다.

22) Goldman Sachs study of N-11 nations, Global Economics Paper No: 153, March 28, 2007.

당 CNP 수준이 비슷했으며 1차 산업(농산품), 2차 산업(공산품) 그리고 3차 산업인 서비스의 경제점유 분포도 비슷하였다. 특히 농산품의 경제점유율이 아주 유사했으며 경제원조를 받는 것까지 유사하였다.[23] 60년대에는 두 나라 모두가 1인당 국민소득이 80달러 정도에 머물러 있었다. 그러던 것이 1990년대에 들어서자 한국은 1인당 국민소득에서 가나를 15배나 앞질러 버렸다.

시간이 지날수록 두 나라의 그 격차는 점점 벌어졌다. 2003년에 들어서자 가나도 1인당 국민소득이 320달러로 1960년에 비해 4배 이상으로 올려놓았다. 그러나 그때쯤 한국은 1만 달러로 1960년에 비해 125배나 뛰어 올라있었다. 40년 만에 한국은 가나를 30배 이상의 격차로 따돌렸고, 유수한 다국적기업을 거느리고 자동차, 전자장비, 조선 등의 기술집약적 2차 산업이 발달하여 경제규모는 세계 220여 국가 중에서 12위권의 대국으로 올라선 것이다. 이처럼 짧은 시간에 이런 발전속도는 선후진국을 막론하고 역사상 세계 어느 나라에도 없는 일이다.

〈Culture Matters〉

〈Next society〉

---

23) 새뮤얼 헌팅턴·로렌스 해리슨 공편, 이종인 옮김, 새뮤얼 헌팅턴의 문화가 중요하다, 김영사, 2001.

반면 가나는 이런 비약적인 발전이 이루어지지 않았다. 새뮤엘 헌팅톤은 두 나라의 엄청난 발전의 차이를 문화로 결정지었다. 다시 말하면 한국 사람들의 검약, 근면, 투자, 교육, 조직, 기강, 극기정신을 높이 평가 하였다. 그러나 가나 국민들은 이러한 가치관이 없었다는 것이다.

물론, 이 논리를 지지한 선구자 로렌스해리슨은 라틴아메리카의 사례를 들면서 「저개발은 마음의 상태이다(Under development is a state of mind)」를 발간하면서 저개발국가의 문화가 경제발전을 저해하는 요인이라고 주장하였다.

또한 하버드대학의 경제학 교수인 데이비드 렌데스 (David S. Landes)는 그의 저서 「부와 빈곤(The Wealth and Poverty of Nation)」에서 한나라가 부자가 되느냐 가난한 나라에서 벗어나지 못하느냐 하는 것은 그 나라의 문화성에 달려 있다고 했다.[24] 이는 기업가정신의 근원이 나라 나름의 '친 기업가정신의 문화성'에 달려 있다는 말과 다름이 없다.

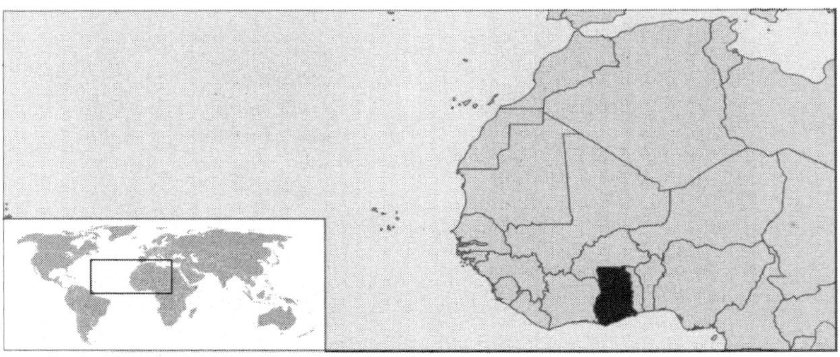

〈가나 공화국지도〉

24) David S Landes, The Wealth and Poverty of Nation, Nofton & Co, 1998.

세계적인 석학 故 피터 드러커(Peter F. Drucker)도 1996년 출간된 저서 「넥스트 소사이어티(Next Society)」에서 잉크 매거진(Inc. Magazine)의 조지 젠드론(George Gendron)과의 '기업가와 혁신'을 인터뷰하면서 기업가정신을 논할 때 1등은 의심할 나위 없이 한국이라고 했다.[25] 일제강점기와 6.25 전쟁을 연이어 겪고 폐허나 다름 없었던 한 나라가 짧은 시간에 반도체·자동차 등 여러 분야에서 세계적인 수준으로 성장한 것을 높이 평가했다. 영국이 250년, 미국·독일·프랑스가 100년 만에 이뤄낸 것을 한국은 40년 만에 해냈다. 그리고 40년 전만 해도 한국은 기업다운 기업은 없었지만 현재는 24개 분야에서 세계일류수준이 되었고 조선과 반도체 철강 등 몇몇 분야에서는 세계 선두자리를 유지하고 있다는 것이다. 드러커 교수는 한국의 경쟁력 기업가정신으로 보았고 한국기업인들의 도전정신은 세계에서도 유명했을 정도이다.

레스터 서로우(Lester C. Thurow)[26]는 「지식의 지배」라는 책에서 한국 반도체산업의 성공신화에 대해 기술적 전문성의 관점에서 볼 때 한국이 유럽 전체에서 제조되는 것보다 더 많은 반도체칩을 제조하고 있다는 사실은 말이 되지 않는다. 이런 신기술이 처음 출현했을 때 지멘스나 필립스 같은 회사들은 기술적으로 한국보다 훨씬 강력한 위치에 있었다. 결국 지난 수년 동안 한국경제를 이끌어온 반도체산업의 성공신화는 기술적인 요인이 아니라 '사회학적인 요인' 때문에 가능했다는 게 서로우의 진단이다. 다시 말하면 기술적으로는 매우 힘든 상황에서 한국은 역동적이고 창조적인 기업가 정신으로 세계적인 반도체 강국으로 부상했다는 해석이다.

레스터 서로우가 이 주장할 때만 해도 학자의 논리로 받아들였지만

25) Peter F. Drucker, Next Society, 이재규 옮김, 개정2쇄, 한국경제신문사, 2007, pp.206-207.

26) 한기찬 옮김, 레스터 서로우의 '지식의 지배', 생각의 나무, 현대경제연구원, 1999, p.129.

실질적으로 한국은 세계반도체시장을 리드하고 있다. 2018년 한국의 반도체 수출액은 1,267억 달러로 처음으로 단일품목 수출 1,000억 달러를 돌파했고, 전체 수출에서 차지하는 비중은 20.9%를 기록했다. 반도체 호황이 끝나고 메모리반도체 단가가 급격히 하락한 2019년에도 반도체 수출은 939억 달러를 기록한 것을 보면 레스터 서로우가 주장하는 한국의 역동적인 기업가정신은 무시하기 어렵다.

한국의 반도체가 이렇게 주목받게 된 건 수출 비중이 높게 나타나고 있기 때문만은 아니다. 한국의 기술로 오랜 기간 세계 시장 점유율 1위를 유지하고 있는 제품, 메모리반도체의 존재 때문이다. 메모리반도체는 데이터를 저장하는 기능을 가진 전자부품이다. 대표적인 품목으로 D램과 낸드플래시가 있다. 한국에서 메모리반도체를 생산하는 기업으로 삼성전자와 SK하이닉스가 있다. 삼성전자는 D램과 낸드플래시 두 제품 모두 세계 매출 1위 기업이다. SK하이닉스는 D램은 2위, 낸드플래시는 4위로 상위권에 있다. 삼성전자와 SK하이닉스의 매출을 합하면 D램은 72.4%, 낸드플래시는 49.5%다[27]. 한국기업이 세계에서 소비되고 있는 메모리반도체의 절반 이상을 공급하는 것이다. 레스터서로우의 이론을 새삼느끼게 하는 부분이다.

<홍콩 문회보(文匯報)>는 2007년 1월 골드만삭스가 펴낸 최신 '전세계 경제전망 보고서'를 인용, 한국의 현 GDP는 8천 140억 달러로 세계 11위이지만 2025년이면 세계 9대 경제 강국으로 부상할 것이라고 보도했다. 골드만삭스는 성장잠재력지수(GES)[28]를 이용하여 평가했

27) Omdia, 2020년 10월21일

28) 골드만삭스가 장기적인 성장 잠재력을 평가하는 지수인 GES는 인플레이션, 재정적자, 해외차입, 투자, 대외개방도 등의 거시경제변수, 전화보급률, PC보급률, 인터넷보급률, 교육수준, 평균수명, 정치적 안정, 부패지수, 경제활동과 관련된 법제화 정도 등으로 구성된 지수.

으며 이에 따라 2050년엔 한국의 1인당 GDP는 8만 1천 달러가 되어 미국에 이어 세계 2위를 기록할 것으로 예측됐다.[29)]

상술한 외국인의 지적은 서구자본주의와는 다른 정부와 기업의 공동협력체, 같은 유교문화권인 일본기업과도 다른 무모하게 보이는 미래지향적 투자, 역동적인 기업가정신 등으로 인식되는데 필자는 이것을 한국적자본주의라 한다. 다시 말하자면 서구적이지 않으면서 일본과도 다른 한국적 경영스타일과 독특한 한국경제의 발전을 한국적 자본주의 라고 정의한다.

2. 한국경제발전의 시계열적 평가

1) 경제개발5개년계획의 등장

한국은 선진국이든 아니든 과거 70년 전 보다는 발전한 것은 틀림없는 일이지만 70년 전의 국민총소득과 일인당 국민총소득의 발전과정을 보면 이해할 수 있는 일이라고 생각한다.

1945년 8월 15일, 36년의 일본 통치를 끝내고 광복을 맞이하였으나 1948년 남북 각각의 정부수립으로 분단이 이루어졌고 2년 뒤인 1950년 6월 25일 한국전쟁은 민간인, 150만 명이 사망하고 산업시설 50%가 폭파되어[30)] 절대빈곤이 이어졌다. 한국전쟁이 끝난 1953년 7월 실질 GDP는 1940년 일제식민지시절의 27% 감소되었음은 전쟁의 피해가 컸음을 간접적으로 알려준다. 이러한 절대빈곤시기에 이승만정권의 독재는 1960년의 4·19혁명으로 종지부를 찍었지만 이후 정치적 혼란으로 경제사정은 더욱 악화되었다.

---

29) 한국경제신문, 2007년 1월 25일.

30) 한국은행 ECOS DB: 차동세, 한국경제 반세기: 역사적 평가와 21세기 비전, 한국개발연구원, 1995.

1961년 5월 16일, 박정희는 군사쿠테타로 정권을 잡으면서 빈곤퇴치를 혁명공약으로 내세우고 자본주의를 지도이념으로 삼았다. 특히 박정희 정권 중 가장 중요하다고 평가되고 있는 것 중 하나가 '제1차 경제개발 5개년계획(1962~1966)'과 '제2차 경제개발 5개년계획(1967~1971년)'이다. 특히, 아무것도 없는 백지상태에서 이루어진 '제1차 경제개발 5개년계획'은 정부주도의 산업기지건설과 사회간접자본의 정비, 그리고 수입대체화정책이 그 핵심을 이루고 있어 높이 평가받고 있다. 제1차 5개년계획은 당초 수입대체산업의 육성에 초점을 둔 야심찬 계획이었으나 미국의 원조중단으로 1963년 외환위기를 맞이하면서 계획의 중점은 수출촉진정책으로 급선회하게 되었다.

우선 1960년대를 보면, 1962년의 1인당 GNP가 87달러 시기로 '제1차 5개년 경제개발계획'이 시작되던 시기였고, 1965년에 공업입국의 움직임으로 105달러를 기록하였으며 로스토우 교수의 한국경제의 도약기(Take off)라는 지적이 있을 시기이다.

제1차 5개년개발 정책은 기간산업의 육성과 사회간접자본의 정비와 기반조성이었고 중점분야로 전력, 비료, 합성섬유, 나이론사, 시멘트 등이 외자합자방식에 의해 추진되었다. 생사류, 면직물, 도자기, 고무피혁제품, 공예품 등이 수출특화산업으로 지정되었고 많은 업종이 정부의 지원 아래 창업되었다. 일부는 지금까지 그 명맥을 이어오는 회사도 있다.

그리고 취업을 위해 정부는 외국에 눈을 돌렸다. 1963년 서독파견광부 500명 모집에 4만 6,000명이 지원하였고 상당수가 대학졸업자와 중퇴자들이었다고 한다. 이 당시의 남한인구가 2,400만 명인데 일인당 국민소득 87달러로 실업자가 250만 명이 넘었으며 종업원 200명 이상의 기업은 54개뿐이었다고 하니 당시의 한국경제의 역경을 간접적으로 알 수 있다. 이런 상황에서의 광부 서독파견은 실업해소와 외화획득을 위한 돌파구였다고 하겠다.31) 고용조건은 월 600마르크(미화 160달러)였다. 그리고 1966년 서독파견간호사의 고용조건도 월 440마르크(미화 110달러)로 책정되어 1966~1976년까지 서독파견 간호사가 약 1만 명이고 파견광부는 7,800여명이라고 하며 이들의 송금액이 1억 153만 달러로 이는 1965년부터 3년간 한국의 총 수출액의 1.6%, 1.9%, 1.8%에 달하는 큰 액수였던 것이다.32)

이시기는 일자리가 없어 서독광부와 서독파견간호사의 슬픔에 알 수 있듯이 일자리 부족에 의한 잉여 노동력의 수출기였고 그들의 송금이 국가경제를 좌우했던 시기였다.

〈월남 파병〉

31) 2008년 7월 2일 수요일 조선일보, 사진으로 본 건국 60년.

32) 조선일보 2008년 9월 24일 A12면.

서독광부와 서독파견 간호사는 1960~1970년대에 박정희 정부가 한독근로자채용협정 등을 통해 서독에 파견한 노동자로 직종은 광부와 간호사였다. 1963~1977년 사이 광부는 7,936명, 간호요원 11,057명 및 기능공 931명 등 총 18,899명으로 밝히고 있으며 「파독광부 30년사」에 따르면, 1963년에서 1979년까지 독일에서 광부 65명, 간호사 44명, 기능공 8명이 사망했는데, 그중 작업 중에 사망한 광부가 27명, 자살한 광부가 4명, 자살한 간호사가 19명이었다고 한다.[33]이들의 월급은 한국근로자의 8배~10배이상이 되었다고 하며 그들의 송금이 한국경제에 큰 도움이 되었던것도 사실이다.

3) 박정희의 월남파병

노동력의 수출이라고는 할 수는 없지만 월남특수라고 불린 한국군의 월남파병(1965~1973)을 빼놓고 이 당시를 논하기 어렵다. 월남파병은 박정희 정부가 결정한 국가의 생존 및 발전전략이라고 할 수 있다.

1961년 5.16 군사정변 후 6개월 뒤인 1961년 11월 박정희 국가재건최고회의 의장은 케네디 대통령의 초청으로 일본을 경유하여, 미국을 방문한다.(1961. 11. 11~11. 25) 미국을 방문하는 이유는 케네디 대통령에게 군사정권의 정통성을 인정받을 수 있기 때문이었다.

그런데 박정희 의장은 월남파병은 미국의 요청이 있기 전인 1961년 박정희가 존 F. 케네디에게 먼저 제안했다고 한다. 하지만, 당시 케네디의 정책은 베트남 전쟁에 미군을 직접 투입하지 않는 것이었기 때문에 박정희의 제안을 거절하였다. 박정희는 미국으로부터의 원조가 줄어드는 상황을 전쟁특수로 타개하려고 했으며, 또한 북한 공산주의의

33) 행정안전부, 과거사관련업무지원단 진실화해위원회, 『파독 광부·간호사의 한국경제 발전에 대한 기여의 건』을 참고 할 것.

확대가 한국의 존망으로 이어진다는 강한 위기감을 가지고 있었기 때문이라고 생각한다. 케네디는 한국군이 월남에 파병되면 중국과 소련을 자극할 것이라 우려했기에 이를 거절했다. 대신 미국 정부는 경제원조를 약속하면서 사실상 박정희의 군사정부를 승인하였다.

1963년 케네디 대통령 암살 사건 이후 대통령직을 승계한 린든 존슨은 베트남에서 베트남 중립화보다는 군사행동 강화를 해결책으로 판단했다. 존슨은 1964년 4월 기자회견에서 동맹국들에게 베트남 전쟁 참여를 요청하며 이른바 '더 많은 깃발 정책(More Flags Campaign)'을 표방했다. 결정적으로 1964년 8월 통킹만 사건이 발생하고 미국 의회가 존슨 대통령에게 군사행동 권한을 부여하면서 전쟁의 양상이 급격하게 변화했다.

박정희와 케네디

박정희와 존슨

한국 정부의 요구사항은 1965년 5월 17일에서 18일까지 워싱턴에서 개최된 한미정상회담에서 대부분 타결되었다. 린든 존슨은 1개 사단급의 병력을 우선 증파해달라고 한국에 요청하면서 그 대가로 한국군의 군 장비 현대화와 경제적 지원을 아끼지 않겠다는 제안을 한다.

베트남 파병이 실제 이루어진 것은 결국 존슨 대통령의 요구 때문이었으며, 외교, 경제, 국방의 상당 부분을 미국에 의존하던 당시 대한민국 현실에 별다른 선택안도 없었다.

1965년 7월 12일, 한국 정부는 베트남 파병안을 한국국회에 제출하고, 한국국회는 8월 13일에 파병안을 비준하고 1965년 9월부터 10월에 걸쳐 대한민국 육군 맹호부대와 해병대의 청룡부대도 베트남에 상륙한다. 1966년 9월 3일에는 백마부대도 베트남에 상륙하게 된다.

태국과 필리핀, 호주, 뉴질랜드 등 반공군사동맹인 동남아시아조약기구(SEATO)의 가맹국도 미국의 요청에 따라 베트남에 각국의 군대를 파병했지만, 한국군은 SEATO 파병 총수의 약 4배 규모 그리고 미국 이외의 나라로서는 최대의 병력을 베트남에 투입했다<표 1-1, 참조>.

월남파병의 목적은 미국을 군사지원함으로써 '베트남특수'와 '파병의 보답'으로 원조 등을 획득하는 경제적인 이유 때문이었다. 이에 따라 한국은 1966년 3월 이동 전 외무부 장관과 브라운 주한미 대사 사이에서 미국에서 한국으로의 군사 원조와 경제 원조를 약속하는 브라운 각서가 체결되어, 미국은 그 보상으로 한국이 도입한 외자 40억 달러의 절반인 20억 달러를 직접 부담하고, 그 외의 부담분도 알선하고, 일본에서는 11억 달러, 서독 등 서유럽 국가에서는 10억 3천만 달러를 조달했다. 또한 전쟁에 관련된 한국군인, 기술자, 건설자, 용역군납 등 무역외특수(7억 4천만 달러)와 군사원조(1960년대 후반 5년간 17억 달러)로 한국은 한강의 기적이라 불리는 고도성장을 이뤘다.

1965년부터 1972년에 걸쳐 한국에서는 베트남 특수에 몰려 삼성, 현대, 한진, 대우 등의 재벌이 탄생했다. 1964년 9월에서 1973년 3월 철수시까지 약 9년간에 걸쳐 비전투 병력까지 포함하여 한국군이 투입한 병력은 총 346,393명이다. 이중에서 육군이 304,760명이다. 전쟁 기간 동안 약 5만 명(육군이 4만 명 가량) 정도의 군대 규모를 유지했다.

베트남 전쟁에서 한국군 전사자 및 사망자(순직자, 변사자, 자살자 및 행방불명자 포함)는 공식전사에 따르면 5,099명이다. 이 중 일부가 실제로는 포로인데 전사자로 처리되었다는 주장도 있다. 이중 전사자가 4,663명이며 사망자 외에 1만여 명이 부상을 당했다. 초대 주월 한국군 사령관인 채명신의 추산에 따르면 주월한국군의 전사율은 참전한 총병력의 1.4%에 해당되며 미군의 경우에는 전사율은 2.3%에 달했다고 언급했다.[34)]

한국군은 미국 정부로부터 월급 지급을 받았다. 한국군 병사는 미군 병사의 약 반액인 60달러를 매달 지급받았다. 한국군 병사는 전지 베트남에서 월 평균 10달러를 소비하고 잔액을 모국으로 송금하고 있었다. 한국군의 모국으로의 송금은 가족뿐만 아니라 한국 정부의 국고에 큰 보탬이 되었다. 미국 측은 파견된 모든 한국군 장병에 대해 전투수당을 지불했고, 그 대부분은 한국 본국으로 송금되었다. 1966년 당시의 파월 장병이 국내로 송금한 직접 수입액은 1억 7,830만 달러였다. 그러나 월남파병으로 인해 베트남에 수출과 군납, 용역 및 건설로 민간 파월 기술자가 국내로 송금한 간접 수입액은 6억 9,420만 달러였다. 이는 당시 국내 총 외화 획득에 80%가 되는 큰돈이다.[35)] 한층 더 한국 경제가 비약하기 위한 발판이 2개 준비되었다. 하나는 한국 제품에 대한 미국 수입규제의 대폭 완화이다. 이에 따라 한국 제품이 미국 시장에 빠져들었다. 또 하나는 미국의 전면적인 군사 원조로, 그 결과 본래라면 국방비에 해당될 국가 예산을 중공업 등에 대한 투자로 돌릴 수 있었다. 이들을 포함한 미국으로부터의 「베트남특수」의 총액은 10억 달러(당시에 3천 6백억엔)를 훨씬 웃돌아, 실질적으로는 조선전쟁시의 일본에 있어서의 「조선특수」 이상의 이익을 한국 가져온다.

---

34) 이상호, 베트남전쟁 파병 국군 전사자 현황과 국내 언론 보도, (역사와 현실 vol.116, 2020)

35) 또 월남파병으로 인해 차관, 상품 등 수출 물꼬가 터져 외자 도입액은 32억 8,820만달러가 되었으며 대미 수출액은 1964년도에 3,600만 달러이던 것이 1973년도에는 무려 10억 2,120달러로 28.3배나 늘어났다. 월남전 최성수기에는 80여 개의 한국회사와 1만 6천여 명의 기술자들이 미군과 계약하여 활동했다고 한다.

한국의 외화 획득액의 40%는 베트남 전쟁수익이 차지했고, 당시의 GDP는 3배까지 성장했다.[36)]

이러한 상황을 볼드윈(Frank Baldwin)은 한국군을 미국의 임대군대[37)] (America's rented troops: South Koreans in Vietnam)로 표현하기도 하였다.

〈표 1-1〉참전한 한국군과 SEATO(동남아시아조약기구) 연합군 병사수의 추이

	1964年	1965年	1966年	1967年	1968年	1969年	1970年	1971年	1972年
한국	2000	20620	25570	47830	50000	48870	48540	45700	36790
호주	200	1560	4530	6820	7660	7670	6800	2000	130
태국	---	20	240	2200	6000	11570	11570	6000	40
필리핀	20	70	2060	2020	1580	190	70	50	50
뉴질랜드	30	120	160	530	520	550	440	100	50

자료: Larsen, Stanley R. and James Lawton Collins, Allied Participation in Vietnam, Vietnam Studies. Washington: U.S. Government Printing Office, 1975, p23

한국이 베트남 파병을 시작한 1965년부터 베트남 전쟁이 종결되는 75년까지 10년간 한국의 국민총생산(GNP)은 14배, 보유한 외화 및 외환 등 총액은 24배, 수출총액은 29배가 되었고, 모두 경이적인 성장을 보였다.

물론, 5,000여 명의 사상자를 통해 피의 대가로 보기도 하였지만 월남파병은 경제적 효과로 보면 대단한 특수효과였다. 그러나 베트남전 시기에 파월 한국군 혹은 한국인 노무자와 현지인들 사이에서 태어난 혼혈아들을 부르는 명칭인 라이타이한(Lai Đại Hàn, 𬊉大韓)과 베트남 전쟁 중 민간인 학살문제(2018년, 2021년 류진성의 증언), 파병군인의 고엽제 문제 등이 아직도 해결되지 않고 있다.

---

36) WILSON CENTER「Why Did South Korea Get Involved in Vietnam」

37) Frank Baldwin (1975) America's rented troops: South Koreans in Vietnam, Bulletin of Concerned Asian Scholars, 7:4, 33-40, 1975.10

〈참 고〉

❖ 고엽제(defoliant)

식물의 잎이 완전히 자라기 전에 떨어지게 하는 화학약품.

목화(木花)와 같은 농작물의 수확을 쉽게 하기 위해 사용하기도 한다. 또한 전쟁 중에 적의 식량이 될 수 있는 농작물이나 적군이 숨어 있을 만한 지역을 없애기 위해 사용한다. 베트남 전쟁 때에는 월남군과 미군이 이러한 목적으로 고엽제를 사용, 생태계와 인체에 미친 악영향 때문에 말썽이 되었다. 고엽제 자체보다 더 논란거리가 된 것은 그 주요성분인 에이전트 오렌지라는 화합물이었다.

특히 월남전에 미국이 베트남에 고엽제를 살포하였는데 미군의 고엽제에 대한 인식부족과 참전한 한국군이 이에 대한 정보 부족으로 많은 월남참전 한국군이 피해를 입었다. 미국, 호주, 뉴질랜드 등 다른 베트남전쟁 참전자들이 고엽제 후유증을 호소하긴 했지만 의학적인 인과관계가 명확하게 규명되지 않아 법적 보상을 받지 못했다.

통상 감염증세는 5년 또는 10년 이후(신체조건에 따라 늦어 짐)에 발병되는 것으로 보고되고 있다. 증세는 주로 얼굴과 피부에 붉은 반점이 생기며 피부, 침, 근육에 종기처럼 군데군데 부어오르는 현상이 나타난다. 소화불량, 기억상실, 호흡장애, 정신이상 등 진찰해도 병명조차 알 수 없는 증세가 나타나기도 하는데, 바로 이 때문에 고엽제와의 직접적인 원인규명이 어려워진다. 고엽제 후유증 가운데 가장 우려되는 것은 고통이 당대에 끝나지 않는다는 것이다.

❖ 라이따이한이란?

어의(語義)적으로 '라이따이한'은 한국계 혼혈 2세를 의미한다. '라이따이한'에서 따이한(Dai Han: 大韓)은 '다이한'의 잘못된 표기로 베트남은 1992년 한국과 국교 정상화가 이뤄지기 전까지 우리나라를 다이한이라고 불렀다. 하지만 라이(Lai)는 다른 두 종류 간의 교배를 통해 나타나는 중간 모양의 객체를 의미하는 즉, 혼혈이라는 의미로 거기에는 우리나라에서 미군과 '양공주'사이에서 태어난 혼혈인을 '튀기'라고 놀리듯 부르는 것과 마찬가지로 경멸의 의미가 포함되어 있는 것이다. 그래서 한인 2세들은 '라이따이한'이라는 호칭에 대해 큰 거부감을 드러낸다.

육철수, "길섶에서 – 라이따이한", 서울신문, 2005.05.05

4) 한일국교정상화

① 한일회담과 경제협력

한국과 일본 간 국교 정상화를 위한 회담은 이승만 정부 때인 1951년 10월 20일 시작 됐지만 그러나 61년 5·16 뒤 박정희 군사혁명 정부가 6차 회담을 열기 전까지 협상은 견해차를 좁히지 못한 채 10년의 세월을 흘려보냈다.

특히 3차 한·일 회담(53년 10월 6~21일)은 소위 '구보다 망언'으로 협상 개시 2주 만에 결렬됐다. 일본 수석대표인 구보다 간이치로(久保田貫一郎)는 한국의 청구권 주장에 대해 "일본은 36년간 많은 이익을 한국인에게 주었다. 일본이 한국에 진출(침략의 일본식표현)하지 않았더라면 한국은 중국이나 러시아에 점령돼 더욱 비참한 상태에 놓였을 것"이라고 말했다.

한국 대표단은 너무나도 어이가 없어 구보다 발언을 '한일회담의 기본정신을 망각한 묵과할 수 없는 망언'으로 규정해 회담을 중단했으며 한·일 회담은 이후 4년 반 동안 열리지 못했다.[38)]

박정희는 5.16 쿠테타 약 6개월 뒤인 1961년 11월 11일 미국의 케네디 대통령 초청으로 미국 방문길에 일본 도쿄에서 30시간 정도 체류했다.(이후로 박정희는 18년 집권 기간에 한 번도 공식적으로 일본을 방문하지 않았다.)

방문 다음 날인 1961년 11월 12일 박정희와 이케타 한일정상회담이 열렸으나 이케다 총리는 예상대로 현금이 아닌 산업 건설을 해주겠다는 이야기를 꺼냈고 그 명목도 배상보다는 경제협력이라는 점을 강조하자 국가재건최고회의 박정희 의장은 "우리는 구걸하려는 것이 아니라 받을 것을 받는 것"이라고 이야기를 시작하였다고 한다.

---

38) 山本剛士「戦後日本外交史 2：動き出した日本外交」三省堂、1983 ,第三章：日韓國交正常化

기시와 박정희, 이케다

한일회담반대 데모

일본 도착 다음 날, 기시 노부스케(岸信介), 이시이 미쓰지로(石井光次郎), 이케다 하야토(池田勇人), 사토 에이사쿠(佐藤榮作)같은 거물들을 만났다고 한다. 이 자리에서 박정희는 유창한 일본어로 "나는 정치도 경제도 모르는 군인이지만 메이지 유신 당시 일본의 근대화에 앞장섰던 지사들의 나라를 위한 정열만큼은 알고 있다. 그들 지사와 같은 뜻으로 해 볼 생각이다."라고 하며 명치유신의 영웅으로 일컬어지는 사이고 다카모리(西鄕隆盛)의 "자손을 위해서 재산을 남기지 않는다(兒孫(じそん)のために 美田(びでん)を 買わず)"의 시를 읊어 그 자리에 있던 많은 일본인들이 놀랐다고 한다.

이러한 한국의 어수선한 상황에서 1962년 10월 5일 이케다 하야토(池田勇人)총리가 한·일 문제, 한·일 관계는 이토 히로부미(伊藤博文)의 예를 따라 일본은 한국에 파고 들어가야 된다고 하여 한국에서는 격한 반대가 있었고 한일 국교 정상화는 더욱 더 멀어졌다. 이들은 한국이 주장하는 해방이나 광복이 아니고 종주국 일본에서 떨어져 나갔다는 분리(分離)의 개념으로 해석하다보니 지금까지도 이어지는 과거사 정리의 미비로 이어지고 있다. 한국인의 감정에 무뎠던 이케다 하야토수상이 물러나고 사토 에이사쿠(佐藤 榮作)내각 (1964년 11월 9일~1972년 7월 7일)이 등장하면서 한일국교정상화(한일기본조약)가 1965년 6월22일 이루어진다.

② 한일회담반대와 대규모시위, 박정희의 용일(用日)

미국의 주도하에 1951년 시작된 한국과 일본의 수교를 위한 조약의 교섭은 14년 동안에 망언 등으로 회담결렬, 그리고 다시 개최되는 우여곡절을 겪어 최종단계에서는 한일양국에서 모두 야당과 학생 등의 반대로 한 걸음도 진행되지 못했다.

1964년 3월 박정희정부가 한일국교정상화 방침을 밝히자 이에 반발하여 전국 각지에서 대규모 시위가 벌어졌으며 중고 대학생까지 합쳐진 학생데모대가 중앙청에 몰려가고 파출소를 파괴하는 등 시위가 격화되었다. 이에 박정희 대통령이 전국 비상계엄령을 선포하고 모든 학교에 휴교령을 내리는 이른바 '6.3사태'가 발생하였다. 아직은 한국의 입장에서 일본과 손을 잡을 시기가 아니라고 생각했던 것이다. 이것은 당시의 모든 한국인의 일본에 대한 감정이었다.

1965년 2월 15일 시이나 에츠사부로(椎名悅三郞) 외무대신은 한국의 김포 국제공항에서 기자 회견을 하여 일본의 식민지 통치 등 과거사에 깊이 반성한다는 성명을 발표하여 한국 매스컴을 통한 여론을 향해 사죄를 했고, 가조인(假調印)에 큰 역할을 하였다.

박정희 정부는 학생데모와 야당의 격렬한 반대를 무릅쓰고 한일회담을 추진한 결과 1965년 6월 22일 한·일 양국정부는 세계 외교사에서 전례가 드문 이승만 정부 이래 14년 동안 끌어온 국교정상화 교섭을 마무리 짓고, 한국의 외무장관 이동원, 한일회담 수석대표 김동조와 일본 외무장관 시이나 에쓰사부로, 수석대표 다카스기 신이치 사이에 '한일 기본조약'이 조인되었다. 다음 날인 6월 23일 한·일 회담 타결에 즈음한 대통령 특별 담화문에서 박정희의 의지를 엿볼 수 있다.

"우리는 이 각박한 국제 사회의 경쟁 속에서 지난날의 감정에만 집착해 있을 수 없는 것이다. 아무리 어제의 원수라도 오늘과 내일을 위해 필요하다면 그들과도 손을 잡아야 하는 것이 국리민복(國利民福)을 도모하는 현명한 대처가 아니겠는가?"

박정희는 한국의 내일을 위해서라면 반일(反日)보다는 용일(用日)을 택했다고 김종필 총리는 이야기하기도 했다.

③ 외자유치로서의 한일국교정상화

1965년 한국은 일본과 한일 기본조약을 맺어 무상금 3억 달러, 유상금 2억 달러, 민간차관 3억 달러 이상(당시 1달러 = 약 360엔. 5천억엔 상당. 당시의 한국의 국가 예산은 3억 5천만 달러 정도)의 일본으로부터의 자금 공여 및 대출을 얻게 되었다. 국제협력은행에 따르면 1960년 중반부터 90년대까지 총 6,000억엔의 엔차관이 이루어져 한국은 이러한 자금을 기초로 '한강의 기적'의 상징이라고도 불리는 경부고속도로를 시작한 각종 인프라 개발과 포항종합제철을 비롯한 기업의 강화를 이루게 되었다고 한다.

지인인 친한파 일본인들에 의하면 박정희는 교묘하게 일본 측의 신뢰를 얻어 한·일 기본 조약 후에 미국, 유럽의 원조를 기초로 경제 우선 정책을 취하였고 일본 측으로서는 자금, 투자, 기술 공여를 받고 친일의 행동을 하여 경제 협력을 얻어내는 사실은 일본을 이용한 용일(用日)에 무척 탁월한 인물로 평가하고 있다.

허버트 웨린(Herbert Werlin)은 '가나와 한국: 세계 은행 사례 연구에서 얻은 교훈'이란 논문에서 1960년대 중반부터 박정희 정권하에서 한국은 수출집약적, 국가주도형 리더십, 시장 지향적 인센티브, 노동 인센티브, 연구, 기술 교육을 개발하여 수출 지향경제를 성공적으로 도입했다고 지적했다.[39] 미국의 원조가 급격히 감소함에 따라 민간으로

39) Herbert Werlin, "Ghana and South Korea: Lessons from World Bank case studies." Public Administration and Development 11, No. 3 (1991): 245 - 255.

변신한 박정희정부는 적극적으로 외국 자원을 유치하는 방법을 택하게 되는데 그 방법이 1965년 한일국교정상화였다고 생각한다.

하지만 당시 한·일 협정에는 일제 식민 지배의 어떤 사과나 반성의 문구가 전혀 없었고, 과거사 문제는 매끄럽게 정리되지 못해 많은 사람들에게 비평을 받기도 하며 친일파 박정희의 잘못으로 평가하기도 한다. 그러나 한·일 협정에 반대하고 박정희로부터 가장 많이 핍박과 압력을 받았던 김대중 대통령도 박정희의 공과를 논하면서 한·일 국교 정상화를 높이 평가하기도 했다고 한다. 박정희에 대한 평가는 사람에 따라 다르다. 독재 정치와 친일파 다카기 마사오(高木正雄) 등으로 평가하지만 적어도 당시 한일 국교 정상화는 박정희 아니었으면 어려웠을 것이다. 인기 위주의 정책으로 1965년에 일본과의 국교 정상화를 국민의 감정대로 10년이나 20년 뒤로 미뤘다면 한국경제는 어떻게 되었을까?

한일협정으로 일본에 의한 경제·기술 원조가 한국의 발전에 기여한 것을 일반적으로는 알려지지 않았기 때문에, 일본인들은 많은 한국인은 자국이 독력으로 경제 성장을 달성했다고 생각하고 있다고 불만을 표명하고 있다.

2005년에는 한국 내에서 한일기본조약으로 얻은 청구권자금을 개인 보상에는 거의 하지 않고 국내 투자에 사용해 발전의 기초를 만든 것이 공개되었다. 따라서 이에 따라 경제발전을 촉구한 박정희 정권의 판단을 「빈곤탈출·국가재건을 위한 불가피한 선택」이라고 하는 평가와 「쿠데타로 집권한 군사 정권을 철저히 할 수 없었던 과거의 정리」, 식민지 지배의 완전 청산을 버린 「굴욕 외교」라고 하는 평가로 나뉘어지고 있다. 그러나 경제적인 입장에서는 「빈곤탈출·국가재건을 위한 불가피한 선택」으로 보는 것이 타당하다고 생각한다.

3. 경부고속도로와 포항제철

1970년대에 이르면서 수출이 대망의 10억 달러를 이루고 1인당 GNP가 249달러를 기록 제3차 5개발경제계획(1972~1976년)부터 강력한 중화학공업 육성정책을 취하였다. 새마을 운동이 시작되던 이 시기에 특필할 만한 것은 고속도로건설과 포항 종합제철소건설이라고 할 수 있다. 건국 이래 최대 토목공사로 지칭되던 경부고속도로 건설에는 한국유수의 건설관계자와 경제학자 등이 역군으로 참여했다. 경부고속도로 건설은 경제대통령을 꿈꾸던 박정희(朴正熙)의 작품이었다.

1) 경부고속도로와 한국식 경영

이 구상은 1964년 말 서독 방문길에서 그려졌는데, 서독의 고속도로(아우토반)와 라인강 운하에 깊은 감명을 받은 것이다. 박정희는 귀국하자마자 고속도로 공부에 매달렸다. 현대건설 사장 정주영(鄭周永)은 한국도로공사에 기고한 회상기에서 이렇게 회고한 적이 있다. “각하께서 밤늦게 불러 들어가 보면 많은 고속도로 관련 서적이 쌓여있는 서재로 데려가 손수 인터체인지 구상을 그려보이곤 하는 일이 많았다. 어떻게 하면 고속도로를 가장 적은 경비로 가장 짧은 기간에 완공시킬 수 있는가 하는 문제를 구상하면서 여러 가지 안을 제시해 의견을 묻곤 했다.” 이처럼 2년 반 동안의 연구를 끝낸 박정희는 1967년 5월에 경부고속도로 건설계획을 전격적으로 발표했다. 마침내 1968년 2월 1일 4백 28km 대장정의 첫 삽질이 시작됐다.

> “공기를 앞당기자. 평생 부르짖은 첫 번째 구호이자 전략이다. 나는 당시로는 천문적이라 할 수 있는 800만 달러어치, 1,989대의 중장비를 투입했다. 1965년 말 민간업체가 보유한 총 장비 수가 1,647대였던 점을

감안하면 해외에서 사들인 중장비 규모를 짐작할 수 있을 것이다" (『이 땅에 태어나서』 정주영 자서전)

박 대통령은 군인출신이라 마치 전쟁을 하듯 직접 '전투병사들'을 지휘했다. 헬기를 타고 공사현장을 수시로 둘러보는가 하면 지프를 타고 흙먼지를 일으키며 현장으로 달려갔다.[40)]

공사는 글자 그대로 불도저식이었다. 1공구 공사를 하며, 2공구, 3공구 설계를 해나가는 식이었다. '빨리 빨리'는 예정 공사기간을 맞추기 위한 것이 아니라 앞당기기 위한 구호였다. 이처럼 공사를 강행해서 2년 반 만인 1970년 7월 7일 역사적인 서울-부산의 고속도로가 개통되었다. 당시의 '빨리 빨리' 정신은 한국경영의 특징이라 불릴 만큼 중요하게 작용하고 있다.

일부에서는 경부고속도로가 오늘날 한국의 경제발전을 이끈 견인차였지만 자동차 중심의 도로교통을 고착화시키는 부작용을 낳았다는 비평도 있지만 당시의 우리의 산업기반으로서는 선택의 여지가 없었다고 하겠다.

〈고속도로〉

〈박태준〉

40) 한국경제신문, 건국60년 도전의 순간들, 2008.8.7.

2) 포항종합제출소의 건설

포항종합제철소의 건설이야말로 후진국에서 중진국으로 가는 또 하나의 중요한 과정이었다. 철강 산업은 말 그대로 산업의 쌀로 불리며 공업입국을 이루는 근간산업(기계·자동차·선박·항공기·전자·석유·발전소, 기타의 중화학공업)이기 때문이다.

1961(개인국민소득 - 76달러)년 5·16혁명 후, 약 7년 뒤인 1968년(개인국민소득 - 169달러) 4월 1일에 포항종합제철의 법인을 설립했다. 그러나 아직 한국은 세계 최빈국의 한 국가였으므로 선뜻 돈을 빌려주겠다거나, 기술이전을 해주겠다는 나라가 없었다. 백방으로 탐문·부탁한 결과, 공장부지를 확보하면, 세계 8개 철강업체로 구성된 '철강 차관단(KISA)'에서 돈과 기술을 제공하겠다는 것이다.

박정희 대통령은 이때 박태준을 '포항제철 - Project'의 지휘자로 임명한다. 박태준은 1969년 1월 31일 포항제철의 자금을 빌리기 위하여 미국의 피츠버그를 방문, '철강 차관단(KISA)'의 대표들을 만나 지원을 호소·부탁했다. 그러나 KISA의 대표격인 포이 회장은 세계은행(IBRD) 보고서를 인용, 지원불가의 결과를 박태준에게 통보한다. 박태준은 청와대로 전화를 하여 협상결과를 기다리는 박정희 대통령에게 KISA- IBRD-수출입은행의 거부를 보고했다. 마지막 남은 유일한 희망은 대일청구권자금의 잔금(약 8,000만 달러)에 대한 전용가능성(농업용→공업용)이었다.

귀국 후 박대통령의 승낙을 얻은 박태준은 1969년 2월 12일 도쿄로 가서 유학시절부터 잘 알고 지냈던 일본의 거물 야스오카 일본철강연맹의 회장과 이나야마 야하타제철소의 사장에게 도움을 요청했다. 야스오카 회장은 그 해 8월 도쿄에서 열린 한일각료회의 과정에서 박태준에게 정계의 거물들을 연결시켜 도움을 받았고 1970년 4월 1일 착공식을 하여 1973년 7월 3일 포항제철준공식을 거행하여 중화학공업육성 정책에 큰 걸음을 내딛었다. 1973년 6월 9일 오전 7시 30분. 포항제철소 제1고로가 내려다볼 수 있게 설계된 '제2주상(主上)'에 임직원들이 모여들었다. 그리고 숨죽여 용광로를 응시했고 출선구를 뚫고 나온 오렌지색 섬광이 공장 지붕으로 치솟았다. 불꽃은 서서히 잦아들었다. 잠시 후, 직원들의 발밑으로 황금빛 액체가 꾸물꾸물 모습을 드러냈다. "나왔다!" 용광로보다 뜨거운 환호성이 공장 안을 가득 메웠다. 만세소리가 곳곳에서 울려 퍼졌다. 박 사장도 두 팔을 힘차게 들어올렸다. '산업의 쌀'로 평가되는 철강산업이 마침내 대한민국에서 근대화의 닻을 올리는 순간이었다.41)

포항제철의 성공은 한국경제를 후진국에서 중진국으로 중진국에서 선진경제로 가는 중요한 초석이 되었다. 1968년 16억 원으로 출발한 자산은 현재 30조 원으로 1만 9,000배나 불었다. 쇳물이 나오기 시작한 1973년 416억 원에 불과했던 매출액은 2007년 20조 원을 웃돌며 530배나 증가했다. 고작 103만 t이던 연간 조강생산량은 3,300만 t으로 늘어 세계 2위 철강회사로 우뚝 섰다. 철강이 있기 때문에 자동차, 조선, 전자 등 국내 주요산업들이 성장하는 데도 든든한 밑거름이 됐다. 그러나 이 자랑스런 포항제철은 우리민족의 희생에 대한 보상인 대일청구권으로 건설되어 이 부분에서는 평가가 갈리고 있다. 대일청구권문제는 박정희와 박태준을 두고두고 괴롭힌 사건 중의 하나이지만 그러나 당시의 박정희와 박태준의 포항제철 건설하려고 했던 선견적 예지와 그들의 기업가적 행동은 높게 평가할 수밖에 없다.

41) 조선일보, 사진으로 본 건국 60년, 2008.8.17.

〈참 고〉

❖ 대일청구권·경제협력 협정

일본 식민지 지배 하에서의 징용과 징병 등의 개인 보상에 관한 일은 한국 측에 맡기고 경제 협력으로써 '청산'을 대신한 협정이다. 이 협정에서 일본이 한국에게 3억 달러를 무상으로 공여하고, 2억 달러는 빌려줄 것을 약속했다. 모두 10년 간에 걸쳐, 일본의 생산물과 일본인의 역무를 제공한다는 내용으로, 포항 제철(지금의 POSCO)과 서울과 부산을 잇는 경부 고속도로, 소양강 댐 건설 등에 쓰였다.

협정은 한일 간의 재산과 권리 등의 청구권에 대해서는 '완전히 최종적으로 해결되었음을 확인한다'라고 명기했다. 이로 인하여, 당시에는 염두에 두지 않았던 일본군 위안부 등에 대한 보상과 지원이 후에야 큰 문제로 떠오른 것이다.

박 정권은 1970년대에 들어와, 대일 민간 청구권 보상에 관한 국내법을 만들었다. 강제 동원으로 사망한 약 8,500명의 유가족에게 30만 원씩을 지불하기도 했지만, 피해자의 극히 일부에 지나지 않았다. 역사의 재검토를 내건 노무현 정권은 일본에 의한 강제 동원 실태 조사를 하여, 2007년 사망자에게 2,000만 원(약 230만 엔) 등을 지급하는 법률을 성립시켰다. 일제강점 하의 강제 동원 피해 진상 규명 위원회에 의하면, 지금까지 약 22만 건의 피해 신청이 있었고, 사망자 1만 1,442건, 행방불명 625건, 부상 1,237건 등의 피해가 인정되었다.

용역의 도입, 그리고 이에 준하는 것으로 경제발전에 이바지하는 주요사업으로 정해졌고 유상자금은 중소기업, 광업과 기간산업 및 사회간접자본 부문의 확충사업으로 정해졌다. 이러한 사용처에 대한 규정 때문에 나중에 포항제철 건설에 이 자금을 이용하려는 한국 측과 일본 측의 마찰이 발생하였다. 이외에 유무상청구권자금으로 도입된 기자재의 판매대금 960억 원의 원화자금은 유무상청구권자금사업 지원, 또는 청구권자금관리위원회가 정하는 국내산업시설투자에 사용하기로 자금사용이 규정되었다. 특히 단일사업으로는 무상 3억 달러 중 3,080만 달러, 유상 2억 달러 중 8,868만 달러가 포항제철 건설에 투입되어 포항제철은 바로 우리 민족의 피에 대한 보상으로 이루어진 것임을 보여준다.

제 2 장

가혹한 노동의 인내속에 성장한 한국경제의 산업화

제 2 장

가혹한 노동의 인내속에 성장한 한국경제의 산업화

제 1 절 한국의 산업화와 위기 그리고 재벌성장

1. 산업화와 전태일

1) 전태일의 분신사건

산업화가 이루어지면서 빈부의 양극화가 이루어지고 산업화 뒷면에 나타나는 갈등이 시작되기도 하였다. 이러한 갈등은 1970년 11월 '전태일의 분신사건'[42]으로 이어졌는데 급격한 산업화가 진행되던 당시에 전태일(全泰壹)이 속한 사회계층은 산업화의 원동력이었다. 1960년대 후반의 섬유산업과 의류업이 산업의 근간이었다. 허리도 펼 수 없는 비좁은 다락방의 먼지 구덩이 속에서 햇빛 한 번 못 본 채 하루 16시간을 기계처럼 혹사당하는 당시의 상황에 대한 노동자에 대한 권리를 주장하였다. 산업화가 이루어지면서 빈부의 양극화가 이루어지고 산업화 뒷면에 나타나는 갈등이 시작되기도 하였다.

42) 조영래, 『전태일 평전:어느 청년 노동자의 삶과 죽음』 돌베개, 1983.를 참고 할 것.

전태일은 1948년 9월 28일 대구 남산동에서 아버지 전상수와 어머니 이소선 사이에 2남 2녀 중 장남으로 태어났다. 초등학교마저 중퇴하고 17세경인 1965년에 무일푼의 몸으로 상경해 청계천 평화시장 피복점에 이른바 '시다'라고 불리는 재단 보조로 취직하게 된다. 이후 빠른 일처리와 뛰어난 실력으로 직장에서 큰 인정을 받고 빠른 시간 내에 시다에서 재단사로 승진하며 다른 재단사 친구들과 힘을 모아 자기만의 가게를 가지자는 꿈을 가지게 된다.

그러나 그의 인생을 바꾸는 전환점이 되는 사건이 일어나는데 바로 같은 공장에서 일하는 여성 시다 한 명이 심하게 기침을 하다 각혈을 하는 걸 보고 병원에 가라고 도움을 청하러 하나 그 병을 알리지 말라고 애원하는 여공의 모습과 얼마 뒤 병에 걸린 여공이 해고된 걸 보게 된다. 1969년 평화시장 재단사 모임인 '바보회'를 조직하고 열악한 노동조건과 근로기준법 위반에 관한 설문조사를 하여 노동청에 진정을 하였지만, 노동자들의 호소는 받아들여지지 않았다. 1969년 9월부터 1970년 4월까지 건축 노동자로 일하다가, 1970년 9월 평화시장으로 돌아와 '삼동친목회'를 조직하였다. 그와 동료들은 평화시장의 노동조건 실태 설문 조사를 하여 정부, 언론 등에 개선을 요구하였으나, 노동조건은 개선되지 않았다. 1970년 11월 13일 평화시장에서 전태일을 비롯한 삼동회 회원들이 피켓시위를 벌이려다 경찰에 의해 강제해산 당하게 되자 전태일은 휘발유로 자신의 몸을 적시고 친구에게 불을 붙이라고 하여 분신[43] 항거하였다. 그는 '근로기준법을 준수하라', '우리는 기계가 아니다', '일요일은 쉬게 하라' 등의 구호를 외치며 쓰러졌다. 한 회원이 불길 속에 근로기준법 책을 집어 던져 예정했던 '근로기준법 화형식'을 완수하였다.

43) 김정환, 『역사의 희망과 희망의 역사: 근·현대편』 (푸른숲, 1998) p.272

2) 전태일과 노동운동의 태동

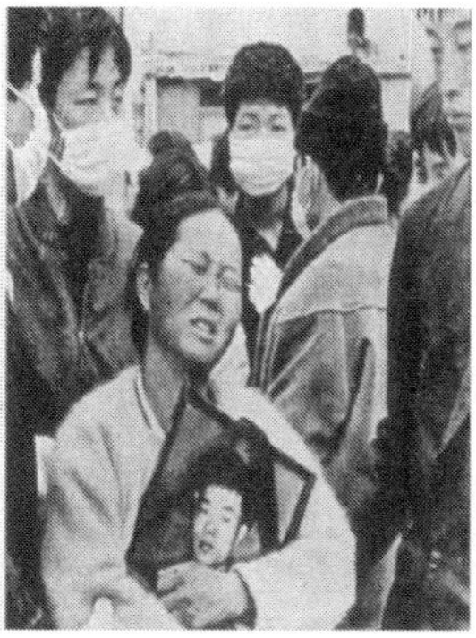

이소선 여사의 오열모습

전태일 열사 동상

전태일의 분신 항거는 즉흥적인 것이 아니라 이미 오래 전부터 가족과 동료 노동자들 모르게 준비한 것이었다. 명동성모병원에서 죽기 전 가족들과 친구들이 지켜보는 병상에서 곁에 있던 어머니 이소선 여사에게 "어머니, 내가 못 다 이룬 일 어머니가 이뤄주세요."라는 당부를 남겼고, 이후 1970년 11월 13일 밤 10시에 숨을 거두었다. 이때 그의 나이 22세였다. 숨을 거두기 직전 유언은 "배가 고프다."였는데 전태일은 1970년 11월 12일 아침에 집에서 나오기 전 라면을 먹은 후 2일 동안 아무것도 먹지 못한 상태였다고 한다. 이 사건이 알려지자 언론은 노동문제를 특집 기사로 다루고, 종교계, 대학생을 비롯한 시민사회의 추모집회, 철야농성이 이어졌다.

대한민국의 노동운동은 전태일 열사 등장 이전과 이후로 구분해도 과언이 아니라고 할 정도로 전태일의 분신 자살사건은 노동 운동 발전에 큰 영향을 미쳤으며 전태일은 대한민국 노동운동의 상징이 되었다. 전태일의 분신 자살을 계기로 노동자의 비참한 실태가 보도되게 됨으로써 박정희 정권 하에서 경제성장의 부정적인 측면이 드러나 성장을 위해서 강제되고 있던 노동운동이 활발하게 되었다. 또한 학생과 지식인의 눈을 노동

문제로 향하게 하여 1970년대~80년대의 민주화운동에서 노동자와 학생 및 지식인의 연대를 창출하는데도 공헌했다. 이후 문제의식을 가진 많은 대학생들이 경력을 거짓으로 하여 공장에 들어가 일을 하면서 노동운동을 조직하는 '의식화' 작업을 전개해 노동운동 발전에 공헌하게 되었다.

지금도 민주노총 등에서는 전태일을 '열사'라고 부르며 그의 행위를 '전태일정신'으로 하여 노동운동가의 상징으로 하고 있다. 또한, 데모 행진을 행할 때에도, 후술하는 전태일 거리가 종종 목적지로서 설정된다. 전태일의 분신사건은 가혹한 노동속에서 성장한 한국경제의 산업화를 설명하는 중요한 포인트가 된다.

2. 아시아 신흥공업국

1983년에는 2,020달러로 성장하여 세계로부터 주목을 받기 시작했고 아시아 신흥공업국 이란 단어를 듣기 시작했다. Asia Nics와 아시아의 4마리 용이란 단어를 듣기 시작한 것도 이 시기이다. 그리고 중산층의 냉장고(Cooler), 자동차(Car), 컬러 텔레비전(Color Television)의 3C가 도래한 것도 이 시기이다.

〈1988년 서울 올림픽〉

특히 1988년의 '88서울 올림픽'은 한국의 발전을 세계에 알리는 계기가 되었는데, 88올림픽의 성공은 1987년 6월 항쟁과 6·29선언 그리고 5년 대통령 단임제개헌, 1987년 말 직선대통령을 선출하면서 민주화가 이루어져 그 토대가 되었다. 한강의 기적으로 불리는 한국의 경제성장과 올림픽 직전의 정치적 민주화는 정치와 경제가 균형을 이루는 선진화의 토대가 되었다고 하겠다.

3. 한국경제의 음과 양

1) 프랑켄슈타인 경제의 한국

1990년대의 한국은 정부위주의 발전 모델을 통해 계속적인 고성장 속에서 1992년에 1인당 GNP가 7,183달러에서, 1995년에는 11,676달러를 기록하여 1만 달러를 돌파했으며 세계 11위의 무역대국, OECD 회원국이 되어 아시아의 용으로 각광받으면서 제3세계의 발전 모델로 연구되기까지 했다.

그런데 한국경제에 제동을 거는 논문들이 나타났는데 쿠르그먼(Kru-gman, 1994)은 1990년 구소련붕괴의 예를 들어 구소련은 자본과 노동의 거대한 축적으로 1950년대 초급격한 경제성장을 하였으나 혁신적 기술의 수용에는 늦어 효율적 이용이 불가능했다는 것이며 이는 한국과 일본 등 동아시아도 마찬가지로 과거 30년 동안 구소련처럼 비정상적 성장을 했다는 것이다.[44]

그리고 1995년 6월 영국의 이코노미스트지는 재벌과 대기업중심의

44) Krugman Paul., The Myth of Asian's Miracle, Foreign Affair, Vol. 73, November, December, 1994, pp.62-78.

한국경제를 프랑켄슈타인 경제(Frankenstein economy)로 표현하면서 오너중심의 의사결정은 투자의 신중성결여와 급변하는 경제체제에 적응하기 어렵다는 비판기사를 적었다. '프랑켄슈타인 경제'는 통제 불가능하고 위험스러운 재벌이 주축이 된 한국 경제를 지칭하는 단어이다.

1994년 성수대교 붕괴, 1995년 삼풍백화점 붕괴 등으로 대기업의 도덕적해이가 사회적인 문제가 되고 1997년 1월 23일 한보철강의 부도를 시작으로 삼미, 진로, 대농, 기아그룹의 연속부도로 대외신인도가 추락하면서, 계속되는 주가 하락과 환율 상승, 한은 외환보유고의 고갈 등 일련의 사태 이후 김영삼정부는 1997년 11월 21일 결국 IMF에 구제금융을 공식요청하기에 이르고 1997년 12월 3일, IMF 구제금융 합의 이후 공황에 의한 경기후퇴가 더욱 심화되어 총체적인 국가 경제 위기에 빠지게 되었다.

원화가치의 급격한 하락과 변동성의 급등 및 외환보유고의 급감 형태로 표출된 우리나라 외환위기에 대하여 그 원인을 관치금융, 감독소홀, 도덕적 해이, 기업의 과다차입과 과잉투자 등으로 금융기관이 부실화됨에 따른 금융위기로 보거나 또는 교역조건의 악화, 정경유착과 관치금융 등으로 보기도 한다.

2) 대마불사의 재벌과 IMF외환위기

1997년 한국경제는 외환위기를 겪으면서 4, 50대의 우상이었던 기업가 김우중의 대우그룹(1999년 도산)이 사라지며 대마불사가 깨지는 글로벌시대의 우물 안 개구리임을 깨닫는 계기도 되었다.

특히 대우그룹의 도산은 30년이란 짧은 기간에 섬유산업에서 전자, 전기, 건설, 조선, 금융 등으로 문어발식 확장으로 1967년에는 1개 사에서 1976년에는 22개 사, 1988년에는 28개 사, 1998년에는 41개 사의 계열사를 거느리다보니 핵심역량이 없어졌고 지출이 늘어 결국 대우그룹은 해체되고 말았다.

1999년 공식 해체된 대우그룹은 당시까지만 해도 총 고용인원 15만명, 계열사 41개, 국외법인 396개의 재계 2위의 기업이었다. 외국에서는 현재 삼성만큼의 인지도를 가진 회사였다고 한다. 창업자 김우중 회장은 1967년, 32세라는 비교적 젊은 나이에 대우실업을 설립했다. 단돈 자본금 500만원으로 서울 명동에 대우실업 간판을 세웠는데 그마저도 절반은 빌린 돈이었다고 한다. 사실상 무일푼으로 사업을 시작했던 그였지만 2년만에 능력을 발휘하여 69년도에는 박정희 대통령으로부터 산업훈장까지 수여받았다. 더불어 70년대 들어서는 '한강의 기적'이라 불리는 대한민국 경제 성장과 함께 대우그룹의 초고속 성장을 이끌었다.

김우중 회장

대우 로고

1973년부터는 국내에 들이닥친 해외건설 붐에 편승하여 상당한 결과물을 만들어 내었다. 열악한 환경 속에서도 처음 맡은 해외건설인 리비아의 대학건물을 정해진 기간보다 3개월이나 앞당겨 공사를 마쳤다고 한다. 그리고 1974년에 1억불의 수출탑을 달성하며 김우중 회장은 신흥 재벌로 등극한다. 1977년에 건설한 대우센터빌딩은 대한민국 고도성장의 상징물이 되었다.

이처럼 무역과 건설에서 성공가도를 달리던 대우는 본격적으로 GM사의 지분을 전량 인수하면서 자동차 사업에까지 뛰어들었다. 김우중 회장은 불과 3~4년만에 전세계에 대우자동차 판매점을 300~400개를 만들어내며 대우그룹의 위치를 공고히했다. 그렇게 1982년에 출범한 (주)대우는 순식간에 재계 4위의 자리에 올랐다. 1980년대 중동 붐이 끝난 뒤에도 5공 정권의 부실기업 정리 정책의 수혜자로서 문어발식 경영 확장으로 세를 불려나갔으며 1990년대에 노태우 대통령의 북방정책 및 동유럽 혁명을 기회 삼아 동유럽의 진출을 꾀했다.

1990년대 중반까지 기업규모를 지속적으로 불려나가며 승승장구를 지속했고 1997년 IMF외환 위기를 맞은 뒤에도 몸집불리기를 계속 시도하여 쌍용자동차를 인수했으며 그 결과 1998년에는 삼성을 제치고 재계 순위 2위를 차지하였다. 이러한 몸집불리기는 당시 금융환경이나 시대적 상황을 감안했을때 너무도 무모한 작전이었고 결국 막대한 부채의 만기가 돌아오면서 자금난에 봉착하고, 엄청난 규모의 분식회계가 드러나면서 대우그룹은 2000년 주요 계열사가 모조리 워크아웃에 들어가 도산했다.

이 시기에는 아파트 4세대 중 1세대가 구조조정을 하여 한국기업의 중핵을 이루었던 재벌의 재조명이 필요했고 글로벌 스탠더드란 말이 사회에 유행되었던 시기였다. 한국의 1인당 국민총소득도 IMF외환위기로 1만달러에서 다시 2001년 9,400달러로 하락했지만, 2002년에 11,400달러를 기록하여 1만달러를 돌파하였으며 2003년 12,720달러, 2004년 14,193달러, 2005년에는 16,413달러로 증가하여, 특히 2006년에는 환율이 950원으로 하락하면서 18,372달러를 기록하였다. 1인당 국민총소득도 2001년 9,400달러, 2003년 12,720달러, 2004년 14,193달러, 2005년에는 16,413달러로 증가하여, 특히 2006년에는 환율이 950원으로 하락하면서 18,372달러를 기록하였다. 또한 2007년에는 IMF 통계조사에서 18,938.66달러로 세계 34위로 조사되었다.

그러나 이시기에 한국의 성장을 도와준 것이 무역수지이다. 한국의 시대별 수출액과 수입액의 증가를 보면 <표 2-1>에 나타나는 것처럼 1957년 2,200만 달러였던 것이 1964년 1억 달러 수출돌파 이후 1975년에는 50억 달러, 1995년 125억 달러를 기록하며 계속 성장하였다. 2006년에는 수출이 3,254억 달러에 이르고 있으며, 2000년에 들어서면서 무역수지 또한 흑자로 돌아섰다. 34년 만에 3,000배 성장을 이룩한 경이적인 결과라 할 수 있겠다.

〈표 2-1〉 한국의 시대별 수출액과 수입액, 수지

연도	수출	수입	수지
1957	22,202(-9.7)	442,174(14.5)	-419,972
1961	40,878(24.5)	316,142(-8.0)	-275,264
1964	119,058(37.2)	404,351(-27.8)	-285,293
1969	622,516(36.7)	1,823,611(24.7)	-1,201,095
1975	5,081,016(13.9)	7,274,434(6.2)	-2,193,418
1980	17,504,862(16.3)	22,291,663(9.6)	-4,786,801
1990	65,015,731(4.2)	69,843,678(13.6)	-4,827,947
1995	125,057,988(30.3)	135,118,933(32,0)	-10,060,944
2000	172,267,510(19.9)	160,481,018(34.0)	11,786,492
2001	150,439,144(-12.7)	141,097,821(-12.1)	9,341,323
2003	193,817,447(19.3)	178,826,657(17.6)	14,990,786
2005	284,418,743(12.0)	261,238,264(16.4)	23,180,479
2006	325,464,848(14.4)	309,382,632(18.4)	16,082,216
2007(01~11월)	338,509,179(14.1)	322,572,998(14.4)	15,936,181

주: 한국무역협회 통계자료(단위: 천 달러), ( ): 전년대비 증감률(%) 2007

2010년에는 20,562달러, 2011년에는 22,489달러를 기록하여 1997년에 1만 달러를 기록한 후 13년만에 20,000달러를 기록하였다. 2012년 6월 23일 계기로 한국이 20~50클럽에 가입하였다고 해서 난리가 난적이 있다. 그러나 20~50클럽은 1인당 국민소득 2만(20 Thousand) 달러 이상의 국가로 인구 5,000만(50 Million) 명 이상의 기준을 동시에 충족한 국가를 지칭하는 것으로 2012년 5월 말 조선일보에서 처음 경제 규모 및 선진국의 기준으로 제시한 신조어라고 한다. 세계적으로 그다지 공신력은 없지만 한국에서는 식민지를 경험한 국가로서 한국전쟁의 피해를 경험한 국가가 비록 신조어라고는 하나 20~50클럽에 가입한 것은 엄청난 일이었다. 기존에 '20~50 클럽'에 가입한 나라는 일본(1987), 미국(1988), 프랑스·이탈리아(1990), 독일(1991), 영국(1996) 등 6개 선진국뿐어서 '20~50 클럽' 가입은 한국이 선진국 대열에 진입했다는 신호라는 점에서 의미가 크다고 하겠다. 먼저 '20~50 클럽'에 가입한 국가들은 예외없이 '30~50 클럽(국민소득 3만 달러, 인구 5,000만 명)' 진입에도 성공했다.

〈그림2-1〉 한국의 20-50클럽 가입

자료: OECD, 한국통계청, 조선일보

2050클럽이란 1인당 소득 2만달러(20K, K는 1000을 나타냄), 인구 5000만명(50M, M은 100만을 의미)을 동시에 충족하는 나라들을 뜻한다. 일반적으로 국제사회에서 1인당 소득 2만달러는 선진국 문턱으로 진입하는 소득 기준이지만 인구 5000만명은 인구 강국과 소국을 나누는 기준으로 통용된다. 한국에서는 2만달러는 2010년에 돌파했지만 인구 5천만은 2012년에 6월에 진입하면서 강국이미지를 나타낸 것이다.

그런데 더 놀란 것은 불과 6년 뒤의 30~50클럽에 가입한 것이다. 물론, 이 신조어도 한국에서 자축적인 의미이기는 하나 2만 달러와 3만 달러가 갖는 비중은 다르다.

4. 30-50 클럽 가입과 한국경제의 위상

1) 한국경제의 일인당 국민소득 3만달러 돌파

한국의 국내총생산(GDP) 규모는 2017년 기준 약 1조 5,300억달러다. 세계 12위다. 수출은 전 세계에서 6번째로 많이 하고 외환보유액 규모는 세계 9위에 올라 있다. 경제 외형만 보면 한국은 진작에 선진국이 됐다는 평가를 받는다. 실제 국제통화기금(IMF)은 한국을 '선진 경제권'으로 분류하고 있다. 최근에는 선진국의 표식 하나가 더 추가됐다. 한국은 2018년 1인당 국민소득(GNI)이 3만 1,349달러를 기록해 처음으로 3만 달러 고지에 올라섰으며 세계 10위이다<표2-2와 표2-3참조>.

1인당 국민소득은 한 나라 국민이 벌어들인 모든 소득을 인구 수로 나눈 것이다. 한 나라 국민의 평균적인 소득·생활 수준을 나타낸다. 이 수치가 3만 달러를 넘었다는 것은 우리나라가 경제의 양적인 측면뿐 아니라 질적인 부분도 선진국 대열에 들어섰음을 뜻한다.

1인당 국민소득 3만 달러 돌파가 얼마나 의미 있는 기록인지는 '선진 국가'의 면면을 보면 알 수 있다. 인구가 5,000만 명 이상이면서 1인당 국민소득 3만 달러를 넘긴 나라는 미국, 독일, 영국, 일본, 프랑스, 이탈리아 등 6개국뿐이다. 이른바 30-50클럽 국가다. 이들은 모두 서방 주요 7개국(G7) 멤버이기도 하다. 인구 2,000만 명-1인당 국민소득 3만 달러로 기준을 넓혀도 호주와 캐나다만 추가된다. 1,000만 명 이상으로는 네덜란드와 벨기에가 포함된다. 1,000만 명 기준으로도 한국은 11번째로 3만 달러를 달성한 나라다.

〈그림 2-2〉 30 50클럽 달성시기

1인당 국민소득과 함께 인구를 같이 보는 이유는 경제 규모가 매우 작은 나라도 3만 달러를 넘는 국가가 꽤 있기 때문이다. 2017년 기준 브루나이와 카타르, 아이슬랜드, 룩셈부르크 등도 1인당 국민소득이 3만달러를 넘는다. 하지만 이들은 경제 규모가 작아 '선진국'으로 분류하기엔 손색이 있다. 1977년 1,000달러, 1994년 1만 달러, 2006년엔 2만 달러까지 넘어섰다. 세계 경제는 1960년부터 2016년까지 평균 7.5배

성장했는데 한국 경제는 39.9배나 커졌다. 하지만 이들은 경제 규모가 작아 '선진국'으로 분류하기엔 손색이 있다. 1977년 1,000달러, 1994년 1만 달러, 2006년엔 2만 달러까지 넘어섰다. 세계 경제는 1960년부터 2016년까지 평균 7.5배 성장했는데 한국 경제는 39.9배나 커졌다<표 2-2 한국의 시계열별 국민총소득(GNI) 참조>.

물론 순탄했던 것만은 아니다. 중간에 IMF외환위기로 나라가 휘청거린적도 있었다. 많은 회사들의 부도 및 경영 위기가 나타났고, 이 과정에서 대량 해고와 경기 악화로 인해 대한민국의 20%가 해고되었다는 소식도 있을 정도로 온 국민이 큰 어려움을 겪었다. 대한민국의 1인당 국민소득은 2006년(2만 795달러) 2만 달러에 진입했지만 글로벌 금융위기를 겪으면서 2009년 다시 2만 달러 밑으로 떨어졌다. 이런 탓에 2만 달러 돌파 이후 3만 달러 시대를 열기까지 12년이 걸렸다. 30-50클럽 국가들이 평균 9.7년 걸렸던 점을 감안하면 다소 늦은 셈이다. 그러나 더 강조하고 싶은 것은 한국은 식민지지배를 경험한 국가중 처음으로 3만 달러를 돌파한 것은 대단하다고 할 수 있다, 그리고 1인당 국민소득 2만(20Thousand) 달러 이상, 인구 5,000만(50Million) 명 이상의 기준을 동시에 충족한 국가를 지칭한 20-50클럽은 중국의 속국경험 국가중 중국보다 더 잘 살며 선진국대열에 들어선 국가라고 지인은 이야기하는데 이것보다는 30-50클럽의 가입은 타국이 알아주던 안 알아주던 의미가 크고 2018년 기준으로 한국이 GDP 명목별 세계10위에 들어간 것도 의미가 크다<표 2-3참조>.

〈표 2-2〉 한국의 시계열별 국민총소득(GNI)

연도	1인당 국민총소득 (달러)	국민총소득 (억달러)	국내총생산 성장률(%)	국내총생산 (억달러)
1962	87		2,2	
1963	100		9,1	
1966	125		12,7	
1967	142		6,6	
1968	169		11,3	
1969	210		13,8	
1970	254	80		
1971	290	94	8,6	
1972	320	106	4,9	
1973	401	134	12,3	
1982	1,893	729	7,2	744
1983	2,076	806	10,7	823
1984	2,257	885	8,2	906
1991	7,105	2,949	9,2	2,951
1992	7,527	3,143	5,4	3,147
1993	8,177	3,452	5,5	3,457
1999	9,438	4,007	10,9	4,058
2001	10,159	4,477	3,0	4,222
2004	15,082	6,810	4,6	6,801
2005	17,531	7,901	4,2	7,913
2006	18,372	8,873	5,0	8,874
2007	18,938	9,753	5,1	9,750
2008	19,161	10,339	2,3	10,264
2009	17,041	10,696	0,3	10,650
2010	20,562	11,745	6,3	11,728
2011	22,489	12,403	3,6	12,369
2012	24,696	12,349	2,3	12,224
2013	26,179	13,147	2,9	13,054
2014	28,180	14,210	3,3	14,100
2015	28,814	14,476	2,8	16,580

연도	1인당 국민총소득 (달러)	국민총소득 (억달러)	국내총생산 성장률(%)	국내총생산 (억달러)
2016	29,394	15,207	2.9	17,407
2017	31,734	16,043	3.2	18,356
2018	33,564	16,588	2.9	18,981
2019	32,115	16,895	2	19,190
2020	31,755	16,955	−1	18,981

주: 1953~1969년은 1인당 국민총생산(GNP).

자료: 한국은행, 경제통계 2020 ; 경제기획원, 「한국경제지표」, IMF통계조사 2020.

〈표 2-3〉 GDP 명목별 세계 10대 경제대국 목록

(단위: 조 달러)

국가 순위	국가 이름	GDP 명목
1.	미국	$22,675
2.	중국	$16.642
3.	일본	$5.378
4.	독일	$4.319
5.	영국	$3.124
6.	인도	$3.050
7.	프랑스	$2.938
8.	이탈리아	$2.106
9.	캐나다	$1.883
10.	대한민국	$1.806

자료: World's Largest Economies by GDP in 2021

2) 한국의 경제발전과 한국의 민주화

한국은 6·25전쟁 직후인 1953년 1인당 국민소득이 67달러에 불과했으며, 동남아시아나 아프리카 국가보다도 낮았다. 박정희 군사혁명 정부가 들어선 1961년에는 82달러로, 가나(179달러)의 절반에도 못 미쳤다. 1인당 국민소득 증가세는 눈에 띠게 빨라졌다. 소위 '한강의 기적'으로 불리는 압축적인 경제성장을 일군 결과다. 1인당 국민소득은 1963년(100달러) 100달러를 돌파한 데 이어 1977년(1047달러)에는 1000달러를 넘겼다. 산업화로 인해 전태일사건도 등장하고 빈부의 양극화로 갈등도 나타났지만 1979년 박정희 암살로 위기를 맞았지만 1983년에는 2,076달러로 2천달러를 돌파했다.

1994년에는 1만168달러를 기록하며 1만달러대에 진입했다. 한국은 1인당 국민소득 1만377달러를 달성한 1996년엔 경제협력개발기구(OECD)에 29번째 회원국으로 가입하기도 했다. 1인당 국민소득은 외환위기 당시인 1998년(7989달러) 1만달러 밑으로 떨어지기도 했지만, 이듬해 다시 1만달러대로 복귀한 뒤 2010년에는 2만달러대로 올라섰다<표2-2 참조>. 일반적으로 한국의 민주화는 1987년 6월, 전두환 정권에 맞서 전국에서 일어난 일련의 민주화 운동으로 시작되었다고 한다. 명칭은 6월 항쟁, 6월 민주항쟁, 6월 민주화 운동으로 불려진다. 6월 항쟁을 계기로 과거사 청산운동이 이루어졌으며 무엇보다도 민주화운동으로 국민들의 직접선거에 의한 대통령 선출과 헌법 정신으로 권력을 견제하는 헌법재판소의 탄생 등이 이뤄진 것이 크다고 할 수 있다. 그러나 이는 정치적 민주화에 한정된 것이었고 경제적, 사회적 민주화에까진 이르지 못했다. 이것을 이룬 사람들은 독재에 반대했던 김영삼, 김대중 대통령이 등장하고서 이루어졌다고 보는 것이 일반적이다. 이들은 1990년의 3당합당[45] 1997년의 DJP연합(DJ(김대중)+JP(김종필)의 보수와 진보의 합동, 연합으로 정권을 이루면서 민주화에 기여했다.

김영삼의 재산공개, 하나회 해산, 금융실명제, 지방자치제 확대 등의 민주화를 실시하였지만 IMF금융위기로 김영삼의 민주화는 빛을 바라지 못해 아쉬운 점은 많지만 김대중의 민주화와 햇볕정책(이념적으로 반대하는 사람도 있지만)은 평가받았다고 하겠다.

왜냐하면 일본 대중문화 개방, 영화사전심의제 폐지를 비롯한 여러 규제 철폐부터, 권위주의 타파 정책 등으로 사회문화적 민주화를 많이 시행하였다. 또 여러 공기업들을 민영화하고, 대규모 구조조정을 시행하여 IMF 사태로부터 벗어나기 위한 여러 경제정책을 시행으로 김대중 정부의 빅딜 조치를 비판하기도 한다. 그러나 진보 대통령이면서도 신자유주의정책을 도입하여 IMF사태를 벗어난 것을 높이 평가한다. 마찬가지로 진보인 노무현 대통령의 한미 FTA 협상도 쉬지 않았을 것이라 사료된다. 2006년 2월 3일, 노무현 대통령은 미국과의 FTA를 본격화하기 위해 야당 및 여론의 반대에도 불구하고 미국 측이 요구한 소위 '4대 선결조건'을 수용하였다. 당시의 야당인사들은 노무현의 한미FTA 조항을 당시에는 '제2의 을사늑약'이라고 까지 했지만 세월이 지나보니 그의 한미FTA는 성공적으로 평가되고 있다.

따라서 필자는 한국경제는 박정희의 산업화와 김영삼, 김대중의 민주화, 그리고 노무현의 합리화가 이룬 작품이라고 생각한다. 특히 김대중의 용서와 화해의 정치는 높이 평가된다. 1999년 5월13일 김대중

45) 집권 여당인 민주정의당(노태우 총재)과 야당인 통일민주당(김영삼), 신민주공화당(김종필)이 합당하여 민주자유당으로 출범된 사건.

은 대구·경북지역을 방문해서 박정희 前 대통령 기념관 건립을 적극 지원하겠다고 밝혀서 많은 사람들을 감동시켰다. 사실 김대중대통령은 박정희 대통령한테 많은 박해도 받았지만 “박 前 대통령이 우리도 하면 된다는 자신감을 불러일으키고 조국 근대화를 이룩한 업적을 평가해야 한다”고 강조하여 필자를 비롯한 많은 사람들의 갈채를 받아서 그의 민주화정책은 더욱 높게 평가된다고 생각한다.

그리고 필자는 이날 이후로 항상 김대중(민주화)없이는 박정희(산업화)도 없었다고 주장하는데 이 말은 박정희 산업화가 뛰어났다 하더라도 김대중 대통령시기에 이를 무시하거나 뒤짚었다면 박정희의 평가가 떨어졌다고 보기 때문이다.

글로벌 금융위기의 2008~2009년시기에는 2년 연속 1인당 국민소득이 줄어들었다. 2010년부터는 2015년 한 해를 제외하고는 꾸준히 증가한 결과 2017년에는 31,734 달러로 마침내 3만달러를 돌파했다.

그리고 2018년에 GDP 명목별 1조 8천억달러를 돌파 세계10위의 경제대국에 포함되었다.

<표 2-3> GDP 명목별 세계 10대 경제대국 목록을 보면 알 수 있듯이 캐나다와 경쟁중이다. 그러나 우리 뒤에는 브라질, 러시아, 호주가 있어 언제든지 순위는 바뀔 가능성이 크다.

또한 한국의 시대별 수출액과 수입액의 증가를 보면 <표 2-4>에 나타나는 것처럼 1957년 2,200만 달러였던 것이 1964년 1억 달러 수출 돌파 이후 1975년에는 50억 달러, 1995년 125억 달러를 기록하며 계속 성장하였다. 2006년에는 수출이 3,000억 달러에 이르고 있으며, 2000년에 들어서면서 무역수지 또한 흑자로 돌아섰다. 34년 만에 3,000배 성장을 이룩한 경이적인 결과라 할 수 있겠다.

〈표 2-4〉 한국의 시대별 수출액과 수입액, 수지

연도	수출	수입	수지
1957	22,202(-9.7)	442,174(14.5)	-419,972
1961	40,878(24.5)	316,142(-8.0)	-275,264
1964	119,058(37.2)	404,351(-27.8)	-285,293
1969	622,516(36.7)	1,823,611(24.7)	-1,201,095
1975	5,081,016(13.9)	7,274,434(6.2)	-2,193,418
1980	17,504,862(16.3)	22,291,663(9.6)	-4,786,801
1990	65,015,731(4.2)	69,843,678(13.6)	-4,827,947
1995	125,057,988(30.3)	135,118,933(32,0)	-10,060,944
2000	172,267,510(19.9)	160,481,018(34.0)	11,786,492
2001	150,439,144(-12.7)	141,097,821(-12.1)	9,341,323
2003	193,817,447(19.3)	178,826,657(17.6)	14,990,786
2005	284,418,743(12.0)	261,238,264(16.4)	23,180,479
2006	325,464,848(14.4)	309,382,632(18.4)	16,082,216
2007(01～11월)	338,509,179(14.1)	322,572,998(14.4)	15,936,181

주: 한국무역협회 통계자료(단위: 천 달러), ( ): 전년대비 증감률(%) 2007

제 3 장
한강의 기적

제 3 장

한강의 기적

-후진국, 발전도상국, 신흥공업국에서 선진국으로 들어온 한국-

제 1 절 한강의 기적과 궤적

1. 한강의 기적의 평가

2022년 9월20일(현지시간) 주우크라이나 한국대사관에 따르면 우크라이나 교육과학부는 한국의 발전상을 교육 과정에 포함하도록 세계지리 10학년(한국의 고교 2학년에 해당)과 세계역사 11학년 교육과정 가이드라인을 변경하고 최근 이를 홈페이지에 공지했다고 한다.

우크라이나 교육과학부 관계자는 "한국이 전쟁의 어려움을 딛고 어떻게 경제 발전을 이룰 수 있었는지, 경제발전의 원동력은 무엇이며, 우크라이나 경제 재건을 위해 어떤 시사점을 얻을 수 있는지 배우고자 한다"고 말했다고 전해진다. 즉 전쟁의 참상에서 국가재건을 앞둔 우크라이나가 교과서에 '한강의 기적'을 싣겠는다는 내용이다. 우리에게 잊혀진 한강의 기적은 외국인들에게는 아직도 많이 회자되고 있는데 아마도 6·25전쟁을 딛고 경제 성장한 한국을 전쟁중인 우크라이나가 전후 국가재건 모델로 선정한 것 같다.

한강의 기적(漢江의 奇蹟)이라는 말은 1950년 제2차 세계 대전 이후 수십 년 동안에 걸친 서독의 경제적 발전을 이르는 말인 라인 강의 기적이라는 말을 본떠 붙인 것이다. 한강은 우리나라의 수도인 서울의 한복판을 가로지르는 강으로, 우리나라를 상징하여 표현한 것이다.

그런데 여기에서 등장하는 '한강의 기적'의 시기는 조금씩 다르다. 우리 한국에서도 시기가 조금식 다른데 6·25 전쟁 이후 대한민국의 경제 성장을 가리키는 말(지식백과)로 표현되다가 일부에서는 해방(1945) 당시 45달러에 불과했던 국민소득이 2만 달러에 이르는 경제규모로 성장하기까지 한국인들이 쏟은 근검과 절약의 정신은 "한강의 기적"이라 불리는 재건과 성장의 신화를 만들어냈다고 표현하기도 한다.

경제협력개발기구(OECD:Organization for Economic Cooperation and Development)의 1979년의 6월 보고서『신흥공업국가가 생산 및 제조무역에 미치는 영향(The Impact of Newly Industrialising Countries on Production and Trade in Manufacture)』에서 1인당GDP, 공업생산증가와 고용증가, 공업제품수출주도의 현저한 성장을 척도로 한국, 대만, 홍콩, 싱가폴, 브라질, 멕시코, 스페인, 포르투갈, 그리이스, 유고슬라비아 등을 지칭하여 신흥공업국(Newly Industrialising Countries)로 규정하여 처음으로 한국은 그렇게도 원하던 후진국, 발전도상국 대신에 신흥공업국(NICs;Newly Industrialising Countries)이 된다.

그런데 1980년대에 들어오면서 누적채무문제로 브라질, 멕시코가 정치경제적 혼란으로 유고슬라비아 그리이스, 포르투갈등이 NICs에서 탈락하여 90년대 이후 주목받고 있는 것은 한국, 대만, 홍콩, 싱가폴을 아시아NICs 이다.[46)]

---

46) 1988년 토론토 서미트에서 중국의 주장으로 대만과 홍콩의 외교적지위를 배려하여 NIEs Newly Industrialising Economies (신흥공업경제군)으로 바꾸어졌다.

한강의 기적은 아니지만『인간이 만들은 기적, 한국경제』라는 책을 만들어 한국경제를 높이 평가하고 기적이라는 단어를 80년대에 처음으로 만들은 사람은 아시아 전문가로 알려진 존 워로노프(Jon Woronoff) 이다.[47] 그러나 이 시기에도 한국 이외에서는 그다지 높이 평가받지 못했다.

1982년 로이 호프하인즈와 캔트 캘더(Roy Hofheinz, Jr and Kent E. Calder)의 공동 저작인『동아시아의 도전 The Eastasia Edge』[48]에서 한국과 대만등 발전요인은 관료적 리더십과 일당통치체제 그리고 일본경제의 견인력등을 꼽고 있다. 적절한 구조가 전제되지 않으면 교육수준과 근면등 문화적 배경은 바람직한 경제적 성과를 만들어 낼수 없다는 점에서, 동아시아 경제발전의 일차적이며 직접적인 원인은 구조적인 정치제도의 장점에서 찾아야 한다고 주장하였다. 여기에서 한국의 경제발전이 일본과 대만, 싱가포르와 함께 주목을 받기 시작하였다.

1986년 에이크먼(David Aikman)[49]은 일본과 한국, 대만, 홍콩, 싱가포르등 4마리의 용(龍)이 유교 윤리와 자본주의를 결합한 동아시아 경제 모델을 만들어 성공했다고 평가하고, 효를 중심으로 한 가족중심주의, 노사협조를 통한 사회적 안정과 질서, 근면성, 가족과 국가를 위한 희생, 높은 교육율등이 생산성 향상과 기업 성장 요소로 작동했다고 보았다.

---

47) Jon Woronoff, Korea's Economy: Man-Made Miracle, (Si-sa-yong-0-sa Publishers, Inc.:1983.

48) Roy Hofheinz, Jr and Kent E. Calder, "The Eastasia Edge", New York: Basic Books, 1982.

49) David Aikman, Pacific Rim: Area of Change, Area of Opportunity, Boston: Little, Brown and Company, 1986.

1990년대에 들어오면서 보겔(Ezra F.Vogel)은 아시아의 네 마리 용(The Four Little Dragons) 이란 저서에서[50] 일본을 큰 용에 빗대어서 홍콩, 싱가폴, 한국, 타이완을 4마리의 작은 용으로 비유하면서, 고도의 시장경제 및 발달된 경제를 분석하면서 전통적 유교윤리가 접목된 동양식 자본주의 정신이 아시아 경제의 발전을 이룩하였다고 주장하였다.

1993년 세계 은행(World Bank)이 '동아시아의 기적 - 경제 성장과 정부의 역할(EAST ASIA MIRACLE : Economic Growth and Public Policy, A World Bank Research Report)'을 발표하였다.[51] 동아시아의 기적 (EAST ASIA MIRACL)은 1965년부터 1997년까지 동아시아 (동남아 포함) 국가들이 급속한 경제 성장을 이룬 현상이다. 세계은행은 일본과 아시아 NIEs4 개국 (한국, 대만, 홍콩, 싱가포르)와 ASEAN 중 3개국 (인도네시아, 말레이시아, 태국)의 이상 8 개국을 "아시아 고성장군(HPAEs; High-Performing Asia Economics)" 으로 호칭, 그 중 일본과 아시아 NIEs4 개국을 고도 성장과 불평등의 감소를 동시에 이룬 가장 공정한 국가라고 평했다. 그런데 이때부터 대만과 홍콩은 '하나의 중국'속에 편입되면서 국가로 들어가지 못하고 경제체제, 경제군으로 표시하다 보니 결국은 한국과 싱가포르가 남게 되면서 한국과 싱가포르가 주목을 받게 되는데 바로 개발독재이다.

일부에서는 1960년대부터 1980년대까지 급속한 성장의 시기를 말하기도 하고 1960년대부터 IMF금융위기전인 1997년까지를 지칭하기도 한다. 1960년대부터 급격한 경제성장을 이루었고, 1990년대에는 OECD

---

50) Ezra F.Vogel, "The Four Little Dragons", Harvard University Press.1991.

51) Page, John (1994). "The East Asian Miracle: Four Lessons for Development Policy". In Fischer, Stanley; Rotemberg, Julio J. (eds.). NBER Macroeconomics Annual 1994, Volume 9. Nber Macroeconomics Annual. 9. Cambridge, Massachusetts: MIT Press.

에 가입했기 때문에 한국의 경제성장은 ‘한강의 기적(Miracle on the Han River)’이라고도 불린다.[52)]

우크라이나처럼 한국전쟁 이후인 1953년부터 아시아 금융 위기 시기(2007~2008년)까지 나타난 반세기에 이르는 급격한 경제 성장을 나타내는 상징적인 용어이다.[53)]

중국에서는 한강의 기적(漢江奇迹)은 1953년부터 1996년[54)]까지의 급속한 경제성장을 표현하였으며 일본에서는 1960년대 후반 이후 외자를 투입하면서 급속히 발전하고 경제성장과 민주화를 달성한 현상[55)]이라고 주장하였다. 즉 일본에서의 한강의 기적은 한일국교정상화 이후의 일본의 자금을 투자하여 중화학공업육성으로 사회인프라를 구축하여 경제발전을 이루었다고 주장한다.[56)] 그리고 한국이 이것을 한강의 기적이라고 자칭하고 있다고 하였다.[57)]

그러나 최근에는 이것을 범위를 더 넓혀서 한국이 1960년대 초 가장 가난한 나라 중 하나에서 세계 11번째로 큰 경제로 전환한 것은 전례가 없다고 주장하여 2010년까지를 포함한 것으로 주장한 논문[58)]도 있다.

그런데 왜 2010년인가를 살펴봤더니 한국은 2010년 1월 ‘2만 달러

52) 林 采成, 戰後韓國における高度成長の起動と展開—「漢江の奇跡」—RIETI Discussion Paper Series 16-J-020, 2016 年 3月, p1

53) 위키백과

54) 狹義上指的是1953年－1996年間韓國首都漢城經濟的迅速發展。維基百科，自由的百科全書

55) フリー百科事典『ウィキペディア(Wikipedia)』

56) 岩田勝雄, 韓國の経済發展の軌跡, 立命館大學コラム「あすへの話題」2006年7月.

57) 韓國の経済成長に果たした円借款の役割, 2004年度円借款事業評価報告書, 國際協力機構, 2004年7月.

58) Shiy, Tao(2020). Learning from the “Miracle of Han River”. International Journal of Contemporary Research and Review, 11(05)

고지'에 돌파 했으며 세계은행은 1인당 GDP 2만 달러 이상의 국가를 선진국이라 정의하였기 때문이다. 1960년 79달러에서 20,000달러를 기록하여 그 누구도 부인하지 못하는 선진국 한국을 세계경제권의 하나로 포함하며 논하였기 때문이라고 생각한다. 여기에는 과거의 산업화와 경제성장중심의 용어에서 민주주의를 포함한 용어로 등장한다. 여기에는 민주국가로서의 한국이 포함되어 있다고 하겠다.

그런데 한강의 기적에서 흥미로운 것은

① 급속한 경제성장만 볼 것이냐?

② 민주화와 경제성장을 함께 볼 것이냐?

에 따라 시기는 달라질 수 있다는 것이고 1950-53년의 한국전쟁후 세계 최고의 가난한 나라에서 3만5천달러를 넘어 경제성장과 함께 민주화를 이룩한 선진국은 물론 세계10위권의 경제권에 도달하면서 한강의 기적은 민주주의를 포기하면서 경제성장만을 집중적이었던 개발독재를 초월한 기적으로서 등장한 것이다. 따라서 최근에는 경제성장과 민주국가로서의 스토리텔링(Storytelling)으로서의 한강의 기적은 세계의 주목을 받기에 충분하다고 생각한다.

2. 개발독재

한강의 기적을 논할경우 우선 1961년 박정희의 군사정권이 탄생함과 동시에 정부 주도의 적극적인 산업정책이 전개됨을 빼놓고 설명하기 어렵다. 구체적으로는, 공기업에 의한 적극적인 투자, 정부의 금융면에서의 우대조치에 의한 민간투자의 촉진, 수출지향형의 산업구조의 추진 등이다. 이에 따라 투자 주도형 경제가 형성되었지만, 이같이 방대한 자금 수요를 충당하기 위해 적극적인 외자 도입이 이루어졌다.

1970년대에 들어서면 중화학 공업화를 추진했지만 석유 위기는 이러한 방향성을 일시적으로 주춤하게 만들었다. 특히 2차 석유위기에 따른 인플레이션과 경상수지 악화로 80년 경제성장률은 마이너스를 기록함과 동시에 누적채무 문제가 등장하기도 했다. 그러나 이를 무사히 극복하면서 한국은 순조로운 경제발전으로 향한다. 80년대 후반은 매년9.5%의 실질 경제성장률을 달성함과 동시에 경상수지도 흑자가 이루어져 산업면에서도 철강, 조선, 자동차 등 중화학공업과 기계공업 분야에서 비약적인 발전을 보였다. 이런 장기에 걸친 한국 경제의 발전은 '한강의 기적'으로 불린다. 이러한 경제발전을 배경으로 정치면에서의 민주화가 진행됨과 동시에 경제제도면에서도 민주화, 자유화가 진행되어 갔다. 우선 1987년 노동법이 개정되어 정부 주도로 노동 쟁의나 임금 상승을 억제할 수 없게 되었고 이후 노동 쟁의 증가, 임금 상승이 현저해졌다. 또한 80년대 전반의 경제안정화 정책과 병행하여 진행되고 있던 금융의 자유화도 진전해 90년대 전반에 단계적으로 금리 자유화가 진행되었다.

일반적으로 한강의 기적에서 박정희 정권이 차지하는 시기는 1961년부터-1979년이며 1979년에는 1인당GNP가 1700달러(1748달러) 이며 민주화는 1987년이며 1만달러를 기록한 시기와 OECD가입은 1996년인데 왜 박정희 인가?

"개발독재정권"이라고 명명된 것은 필리핀의 페르디난드 마르코스(Ferdinand Emmanuel Edralin Marcos), 인도네시아의 수하르트(Haji Mohammad Soeharto), 싱가포르의 리콴유(Lee Kuan Yew, 李光耀)등 동남아시아의 국가와 한국의 박정희 가 그 중심이었다.

이들의 개발독재정권으로 국가는 식민지의 지배로부터 독립한 국가라는 점과 반공주의 이었다. 이들의 목적의 대부분은 서구의 선진국 특히 미국으로부터의 원조를 받고 공산주의의 막는 방파제를 하는 대신에 미국으로부터 독재를 승인받는 분위기였다. 이 국가중에 경제적으로 성공한 국가는 한국과 싱가포르 였기때문에 개발독재국가에서는 박정희와 리콴유가 유명하다.

한국의 박정희 시대는 흔히 '발전지향적국가(Developmental State)' 또는 '개발독재(開發獨裁, Developmental Dictatorship)' 시기로 불린다. 원래의 개발독재란 단어는 그래거(James Gregor)에 의해 원래 파시즘과 경제 정책을 대상으로 한 연구에서 사용된 것이다.[59] 개발독재는 경제발전을 우선하기 위해 권력의 강권적인 행사와 정치적 안정성을 유지할 목적으로 국민의 참정권 등의 제한을 정당화하는 체제를 말한다.

이후 개발독재란 경제적 개발과 정치적 독재가 혼합되어있는 체제로서 사용되고 있다. 즉, 개발독재는 경제발전을 위해서는 '정치적 안정'이 필요하다고 하여 국민의 정치참여를 현저히 제한하고 독재를 정당화하는 것을 말한다. 또 이러한 정치운영을 통해 달성한 경제발전의 성과를 국민에게 분배함으로써 지배의 정당성을 담보로 하고 있는 정치체제를 '개발독재체제'라고 한다.

민주주의를 억압하지만 경제를 성공하여 그 성과를 국민에게 분배하면 국민의 지지를 얻을 수 있다는 정치적 정당성 주장은 '한국적 민주주의' 라는 단어가 등장하기도 하여 '10월유신'으로 나타나기도 하였다. 경제성장을 우선하며 민주주의를 유보하는 개발독재에 대해 찬반이 많았지만 1960년대말과 70년대의 시선에서 보면 박정희식 '개발독재식의 경제발전 모델'은 어느정도 지지를 얻고 있었다고 판단한다. 한

59) A. James Gregor "Italian Fascism and Developmental Dictatorship" Princeton University Press, 1979.

국전쟁에 대한 쓰라린 기억과 이승만 독재정권에 대한 투쟁, 그리고 이어진 4.19학생의거로 인한 사회의 불안은 국민들에게 민생의 필요성과 보릿고개의 현실적대응 으로서의 경제성장이 요구되었기 때문이다.

그리고 1968년 김신조등의 1.21 청와대 습격사건은 국민을 놀라게 하였고 '박정희 모가지 따러 왔다'는 말은 반공을 철저하게 하는 독재로 가게 하였으며 당시의 상황으로는 독재를 통한 산업화를 이루기를 용인하게 한 사건이기도 하다.

물론, 개발독재식의 경제성장은 1980년대중반에 들어서며 반대가 이루어졌는데 1987년의 1인당GDP가 3,510달러를 기록했는데 경제성장과 민주화의 인과관계를 단정 지을 수는 없지만 국민이 체감하는 1인당 GDP가 일정수준을 넘어서면 민주화에 대한 국민의 관심도가 높아진다고 풀이할 수 있다. 민주화 이후 개방도가 높아지면서 경제발전은 더욱 촉진될 가능성도 크다. 당시의 한국의 1인당 GDP 3천달러는 민주화를 가져다주었다고 평가할 수 있다. 1987년 당시 명동지역에서 넥타이를 맨 금융권의 사무직 근로자들이 학생들의 시위대열에 대거 동참한 것은 이것을 간접적으로 증명한다.

1987년·민주화 선언그 후, 또한 정권에 관련된 인물이나 그 일족에 의한 부정 축재, 동족 경영, 부패, 또 재계인·대통령가족과의 유착, 수뇌, 뇌물이 빈번히 발생하여, 개발의 혜택이 일부 사람들에 의해 독점되어 하고 있는 것이 밝혀지자 개발독재정권은 급속히 그 정당성을 잃고 국내 민주화운동으로부터 중대한 도전을 받게 되었다.

그래도 한국인들은 불경기에는 박정희의 개발독재를 그리워하기도 한다. 박정희 군사정권만큼 강한 추진력과 역동성을 가진 발전의 시대가 드물었기 때문이다. 오늘날 한국이 자랑하는 철강, 자동차, 조선, 전자, 전기, 기계, 석유화학산업 등 의 중화학공업이 거의 이 시대에 모두 만들어지거나 설계되었기 때문이다.60) 박정희 시대에는 보릿고개라 불리던 춘궁기가 사라졌으며 박정희 시대에 북한을 능가하였기 때문이다<표 3-1 참조>.

〈표 3–1〉 한강의 기적과 북한의 GNI 비교

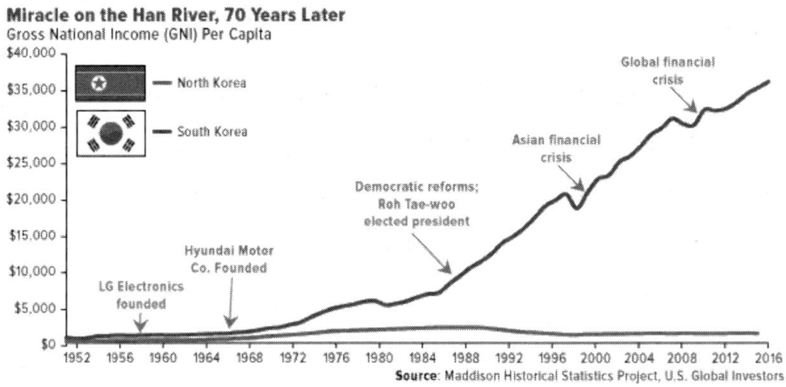

3. 박정희의 산업화와 내셔널리즘

산업화를 고찰하기 전에 산업화·근대화와 민족의 관계를 둘러싼 견해에 대해 알아볼 필요성이 있다. 첫째, 근대국가체계의 구성요소로서의 네이션(국가)과 내셔널리즘의 성립은 공업화·근대화에 기인하는지, 혹은 역사에 깊게 뿌리내리는 현상인지를 둘러싼 격렬한 논쟁이 존재한다. 둘째, 필자가 중요시하는 산업화·근대화는 국가를 성립시키는 것과 동시에, 국가가 성립되면 산업화로 이어지는가에 대한 질문이다.

60) Charles R. Frank Jr., Kwang Suk Kim, Larry E. Westphal, Foreign Trade Regimes and Economic Development: South Korea, Chapter 2, Economic Growth in South Korea since World War II, Columbia University Press, 1975, pp6-24.

내셔널리즘론의 고전적 저작으로 유명한 어니스트 게르너(Ernest Gellner)는 내셔널리즘의 발생과 산업화의 불가분이라고도 할 수 있는 관계를 지적하고[61] '근대주의'라는 내셔널리즘론의 새로운 패러다임을 세웠다.[62] 그의 민족주의 이론은 인간 사회가 농업 이전, 농업, 산업 단계를 거쳐 왔다는 그의 견해와 연결되어 있다. 구체적으로 그는 민족주의를 산업사회에서 초래된 사회적 조건과 밀접하게 연결되어 발생하는 것으로 보았다. 게르너의 국가사회 변화 이론에서 농업 사회에서 산업 사회로의 전환으로 인해 사회 질서에 가해지는 압력은 사회화를 뚜렷한 정치적 문제로 만든다고 주장되어 왔다[63]

또한 서양이 19세기의 근대화의 물결에 따라 많은 농민들이 도시로 유입수가 크면 클수록 좋았던 새로운 공동체가 필요했을 때에 도시생활에 적응하기 위한 것이 새로운 전통의 창조이듯이[64] 박정희는 한국인들에게 그동안 사용하지 않았던 강력한 메시지인 국가와 민족, 그리고 애국을 통한 근대화를 사용하였던 것이 한국인의 인식에는 깊게 인식된 것으로 판단한다.

박정희는 1967년 4월 제6대 대통령선거 공약으로 경부고속도로 건설 구상을 처음 밝혔다.

농촌과 도시의 연결과 산업의 대통맥으로 연결할 수 있는 경부고속

61) Ernest Gellner'Scale and Nation', Philosophy of the Social Sciences Volume 3 (1): 17 - Mar 1, 1973.

62) Ernest Gellner, Nations and Nationalism-Cornell University Press, 1983.

63) Siniša Malešević and Mark Haugaard, eds., Ernest Gellner and Contemporary Social Thought. New York: Cambridge. University Press, 2007.

64) Hobsbawm E.J. Nations and nationalism since 1780. Programme, myth, reality. Cambridge University Press, Cambridge, pp30-31.

도로건설은 포항제철건설과 아울러 한국산업화의 가장 큰 하나의 축이었으며 농민들과 도시인의 연결로서도 중요한 역할을 하였다.

박정희가 한국인에게 깊게 인식되어 있는 것은 우선 그가 주장한 국가와 민족과 근대화라고 생각한다. 박정희는 한국에서 민족과 국가 근대화를 국가 최고 지도자로서 공식적으로 많이 강조한 것으로 생각된다.

한국의 민족주의는 일반적으로 '감정'이며 '이데올로기'이며, 또「전략」이라고 정의 된다고 한다.[65] 특히 한국의 민족주의는 '전략'의 면이 강했다고 할 수 있다. 그리고 이승만의 자주화 민족주의와 장면과 박정희의 근대화 민족주의라고 주장했다. 그리고 한국의 민족주의는 근대화 민족주의와 자주화 민족주의와의「상쇄의 조합(Offset Combination)」으로서 전개됨으로 초래했다[66]고 주장했다. 그러나 필자는 정치적으로는 장면 내각의 정책에도 동의하나 11개월의 정권인 장면내각의 '근대화민족주의'는 국민들에게 인식되지 못했다고 생각한다.

'조국근대화' 를 주장한 것은 박정희이고 한일협정의 체결과 베트남 전투병력 파병 등에 따른 고비를 넘기면서 경제개발의 추진과 이에 대한 전 국민의 사회적 동참을 이끌어내기 위하여 1966년 1월 박정희 대통령의 연두교서에서 등장하였기 때문이다.[67]

필자는 초등학교 6학년인가 중학교 1학년 시기인가 에 국민교육헌장이 등장하여 암기했고 이것을 암기하지 못한 학생들은 체벌을 당하기도 하였다. 국민교육헌장은 일본의 메이지 천황시대에 제정한 군국

65) 김동성. 2000.3판『한국민족주의 연구』. 오름, p.76

66) 南基正, 韓國民族主義の展開と日韓關係: 分析的硏究のための試論//『日本硏究論叢第24號』, 現代日本學會, 2006, pp.213-215.

67) 허은「1960년대 후반 '조국근대화'이데올로기 주조와 담당지식인의 인식」『사학연구』2007, p.86.

주의적, 국수주의적인 교육칙어를 연상하게 한다는 비판도 있었지만 민족주체성 확립이라는 당시의 분위기는 개발독재의 새로운 한 단면으로 등장하였다.

우리는 민족중흥의 역사적 사명을 띠고 이 땅에 태어났다. 조상의 빛난 얼을 오늘에 되살려, 안으로 자주독립의 자세를 확립하고, 밖으로 인류 공영에 이바지할 때다. 이에, 우리의 나아갈 바를 밝혀 교육의 지표로 삼는다. -중략

반공 민주 정신에 투철한 애국 애족이 우리의 삶의 길이며, 자유세계의 이상을 실현하는 기반이다. 길이 후손에 물려줄 영광된 통일 조국의 앞날을 내다보며, 신념과 긍지를 지닌 근면한 국민으로서, 민족의 슬기를 모아 줄기찬 노력으로, 새 역사를 창조하자.

그가 주장한 민족중흥과 자주독립, 애국애족, 반공, 국민, 민족은 근대화를 이끌기 위한 하나의 새로운 전통이었고 농업사회에서 산업화사회로 가기위한 하나의 징검다리역할을 했다.

그가 산업화사회로 가기 위한 고속도로건설은 쉽지 않았다. 당시 국제부흥개발은행 총재 유진 블랙은 개도국이 고속도로를 건설하는데 돈을 쓸 필요는 없다는 이유로 건설 차관 발급을 거부하여 결국 대일보상청구금과 유류세 인상 등으로 건설 자금을 보충하게 된다. 총건설비는 330억원이었는데 이것은 당시 1967년 예산의 20%였다고 한다.

엄청난 반대에도 불구하고 강행했던 경부고속도로건설은 건국 이래 최대 건설 사업이었던 만큼 희생자도 많았다. 희생자들을 기리기 위한 위령탑이 충청북도 옥천군 금강휴게소 부근에 있다. 그 이유는 충청북도 청주시 흥덕구 옥산면에서 옥천군 청성면 묘금리까지 이어지는 대전공구 70㎞ 구간이 난공사 구간이었고, 특히 가장 악명 높았던 당재터널(現 옥천터널)도 이 근방에 위치해 있기 때문이다.

4. 로스토우의 경제도약과 한국

1960년 중반과 70년대 까지 월트 휘트먼 로스토우(Walt W. Rostow) 만큼 한국에서 유명한 경제학자는 없었다고 생각한다. 왜냐하면 메사추세츠 공과대학(MIT)의 경제학과 교수로 재직하던 1960년에 저술한 『경제 성장의 단계: 반공산주의 선언』은[68] 세계적으로 큰 반향을 일으켰으며 그의 이론은 당시의 미국 케네디 행정부와 존슨 행정부의 많은 관리들에 의해 아시아, 아프리카 및 라틴 아메리카에서 공산주의의 인기가 높아지는 것에 대한 대응책으로 받아 들여졌다.

1960년대 동남아시아에서 미국의 외교 정책을 형성하는 데 탁월한 역할을 한 로스토우는 확고한 반공산주의자였으며, 자본주의와 자유기업의 효과에 대한 믿음으로 유명했으며, 베트남 전쟁에 대한 미국의 개입을 강력히 지지했던 것으로 유명하다.

특히, 한국에서 로스토우가 인기가 있었던 이유는 그가 저명한 경제학자이자 교수, 정치 이론가로서 유명한 것은 물론 철저한 반공사상가였다는 점이며 미국의 베트남 개입을 지지한 로스토우를 당시 월남파병을 계획하고 있던 박정희 정권으로서는 높게 평가하지 않을 수 없었다.

로스토우

경제성장의 단계

68) Rostow, W. W. (1960). "The Five Stages of Growth-A Summary". The Stages of Economic Growth: A Non-Communist Manifesto. Cambridge: Cambridge University Press. pp. 4 - 16.

로스토우는 사회 과학의 여러 분야에서 사용 된 그의 책 The Stages of Economic Growth : A Non-Communist Manifesto (1960)로 유명한데 이 책에서 로스토우는 '경제발전 5단계설'을 주장했는데 이는 주요한 경제 성장 모델 중 하나이다. 이 모델은 5개의 기초적 단계로 경제 성장을 유형화(類型化)한 것이다. 로스토우는 모든 사회를 아래와 같이 전통적 사회, 과도적 사회, 도약(이륙)기, 성숙기공업화 과정을 통한 성숙사회, 고도의 대중소비 사회 등 5단계로 구분하였다.

① 전통적 사회(Traditional Society)
② 과도기(이륙준비기)(Pre-Take off Stage)
③ 도약(이륙)기(Take off)
④ 성숙기(Drive To Maturity)
⑤ 고도의 대중소비사회(High Mass Consumption)

로스토우식 경제 도약 모델이 후진국 지도자들에게 던져주는 매력은 저개발 국가도 선진 국가처럼 발전할 수 있으며, 그것도 서구 선진 국가들이 수백 년을 통해 달성한 경제적인 번영을 저개발 국가들을 단기간에 달성할 수 있다는 'Take off(도약이론)'이었다.[69]

월트 휘트먼 로스토우(Walt W. Rostow)의 경제발전 단계설은 경제 발전과정을 연속적인 과정으로 이해하는 대표적인 사례로 유명하다. 연속으로 이루어지는 변화과정을 그는 구간별 특징에 따라 구간을 정하여 경제발전의 과정을 설명하려 한 것이다. 또한, 도약단계의 사회에서 근대화를 위한 정치적 지도력의 원천으로 로스토우는 군부(군가

69) 로스토식 경제~: 강준만, 『한국현대사산책』(1960년편 3권) (2004년, 인물과사상사) 20

정권)를 지목했다.[70] 이러한 로스토식 경제 도약 모델은 경제학에서 중요한 사회 변화 이론으로 여겨졌는데 특히 박정희정권 으로서는 대단한 후원지이며 지지자였다.

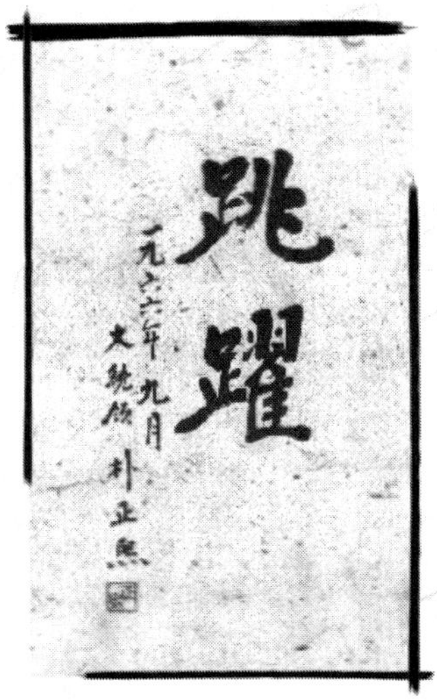

박정희의 친필 도약

특히 그가 사용한 ③ 도약기(Take off)는 널리 알려져 경제성장사학(經濟成長史學)으로 일컬어질만큼 세계경제사의 논의에 일시적 영향을 미쳤을만큼 중요한 사회 변화 이론으로 여겨진다. 그가 사용한 '도약(이륙)take off'라는 개념은 비행기의 이륙과 마찬가지로 경제가 비교적 높은 성장을 지속하기 위한 중요한 결정적 단계를 말하는 것으로, 이후 이 용어는 후진국에서 널리 사용되게 된다.

그는 이러한 시각에 따라 구미선진국들을 비롯한 일본, 캐나다 등

70) 김정현, 60년대 근대화노선:미국의 '문화제국주의'와 한국지식인, 『역사비평』 제13호 (1991년 여름), p181

여러 나라의 경제발전 과정을 분석한 그는 전통적사회(The Traditional Society), 과도(이륙준비)기(The Preconditio for Take-off), 도약기(The Take-off), 성숙기(The Drive to Maturity), 고도의 대중사회(The Age of High Mass-Consumption) 등 5개의 단계로 구분하여 모든 나라는 획일적으로 이러한 단계를 거치고 있다고 주장한다.

1965년 5월4일 로스토우는 서울대에서 강연을 하였는데 1천명정도 참석하였다고 한다.

이 자리에서 로스토우 교수는 네팔, 라오스, 캄보디아, 인도네시아, 베트남은 과도기사회이지만 인도, 파기스탄, 태국, 필리핀과 한국은 도약단계에 들어서 공업화 초기단계 라고하며 이시기부터 한국은 테이크 오프(Take-off)와 도약기라는 단어를 많이 사용하게 된다.

박정희는 로스토우의 논리를 좋아하여 그가 이 강연에 주장한 외자도입과 기술을 그대로 사용한 것으로 판단된다. 로스토우의 모델에 따르면, 국가는 이륙에 도달하기 위해 몇 가지 개발 규칙을 따라야한다.71)

(1) 투자율(投資率)이 5%수준에서 10%이상으로 증가할 것

(2) 도약을 이끌어갈 선도산업으로서 1개 또는 2개 제조 성장률이 높은 분야를 선정할 필요가 있다.

(3) 이러한 부문의 확대를 촉진하기 위해서는 근대적인 제도적, 정치적 및 사회적 構造(틀)이 존재하거나 만들어져야 한다.

즉 근대 부문의 확장에 대한 충동과 도약의 잠재적 인 외부 경제 효과를 이용하는 정치적, 사회적 및 제도적 틀의 존재 또는 빠른 출현이 필요하게 된다.72) 이를 위해 박정희는 경제기획원을 만들고 고속도로 건설, 외자도입을 위해 분부하게 움직였다고 생각한다.

---

71) W.W. Rostow, The Stages of Economic Growth : A Non-Communist Manifesto, Cambridge University Press、1960, Chapter 2. "The Five Stages of Growth-A Summary", pp 4-16.

72) W.W. Rostow The Stages of Economic Growth, pp. 38, 59.

박정희는 후진국(Least Developed Country, 최빈국)이라는 단어보다는 발전도상국(Developing Country) 이라는 단어를 좋아했다. 즉, 경제성장(발전)의 도상(途上)에 있다는 것, 즉 개발도상국은 경제발전이나 공업력 등의 수준이 선진국에 비해 낮고 경제성장의 도상에 있는 나라라는 것이다.

로스토우는 도약기를 벗어나려면 인재가 필요한데 후진국에서는 근대적 군사교육을 받든 군인들이 봉건적사고에서 벗어난 지식인의 역할을 할 수 있으며 군인들이 잘 지도하면은 후진사회에서 근대화로 갈 수 있다는 지적은 개발독재를 인정하는 역할을 한 것으로 판단된다.

이 시기에 근대화론을 찬성하지 않는 이론인 종속 이론(從屬理論, Dependency Theory)이 등장한다. 종속이론은 국제정치학의 구조주의 이론 중 하나로서 국제 사회에서 이루어지는 불평등한 교환이 "중심부(Core)"와 "주변부(Periphery)"의 구조를 형성하여 부의 비대칭적 이동을 초래한다는 이론이다. 특히 2, 3차 산업 중심의 고부가가치 상품을 생산하는 중심부의 선진국들은 1차 산업 중심의 저부가가치 상품을 생산하는 주변부의 후진국과의 거래에서 비대칭적 우위를 점하게 된다.

거래가 진행될수록 부는 주변부에서 중심부로 이동되어 주변부의 경제가 중심부의 경제에 종속되는 결과로 이어진다. 자본주의 체제 하에서 이 같은 종속 관계는 견고한 구조를 형성하므로, 주변부 국가들은 발전이 어렵다. 이와 같은 종속 이론은 근대화론에 대한 반작용으로 등장하여 남미 지역을 중심으로 유행하였다.

종속 이론은 1950년에 발표된 두 논문에서 유래하는데, 하나는 라울 프레비시(Raul Prebisch)의 논문과 한스 징거(Hans Singer)의 논문으로, 두 학자들은 선진국에 대한 저개발국의 교역조건이 시간이 지남에 따라 악화되어 저개발국은 같은 양의 원재료를 수출하고도 선진국에서 점점 더 적은 양의 완제품만을 구매할 수 있게 됨을 조사하고 연구했다.[73] 일반적으로 프레비시-징거 명제라 불린다.

유엔 라틴아메리카 위원회(UNCLA)에서 일하던 아르헨티나 경제학자인 프레비시는 저개발국이 자급적 발전 경로에 진입하려면 반드시 무역에 어느 정도의 보호주의를 도입해야 한다고 결론지었다. 그는 수출주도형 산업화가 아니라 수입대체 산업화(Import-substitution Industrialisation, ISI)가 저개발국의 최선의 전략이라 주장했다.

종속 이론은 프레비시, 아니발 핀토(Aníbal Pinto) 등 유엔 라틴아메리카 경제위원회(ECLAC, 스페인어 약자 CEPAL)의 연구가 중심이 된 라틴아메리카 구조주의자들과 안드레 군더 프랑크(Andre Gunder Frank) 등을 중심으로 한 미국의 마르크스주의 학자들이라고 하겠다.[74]

종속 이론은 1960대와 1970대 근대화 이론을 비판하면서 크게 유행했는데, 세계적으로 빈곤이 계속 확산되면서 근대화 이론은 급격히 인기를 잃었는데도 박정희 정권이 '조국근대화'를 내세우면서 수출주도화 산업화정책을 취한 것은 선견지명적 전략이었다고 평가 되고 있다.

---

73) Raul Prebisch, (1950) "The Economic Development of Latin America and Its Principal Problems." Economic Bulletin for Latin America, 7:1-12.
Hans Singer, (1950) "The Distribution of Gains between Investing and Borrowing Countries." American Economic review Papers and Proceedings, 40: 473-485.

74) Andre Gunder Frank,Capitalism and Underdevelopment in Latin America: Historical Studies of Chile and Brazil, (Monthly Review Press, 1967).
Andre Gunder Frank,Latin America, Underdevelopment or Revolution: Essays on the Development of Underdevelopment and the Immediate Enemy, (Monthly Review Press, 1969).

제2절 박정희와 가나 미얀마의 지도자의 비교

1. 한국과 가나

한국의 발전을 강조하며 같이 비교대상에 등장하는 국가가 아프리카의 가나(Ghana)이다.

여기에 제일 초점을 맞춘 것은 약 180년의 역사를 갖고 있는 정치, 경제문화주간지인 영국의 이코노미스트(The Economist)였다. 이코노미스트는 1989년 9월 23일에 발표된 기사에서 한국과 가나 두 나라가 1957년에 1인당 동일한 국민 소득을 가지고 있었으나 약 30년 뒤인 1989년에는 한국의 1인당 소득은 가나의 7배에 달했다고 하면서 한국의 경제발전이 세계에 알려지기 시작했다.

또한 세계적인 학자로 알려진 새뮤얼 헌팅턴이 2001년 9월 펴낸 <문화가 중요하다(Culture matters)>의 서문에 한국에 관한 구절이 나온다. '1990년대 초, 나는 1960년대 당시 한국과 가나의 경제상황이 아주 비슷하다는 사실을 발견하고서 깜짝 놀랐다.' 양국의 1인당 GNP 수준이 비슷했다. 1차 제품(농산품), 2차 제품(공산품), 서비스의 경제 점유 분포도 비슷했다. 당시 한국은 제대로 만들어 내는 2차 제품이 별로 없었고 상당한 경제 원조를 받고 있었다. 30년 뒤 한국은 세계 14위의 경제규모를 가진 산업강국으로 발전했다. 현재 가나의 1인당 GNP는 한국의 15분의 1수준이다.

새뮤얼 헌팅턴은 '문화'가 결정적 요인이라고 진단했다. '한국인들의 검약, 투자, 근면, 교육, 조직, 기강, 克己(극기)정신 등이 하나의 가치로 시너지효과를 발휘했다'는 것이다.

재레드 다이아몬드(Jared Diamond) UCLA 교수는 2016년 서울경제신문과의 인터뷰에서 한국이 고속 성장한 이유 한글, 제도, 교육 등을 예로 들었다.[75] 다이나몬드는 한국의 뛰어난 문자체계 인 한글과 유구한 역사 속의 제도 와 교육 시너지를 통해 세계 리더로 성장 할수 있었다고 주장하였다.

허버트 웨린(Herbert Werlin)은 가나와 한국: 세계 은행 사례 연구에서 얻은 교훈이란 논문에서 1960년대 중반부터 박정희 대통령 밑에서 한국은 수출집약적, 국가 리더십, 시장 유지 인센티브, 노동 인센티브, 연구, 기술 교육을 개발하여 수출 중심경제를 성공적으로 도입했다고 지적했다.[76] 가나와 한국은 이러한 국영기업중심적으로 움직였지만, 한국만이 성과 평가 시스템을 통해 성공적으로 수행했다고 주장하였다. 그런데 이러한 이유도 공감하지만 필자는 후진국에서 선진국으로 중소기업에서 대기업으로 가려면 기업가정신이 필요한데 국가로서는 지도자의 리더십이 중요하다. 지도자의 리더십을 주장한 사람이 허버트 웨린이다.

그리고 2013년 유엔의 유엔대학에서 발표한 김지영 교수의 논문에서 가나와 한국의 원조 및 국가 전환에서 흥미 있는 부분이 도출된다.[77] 1961년 제1차 5개년 경제개발계획(1962~66)을 발표했는데, 이 계획은 한국의 산업구조를 제조업과 중화학산업으로 개혁하는 것이었으며, 이는 투자자금 지원에 크게 의존한 것이다. 미국의 원조가 급격히 감소함에 따라 박정희정부는 적극적으로 외국 자원을 유치하고 다른 방법을 택하게 되는데 다름 아닌 많은 국민의 반대에도 불구하고 1965년 한일국교정상화였으며 박정희는 일본과의 외교 관계를 정상화하고 원조를 요구했다.

무엇보다 한국의 성공사례는 지역 중앙집중식 관리시스템을 통해

---

75) 서울경제신문 2016년 7월 31일, 재레드 다이아몬드 (Jared Diamond) UCLA 교수 인터뷰

76) Herbert Werlin, Ghana and South Korea: Lessons from world bank case studies May/June 1991, public administration and develpoment, pp245-255

77) Jiyoung Kim, WIDER Working Paper No. 2013/12 Aid and state transition in Ghana and South Korea, November 2013

국내정치에 대한 원조의 부작용을 최소화하는데 기여하였다. 즉, 한국은 외국원조가 국내산업에 직접적으로 투입되어 발전한 것이고 가나는 산업에 투입되지 않았음을 지적한 것이다.

아프리카 가나대학의 로이드 G. 아두 아모아(Lloyd G. Adu Amoah)교수는 2019년 발표한 한국-가나 경제관계 - 40년 후의 기록과 미래[78]라는 논문에서 가나와 한국은 1960년대에 1인당 GDP가 비교적 비슷했지만, 2017년 한국($29,742.839)은 가나($1,641.487)의 약 10배에 달하는 1인당 GDP를 달성할 수 있었다는 서문으로 시작하면서 한국과 가나의 발전요인을 경제 관계의 두드러진 특징과 원인을 조사하였다. 한국이 이 경제적 위업을 달성한 방법은 강력한 정책이라고 주장한다. 한국의 경제개발계획 등 국가가 경제에 적극 개입해 국내에 튼튼한 산업 기반을 창출하였으며 지속적인 산업화, 즉 발전지향국가(developmental state)를 가나와 다른 것으로 보았다.

필자는 박정희정부가 당시의 유망산업이었던 철강, 조선, 자동차산업등 중화학공업을 정하여 외자도입과 보조금, 조성금, 세금감면 등으로 국가산업으로 발전시킨 한국형산업정책의 특징을 가나 및 타국과 다른 점으로 보고 있다.

학자에 따라 그 논지가 조금씩 필자는 다르지만 가나(Republic of Ghana)를 당시의 시대적 배경과 함께 은크르마의 정책을 중심으로 살펴보기로 한다.

1) 가나의 간디 – 콰메 은크루마(Kwame Nkrumah)의 등장

가나(Ghana)는11세기에 아칸(Akan)족이 보노만 (Bonoman)을 세웠으며 17세기에 아샨티 제국(Ashanti Empire)은 강력한 통일 국가로 거듭났다.

78) Lloyd G. Adu Amoah, Ghana-Korea Economic Relations – The Record after 40 Years and the Future, AFRICAN AND ASIAN STUDIES 18 (2019) 6-39

15세기 이후 서구 식민 열강이 가나에서의 무역을 차지하기 위해 등장했는데 포르투갈은 '황금 해안(Costa do Ouro)'이라 불렀으며, 16세기에는 네덜란드령 황금해안이 설치되었고 17세기에는 수많은 사람들이 노예무역을 통해 아메리카 대륙으로 납치되고 팔려나갔다. 19세기에 대영제국이 영국-아샨티 전쟁(1823~1900)에서 승리하여 해당 지역을 식민지화하여 영국령 골드코스트(Gold Coast)로서 현재의 국경이 정립되었다.

1957년 영국의 직할식민지에서 가나가 독립 당시 탄탄한 농민 경제, 번영하는 중산층, 비교적 건전한 경제 및 사회 기반 시설이 있는 가나는 아프리카 발전을 이끄는 모범 사례로 널리 인정받았다. 그러나 얼마 지나지 않아 군사 쿠데타를 포함한 일련의 경제적 문제와 정치적 혼란을 경험하기 시작하기 시작한다. 오늘날 가나는 원조에 의존하는 국가이며 세계 은행의 부채가 많은 가난한 국가 HIPCs(Heavily Indebted Poor Countries, 중채무빈곤국, 重債務貧困國)중 하나이다. 반면, 한국은 가나와 같이 일본의 식민지에서 1945년 독립하였으나 1950년~53년 한국전쟁으로 국가의 모든 건물과 산업이 폭파되었으며 이승만정권이 학생들의 1960년 4.19혁명으로 물러나고 1961년 박정희 소장의 5.16 쿠데타가 이루어져 군사정권이 성립되었다. 한국은 1957년 가나와 같은 일인당 GDP였으나, 최근에는 연간 1조 달러 이상의 교역규모를 기록하며 세계에서 가장 가난한 국가에서 세계에서 11번째로 큰 경제국가로 변모했다. 또한, 2010년 경제협력개발기구(OECD)의 개발지원위원회(DAC)에 가입하면서 한국은 원조 수혜자로서 오랜 역사를 가진 OECD의 원조지원국가의 첫 번째 회원국이 되었다<그림 2-3참조>. 그리고 2021년 기준으로 35,168달러[79]로 가나는 2,336달러로 기록되었다. 물론 이 기준이 전부는 아니지만 이러한 흐름을 당시의 정치, 경제의 상황을 살펴보면 명확해진다.

79) World Economic Outlook - GDP per capita (IMF, 2021)

〈그림 2-3〉 한국과 가나의 년도별 1인당 GDP 성장

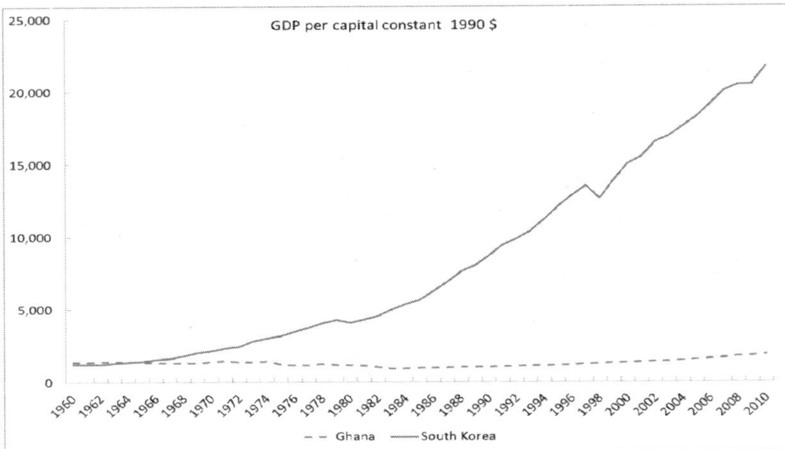

자료: Ghana and South Korea long term GDPpc, Simon Taylor's Blog www.simontaylorsblog.com

1957년은 가나의 독립을 승인받고 자치국가가 된 중요한 해이다. 독립 당시 세계는 가나를 경외했으며 가장 빠르게 번영할 것으로 기대되었던 것은 아프리카 국가 중 하나였다. 왜냐하면 가나는 세계 최고의 코코아 생산국이었고 서비스 무역을 위한 상당히 잘 발달된 기반 시설을 자랑하며 비교적 선진적인 교육 시스템을 보유하고 있었기 때문이다.

콰메 은크루마(Kwame Nkrumah)는 1940년대부터 가나 독립 및 아프리카 해방운동에 주도적 역할을 하여 1952년 감옥에서 총리로 당선되었고, 1957년에는 가나의 실질적인 독립을 이끌어내었다. 1953년 2월 9일 타임지의 표지에 등장한 은크루마는 비폭력으로 독립을 이루어냈다고 하여 가나의 간디로 불려졌다.[80]

---

80) Robert Addo-Fening, 'Gandhi and Nkrumah: A Study of Non-Violence and Non-Co-Operation Campaigns in India and Ghana as An Anti-Colonial Strategy', Transactions of the Historical Society of Ghana, Vol. 13, No. 1, June 1972, p.77

타임지의 은크르마

포항제철 중공식, 박정희와 박태준

1960년 가나가 독립 후, 은크루마는 국민투표를 통해 군주제를 폐지하고 가나의 초대 대통령으로 선출되었다. 그는 아프리카에서는 민주적으로 선출된 최초의 지도자가 되었으며 콰메 은크루마 대통령은 가나 경제의 명백한 안정성을 경제 다각화 및 확장을 위한 발판으로 사용하려고 했다. 세계 어느 나라보다 더 많은 수출 코코아와 경제적으로 실행 가능했다. 그 이유는 세계 금의 10%를 소유했으며 또한 상당량의 다이아몬드, 보크사이트, 망간 등의 지하자원을 보유하고 있으며 매장량은 5억 3,200만 달러 이상으로 평가되고 있었다. 유동성 자산은 장기 부채보다 7배나 더 컸다. 은크루마는 가나를 주로 농업 경제에서 농업과 산업이 혼합된 경제로 옮기는 과정으로 이전시키려 했다.[81]

코코아 수입을 담보로 사용하여 은크루마(Nkrumah)는 수입 대체품을 생산하고 가나의 많은 수출품을 처리할 산업을 설립하기 위해 대출을 받았다. 은크루마의 계획은 야심적이었고 세계 무역에 대한 가나의 취약성을 줄이려는 열망에 근거했다. 불행하게도 1960년대 중반에 코코아 가격이 폭락하면서 경제의 근본적인 안정이 무너지고 은크루마

81) Rooney, David (1988). Kwame Nkrumah: The Political Kingdom in the Third World. St. Martin's Press, pp181-182.

가 계획을 계속하는 것이 거의 불가능해졌다.

앞에서 설명한 바와 같이 1960년 7월에는 가나는 가나공화국이 되면서 은크루마는 초대 대통령에 취임했다. 그러나 민주주의의 상징이었던 은크루마는 독재화를 멈추지 않고, 1961년에는 물가 상승과 임금 불만으로 시위를 일으킨 공장 노동자들을 체포해 시위를 금지해 버렸다. 정권을 잡기 전까지는 시위 전술을 많이 사용하여 이용한 은쿠르마가 정권을 탈취한 후 완전히 변하여 탄압하면서 1962년 8월과 9월에는 은크루마는 군과는 별도의 조직으로서 사설 대통령 경호대를 조직하면서 이것에 불만을 가진 정규군과의 사이에 불화를 일으키는 원인이 되었다.[82] 이 시기의 가나의 대통령 관저는 철조망으로 둘러싸인 위에 엄중한 경계에 근거하여 놓이게 되었고 은크루마의 개인 숭배가 강제되면서 1964년 1월에는 마침내 야당을 금지하는 법안과 고등재판소의 판사를 대통령이 해고할 수 있는 법안이 국민투표에 걸려 90% 이상의 찬성표로 통과됨으로써 종신대통령 체제를 이룬다. 이와 함께 가나는 일당 독재제 국가가 되었다. 그러나 쿠데타에 의해 1966년 2월 24일에 서아프리카 기니(Guinea)로 망명하면서 은크루마는 13년간의 통치를 끝내고 가나를 떠났다.[83] 이와 같이 은크루마는 식민지 지배를 받는 지역이나 독립하지않는 아프리카 국가에의 지원을 적극적으로 실시했지만, 이것은 가나의 내정의 정체를 초래해, 결과적으로 골드코스트 시대, 아프리카에서 가장 선진적이었던 가나의 재정을 파탄나게 했으며 이는 쿠데타로 이어졌다. 은쿠르마는 권력을 사랑했으며 정치적으로나 다른 방식으로 그에게 어떤 형태의 반대도 원하지 않았다. 은크르마는 사회주의가 가나의 급속한 근대화를 위해 필요한 제도이

82) 片山正人「現代アフリカ · クーデター全史」叢文社 2005年 pp236-237

83) Nkrumah, Kwame (1972). "On the Coup in Ghana". The Black Scholar. 3 (9): pp23 - 26.

며 자유주의 시장경제 보다 더 나은 시스템이며 가나가 외국의 다국적 기업들의 관심을 없애는 것이 가나가 완전한 독립을 제공할 수 있다고 믿었다고 평가한다.

그러나 필자 또한 산업 자본주의가 발전되면서 새로운 중산층(기업가 계급)이 나타나면 민주주의 선거와 민주주의 요구를 경계했다고 보고 있다. 박정희도 1961년부터 1979년까지 정권을 잡아서 3선개헌으로 18년간의 정권을 잡았다. 은크르마는 식민지시절 민주주의 투쟁가에서 총리, 대통령이 되고 종신대통령이 되어 비슷한 면이 있는데 다른 점은 은크르마는 사회주의로 박정희는 자유시장경제로 그리고 은크르마는 산업화보다는 농작물중심의 수입대체화로 이어지면서 가나와 한국의 차이는 벌어지게 되었으며 특히 박정희는 정치적인 면에서는 독재로 알려져 있지만 중화학공업화와 산업화에서는 높이 평가받고 있는 점도 다르다.

2. 쿠데타로 이뤄진 군부정권 한국과 미얀마(버마)

1) 한국과 버마의 쿠데타

1961년 5월 16일 한국에서도 군사 쿠데타가 발생했으며 약 1년 뒤인 1962년 3월 2일 미얀마에서도 군사 쿠데타가 발생했다. 한국에서는 1961년 군사 쿠데타로 박정희 정권이 집권했고, 미얀마에서는 같은 해 네윈(Ne Win, နေဝင်း) 장군의 군사정부가 출범했다. 양국이 집권 방식은 같았으나, 집권 후 정책 방향은 전혀 달랐다. 박정희는 쿠데타 이후 1961년 5월 16일부터 1979년 10월 26일 암살당하기 전까지 18년간을 통치했고 네윈은 1962년 3월 2일부터 1988년 9월 18일 사임할 때까지 약 26년간을 통치했다.[84)]

네윈 장군

박정희 소장

1961년 5월 16일 박정희 육군 소장과 김종필 등 정군파整軍派 장교 중심으로 이루어진 군사 쿠데타가 성공하면서 이들은 군사혁명위원회를 조직하여 입법권·사법권·행정권의 3권을 통합·장악한다고 선언했다. 군사혁명위원회의 혁명 공약은 ① 반공을 국시로 삼고 반공 태세를 재정비·강화할 것 ② 미국을 위시한 자유우방과의 유대를 공고히 할 것 ③ 민생고를 시급히 해결하고 국가 자주 경제 재건에 총력을 경주傾注할 것 ④ 국토 통일을 위하여 공산주의와 대결할 수 있는 실력을 배양할 것 등이었다. 박정희를 비롯한 군부 세력은 한국 전쟁을 겪으면서 반공과 친미를 위주로 친미 반공 국가의 보루역할을 자임하였다는 점이다.

박정희는 미국 정부가 파견한 경제전문가들의 자문을 받아 정책 목표를 수출산업 육성에 두고 각종 경제정책을 과감히 개혁했다. 박정희 정부가 비록 사회주의 방식인 5개년계획을 추진했지만, 반공을 국시로 하다보니 민간 기업이 수출 활동의 주체가 됐고, 이들은 치열한 국제 시장에서의 경쟁을 통해 성장·발전했다. 한국은 1962년에서 1975년까지 GDP에서 차지하는 농업 비중이 45%에서 25%로 하락한 반면 제조

84) Robert H Taylor, General Ne Win: A Political Biography, Singapore: Institute of Southeast Asian Studies, 2015를 참고 할 것.

업 비중은 9%에서 27%로 증가했다. 그 결과는 국제사회에서는 대표적인 경제발전 성공사례로 알려진 '한강의 기적'이었다. 반면, 네윈 정부는 '버마식 사회주의'를 표방하면서 주요 기업을 국유화했고, 철저히 대내지향적 경제정책을 추진했다. 그러나 미얀마 경제는 저성장과 빈곤의 굴레에서 헤어나지 못하는 참담한 결과로 이어졌다. 이같이 한국과 미얀마에서의 상반된 결과는 시장경제와 사회주의경제의 차이에서 그 원인을 찾을 수 있다. 1960년의 1인당 GDP는 394.29달러였으며 한국은 1960년 79달러, 62년에는 87달러였다. 2022년 현재 미얀마는 1,285달러이고 한국 34,994[85])이다. 한국은 민주화와 더불어 1인당 국민소득 3만 4,994달러의 선진국으로 도약하였으나, 미얀마는 1인당 국민소득 1,285달러의 최빈국인 상태에서 군부독재, 민주화 시위, 그리고 군부에 의한 강경 진압이라는 악순환에서 벗어나지 못하고 있다.

2) 네윈의 버마식사회주의 (Burmese Way to Socialism)

1962년 3월 2일, 의회에서 소수 민족에 대한 자치권을 논의한 지 하루가 지나자 네윈 장군이 이끄는 군부가 쿠데타를 일으켰다. 그는 쿠데타를 일으킨 이유가 소수민족들 때문이라 보며 연방제를 폐지하고 우 누 등 구 정부 인사들과 소수민족 지도자들을 체포하겠다고 선언하여 버마족들의 박수를 받아냈다. 집권 뒤 네윈 지지파 장교들로 구성된 혁명위원회가 네윈을 보좌하며 국정을 수행했고, 1962년에 '버마사회주의계획당(BSPP)'을 발족하고 1964년부터 유일합법정당으로 인정받았다. 얼마 지나지 않아 권력을 장악한 군부에 의해 만들어진 혁명위원회는 사회주의 노선을 경제 발전의 모델로 채택하고, 국가의 해외

85) World Economic Outlook - GDP per capita (IMF)

영향력을 제거하고 군의 권력을 확대하는 것을 목표로 한다고 발표했다. 이것은 과학적 사회주의를 부인하고 불교(버마 사람들의 주요 종교)를 사회주의의 근간으로 삼았다. 네윈의 정책은 이데올로기의 관점에서, 소위 불교 사회주의에 크게 의존하였다. "버마 사회주의로 가는 길"이라는 제목의 소책자에서 그는 마르크스주의의 영향력을 인정하고, 물질주의에 반대하고, 대신 불교를 채택했으며, 버마 공산당과 대립하고 있었다. 1974년 2월 뉴스위크는 이를 "불교와 마르크스주의 논리의 융합"이라고 묘사했다. 버마식 사회주의는 버마 사람들의 경제, 교육 표준 및 생활 기준에 영향을 미쳤다. 미국에 본사를 둔 포드 재단과 아시아 재단, 세계은행과 같은 외국 원조 단체는 더 이상 이 나라에서 운영할 수 없게 되었다. 오직 정부 간 원조만 허용되었다.

그리고 서구보다는 사회주의 노선을 채택하다보니 당연히 소련의 노선을 받들게 되어 소련과 동구에 학생, 과학자 및 기술자를 파견시켰다. 버마 내에서는 재외자본과 재외문화는 '버마의 가치를 해치는'으로 기본적으로 거절 자세를 취했다. 특히 구 종주국의 영국에 대해서는 영향의 배제가 철저히 도모되었고, 1970년에는 대면 교통이 영국식의 좌측 통행에서 우측 통행으로 변경되었다. 또 그동안 버마 국내에서 활동했던 해외 기업, 세계은행 등 국제기관과 외국 각종 단체(미션스쿨을 운영하는 기독교 단체나 NGO 등)도 폐쇄와 추방이 되었다. 앞서 언급했듯이 농업에서는 완전한 국영화가 실시되지 않았지만, 소작농에서 지주로의 소작료가 폐지되었다. 이에 따라 영국 통치 시대부터 존재했던 인도계와 중국계의 지주가 생활기반을 잃고, 그 대부분이 중국과 인도로 귀국하게 되면서 경제적 기반이 사라지면서 1인당 GDP는 1980년부터 2000년 까지 평행선이나 마이너스를 기록하고 2005년부터 발전하여 1인당 GDP는 869달러(2012년), 1,000달러(2013년), 1,270달러(2014년)를 기록하였다<그림 2-4 참조>.

3) 버마 1970~2015년의 GDP인구

〈그림 2-4〉 버마 1970~2015년의 GDP인구

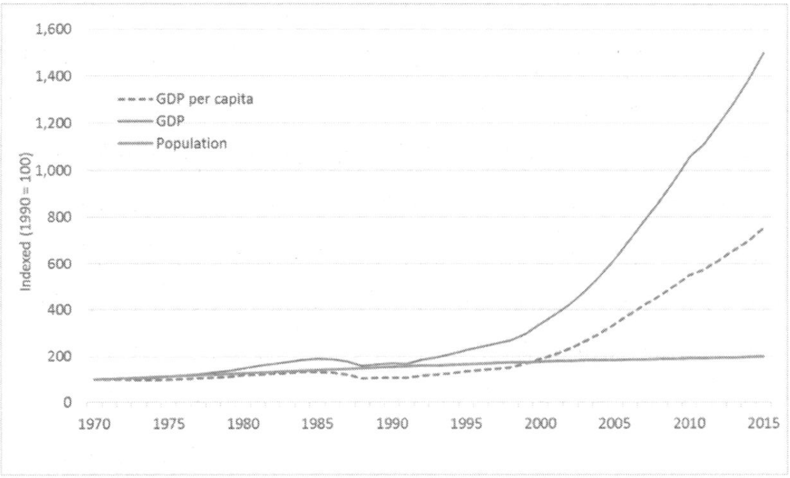

자료: IMF, OECD

1962년부터 1988년까지 정권을 잡았던 네윈 군사정권은 버마식 사회주의라는 국가기본요강에 근거하여 국유기업 주도의 통제경제에 의한 개발을 했다. 그동안 주요 산업의 기업·무역은 국가의 관리하에 놓여져 토지도 국유화되었다. 또한 산업화 정책에 의해 1960~1970년대에 공업은 일단 발전을 이루었지만 1980년대에 이르더라도 GDP에서 공업이 차지하는 비율은 10% 정도로 여전히 농업이 중요산업의 자리를 차지하고 있었다. 1인당 GDP는 1962년 159.18달러에서 1987년 219.20달러로 증가했으며, 이는 매년 약 1.3% 증가했는데[86], 이는 이 기간 동안 아시아에서 가장 약한 성장률이었으며 유엔에 의해 최빈국(最貧國, Least developed countries)으로 인식되었다. 그러나 IMF통계에 따르면

86) Thein, Myat (16 January 2018). Economic Development of Myanmar. Institute of Southeast Asian Studies. p. 86

2017년 미얀마의 GDP는 673억 달러이고 1인당 GDP는 추정 1,278달러로[87] 유엔 기준에서는 가장 가난한 국가인 최빈국을 벗어났으나 2021년의 군사쿠데타로 다시 최빈국상태로 갈 것으로 예상하고 있다.

앞에서 설명한 바 와 같이 1962년 쿠데타 후 버마 사회주의 계획당의 네윈의 독재 정권이 된다. 1974년에 국가명을 버마 연방 사회주의 공화국으로 개명했다. 아웅 산 수 치(Aung San Suu Kyi)를 중심으로 움직여 1988년 민중의 민주화운동(8888운동)으로 네윈 체제는 붕괴되었지만, 민주화를 우려한 버마국군이 쿠데타를 일으켜 군사정권을 시작하고 국명을 버마(Burma)에서 미얀마(Myanmar)연방으로 개칭했다.

2011년에는 2010년 총선에서 군사 정권이 정식으로 해산되어 명목상의 문민 정권이 발족했다. 이에 따라 아웅산 수치나 정치범의 석방과 함께 동국의 인권기록과 대외관계가 개선되어 무역 등 경제제재가 완화되었다. 또한 국가명을 미얀마 연방공화국으로 개명했다. 2020년 미얀마 총선에서 아웅산수치가 이끄는 민주주의민족동맹(NLD)이 압승하자 미얀마 군부는 두려움을 느껴 2021년 2월 1일 아웅산 수치 국가 고문과 대통령을 구속하고 비상사태를 선언했다.

3. 한국식 민주주의와 박정희

박정희는 본인의 저서 "국가와 혁명과 나"에서 52대 48을 주장하였는데 내용인 즉슨 당시의 미국의 자금은 국가예산의 52%인데 독립된 국가이면서도 통계상으로 보는 한국의 실제 가치는 48%에 불과하다는 것이었고 이를 돌파하기 위해서 경제적인 면에 있어서는 일본의 메이지유신(明治維新)과 독일의 라인강의 기적을 롤모델로 보고 있다. 특히 제8장 "5천 년 역사를 새롭게 쓰자" 라는 부분에서는 한국을 퇴

87) World Economic Outlook Database, October 2018" IMF

영과 조잡과 침체의 망국사로 보았다는 점이다.

그리고 분당을 일삼는 무리와 경제에 무관심한 과거를 없애고 민족주의를 강조하게 된다. 박정희는 민족주의로 억압적 권위주의 통치를 정당화하는 한편 국가안보·경제발전이라는 목표 추진을 내세워 반공, 한국적 민주주의를 주장했다. 집권 이후 박정희는 일관되게 민족주의를 주장했고, 반공주의적 입장을 고수했고 특히 끊임없이 서구식 민주주의를 부정하며 '민주주의의 한국화'를 주장하였다. 그리고 이후 독재로 들어서고 비운의 암살로 끝이 난다.

그러나 한국적 민주주의의 평가는 경제적으로 보면 박정희의 압축성장의 성공으로 보고 있으며 박정희의 산업화(압축성장)가 성공하여 김영삼, 김대중의 민주화로 이어졌다고 보는 학자들도 있다.[88] 박정희가 주장한 '한국식 민주주의'는 10월 유신을 지칭한 것 이었으므로 오히려 민주주의를 억압하였으며 유신헌법으로 영구집권을 추구한 '한국식독재'라고 표현하기도 하며 박정희의 독재를 '한국식 민주주의'라는 궤변으로 포장한 것에 지나지 않는다고 주장하는 사람들도 많다.

제3절 한국주식회사의 명암

1. 한국주식회사의 등장

이러한 경제성장 모델에 의한 한국경제는 '제2의 일본'으로 불려 지며 '한국주식회사'로 인식되었다. OECD에서조차 '한국의 기적'으로 불려 졌던 경이적인 성장은 후발국의 모델로 받아들이기까지 하였다. 특히 1960년대 후반부터 대우, 율산, 롯데, 농심, 삼양, 대한항공 등 수

88) 김인규 지음, 박정희, 압축 민주화로 이끌다, 기파랑 펴냄, 2015

많은 회사가 창업되어 발 빠르게 움직이며 1970년대와 1980년대를 이기면서 수출에 힘 써온 덕분이라 할 수 있다. 당시의 창업자들의 열정적인 기업가정신은 감동적이지 않을 수 없다. 이 당시의 기업가정신은 세계적으로 뒤지지 않을 만큼 환상적이며 역동적이었다.

그러나 이러한 역동적인 면 때문에 국제경쟁력을 가진 삼성, 현대, LG 등 다국적기업을 배출하였으나 중소기업과 하도급기업들과의 이중경제 때문에 국내경제는 비효율적인 경제의 양극성이 초래되었다.

또한 한국의 눈부신 경제성장은 기업가정신에 의해 이루어졌지만, 기업가정신을 후원한 것은 한국정부중심의 한국형 산업정책과 관련이 깊다. 현대그룹을 오늘날까지 존재케 한 현대건설은 한국정부의 고속도로와 밀접한 관계가 있었고 조선, 철강 등의 중공업도 한국정부의 정부 주도와 기업가의 기업가정신이 혼합된 것이었다.

한국정부 주도로 이루어진 경제성장의 특징은 일본의 경제성장 모델과 다른 자원부족국가인 한국으로서 가야할 정석이라고도 표현하기도 하지만 이를 요약하면 다음과 같다.

① 농업국가에서 공업국가로 가기위해 대기업 중심, 중화학공업 중심의 특정 산업정책
② 외국인 직접투자의 제한 등을 통한 국내산업의 보호와 발전
③ 수출중심정책에 의한 국민소득증대
④ 기업가정신을 이끌기 위한 정부의 조세감면정책과 보조금정책
⑤ 정부의 특화산업지정으로 창업분위기 유도

이러한 정책은 정부주도의 경제를 강화시키는 많은 수단을 통해 이행되었다. 그러나 후진국에서 중진국으로 가기 위한 정석이 공업국가였기 때문에 대기업 중심의 산업중심정책을 이룩하다보니, 중소기업

과의 양극화를 이루어 이중경제현상을 유지하게 되었다.

또한 <표 2-5>을 보면 산업별 수출구조의 변동추이를 알 수 있듯이 1970년 경공업이 수출의 70%(69.6%)를 중화학공업이 13%(12.8%)를 차지하였으나, 1990년대에는 경공업이 약 40%(39.8%)로 떨어지고 중화학공업도 54.4%로 증가하였고, 2004년도에는 경공업이 12%(11.7%)이고, 중화학공업이 82%를 차지하게 되었다.

그리고 1970년에 전체 수출의 비중이 각각 40.8%와 12.2%를 차지하였던 섬유와 가발산업은 해를 거듭할수록 섬유산업은 40.8%(1970년)에서 10.3%(2000년), 가발산업은 12.2%(1970년)에서 0.2%(1990년)로 감소한 반면 전기·전자산업은 3.4%(1970년)에서 36.0%(2000년)로 철강산업은 1.6%(1970년)에서 7.3%(2004년)로 석유화학 제품산업은 2.0%(1970년)에서 12.5%(2000년)로 증가하였다.

2000년대 들어서는 선박, 승용차, 반도체 등이 차지하는 비중이 증가하였는데, 선박산업은 0.3%(1970년)에서 6.0%(2004년)로 승용차산업은 0.3%(1980년)에서 9.7%(2004년)로 증가하였으며, 반도체산업은 3.0%(1980년)에서 10.4%(2004년)로 증가하였다.

〈표 2-5〉 수출구조 변화추이

(단위: 백만 달러, %)

		1970	1980	1990	2000	2004	2005	2006
경, 중공업	경공업	581.6 (69.6)	8,650.3 (49.4)	25,890.7 (39.8)	30,286.2 (17.6)	29,625.7 (11.7)	26,346.4	26,873.8
	중화학 공업	107.1 (12.8)	7,261.8 (41.5)	35,375.2 (54.4)	127,617 (74.1)	208,034 (82.0)	236,247.	270,352.
주요상품	섬유류	341.1 (40.8)	5,014.3 (28.6)	14,065.2 (21.6)	17,667.7 (10.3)	14,143.2 (5.6)		
	가발과 눈썹	100.9 (12.2)	55.6 (0.3)	104.5 (0.2)	52.1 (0.0)	27.3 (0.0)		
	합판	91.9 (11.0)	352.2 (2.0)	36.9 (0.1)	47.2 (0.0)	35.8 (0.0)		
	전기, 전자제품	28.8 (3.4)	2,003.8 (11.4)	15,015.7 (23.1)	62,043.0 (36.0)	87,769.7 (34.6)	88,268.9	89,799.8
	철강 제품	13.4 (1.6)	1,651.3 (9.4)	5,366.1 (8.3)	11,362.5 (6.6)	18,614.3 (7.3)	22,474.1	27,168.8
	석유화학 제품	16.3 (2.0)	809.0 (4.6)	2,824.3 (4.3)	21,474.9 (12.5)	30,877.4 (12.2)		
	선박	2.5 (0.3)	617.6 (3.5)	2,800.6 (4.3)	8,229.4 (4.8)	15,321.3 (6.0)	17,231.5	21,492.9
	승용차	0.1 (0.0)	49.9 (0.3)	1,278.6 (2.0)	11,101.6 (0.6)	24,576.9 (9.7)	27,180.4	30,496.2
	반도체	..	518.4 (3.0)	4,540.6 (7.0)	26,006.2 (15.1)	26,515.9 (10.4)	29,986.4	33,230.2
	컴퓨터	..	..	2,525.5 (3.9)	14,517.0 (8.4)	16,377.3 (6.5)		
주요 수출국	미국	395.2 (47.3)	4,606.6 (26.3)	19,360.0 (29.8)	37,610.6 (21.8)	42,849.2 (16.9)	41,342.6	43,183.5
	일본	234.3 (28.1)	3,039.4 (17.4)	12,637.9 (19.4)	20,466.0 (11.9)	21,701.3 (8.5)	24,027.4	26,534.0
	중국	-	-	-	18,454.5 (10.7)	49,763.2 (19.6)	61,915.0	69,459.2

자료: 숫자로 보는 광복 60주년 한국은행보고서, ( )는 총 수출액에 대한 구성비.

〈표 2-6〉 한국의 10대 수출품목 변화

(단위: 백만불)

	1996		2000	
	품목명	금액	품목명	금액
1위	반도체	15,237	반도체	26,006
2위	자동차	10,468	컴퓨터	14,687
3위	선박해양구조물및부품	7,208	자동차	13,221
4위	영상기기	5,550	석유제품	9,055
5위	컴퓨터	5,462	선박해양구조물및부품	8,420
6위	금은및백금	5,415	무선통신기기	7,882
7위	인조장섬유직물	5,254	합성수지	5,041
8위	의류	3,970	철강판	4,828
9위	석유제품	3,738	의류	4,652
10위	철강판	3,649	영상기기	3,667
10대품목수출액	-	65,951	-	97,459
총수출액 대비비중(%)	-	50.8	-	56.6
	2005		2010	
	품목명	금액	품목명	금액
1위	반도체	29,986	반도체	51,464
2위	자동차	29,506	선박	47,112
3위	무선통신기기	27,495	유무선전화기	37,567
4위	선박해양구조물및부품	17,727	석유제품	31,862
5위	석유제품	15,366	승용자동차	31,782
6위	컴퓨터	14,117	액정디바이스	29,577
7위	합성수지	10,304	자동차부품	18,963
8위	철강판	10,215	플라스틱제품	16,462
9위	자동차부품	8,453	유무기화합물	14,448
10위	영상기기	7,430	가전제품	13,618
10대품목수출액	-	170,599	-	292,855
총수출액 대비비중(%)	-	60.0	-	62.8
	2015		2018	
	품목명	금액	품목명	금액
1위	반도체	62,717	반도체	126,706
2위	자동차	45,794	석유제품	46,350
3위	선박해양구조물 및 부품	40,107	자동차	40,887
4위	무선통신기기	32,587	평판디스플레이및센서	24,856
5위	석유제품	32,002	자동차부품	23,119
6위	자동차부품	25,550	합성수지	22,960
7위	평판디스플레이 및 센서	21,915	선박해양구조물및부품	21,275
8위	합성수지	18,418	철강판	19,669
9위	철강판	16,458	무선통신기기	17,089
10위	전자응용기기	10,038	컴퓨터	10,760
10대품목수출액	-	305,586	-	353,671
총수출액 대비비중(%)	-	58.0	-	58.5

자료: 수출통관자료

<표 2-6>의 10대 수출품목의 약 20년간의 변화를 살펴보면 흥미 있는 자료가 눈에 띤다. 한국의 수출품목 중에서 1996년부터 반도체가 1등으로 등장하였는데 1996년도에는 152,378백만달러로 전체의 23%에서 2018년도에는 126,706백만달러로 전체 10대 품목의 353,671 달러의 약 35.8%를 차지할 정도로 반도체가 성장하였다는 점이다. 그리고 석유제품도 1996년도에는 -3,738로 전체의 65,951달러의 5%에서 2018년도 46,350으로 전체의 13%로 성장, 1996년도 자동차는 10,468 -15% 로 2018년에는 11.5%로 감소하였다.

2015년부터 등장한 평판 디스플레이 및 센서가 21,915로 전체의 305,586 7%, 2018년도에는 24,856로 7%를 유지하면서 5위를 기록하고 있다.

〈표 2-7〉 한국의 주요수출국 변화

년도 (순위)	총수출액 (백만불)	국가	10개국 수출액 (백만불)	비중 (%)
2020년	**84,358**		**59,381**	**70.4**
…1위		중국	18,553	22.0
…2위		미국	11,726	13.9
…3위		베트남	8,034	9.5
…4위		홍콩	4,744	5.6
…5위		일본	4,733	5.6
…6위		말레이시아	2,979	3.5
…7위		인도(인디아)	2,617	3.1
…8위		싱가포르	2,273	2.7
…9위		대만	2,269	2.7
…10위		멕시코	1,453	1.7
2015년	**526,757**		**351,489**	**66.7**
…1위		중국	137,124	26.0
…2위		미국	69,832	13.3

년도 (순위)	총수출액 (백만불)	국가	10개국 수출액 (백만불)	비중 (%)
…3위		홍콩	30,418	5.8
…4위		베트남	27,771	5.3
…5위		일본	25,577	4.9
…6위		싱가포르	15,011	2.8
…7위		인도(인디아)	12,030	2.3
…8위		대만	12,004	2.3
…9위		멕시코	10,892	2.1
…10위		호주	10,831	2.1
2010년	**466,384**		**290,885**	**62.4**
…1위		중국	116,838	25.1
…2위		미국	49,816	10.7
…3위		일본	28,176	6.0
…4위		홍콩	25,294	5.4
…5위		싱가포르	15,244	3.3
…6위		대만	14,830	3.2
…7위		인도(인디아)	11,435	2.5
…8위		독일	10,702	2.3
…9위		베트남	9,652	2.1
…10위		인도네시아	8,897	1.9
2005년	**284,419**		**186,382**	**65.5**
…1위		중국	61,915	21.8
…2위		미국	41,343	14.5
…3위		일본	24,027	8.4
…4위		홍콩	15,531	5.5
…5위		대만	10,863	3.8
…6위		독일	10,304	3.6
…7위		싱가포르	7,407	2.6
…8위		영국	5,339	1.9
…9위		인도네시아	5,046	1.8
…10위		말레이시아	4,608	1.6

자료: http://stat.kita.net/stat/world/major/KoreaStats06.screen

<표 2-7>는 최근 30년간의 주요 수출국의 변화를 나타내고 있는데 흥미로운 점은 1990년도만 해도 1위가 미국 29.8, 일본 19.4, 홍콩 5.8, 독일 4.4, 싱가포르 2.8%를 유지했는데, 1995년도에는 미국, 일본, 홍콩, 중국, 싱가포르로 중국이 4위로 부상했다.

2000년도에는 미국, 일본, 중국, 홍콩, 대만으로 중화권이 등장, 2005년도에는 중국, 미국, 일본, 홍콩, 대만, 2010년도에는 중국, 미국, 일본, 홍콩, 싱가포르, 2015년도에는 중국, 미국, 홍콩, 베트남, 일본으로 베트남이 갑자기 부상하고 일본이 5위로 밀리기 시작하였다.

2020년도를 살펴보면 중국이 전체의 22%로 전체1위, 미국은 13.9%로 2위, 베트남이 9.5%로 3위, 홍콩이 5.6%(4,744백만불)로 4위, 일본은 5.6%(4,733)로 5위가 되면서 일본은 홍콩보다 밀리면서 한국에서의 일본은 정치·경제 모든 면에서 우위를 잃고 있다.

특히 미국과 일본의 순위변천과 중국과 베트남의 등장은 흥미로운 점이라 하겠다.

따라서 현재의 우리나라의 수출산업 구조를 살펴보면 전기, 전자, 반도체, 승용차, 석유화학 등의 산업이 전체 수출의 80% 정도를 차지하고 있다. 반면에 산업 초기에 수출비중이 컸던 경공업은 11.7%로 감소하였음을 알 수 있다.

수출국도 1970년대 미국 47%, 일본 28%였고 1990년대에는 미국 29.8%, 일본 19.4%였는데, 2000년에 들어오면서 중국의 영향이 커져 2004년에는 중국 19%, 미국 16.9%, 일본 8.5%로 한국의 수출대상국이 미국, 일본에서 중국으로 이동하고 있음을 보여준다.

2. 정부주도의 한국경제와 반기업정서
- 글로벌기업가 정신지수의 순위 -

한국 경제가 글로벌 자국중심주의의 확산과 4차 산업혁명이라는 대격변에 대응하는 데 가장 큰 걸림돌은 '반기업 정서'라는 지적이 나오고 있다.

한국경영자총협회가 2020년 3월 민간 기업 109곳을 대상으로 조사한 결과 응답 기업의 93.6%는 '우리 사회에 반기업 정서가 존재한다'고 답했으며 76.5%는 반기업 정서가 '이전보다 심화됐거나 유사하다'고 답했다는 내용이 나온다.

우선 반기업 정서의 가장 큰 문제점은 이것이 기업가 정신의 저하로 이어지기 때문이다. 대한상공회의소가 발표한 보고서[89] '한국 기업가 정신의 현황과 시사점'(1971~2003년)[90]에 의하면, 한국의 기업가정신 지표는 1970년대(32), 80년대(22), 90년대(9), 2000년대(6)로 낮아지고 연도별로는 1977년 72.3으로 정점을 기록한 이후 80년대, 90년대 들어서 위축되다가 1998~99년의 -20을 기록한 IMF 금융위기를 거쳐 2001년(4.6), 2002년(6.6), 2003년(7.1) 수준을 유지하고 있다는 것이다. 실제 2019년 글로벌기업가정신발전기구(GEDI)에 따르면 한국의 글로벌 기업가정신 지수 (Global Entrepreneurship Index, GEI)지수의 순위는 미국(86.8) 스위스(82.2)에 뒤떨어진 것은 말할 것도 없이 한국(58.1)은 21위로 밀려나 18위 대만(62.1)이나 남미의 칠레(58.3)보다 뒤떨어진 것으로 나타나 있다.

---

89) 대한상공회의소, '한국 기업가정신의 현황과 시사점' CEO 리포트, 2005

90) (기업가정신지표(%)=(사업체수증가율+설비투자증가율+민간연구개발비증가율)/3)

2019년 글로벌 기업가정신 지수(GEI)

순위	국가	지수		순위	국가	지수
1	미국	86.8		9	아일랜드	73.0
2	스위스	82.2		12	이스라엘	67.9
3	캐나다	80.4	…	18	대만	62.1
4	덴마크	79.3		19	칠레	58.3
5	영국	77.5		21	한국	58.1

자료 : GEDI

반면 스위스(2위), 네덜란드(8위), 이스라엘(12위) 등 강소국들은 상위권에 포진해 있다. 반기업 정서를 해소하고 각종 규제를 철폐해 기업가 정신을 높이면 세계 10위권의 한국 경제가 한 단계 더 도약할 수 있다는 의미로 해석할 수 있는 대목이다.

2018년에 발표한 글로벌 기업가정신 지수(Global Entrepreneurship Index, GEI) 점수와 등수는 아래 표의 GEI와 GEI rank에서 확인할 수 있다. 전반적으로 선진국, 경제 자유도가 높은 나라들이 등수가 높다는 것을 알 수 있다.

글로벌기업가정신발전기구(GEDI)에서는 기업가정신 지수를 14개 요소로 측정한다. 이들 14개 요소를 다시 3개의 큰 요인으로 묶고 있다. 기업가에 대한 태도(표에서 ATT, Entrepreneurial Attitudes), 기업가적 능력(표에서 ABT, Entrepreneurial Ability), 기업가적 열망(표에서 ASP, Entrepreneurial Aspiration)이다.

기업가에 대한 태도(ATT)는 돈을 벌 수 있는 사업 기회를 찾아내는 것, 기업가를 개인적으로 아는 것, 기업가에게 높은 사회적 지위를 부여하는 것, 창업 관련 위험을 부담하는 것, 사업을 성공시킬 역량을 보유하는 것에 대해 국민들이 어느 정도 긍정적으로 평가하는지를 측정한 것인데 우리나라는 20등을 기록했다.

기업가적 능력(ABT)은 해당 국가의 신규 업체 중에서 대학원 이상의 교육을 받은 사람이 창업한 기업, 제품과 서비스의 독특성이 높은 기업, 치킨가게 같은 생계형이 아닌 큰 수익을 낼 수 있는 기회 추구형 기업의 비율로 측정한 것이다. 창업의 질을 측정한 것이라고 보면 된다. 우리나라는 29등이다. 프랜차이즈 가맹점이나 식당 같은 것이 상대적으로 많고 대기업으로 성장할 수 있는 기회 추구형 기업의 비율이 상대적으로 적다는 것을 의미한다.

기업가적 열망(ASP)은 창업 초기 단계 기업가들이 새로운 제품이나 서비스를 출시하거나, 새로운 생산 기술을 개발하거나, 해외 시장을 공략하거나, 직원의 수를 대폭 늘리거나, 벤처캐피털로부터 자금을 투자 받으려고 노력하는 정도를 측정한 것이다. 이것도 27등이다.

왜 이렇게 기업가의 태도, 열망, 능력이 낮은 것인가 바로 GEDI에서는 14개 요소로 기업가정신 지수를 측정하는 데 우리나라는 14개 요소 중에서 사회적 지원(Cultural Support)이 가장 낮은 것으로 나왔다. 국민들이 기업가에 대해 높게 평가하지 않고, 기업가가 되는 것을 좋은 선택이라고 보지 않는다는 것이다. 우리나라는 밤새워서 창업을 하지 않고 밤새워서 공무원이 되려는 길을 선택하다보니 기업가의 길을 높이 평가하지 않고 지원보다는 규제하거나 무시하려는 정책이나 문화가 만연하다는 것이다. 이런 상황에서는 창업기업이 대기업으로 가기 어려운 상황이다.

우리나라는 아직도 많이 없어졌지만 사농공상 문화가 아직도 남아 있다고 볼 수 있다. 우수한 인재들이 민간 기업으로의 취직보다는 공직을 선호하고 창업을 꺼리며 창업하는 사람을 높이 평가하지 않는다는 점이다. 그래서 부모들은 자식들에게 공부 열심히 해서 공무원, 판사, 변호사, 교수, 의사가 되라고 한다. 공대합격생이 공대를 자퇴하고 의대로 가려한다거나 상경대 학생들이 취직하기 위해 재수하는 것을 보면 이런 문화를 이해할 수 있다. 우리나라 부모 중에서 자식들에게는 창업을 권유하는 부모는 거의 없다. 창업하여 기업인이 되어 큰 기업을 일으키고, 국가에 봉사하는 것 보다는 창업하면 힘들고 망한다는 의식이 많기 때문이다.

1997년 당시 넛 크래커(Nut-cracker) 현상은 우리나라 기업이 처한 수출환경을 지적하는 말이었는데 점차 일본 등 선진국에는 기술과 품질이 떨어지고 중국등 개발도상국에는 가격 경쟁력이 없는 나라 경제의 단점을 대변하는 말로 자리를 잡았다. 다시 말하면 우리나라가 일본 등 선진국에는 기술과 품질 경쟁에 밀리고 중국 등 개발도상국에는 가격 경쟁에 밀리는 신세로, 주로 한국의 수출산업이 처한 상황을 대변하는 용어로 많이 쓰였다. 또 한국이 도저히 외환위기를 극복할 수 없다는 의미가 저변에 깔려 있는 용어이다. 그러나 반도체, 가전제품, 휴대폰 등에서 세계 최고의 정보기술로 무장하여 각 분야에서 글로벌 톱 10으로 자리 잡은 기업들과 자동차, 제철, 조선, 항공 등의 분야에서 글로벌 톱 10 후보군으로 약진하다보니 우리나라는 IT 분야에서 급속한 발전을 이루며 세계적인 정보기술 국가로 발전했다. 이시기에 삼성이 소니를 누르고 강자로 등장한 것은 넛 크레커란 단어를 깨부순 사건으로 보고 있으며 '가격은 일본보다 낮고, 기술은 중국보다 앞섰다'고 하여 '역넛크래커 현상'이라고 부르기도 한다.

사례: 한국여성의 노동참여율

한국 여성의 노동시장 참여율은 1963년 34.4%에서 1990년 40.4%로 늘었으며, 2004년 현재는 53.9%로 OECD 평균 60.1%에 훨씬 못 미치고 있다. 이는 OECD 국가 가운데 터키(29%), 멕시코(43%), 그리스(54%)를 제외하고는 가장 낮은 수준이다. 뒷부분 첨가 2016년에는 63%로 증가했지만 이 역시 이는 OECD 국가 가운데 가장 낮은 수준이다. 피에르 포르탕(Pierre Fortin) 캐나다 퀘벡주립대학 몬트리올 캠퍼스(UQAM) 경제학과 교수는 퀘벡주가 지난 20년간 운영해온 보육 프로그램의 경제적 효과에 대해 연구했다. 한마디로 이야기 하면 여성과 보육의 권위자 이다. 그가 얻은 결론은 '1달러를 쓰면 1.75달러로 돌아온다'이다. 이데일리기사를 참고 하면 다음과 같다. 포르탕 교수는 "퀘벡 여성의 노동시장 참여율은 2016년 현재 85%로 전 세계 1위다. 특히 1997년 시작한 정부의 공보육 확대정책으로 0~5세 아이를 가진 여성의 노동시장 참여율은 20년 전보다 16% 포인트 가까이 수직 상승했다"며 "같은 기간 다른 캐나다 연방정부 여성의 노동시장 참여율이 67%에서 71%로 고작 4%포인트 늘어난 것과 대비된다"고 말했다. 노동시장 참여율 85%, 20~44세 여성 10명 중 8.5명이 일을 하고 있다는 뜻이다. 대표적 복지국가인 스웨덴이나 네덜란드, 덴마크 등이 80~84%로 퀘벡보다 낮고 미국은 73%다. 한국은 63%로 경제협력개발기구(OECD) 중 꼴찌다.

크리스틴 라가르드 국제통화기금(IMF)총재가 "여성의 노동시장 참여율을 높이면 한국의 국내총생산(GDP)이 10% 더 늘어날 수 있다"고 주장했다. 2017년 9월 7일 서울 종로구 포시즌스호텔에서 열린 '2017년 기획재정부-한국은행-IMF-피터슨연구소 국제 컨퍼런스' 개회사에서 밝혔다. 그녀는 아시아가 부상하고 발전함으로써, 2007년에서 2016년까지 글로벌 성장의 56퍼센트를 기여했지만 노동시장에서 성별 차이를 줄이는 경우, 일본은 9퍼센트, 한국은 10퍼센트, 인도는 27퍼센트까지 GDP를 증가시킬 수 있다고 주장했다. 우리에게 주장하는 바가 크다. 작지만 강한 나라 '강소국' 스위스 인구는 800만 명에 불과하다. 적은 인구에 국가 면적도 4만 1,277㎢로 우리나라 크기의 41% 수준이다. 반도 안 되는 셈이다. 2012년 경제협력개발기구(OECD) 통계에서 스위스 전체 고용률은 79.4%로 80%에 육박한다. 여성 고용률도 일찌감치 70%를 넘긴 73.6%이다. OECD 평균 여성 고용률은 57.2%이다. 작은 국가 특성상 자원인 노동력을 잘 이용하고 있는 셈이다. 스위스가 유럽 내 '히든챔피언'이라 불리는 원동력이기도 하다. 스위스 정부는 노동정책에 있어 적극적으로 양성평등을 강조하고 있다. 1982년 연방 헌법에 양성평등을 원칙으로 정하고 1988년 양성평등처(The Federal Office for Gender Equality)를 신설한 후 1996년 양성평등과 관련 연방이 고용차별금지법을 제정했다. 연방은 주기마다 양성평등 모니터링 조사를 실시해 각종 관련 수치를 공개하고 있다. 2011년 국가 양성평등 수준을 나타내는 세계경제포럼(WEF)이 발표한 성격차지수(GGI)에서 136개국 중 스위스는 9위로 줄곧 10위권 내다. 한국은 111위였다.

제 4 장

근대화과정에서의 기업가정신의 검토

제 4 장
근대화과정에서의 기업가정신의 검토

제 1 절 근대화의 정의

일반적으로 사회과학에서 근대화라는 단어에 대해 접할 경우 우선 그 용어설명에 우선 시간을 들여야 한다. 일반적으로는 근대화란 근대적으로 되는 것(Decoming Modern)을 말한다. 그렇다면 근대적이라는 것은 무엇인가? 근대적이라는 것은 역사상의 시대 구분으로서의 근대(The Modern Time)를 의미하며 근대적인 것(The Modernity)을 의미하기도 한다.

근대는 구체적인 역사 사실, 특히 근대화라는 역사 과정이 시작된 장소인 서양의 역사 사실과 관련이 깊다. 그러나 지금은 서양사(西洋史)의 사실로 근대로부터 추출되어진 것이 지금에는 서양 이외의 사회들에도 확대되어짐으로써 서양이라는 특정의 장소를 벗어남으로써 일반적인 개념화를 지칭한다.

1950년대에서 사회학자들을 중심으로 산업화를 중심으로 한 이론화가 행해졌지만 가장 많이 사용된 개념은 근대화였다. 근대화이론은 전후

1960년대를 중심으로 시작되었는데 그 중심개념은 경제성장이었다.91)

또한 한정적으로 산업화가 기술적, 경제적 측면에서의 발전에 관한 것으로 인식되는 것을 반대하는 개념으로 근대화가 정치적, 사회·문화적 측면의 발전에 관한 것으로서 한정적으로 사용되기도 하였다.92)

그리고 근대적 인간이라는 인간의 개성으로 사용되기도 하거나 사회변동을 중심으로 사용되기도 하였다. 본서에서는 근대화를 모든 것을 총칭하는 일반화의 개념으로 사용하여 사회진화의 개념으로 사용하기로 한다.

보통 '근대화'(Modernization)란 말은 전통적 사회의 체제가 와해, 또는 해체되어 근대사회가 형성되는 과정으로 논의되는 것이 일반적이라 할 수 있다. 물론, 이 '근대화'라는 단어 속에는 "봉건제도로부터 자본주의에로의 이행"을 지칭하는 것은 말할 것도 없이 토착사회의 공동체제도의 해체의 과정도 포함된다고 할 수 있다. 전통적 사회의 토대를 만드는 전근대적 공동체의 기본 형태는 토지보유관계가 그 경제적 형태의 주를 이루고 있다. 또한 후진국에서 후진국이 아닌 상태로 바뀌는 과정으로도 표현되고 있다.93)

이러한 정의로만 미루어 보더라도 근대화는 다양한 차원(Dimension)을 갖고 있다고 하겠다. 따라서 근대화라는 의미는 학자에 따라 그 정의가 다른 것은 말 할 필요도 없고 국가의 처해진 입장에 따라, 또는

---

91) Lewis, W. Arthur, The Theory of Economic growth, London, George Allen & Unwin, 1959.
Hoselititz, Bert F., Socialogical Aspects of Economic Growth, Free Press, 1960.
Walt W. Rostow, The Stage of Economic Growth, Cambridge University Press, 1960.

92) Benedix, Reinhard, Nation-Building and Citizenship, Newyork, Wiley, 1964.
Apter, David E., The Politics of Modernization, University of Chicago Press, 1965.

93) 고승제, 한국근대화론, 한국사상사, 1976.
이 점에 관해서는 B. F Hoselitz and W. E. Moore (eds), Industrialization and Society (Unesco_Moution), 1963을 참고할 것.

그 시대에 따라 근대화의 의미도 다양성을 갖고 있다.

서양권에서 '근대화'라는 의미는 서구의 자본주의 내지 시민사회의 경제 또는 사회현상을 지칭하는 것으로 사용되고 있다. 따라서 일부의 국가에서의 근대화는 서양화(Westernization)를 의미하는 것으로 해석되기도 한다. 동양권의 후발공업국 일본의 근대화도 어떤 의미에서는 서양화(서구화)를 생각하였고 서구의 수준에 도달하는 것을 근대화라고도 하였다. 그러나 근대화는 사회주의 체제로 근대화를 이룩한 국가도 있으므로 자본주의 경제만을 고려하는 것은 직접 관계가 없다고 하겠다.

또한 서구권 이외의 근대화는 과학, 기계의 발달과 기술의 발달에 의해 경제수준이 발달되는 '경제의 근대화'와 전통적 사회, 문화, 관습으로부터 탈피하는 인간의 정신적인 '사회의 근대화'로 분류될 수가 있다.

로스토우(W. W Rostow)는 근대화를 경제발전의 진화론적 단계과정[94]으로 보았으며, 스멜서(N. J Smelser)에 있어서의 근대화는 경제성장에 수반된 사회구조가 점차 분해되는 과정이며 이분화에서 비롯한 여러 가지 문제들을 나누어 가는 과정[95]으로 인식하였다. 또한 레비(M. J Levy)는 근대화의 정도를 전체인구가 특정소속을 공유하고 있는 정도로 규정하고[96] '더 근대화된 사회'와 '덜 근대화된 사회'로 구분하고 있다. 이처럼 근대화는 경제성장만을 의미하는 것은 아니며 전통에서 근대성으로 이행하는 과정이며 사회구조의 변동을 포함하는 것으로 해석하여야 한다.

---

94) Walt W. Rostow, The Stage of Economic Growth, Cambridge University Press, 1960.

95) Neil S. Smelser, "Mechanism of Change and adjustment to Change" in Bert F. Hoselitz and Wilbert E. Moore (eds), Industrialization and Society.(The Hague: UNESCO and Moution) 1963. pp.32-54.

96) Marion J Levy Jr., "Social Patterns (Structure) and Problems of Modernization", Wilbert E Moore AND Robert M Cook (eds) Reading on Social Change Prentice Hall., Englewood Clifts N. J. 1967, pp.189-208.

근대화의 개념 및 정의가 각계에 걸쳐 다르게 사용되고 있으나 주목해야 할 점은 근대화는 다른 나라에 의해 이루어지는 것이 아니고 자국의 힘에 의해 이루어지는 것이기 때문에 내셔널리즘이나 민족주의와도 관계가 깊다고 하겠다.97)

제 2 절 근대화과정과 기업가정신

일반적으로 근대화란 말은 전통적 사회의 체제를 유지하는 제제도가 해체되어 근대사회가 형성되어 가는 과정으로 논의되어진다. 근대화는 봉건제로부터 자본주의에로의 이행은 물론 공동체제제도의 종국적인 해체도 포함되기 때문에 학자에 따라, 시대에 따라 그 의미도 다양하게 사용되므로 한마디로 논하는 것은 쉽지 않다.

일반적으로 근대화는 서구의 자본주의 내지 시민사회의 경제 또는 사회현상을 지칭하는 것으로 사용되고 있다. 그래서 근대화는 서양화(Westerni-zation)를 의미하는 것으로 해석되기도 한다. 그러나 한·일 양국에서의 근대화는 서양화보다는 서구의 자본주의로 대표되는 경제의 근대화를 의미한다. 한국과 일본의 경우에는 구미제국과는 달리 강력한 부르주아적 시민계급의 생성·발전에 의해 이루어진 근대화와는 다르기 때문에 공업화(Industrialization) 중심의 서구화, 즉 경제근대화를 의미한다.

97) 1950년대 말과 60년대 초에 근대화가 세계적으로 관심을 집중시킨 것은 식민지에서 독립을 추구한 제3세계가 많았으며 그들이 부르짖었던 것은 자립과 자주였으므로 근대화는 민족주의와도 깊은 관계가 있다.

1. 조선의 근대화와 두 사건

조선후기사회에서 근대화와 개화를 목표로 등장한 두 개의 사건은 하나는 갑신정변(甲申政變)이고 하나는 동학농민운동(東學農民運動)이다.

1884년 12월4일 김옥균을 비롯한 박영효·서재필·서광범·홍영식 등 젊은 개화당이 일본공사와 일본군의 지원을 받아 우정총국 개국 축하연에서 청나라에 의존하려는 척족 중심의 수구당을 몰아내고 개화정권을 수립하려 한 무력 정변이 갑신정변(甲申政變)이다.

고종을 속이고 새 내각을 구성해 정강 14조 등 개혁을 추진하려 했으나 청군이 창덕궁에 주둔한 일본군을 공격하고 민중들이 일본공사관을 공격하자 퇴각하는 일본군을 따라 일본으로 망명하여 삼일천하로 끝났다. 조선의 자주독립과 근대화를 목표로 갑신정변을 일으키지만 청나라의 개입으로 무산된다. 갑신정변의 실패로 인해 일본의 조선에 대한 영향력이 잠시 주춤했지만, 일본은 조선정부를 자신들의 세력으로 끌어들일 필요가 있다고 인식하여 당시 정치에서 물러난 대원군을 끌어들임으로 청을 비롯한 민씨세력과 대립하게 한다.

약10년이 지난 후에 동학농민 운동은 1894년 현재의 천도교의 전신인 동학세력이 주축이 되어 일으킨 대규모 민란으로, 동학 농민혁명, 동학 농민 전쟁, 갑오 농민 전쟁, 동학란(東學亂)이라고도 한다. 일본에서는 갑오농민전쟁(甲午農民戰爭), 중국에서는 동학당기의(東學党起義), 북한에서는 갑오농민전쟁으로 불리는데 여기에서는 주체세력이 동학의 신자가 주를 이루었기에 동학이 붙지만 갑오년에 일어났다고 해서 갑오 농민전쟁이라고도 한다.

1894년 5월 11일 초기의 동학혁명(운동)군은 관군을 상대로 전북의 정읍의 황토현 전투를 승리로 이끌고 북상하여 전주성까지 점령한다.

다급해진 조선 정부는 동학혁명군에게 제도개혁을 약속하고 전주화약을 맺는다. 민씨정권은 청나라에 원병을 요청하는데 10년 전 1884년 김옥균 등이 주도한 갑신정변실패후 이때 불필요한 충돌을 피하기 위해 1885년 청나라 리홍장과 일본 이토 히로부미가 조선에 대한 양국 군대의 파병 통보 및 동시 군대 출병의 톈진조약을 맺었다. 일본은 조선의 요청으로 청나라 군대가 조선에 들어오자 톈진조약을 빌미로 조선 땅에 일본군을 파병하고 1894~1895년까지 일어난 청일전쟁에서 일본이 승리한다.

한마디로 청일전쟁은 동학농민운동에서 시작된 한반도 지배권 쟁탈전이 되었다.

이후 1894년부터 1896년까지 갑오개혁(甲午改革)이 시작되었는데 이 갑오개혁은 개혁 내용으로만 보면 신분제(노비제)의 폐지, 은본위제, 조세의 금납 통일, 인신 매매 금지, 조혼 금지, 과부의 재가 허용, 고문과 연좌법 폐지등으로 획기적인 것이었으나 조선의 자발적인 힘으로는 이루어지지 않았다. 만일 자체적으로 이루어 졌다면 메이지 유신에 이은 개혁이 될 수도 있었으나 갑오개혁은 일본의 주도로 시작된 개혁이었고 사회적 공감대, 주체세력을 형성하지 못한 이유로 개혁은 좌절하게 된다.

일반적으로 근대화란 사회를 근대적인 상태로 바꾸는 것. 즉, 정치·경제가 국민국가와 산업화를 특징으로 하는 형태로 바꾸는 것인데 근대화는 '전근대' 또는 '전통적'사회에서 '근대'사회로의 점진적 전환 모델을 의미한다.[98] 근대화 이론의 지지자들은 근대 국가가 더 부유하고 강력하며 시민들이 더 높은 생활 수준을 누릴 수 있는 자유가 있다고 주장한다.

98) Brugger, Bill; Kate Hannan (1983). "Modernization and revolution". Routledge, pp1-3.

근대화 이론은 사회의 사회적 진보와 발전에 기여하는 사회적 변수를 확인하려고 시도하고 사회 진화의 과정을 설명하려고 노력한다. 다니엘 러너(Daniel Lerner)와 같은 저자들은 근대화를 서구화와 명시적으로 동일시했다.[99]

여기에서 서구화는 민주주의와 동반된 산업화이므로 시민계급이 등장한다. 그리고 근대화는 타국의 힘으로 하는 것이 아니고 자국의 힘으로 자국의 시민들이 움직이는 것이므로 갑신정변과 동학농민운동은 근대화와 밀접한 사상이었으나 자국의 힘으로 움직이지 못했고 시민계급의 탄생으로 이어지지 못했으므로 혁명이라고 부르기에는 적합하나 근대화라고 부르기에는 부족한 면이 있다고 판단된다.

2. 한국의 근대화와 기업가정신

한국의 지식층인 양반은 근대화 및 근대산업에 어떠한 태도를 취하였는가를 살펴보기로 한다.

조선시대에는 지방분권적 영주 하의 농업경영 형태(상업경영, 수공업경영을 포함)가 아니고, 국왕의 통일적 토지소유 하에서 관리의 수조권이 허용되었던 중앙집권적, 관인봉건성이 관인 자체의 경영자 진출을 막고, 유교적 제도가 지식인의 경영자 진출을 막았다. 또한 전통적 「상공업 경시관」이 개항까지 존속하였다.

99) Lerner, Daniel. 1968. "Modernization. Social Aspects," pp.386-95. in David L. Sills (ed.), International Encyclopedia of the Social Sciences. Vol. 10. New York: The Macmillan Company & the Free Press, p.386.

1) 조선시대의 금고법

조선시대에는 금고법(禁錮法)이 있어 양반은 상공업에 종사하면 본인은 물론 그 자손도 관계진출이 엄격히 억제되었다. 엘리트인 양반계급이 상공업에 종사할 수 없게 되는 중요한 환경적 요인이었다. 실학자로 알려진 유수원(柳壽垣, 1694년~1755년)은 상업이 발전하기 위해서는 양반층을 상업에 종사토록 해야한다. 이를 위해 금고법의 폐지를 촉구하고 있다. 서자출신의 박제가(朴齊家, 1750년~1805년)는 상업과 무역의 장려와 개선을 주장했다. 그는 청나라를 오가며 아랍, 베트남 등의 무역상들을 통해 신문물을 접하면서 그는 새로운 문물 전파와 문화 교류 방법의 하나는 상업과 무역이라고 봤다. 따라서 그는 농업보다 상업에서 사회발전의 계기를 찾으려 했다. 상업과 무역을 천시하는 것은 잘못이며 이러한 장사와 무역이 국가 경제 개선에 도움을 준다고 봤다. 그는 <북학의 北學議>에서 벼슬하지 못한 양반들이 빈둥거리는 것을 국가적 낭비라고 보고 이들이 장사를 할 수 있도록 나라에서 자본과 점포를 마련해 주어야 한다고 주장하기도 했다. 당시만 해도 양반이 사농공상의 말업(末業)인 상업에 종사하는 것은 하늘이 무너져도 있을 수 없는 일이었다.

2) 고려시대의 상업제도와 조선의 사농공상제도

조선왕조 성립이전의 고려시대에 상업발전의 양상은 개성상인의 차인(差人)제도(전문경영자 즉, 차인(差人)이 될 때까지 상점에서 10년 간 근무해야 되는 제도)와 역자(易子)제도(가업을 계승하기 위해 후계자가 타상점에서 견습으로 일하는 제도) 및 사개송도활부법(四介松都活簿法) 등이 있었고, 중동의 사라센제국까지 무역활동이 이루어진 점 등을 보면 추측할 수가 있다. 특히 차인제도와 역자제도는 가업계승과 전문경영자의 양성면에서 높이 평가받고 있다.

그러나 조선왕조의 성립과 함께 '억불숭유' 정책에 의해 '사농공상'의 유교적 가치관과 금난전권(禁亂廛權, 정부와 결탁해서 확보한 독점상인 특권)과 행장(行狀)제도(지방에 출입하는 행상에게 그 지방의 관리가 발급하는 통행장)에 의해 억제되어 상업은 발달치 못한다. 그리고 사농공상의 유교적 가치관은 상인 내지 비즈니스를 경시하는 가치관을 낳게 하였다. 1882년(고종 19년)에는 양반도 상공업에 종사할 수 있게 되어, '상공업 천업관', '상공업 경시'가 없어지는 기운도 있었으나, 양반출신으로 상공업에 종사하는 자도 없었을 뿐 아니라, 또한 상공업 자체를 높이 평가하는 자도 적었기 때문에 '상공업 경시'는 그다지 변화가 없어, 지식인의 상공업 진출은 거의 없었다.

3) 근대화(近代化)와 사회적 혁신

우리나라의 기업인들이 근대적 제조공장에 관심을 갖고 공장건설을 시도한 것은 1890년대 후기에 들어서부터이다. 1894년에 제1차 김홍집 내각의 수립과 더불어 정부는 식산흥업정책을 국가의 지표로 삼았고, 1895년 4월에 농·공·상부를 탁지부로부터 독립시켰다. 한편, 이 시기에 민간지식인 측에서도 상공업이 발전해야 국가 독립도 유지될 수 있다는 계몽운동이 있었다. 1896년(건양 원년)의 독립신문이 상무회의소의 설립을 보도하면서 조선은 예로부터 상거래를 천한 것으로 간주하였기 때문에 상업이 쇠퇴하고, 국민의 생계가 궁지에 빠졌다. 따라서 상무회의소를 설립하여 상거래를 보호하고 앞으로 상업의 융성을 기대한다. '말할 것도 없이 상 거래업에 있어서는 귀인도 천인도 모두 同列이다'라고 한 것도 확실히 상업관에 대해 전보다는 진보적이었다고는 하나 국민들 간에 넓게 침투하지는 않았다. 즉, 일본처럼 '사혼상재(士魂商才)', '산업보국(産業報國)'을 내세워 산업계에 투신하는 것을 주장한 후쿠자와 유키치 같은 사회혁신가가 없었다는 것과 그것을 실천에 옮긴 시부사와 에이치 같은 기업가가 없었다는 것은 근대화 과정에서 뒤지는 요인이 되었다.

한국에 근대적 직조공장이 민간인에 의해 처음 설립된 것은 광무원년(1897년)이며 이것은 안경수 등이 주동이 되어 세운 대한직조공장(大韓織造工場)이었다. 당시 이 공장들은 반관반민회사로 건립된 것이며 그 운영은 성공적이 못되었다. 직조업에서 특기할 만한 것으로는 종로 백목진인(鐘路 白木塵人)들이 주동이 된 종로직조사(鐘路織造社), 한성내의 군소수공업자들이 건립한 김덕창직조공장(金德昌織造工場), 양대호(浪大縞)의 염직공장(染織工場), 최규익(崔奎翼)의 면직공장(綿織工場), 광희문 일대(光熙門 일대)의 직조인이 합자하여 설립한 경성직물회사 등을 들 수 있다. 이 회사는 뒤에 경방(京紡)의 모체가 되었다. 근대화 과정에 활동한 기업가들은 모두 그렇다고는 할 수 없지만 민족주의였으며, 이것이 기업창립의 제1차적 동기가 되었다. 때로는 기업보다는 독립운동을 하여 기업이 도산되는 경우도 많았다.

〈표 4-1〉 1889년~1898년 수출총액 및 농산물 수출액 비교표

(단위: 천엔)

수출액 비율 / 연별	수출총액	농산물 수출액	수출액에 대한 농산물 비율
1893	1,698	1,502	0.88
1894	2,311	2,119	0.91
1895	2,491	2,315	0.93
1896	4,728	4,532	0.95
1897	8,937	8,712	0.97
1898	5,709	5,428	0.95
1899	4,997	4,508	0.90
1900	9,439	8,696	0.92
1901	8,461	7,687	0.90
1902	8,317	7,848	0.94

<出所> 朝鮮貿易協會編『朝鮮貿易史』1943, 58~99項.

<표 4-1>에서 나타난 것처럼 수출액에 대한 농산물비율이 1893년만 88%이고, 그 이후는 수출액에 대한 농산물의 비율은 거의가 90%를 상회하는 비율이다. 이것은 당시의 한국의 공업이 근대공업까지 도달치 못하고, 아직 가내수공업의 형태를 벗어나지 못했다는 것을 간접적으로 나타내고 있다.[100] 일본의 무사출신은 철도·조선·해운 등의 근대적 산업에 뛰어들어 기업가(실업가)가 되었으나, 한국에서는 근대화의 기본이었던 광산·철도·전기 등의 산업이 양반의 참여도 거의 없었기 때문에 외국기업에 의해 운영되었다. 조기준 교수는 1880년대 근대화 실패요인을

① 근대공업 건설의 경제적 여건 미성숙

② 기술자 부족

③ 경영자 부족 등을 들고 있다.[101]

100) 拙稿,「日本の近代における企業家の役割」.

이것은 한국의 엘리트층인 양반들이 유교적 가치관으로 근대화를 생각하여 전근대적 사고방식에서 탈피하지 못하였고, 전통사회에서 일탈하려는 기업가정신이 부족하였음을 알 수 있다.

당시 실학사상은 박제가, 유성원, 정약용 등의 양반출신에서 성행하였고, 개화사상은 유대치, 오경석 등에 의해 주장되어, 상공업의 발전의 필요성은 인식되었다. 김옥균의 상공업론은 실학자들의 수공업 단계를 벗어난 근대적인 것이기도 하였다. 상업이 발달하여 상품이 잘 유통되어야 농공업이 발달된다는 관련적인 사고를 펴기도 하였다. 유길준은 서유견문에서 정부의 부와 국민의 부는 상업으로서 성취되는 것이므로 상업은 농업과 마찬가지로 중요하다고 하였다. 즉, 그에게서는 부국재상이고 강병재상이었다. 김옥균은 일본의 메이지유신(1868년)[102]을 답습하여 개화를 중심으로 하는 개화파를 이끌고 갑신정변을 일으켰다. 개화파의 사상은 전근대적 사고를 일탈하려는 사고가 있었고, 그 움직임도 활발했었다. 그러나 갑신정변의 실패로 개화파의 사상은 자취를 감추었으며, 그 뒤로 유교적 가치관을 일탈하려는 지식인도 없었고, 또 양반으로서 비즈니스에 뛰어들은 사람도 없었으므로 비즈니스의 사회적 평가는 높지 않았다.

---

101) 趙璣濬, 韓國企業家史, 博英社, 1983.
黃明水, 企業家史硏究, 檀國大出版部, 1982를 참고할 것.

102) 일본 메이지왕(明治王) 때, 막번체제를 무너뜨리고, 왕정복고를 이룩한 변혁과정, 일본 자본주의 형성의 기점이 된 과정.

제3절 근대화의 2가지 형태

1. 근대화의 특징

근대화(Modernization)란 근대화는 낡은 과정, 즉 후발국사회가 선진국에 공통적인 특성을 얻는 사회 변화의 과정에 대한 용어로서 산업화를 중심으로 그와 관련된 정치적·사회적·심리적 기타 다양한 변화의 총체를 말한다. 즉, 사회를 근대적인 상태로 바꾸는 것. 즉, 정치·경제가 국민국가와 산업화를 특징으로 하는 형태로 바꾸는 것을 지칭하기도 한다.

근대화는 서구에서 발전되었지만 서구화, 서양화와는 다르며 산업화(產業化)와도 조금은 다르다. 산업화는 영국의 산업 혁명처럼 중세농번사회에서 과학기술의 발전으로 인하여 산업이 발전하는 현상을 말한다.

산업화는 뉴턴의 과학혁명 이래 과학기술의 성과를 계통적·누적적으로 활용하여 생산력을 비롯한 환경을 통제하는 능력을 높이는 과정이기도 하며, 그 본격화는 18세기 후반 영국에 시작했다. 이른바 산업혁명이다. 이윽고, 그 움직임은 유럽 대륙이나 북아메리카에 전해져, 19세기 후반부터 20세기 초에 걸쳐서는 러시아나 동유럽, 일본도 그 움직임에 더해, 20세기 후반에는 전 세계에 퍼지게 되었다.

근대화의 특징으로는 산업화와 평등화, 민주화와 그리고 내셔널리즘, 즉 주권국가를 말한다. 영국과 프랑스에서는 백년 전쟁을 통해 내셔널리즘의 감정이 단련되었으며 네덜란드 독립 전쟁도 종교 전쟁, 경제 투쟁인 동시에, 일종의 내셔널리즘의 등장으로 볼 수 있다. 이러한 내셔널리즘이 매우 명확한 형태로 표현되게 된 것이 18세기 후반의 미국 독립 혁명과 프랑스 혁명이었고, 그곳에서는 내셔널리즘이 있었으며 국민이란 단어가 등장했으며 국민국가의 개념이 발전된 것이다.

1) 영국 프랑스형(선진자본주의형)의 근대화

영국은 생산력 발전에 따른 농민의 와해로 인해 장원경제가 해체되고 농업자본가가 등장한다. 이러한 변화는 산업혁명의 기초가 되었으며 이 과정에서 성장한 부르주아지가 그들의 경제력에 상응하는 정치권력를 요구하는 부르주아혁명을 일으키게 된다. 그 결과 부르주아지는 근대사회의 변혁주체로서 자본주의 경제체제와 부르주아 민주주의 정치체제를 주도하게 된다.

따라서 봉건적인 생산관계뿐 아니라 봉건적 지배질서가 타파되는데 이것을 아래로부터의 근대화라고 부른다.

중세 특히 프랑스에서는 영주가 마을을 보호하고 세금을 걷기 위해 성벽을 쌓아 도시가 발생하기 시작했다. 여기 거주하는 상공인 계층을 프랑스어로 부르주아지(Bourgeoisie)라 불렀다[103]. 일반적으로 유산계급, 중산그룹, 부유층, 자본가를 지칭한다. 이러한 도시민의 성장은 부르주아지는 출생에 따라 신분이 결정되는 봉건시대의 굴레를 파괴하면서, 즉 부르주아들의 자치 전통이 발전하면서 상징적인 국왕을 요구하기 시작하면서 계몽주의 등 정치사상의 발전에 따라 서구 각국에서 약간 다른 양상으로 발전했다.

네덜란드, 스위스 등은 아예 도시들이 자체적으로 동맹을 결성해서 독립적인 국가로 성립했으며, 미국 독립 전쟁도 도시민들의 자치 전통과 자유주의적 정치사상의 영향 속에서 일어난 사건이다. 그리고 1789년 프랑스 혁명은 부르주아 혁명의 꽃이라고 할 수 있다. 부르주아 혁명이 성공적으로 일어난 곳에서는 자본주의뿐만 아니라 계급제도가 타파되고 시민적 자유가 보장되어 민주주의의 기초가 완성됐다.

103) Bernard Groethuysen 著、野澤協 譯『ブルジョワ精神の起源:教會とブルジョワジー』法政大學出版局、1974年。

2) 독일 일본형 (후발국)의 근대화

17세기 이래 사실상 분열 상태에 있던 독일에서도, 프로이센 왕국 수상 오토 폰 비스마르크가 독일 제방 최대의 국가이면서 비독일계 주민을 다수 포함하는 오스트리아 제국을 배제해 프로이센 중심의 소 독일주의에 근거한 군주제 독일에 의한 통일을 목표로 했다. 독일은 19세기 중엽에는 산업혁명이 진행되고 있었지만, 프로이센의 군사와 정치를 지배한 것은 동부의 농장 영주 융커(Junker)였다.

원래 엘베강 동부의 독일 지방은 중세 말의 식민운동에 의해 개발되었고 자유농민을 농노화하여 그 농노의 부역 농사에 의한 상품 생산을 위하여 토지가 경영되었다. 이와 같은 토지와 큰 집 그리고 농노를 소유·경영한 대농장을 거느린 지주 귀족을 융커라 불렀다. 이들은 구츠헤어샤프트(Gutsherrschaft)라 불리는 농장영주제를 경영하였다. 이런 점이 자급자족적인 중세 장원과 상이하여 프로이센형(型)의 농업 자본주의의 기초라고 불리고 있다.

19세기초에 프로이센은 나폴레옹의 프랑스군에 패배하면서, 엘바강 서쪽의 영토를 상실했다. 프로이센은 조속히 근대화의 필요성과 사회개혁이 추진되게 되었다. 그 중 하나가 농민 해방이며, 이로 인해 구츠헤어샤프트가 변화 되었다. 토지 매매의 자유, 직업 선택의 자유, 토지의 분할과 통합의 자유, 농노제의 폐지, 농민의 토지 소유권의 보호, 또한 부역의 상각(영주에 대하여 농지의 일부나 상각금 등의 보상을 내는 것으로 부역을 없앨 수 있다) 등이 인정되었다.[104] 이처럼 농노제가 폐지됨에 따라 원래 부역노동(무임금노동·농노노동)을 전제로 한 구츠헤어

104) 成瀨治、山田欣吾、木村靖二『ドイツ史2 1648年-1890年』山川出版社〈世界歴史大系〉、1996年, pp203-204.

샤프트는 임금을 지불하는 자본주의적인 '융커 경영'으로 전환 갔다.

융커는 직영 농지(기사령)를 더욱 확대하면서, 농노부역에 의한 농업 경영에서 임금을 지급하는 농업 노동자를 이용한 농업 경영으로 전환시켜 농업의 자본주의화·합리화를 꾀했다.105) 한편 토지매매 자유화로 인해 부유한 시민과 농민들이 증가하면서 융커로부터 에서 기사령을 획득하게 되어 1850년 시점에서 귀족(융커) 소유는 57% 정도로 줄어들었고 이 시기의 토지귀족의 융커들은 관료와 군대로 진출하게 되어 자본주의적 근대화가 이루어졌다고 보고 있다.

당시의 총리 비스마르크는 유명한 철혈 연설을 거쳐 독일 통일을 위해 군비 확장 정책을 추구할 것을 선언했지만, 많은 융커도 이를 지지했다.

일본도 1868년 메이지 유신 이후, 일본은 구미 선진국의 문물이나 제도를 도입(문명 개화)해, 독립을 유지하면서도 조약 개정의 노력을 실시해, 국제적 지위의 상승을 도모하면서 불평등 조약을 개정해 나가는 것을 목표로 했다.

개항 직후의 에도시대 말기·막말에 막부나 번이 근대화의 대처를 시작해, 메이지 정부의 주도에 의해 「위로부터의 근대화」가 추진되었다. 관영공장을 건설해 에도시대부터 계속되는 미쓰이·미쓰비시·스미토모 등의 상업자본을 토대로 하면서 청일전쟁기에 경공업을, 러일전쟁기에 중화학공업을 발달시켰다.

이처럼 독일이나 일본에서는 부르주아지가 성장하는 과정에 있었으나 아직 봉건적 생산관계를 해체시킬 만한 역량을 갖추지 못한 상태에서 선진자본주의의 경제적 위협을 맞게 된다.

이에 자극을 받은 봉건 지배계급이 지주제를 기반으로 근대국가 수

105) 成瀬、山田、木村(1996) 전게서, p.205.

립을 주도하게 되는데 그결과 지주들이 상업적 농업을 통해 축적한 자본을 토대로 급속한 자본주의 체제의 수를 가져온다. 이것을 위로부터의 근대화라고 부른다.

이때 자본주의체제의 수립 과정은 관료와 정상배(政商輩)들의 정경유착을 통해 이루어짐으로서 부르주아지에게는 경제력 성장의 기회는 제한되었으며 정치적 권리도 매우 제한적이었다.

3) 조선시대의 근대화의 평가

① 근대자본주의의 이행과정에서의 조선시대

근대화(近代化)라는 말은 대체로 두 가지의 뜻으로 해석되고 있다. 하나는 지금도 토론이 가열되고 있는 봉건사회로부터 근대 자본주의 사회로 이행해 가는 역사적 전개과정 으로서의 개념이요, 또 다른 하나는 산업화를 토대로 현대사회가 전통사회로부터 어느 만큼 벗어났는가를 측정하는 도구로서의 개념이라고 생각한다. 후자의 근대화론은 제2차 세계대전 이후, 특히 1950년대 후반부터 미국에서 당시의 소련의 전략과 관련하여 형성된 것으로, 이 시기에 미국식 민주주의를 최고의 모델로 제시한 로스토우(Rostow,W.W.)의 『경제성장의 제단계』가 널리 전파되면서 본격화 되었다고 볼 수 있다. (이점은 6장에서 설명하고 있음)

봉건제(封建制)의 존재의 유무와 근대자본주의 사회에의 이행에는 문제가 많지만 '내재적 변화 또는 발전'이라는 개념과 자본주의 맹아론(資本主義 萌芽論)은 일본의 식민지지배가 없었더라도 우리 자체적으로 자본주의가 형성되고 근대화가 이루어졌을 것이라는 이론이다. 맹아(萌芽)는 싹이라는 뜻으로 자본주의의 종자라는 뜻으로 이해된다. 이는 '식민지인들에게 근대 문물을 전파시켜 해당 지역의 발전에 기여하였다'는 기존의 열강 중심의 이론에 대한 반대의 개념으로 대두된 것이다.

한국어에서 봉건(封建)이라는 단어는 구(舊)시대상을 표현하는 말로 사용하는 것도 마르크스식 사회발전론에서 유래했다.[106] 본래의 마르크스주의에서는 동양 경제사를 이 과정에서 벗어난 '아시아적 생산양식'으로 설명했었다. 아시아적 생산양식이라는 관점에서 아시아는 노예제와 비슷한 사회에 해당된다. 여기에 대한 반론으로 한국사의 보편성을 입증하기 위해 '동아시아에도 봉건제가 존재했으며 산업화의 맹아가 나타나고 있었다'는 주장이 생겨났다. 이는 기본적으로 마르크스의 역사관에 따른 이론이었다. 봉건(封建)'은 원래 주나라의 제도를 설명하던 단어인데 근대 일본인들은 서구의 봉건주의(Feudalism)의 번역어로 일본에게 익숙한 봉건제라는 단어를 사용했다. 물론 중국과 조선 등의 동아시아와 서구의 봉건제는 개념이 다르다.

조선의 근대에 자본주의 맹아를 도입한 사람은 백남운(白南雲, 1894~1979년)이었다. 그는 조선사를 특수한 기형사회로 보는 모든 견해(정체성론 뿐 아니라 타율성론에 대한 반론도 시도)에 반대하면서, 마르크스주의의 사적유물론(史的唯物論)에 입각해 조선사도 세계사적 보편법칙에 따라 발전해 왔음을 규명하려고 했다. 즉 조선사도 '내재적 발전'을 통해 성장해 왔다고 주장한 것이다. 백남운은 『조선사회경제사』(1933년)[107]과 『조선봉건사회경제사』(1937년)[108]를 출간하면서,

---

106) 봉건제는 '중세 유럽에서, 영주가 가신(家臣)에게 봉토를 주고, 그 대신에 군역의 의무를 부과하는 주종 관계를 기본으로 한 통치 제도'이다. 왕, 귀족, 가신, 교회 따위의 영주와 그 지배하에 있는 농노가 그 기본 계급이었다

107) 白南雲, 『朝鮮社會經濟史, 經濟學全集 61』 改造社, 1933.

108) 白南雲, 『朝鮮封建社會經濟史, 改造社』 1937.

한국의 역사의 발전과정을 ① 원시씨족공동체 ② 노예경제(삼국시대) ③ 아시아적 봉건사회(삼국시대말기에서 최근세) ④ 아시아적 봉건국가의 붕괴과정과 자본주의의 맹아형태 ⑤ 외래 자본주의의 발전과 국제관계 ⑥ 이데올로기 발전의 총과정 등의 6단계로 나누어 파악하고자 했다. 여기에서 주목할 것은 삼국시대를 고대 노예제사회로, 삼국시대말기 이후, 즉 삼국통일 직전단계 이후부터를 중세봉건사회로 본 것이다.

백남운은 일제강점기의 경제학자 겸 교육자이자 북한의 경제학자 겸 정치인이다. 연세대학교의 전신인 연희전문학교의 경제학 교수와 조선공산당의 경제이론가였고, 이순탁과 함께 일제 강점기 당시 사회주의 경제학자의 대표적인 인물이었다. 그러다 보니 그의 자본주의 맹아론은 이념적 논쟁으로 비쳐지면서 남한에서는 흐려졌고 1960~70년대 조선농업사를 연구한 김용섭과 송찬식[109], 상공업사를 연구한 강만길[110] 등이 대표적이다. 그중 김용섭은 「조선후기농업사연구」 등 연구 성과를 내놓은 선구자로, 자본주의 맹아론의 창시자로[111] 불리기도 한다.

김용섭은 연구를 통해 17세기 이전 양반의 대농장에서 사역하던 노비가 모내기 등 생산성의 발달로 인해 독립적인 영농을 하게되어 소농사회가 진전되었다고 주장한다. 그는 여기서 더 나아가 소농들 사이에서 높은 생산성과 시장을 활용하여 성장하는 부농이 등장하고, 부농과의 경쟁에서 다수 농민들이 쇠퇴한다는 경영형부농론(다른 말로 양극분해론)을 펼치게 된다.

---

109) 송찬식, 『조선후기 사회경제사의 연구』, 일조각, 1997년

110) 강만길, 『조선후기 상업자본의 발달』, 1973, 고려대학교 출판부

111) 김용섭, 『朝鮮後期農業史硏究 I (조선후기농업사연구)』-農村經濟·社會變動(농촌경제·사회변동)-, 1982, 일조각

즉, 양반의 사역농장해체 → 소작제의 등장과 소농사회의 성립 → 소농의 빈농과 부농의 양극분해로 인해 경영형부농의 등장으로 이어진다는 것이다. 다시 정리하자면 농촌사회에서 자생적인 자본주의가 싹(종자)을 텄다는 것이며 일본의 침략만 없었으면 우리 스스로 자본주의의 이행이 가능했다고 주장하는 논리이다. 이 이론은 인클로저(Enclosure) 운동을 분석한 마르크스의 영국농민층 삼분화설(지주, 부농, 빈농)을 조선후기사회에서의 농업변동에 대입을 한 것이다. 여기서 등장하는 경영형부농은 영국의 요먼(Yeoman)농가에서 착안한 개념이다.

한국사의 자본주의 맹아론 또는 내재적 발전을 무시한 정체성(停滯性)이론은 이보다도 더 오랜 역사를 갖는다. 조선 경제사의 영역에 대해 다룬 최초의 학자는 1902년 한국을 시찰한 후쿠다 도쿠조(福田德三)로서 1903~04년에 <한국의 경제조직과 경제단위>를 발표하면서 본격화된다.[112] 정체성론(停滯性論)은 한국은 역사적으로 많은 사회적, 정치적 변동을 경험했음에도 불구하고 사회질서나 경제가 발전하지 못했으며 근대로의 발전에 필요한 봉건사회가 이룩되지 못하여 근대 초기에 이르기까지 고대사회 수준에 머물러 있었다는 주장이다.

사회경제사학에서 이른바 주장되는 '보편적 역사발전단계'는 원시공산제-고대노예제-중세농노제-근대자본제-사회주의로 설명되는데, 식민사학자들은 19세기 말-20세기 초 한국의 사회, 경제체제의 수준이 일본의 고대사회 말기인 10세기경의 후지와라(藤原) 시대, 곧 고대노예제 사회와 비견된다고 주장하며 조선에는 봉건제도가 없었다는 봉건제 결여론을 주장하여 한국과 일본은 1,000년 정도의 차가 있다고 주장한다.

이것은 일제강점 이전에는 조선의 내부에는 근대화의 동력이 없었다

112) 福田德三「韓國ノ経済組織ト経済單位」,『內外論叢』2 卷1号 (1903 年 11 月)

고 주장하는 식민지근대화론으로 연결된다. 조선 말기에 이미 해체 직전이었던 한국 경제가 일본의 식민지하에서 각종의 근대적 자본주의 시장 경제가 도입되고, 사회간접자본이 확충되는 등 근대 문물이 이식되어 경제·사회·문화·사상에서 폭넓은 변화를 경험하였고, 이것이 광복 이후 한국 경제발전에 긍정적인 영향을 미쳤다고 주장하는 학설이다.

식민지 근대화론은 아니나 1980년대 초 분재기나 양안 등을 통해 농작현황을 실증적으로 분석한 이영훈[113]은 소농사회의 진전은 있었으나, 농민층의 부농과 빈농의 양극화는 없었다고 주장한다. 즉, 소농이 부농과 빈농으로 분화하는 대신, 소농으로 수렴한 것도 '자본주의 맹아'가 없었다는 걸 보여주는 예라고 주장하였다. 이것은 상당히 중요한 논거(論據)이다. 그리고, 이영훈은 조선통감부 시기에 작성된 민적통계표를 근거로 개항 이후인 20세기 초에도 상업, 수공업 및 광업 인구는 실질적으로 크게 높지 않아(1%~2%정도), 농촌 유랑민이 도시의 상공업에 유입되는 현상이 나타나지 않아 대농장주나 노임을 받고 일하는 임금노동자와 같은 근거들이 실제로는 없었음을 주장했다. 아울러 근대자본주의의 태동이 일어났다고 주장되는 조선 중기와 후기에 노비제가 쇠퇴하기는커녕 오히려 노비의 수가 대폭 늘어 인구의 40%가 노비였다며[114] 이를 고문서 등 실증적 자료로 증명하고자 했다.[115]

나는 두 논리를 존중하면서 그들의 논문을 읽다 보면 학자로서 연구자로서 연구를 위해 한문(漢文)을 알지 못하면 연구할 수 없는 분야를 연구한 것에 대해 후학으로서 존경심과 그 용기에 감탄한다. 그러나

113) 이영훈, 『조선후기 토지소유와 농업경영』, 서울대박사학위논문, 1985.

114) 이영훈, 『한국경제사 1』

115) 이영훈, 「고문서를 통해본 노비의 경제적 성격」, 『한국학보』 1987년 9월.

때때로 두 논리는 학자들의 학설보다는 감정적으로 이루어지면서 친일과 반일로 이어지면서 '민족주의' 와 '식민지근대화론' 등으로 발전하기에 이른다.

하버드대학의 동양사의 연구학자이며 주일미국대사를 역임했던 에드윈 라이샤워(Edwin Oldfather Reischauer)도 조선 500년을 논하면서 조선의 정체(停滯)과 일본의 근대화를 주장했다. 그리고, 하버드대학의 한국사 교수인 카터 에카르트(Carter J. Eckert)[116]는 "한국인들이 그들의 역사 속에서 산업혁명의 씨앗(자본주의 맹아)을 찾으려고 노력하는 것은 오렌지 나무에서 사과를 요구하는 것과 같다"는 말을 하였을 정도로 서양인들은 한국의 근대화에 인식했다.

그런데 필자는 주장한다. 경제사에서 일반적으로 연구하는 것은 현대보다 이전 시기이기 때문에 그들이 연구해온 '근대경제사회' 혹은 '자본주의 사회의 태동과 맹아'등은 대단히 중요하지만 한국의 발전과 근대화, 산업화를 논할 때에는 현대의 한국의 발전을 보고 과거를 추론(推論)하는것도 상당히 중요하다고 생각한다.

지금까지 경제사 연구의 가장 중요한 과제가 되어 온 것은 근대경제사회 혹은 자본주의 사회이지만(필자는 산업사회라고 한다), 이러한 근대의 경제 사회의 발생 사적 연구 즉 적어도 거기에 연구의 초점이 모아졌다고 하는 것은 대단 하지만 현대의 한국을 경제발전을 설명하기엔 부족함이 존재한다. 왜냐하면 자본주의의 꽃인 기업의 발전과 경제주체인 기업가의 역할과 기업가정신을 논하지 않고 근대자본주의연

116) Carter J. Eckert, Offspring of empire: the Koch'ang Kims and the colonial origins of Korean capitalism, 1876~1945 (1991) University of Washington Press.
Carter J. Eckert, Modernization of the Republic of Korea: a Miraculous Achievement (2005) 참고할 것.

구로 현대의 한국의 경제발전을 추론하는 것은 어렵기 때문이다. 자본주의 논쟁에 봉건주의의 유무도 존재하지만 봉건주의가 없었던 미국의 자본주의는 어떻게 설명할 것인가도 중요하며 이를 식민지 근대화론으로 평가하는 것도 주저할 수밖에 없다. 필자는 조선시대에 면면히 흐르는 상인정신(기업가정신)을 인정하면서 주식회사등의 제도적 결핍으로 인한 일본강점기의 제도 도입(주식회사와 은행)으로 인한 논리에는 찬성하지만 기업가정신을 논하지 않는 식민지근대화론에는 찬성하기 어렵다. 우리가 자본주의의 역사 속에서 산업혁명의 씨앗(자본주의 맹아)을 찾으려고 하는것도 중요했지만 어떻게 해서 식민지를 경험한 국가가 세계10위권으로 발전했으며 그 요인은 무엇인가를 고찰하는 것이 더욱 중요하다. 다시 말하자면 현대의 한국경제의 주체인 기업가와 기업가정신을 가능케 했던 제도적요인을 포함한 한국의 발전요인을 찾는 것이 더욱 중요하다. 제도적 요인으로서의 박정희식의 한강의 기적의 부분만으로는 '선진국 한국'의 발전요인을 평가, 분석하기가 쉽지 않다. 따라서, 기업의 역사·기업 경영의 역사를 연구하는 경영사(經營史) 연구와 기업의 주체인 기업가의 역사와 의사결정의 역사를 연구하는 기업가사(企業家史)연구가 필요하다. 기업가사의 목적은 기업 경영의 역사적 발전 과정의 분석뿐만 아니라, 기업가들을 통해 자본주의의 실태를 해명하고, 심지어 그 진로를 찾는 것에 있기 때문이다. 앞으로 더 많은 연구와 토론이 필요한 부분이며 감정을 떠나서 연구될 시기와 부분이다.

2. 근대화와 부르조아계급

18세기 이후 상품화폐경제가 급속히 발전함에 따라 지주제와 신분제에 의해 운영되었던 조선 봉건사회는 흔들리기 시작했다. 특히 농업 생산력의 발전과 상업적 농업의 등장, 상업자본의 성장 등를 통해 평민세력들 가운데 부를 축적하여 지주 상인으로 성장하는 계층이 등장했다. 이들은 경제력을 이용하여 신분을 상승시키고 향촌사회의 실력자로 등장하기도 했다.

그러나 이렇게 봉건사회는 동요하고 있었으나 개항 전까지 조선의 지배세력은 이러한 사회적 변화에 상응하는 새로운 지배구조를 아직 만들어내지 못했고, 반면에 새롭게 성장해간 세력들도 서구의 부르주아지(Bourgeoisie)처럼 스스로의 힘으로 조선의 사회를 변혁시킬 수 있는 역량을 갖추지 못했다.

따라서 1876년 2월 27일의 강화도조약(병자수호조약)에 의한 개항은 조선의 근대화 과정을 촉진시킬 수 있는 움직임을 가져왔지만 조선은 부르주아지(중산층)도 없었고 자주적 근대화를 이룰만한 내셔널리즘과 산업화가 발전되지 못했기 때문에 반봉건 근대화를 주체적으로 실현시키지 못한 채 개항을 통해 세계 자본주의체제에 강제로 편입됨에 따라 개항초기부터 제국주의의 식민지로 전락할 위험을 안고 있었다.

따라서 우리나라의 근대화는 다른 어떤 나라의 경우보다도 험난했으며 왜곡과 우회의 길을 걷게 되었다. 개항 이후 당시 집권세력은 청(淸)나라의 관료들의 주도로 이루어졌던 군사중심의 근대화인 양무운동을 모델로 삼았다. 양무운동은 군사력 증강을 위해 군수 공업의 육성에 중점을 두고 전개되었지만, 1870년대 이후에는 광공업이나 교육 등 다른 부문까지 근대적 개혁이 확산되어 중국 사회에 근대적 변화를 가져왔다. 그러나 양무운동은 안팎의 여러 장애에 부닥쳐 성공을 하지 못했다. 가장 큰 요인은 전국적 차원에서 통일된 계획 아래 추진되지 못했다는 점이다.

관료중심의 중국의 근대화를 모델로 조선은 1881년 일본에 신사유람단(紳士遊覽團, 조사시찰단)을 파견하였지만 성공하지 못했고 1884년 12월의 갑신정변이 실패하면서 근대화의 움직임은 사라졌다. 즉, 조선의 근대화는 양반제도, 사농공상의 기존의 지배질서를 유지하면서 서양의 발전된 기술문명을 수용한다는 동도서기론(東道西器論)에 입각한 근대화정책을 추진했다. 우선 조선에서는 아직도 청을 종주국으로 생각하고 양반제도를 유지하면서 근대화를 하다보니 근대화의 주축인 내셔널리즘과 평등화, 민주화의 주체인 부르주아지가 없다 보니 근대화는 실패할 수밖에 없었다.

근대화는 봉건 사회에서 근대 자본주의사회로 변화하는 것을 말하는데 근대화는 단순히 서양문물을 받아들이는 서양화가 근대화로 이어지는 것은 아니다. 한 나라의 정치·경제·사회·문화·가치관 등 모든 분야가 자본주의 체제의 과정으로 변하여야 근대화가 되는 것이다.

특히 이것을 주도할 시민계급의 미성숙과 양반계급의 무지함은 근대화에 가까이 가지도 못하였다. 서양에서는 시민계급의 성장을 말할 때 등장하는 단어가 부르주아지(Bourgeoisie)이다. 부르주아지는 우리말로는 부르조아 또는 부르주아라고도 불리는데 중산계급을 말하며 유산계급이라고도 불린다. 특히 17~19세기에 있어서는 혁명의 주체가 될 수 있을 정도의 수와 확산을 가지는 계층이었지만, 시민혁명에 있어서의 혁명의 추진 주체가 된 도시에 있어서의 유산의 시민 계급을 가리키는 경우도 있다. 귀족이나 농민과 구별하여 사용되었다.

부르주아지라고 불리는 사람들은 시민혁명(Bourgeois Revolution)의 주체가 되었고, 그때까지의 귀족과 성직자가 주체였던 체제를 혁명에 의해 전복시켰다. 그 때문에 시민혁명을 가리켜 '부르주아 혁명'이라고도 한다.

여기에서의 「시민」이란, 봉건·절대주의로부터 해방되어, 자립한 개인이라는 의미 및 상인·자본가라는 의미를 가지고 있기 때문에, 현재 우리가 사용하는 시민(citizen)의 의미와는 다르다. 당시에는 혁명을 이루기 위한 신분계급의 타파(시민사회)에는 봉건주의를 대신하는 자본주의의 발달이 불가결하고, 사적소유의 신성불가침을 원칙으로 하는 자본주의 사회의 성립이 필요했던 것으로 판단된다. 따라서 시민 혁명의 정의도 두가지 의미가 있다. 하나는 봉건주의 에 대응하는 부르조아적 신분과 자본가 계급이었으나 카를 마르크스(Karl Marx)는 부르주아(Bourgeois) 계급에 대응하는 프롤레타리아(Proletarier) 즉 임금노동자를 지칭한다.

시민계급의 전신이라 할 수 있는 부르조아 또는 부르주아는 11세기-12세기부터는 상업에 집중하면서 상업적 성장에 힘입은 도시들이 자체적으로 성벽을 쌓거나, 성 주변에 거주하는 사람들이 정착하면서 도시가 자연형성되어 중세도시가 발생하기 시작했다. 프랑스어로는 부르그(Burg)는 성이나 도시를 말하는데 그리고 이곳에 거주하는 사람, 특히 상공인 계층을 프랑스어로 부르주아지(Bourgeoisie)라 불렀다. 문자 그대로의 의미에서, 옛 프랑스어의 부르주아 (Burgeis, Borjois)는 "도시 거주자"를 의미한다. 농노(농촌)계급을 탈피하고 귀족보다도 더 많은 경제력으로 등장하여 경제력으로 등장하여 중산계급(Middle Class)[117] 또는 제3계급이라고도 불린다.

마르크스는 부르주아지는 출생에 따라 신분이 결정되는 봉건시대의 굴레를 무자비하게 뜯어내버렸다고 주장하였다.

---

117) Linda Young, Middle Class Culture in the Nineteenth Century, 2003, Palgrave Macmillan, pp10-17.

조선시대에는 이 정도의 움직임이 없었기에 필자는 위의 자료를 중심으로 19세기 말 조선의 근대화 미성숙요인[118]을 5가지 요인으로 구분한다.

① 상인자본의 미성숙과 기술자(공인)천시

② 양반(지식인)계급의 상인화(기업가화)의 미등장 과 개화사상의 미정착화

③ 조선정부의 중국속국화로 독립정신결여

④ 과거제도의 미탈피

⑤ 양반계급의 노블레스 오블리주(Noblesse Oblige)등의 결여를 들 수 있다.

특히 ② 양반(지식인)계급의 상인화(기업가화)의 미등장 과 개화사상의 미정착화 는 많은 학자들의 논의가 필요하겠지만 필자는 우선 조선시대의 양반이 상업이나 사업구상을 한다는 것 자체가 등장하지 않았으며 개화사상도 정착하지 않았다는것을 의미한다. 서구사회에서는 귀족들도 자본가로 변하거나 사업가로 변했으며 일본같은 경우에는 무사계급의 상인화, 비즈니스화가 이루어져 무사의 정신과 상인의 재능을 합한다는 의미인 사혼상재(士魂商才)가 등장하기도 하였다. 일본 근대기업의 발생과 메이지시기의 산업화는 시부사와 에이치(澁澤 榮一)의 사혼상재(士魂商才)없이는 어려웠을 것으로 평가하고 있다.

118) 근대화의 실패보다는 근대화가 늦어진 이유로 보아야 한다.

제 5 장

개항과 식민지시대의 조선 경제와 기업

제 5 장

개항과 식민지시대의 조선 경제와 기업

제 1 절 개항기의 경제와 경제정책

1. 국내외 정세의 흐름

개화기(開化期)는 1876년 맺은 강화도 조약 후, 한국에서 서양 문물이 유입되어 종래의 전근대적 사회 질서 및 풍습이 타파되는 움직임이 나타나기 시작하고 근대적 사회로 변화되어 가던 시기를 이르는 말이다. 개항기도 이와 비슷한 시기를 말하며 사용되지만 개화기란 단어는 갑신정변(1884년), 갑오개혁(1894년), 을미사변(1895년)등 정치사적인 흐름으로 이어지게 되어 여기에서는 개항기란 단어가 적합할 것으로 사료된다.

우리나라의 개항기에 해당하는 1870년부터 1900년대 초의 시기는 유럽에서 영국을 비롯하여 프랑스·독일이 산업혁명을 이룩하고 제국주의적 진출을 할 때로, 자국의 시장이 협소하여 외국진출을 꾀하던 때였다. 유럽의 산업화 수준은 면방직공업·철도를 필두로 한 제철공업이 급성장하고 있었으며, 자본주의적 불황이 주기적으로 나타났다. 이러한 경제적 변화에 대응하여 국내에서는 독점화의 경향이 뚜렷이 나타나고, 대외적으로는 상품과 자본 진출을 군사력을 동반하여 실시하고 있었다. 더구나 전신의 발명·수에즈 운하의 개통으로 유럽은 아시아 진출이 더욱 용이하게 되었다. 즉, 아시아의 상품은 유럽의 경매 시장가격이 전신으로 전달됨으로써 유럽시장과 연동 하에 수요공급이 조절되었던 것이다.

2. 개항기 경제

개항기의 경제상황은 개항 전과 비교해서 매우 큰 변화과정에 있었다. 자주 쓰는 용어로 조선의 경제사회는 격동기였던 것이다. 가령, 개항 전의 조선사회경제가 국내문제·국내변화·개혁에 따른 변화였다고 한다면, 개항기의 사회·경제는 외국·외부로부터의 영향으로 큰 변화를 겪고 있었다. 국내경제·사회가 겪은 충격은 개항 초기보다 시간이 흐를수록 증폭되어 갔다. 그것은 특히 한반도에 대한 일본의 집요한 침략계획이 구체화되어 갈수록 심각해졌다. 아무튼 국내경제는 양적·질적인 변화를 겪고 있었다. 구체적으로 해외로부터의 충격은 수출·수입과 외국인들의 이권침탈과 자본투자로 시작되었으나 한국경제·정부는 이러한 것에 대응할 만한 능력이나 구체적인 노력도 크게 부족하였다고 할 수 있다. 즉, 무역(수출·수입)·철도·광산·운수업 등에의 자본투자의 최종적인 결정권은 외국인이 쥐고 있었던 것이다.

시기별로 보면 개항 직후에는 수출·수입을 통하여 한국경제에 영향을 주었으며, 갑오개혁(을미개혁)이후에는 무역과 외국인의 투자 그리고 한국의 제도개혁으로 개항기 경제는 급속히 자본주의적인 틀을 형성해 갔으며, 통감부[119] 설치(1906) 이후에는 사실상 일본인 주도로 금융·재정의 재편성과 함께 개항 말기(조선말)의 경제는 식민지 경제를 향해 재편성되어 일본경제에 종속되어 갔다.

생산 면에서의 개항기 경제는 농업·공업의 각 부문에서 재래상품의 생산이 계속 확대되어 왔으며, 갑오개혁 전후부터는 이식상품의 생산도 시도되어 점증해 가는 과정이었다. 외래 상품의 제조 기술의 도입과 모방 제조의 활동이 미진했던 것이 개항기 경제발전에 있어서 족쇄와 같은 역할을 하였다.

개항기 경제 일반의 특징의 하나로서 급속한 물가상승을 들 수 있다. 개항기의 국내물가 일반(평균지수)을 알아보는 것은 자료의 성격으로 보아 무리한 일이므로, 개항장의 수출·수입물가의 변화를 확인한 뒤에 그것을 토대로 하여 국내물가의 변화를 추측해 보는 수밖에 없다고 생각된다.

개항장의 물가는 쌀을 기준으로 약 8~10년 간격으로 2배씩 상승하였다. 쌀 한가마(一石)에 1886년에 2,600문(文)에서 1893년에는 1,871문으로 상승하였으며, 1903년에는 8,589문으로 상승하였다. 콩(한가마)의 경우도 가격은 1886년에 1,800문에서 1893년에 3,174문, 1905년에 4,639문으로 급상승하였다. 이러한 수출물가의 상승은 한국 내에서 인플레를 일으키는 원인이 되었지만 오사카의 시장가격과 연동되어 움직이는 일면도 있었다. 이로 인하여 수출상품의 생산·판매자에게는 유리한 조건이 되었지만, 국내의 도시민 등에게는 생활을 압박하는 요소도 되었다.

---

119) 1906년(광무 10) 2월부터 10년(융희 4) 8월까지 일제가 한국을 병탄할 예비공작을 위해 서울에 설치한 기관.

이에 비하면 수입상품의 가격은 상당히 안정적이었다. 수입상품의 주류를 이루었던 옥양목 종류인 가나긴은 1필당 1886년에 2,215문, 1893년에 2,670문, 1905년에 3,441문이었다. 기타 수입품의 가격도 대체로 수출상품보다는 변동폭이 작았다. 그렇지만 청일전쟁과 러일전쟁 이후 일본으로부터의 수입상품 가격은 이전보다 크게 상승하였는데, 이는 일본의 전쟁수행 과정에서 인플레가 심하였기 때문이다.

개항기의 물가상승은 수출품의 급상승과 수입품의 소폭상승으로 상대적으로 국내공산품에 대한 수요가 확대된 결과를 초래하였다. 하지만 이러한 현상은 공업·농촌수공업에 의존해 왔던 면포생산공업이 큰 타격을 입게 되는 결과를 초래하였던 것이며, 또한 도시·농촌 하층민의 생활고는 더욱 어려워졌다.

3. 개항기 경제정책

개항기의 경제정책은 1880년대에 실시되었던 소위 식산흥업정책, 갑오개혁(광무개혁)의 제도개혁, 통감부에 의해 실시된 화폐·금융·재정의 정리조치, 교통·통신사업 등이 있다. 그밖에도 조선정부의 경제정책은 여러 방면에 걸쳐서 실시되었지만 경제의 근대화와 관련하여서 전자에서 서술된 2가지와 식민지 경제의 토대를 만든 것으로 후자를 들 수 있다. 여기에서는 이들에 대해서만 간략하게 기술하기로 한다.

1880년대의 식산흥업(殖產興業)정책은 개화파의 혁신 청년들에 의해 주장된 것으로 제도적인 개혁을 단행하는 한편 서구의 근대 공업을 국가자본에 의해 이식하려 했던 것이다. 그래서 1883년에 기기국(機器局)및 전환국(典圜局)을 설치하여 각각 무기와 주화를 생산하였으며, 1885년에 직조국(織造局), 1887년에 조지국(造紙局) 및 광무국(鑛務局)

을 설치하고, 부속공장을 설립·운영하여 왔다. 그밖에도 박문국(博文局)을 설치하여, 열흘에 한 번 발행하는 순간(旬刊) 신문인 한성순보(漢城旬報)[120]를 발행하였고, 권인국 및 양춘국을 두고 담배와 술을 제조해 왔다. 이러한 국영공장들은 모두 외국기계와 외국기술자를 고용하여 생산, 영업을 시동하였으나 불과 몇 년 만에 생산 활동을 중지하는 등 부진하였다.

4. 개항기의 유통 상품

1) 개항기의 수입 상품

개항기의 주요 수입품은 가토 테츠지(加藤哲治)의 조사에 의하면[121] <표 4-1>과 같다. 그밖에 제품의 종류는 100여 종 이상이 된다. 수입상품을 크게 나누면 공산품과 농수산품, 광산품 등이 있는데 주로 면포류를 중심으로 한 공산품이 주류를 이룬다. 공산품은 대공업제품, 대공업제품을 원재료로 한 중소기업제품, 기타 생활용 잡화(중소·수공업품)로 나눌 수 있다. 먼저 일본으로부터 수입품에 대해서 산업발전과 관련시켜 볼 때 대공업제품 또는 대공업제품을 원료로 한 중소공업제품은 1880년대 후반과 1890년대부터 출하되었다. 중소공업제품인 생활용 잡화도 일본 생산자들이 본격적으로 제조하기 시작한 것은 성냥이 1870년대부터 함석·양동이 등은 1880년대, 유리공업은 1880년대, 메리야스와 양말 등은 1880년대 후반, 우산은 1890년대 등이었다. 그러므로 일부 일본산 생활잡화가 개항 초기 수입되기 시작하였지만 주로 서양제품이 대부분이었

120) 1883년(고종 20) 10월 30일에 창간된 근대 신문의 효시. 박문국에서 발행.

121) 加藤哲治, 韓國ニ於ケル本邦貨物販路取調報告, 伊藤書房, 1908年(明治40年), 東京高等商業學校

고, 일본산의 생활 잡화가 중요한 수입품으로 등장하게 된다. 일본산 일용잡화는 수입 제조기를 모방한 일본식 제조기의 제작으로 이루어진 것이며, 제품은 유럽제품보다 조악한 것이 많았지만 싼값이었다.

수입품의 대부분이 공산품이었다면, 이 공산품은 한국의 산업에 어떤 영향을 미친 것일까?

수입상품(금액 기준)의 50~80%가 섬유제품이고, 섬유제품의 80~90%가 면제품이었다. 수입섬유제품에는 면제품·모제품·마제품·견제품·기타로 구성되었으며, 어느 제품이나 무역액의 증가와 함께 수입금액도 증가해 왔다. 즉, 1877년에 5만 엔이던 것이 1885년에 100만

〈표 5-1〉 개항기의 수입상품

구 분	상 품 종 류
면포류	가나긴(金巾), 백목면, 천축포, 능목면, 면플란넬, 육포, 면사, 타면
식료품류	일본청주, 맥주, 양주, 간장, 된장, 식염, 설탕
금속제품	동, 철, 못, 식기, 양동이, 놋쇠제품, 시계
토목·건축자료	시멘트, 레일
일용잡화	성냥, 도자기, 양산, 유리제품, 문구, 램프, 방석, 가방, 구두, 모자, 비누, 거울, 안경, 메리야스, 양말, 향유, 화장품, 칠기

출전 : 東京高等商業学校 本科3年生, 加藤哲治調査, "韓国における本邦貨物販路取調報告", 1908

엔을 넘었고, 1897년에는 500만 엔을 초과했으며, 1905년에는 1,200만 엔에 이르렀다. 이렇게 급속히 증가해 온 면제품은 한국의 재래면 공업과 소비자의 패턴변화에 조응하여 미친 영향이 달라진다.

즉, 개항 초기에는 면제품의 수입액이 100~200만 엔대로 그렇게 많은 제품이라고는 볼 수 없다. 이들 수입품은 광목과 옥양목이 주였는데, 이 제품은 가볍고 얇은 면포로 한국의 재래 면포와 질이 달랐다.

한국의 재래 면포는 두껍고 질긴 면포였기 때문에 농촌지역과 도시의 중산층 이하의 소비자에 의해 이용되었고, 수입 면포는 유럽·미국의 제품으로서 국내의 재래 면포보다 쉽게 해어지지만 값이 싸기 때문이다. 즉, 당면의 경제적 이유에서 하층민도 수입 면포를 사용하게 되었던 것이다. 요컨대 개항 이래 갑오개혁 이전까지는 수입 면포는 유럽·미국의 제품으로서 국내의 재래 면포 산업에 직접적, 파괴적인 타격을 주지는 못하였다. 그래서 수입 면포의 소비가 증가하였고, 재래 면포의 생산·소비도 국내시장을 바탕으로 증가하여 왔던 것이다.

2) 개항기의 상인의 변화

개항전의 상인 은 육의전, 시전상인을 겸한 공인(貢人), 객주, 보부상등의 전통상인의 구조적인 변화는 없었으나 1895년 갑오개혁으로 인해 육의전, 공인상인등의 특권제도가 폐지되고 누구든지 상업을 할 수 있는 영업의 자유가 실현되었다.

도고(都賈)는 조선시대 후기인 18세기에 상품을 매점매석해 가격 상승과 매매 조작을 노리던 상행위의 한 형태와 그러한 상행위를 하던 상인 또는 상인 조직을 말한다. 18세기에 대외무역과 상품경제의 발달, 농·수공업 생산력 증가와 그에 상응하는 활발한 상품 생산은 상업에 새로운 전기를 가져왔다고 하겠다. 그러나 이와같이 상품경제가 발전하였다 하더라도, 유통경제와 수송력의 미비로 인해 상품 유통과정에서 매점성과 독점성을 본질로 하는 도고都賈)가 필연적으로 등장할 수 밖에 없었다.

개항과 함께 외국상인의 등장과 함께 도고는 사라질 수밖에 없었고 개항장객주가 새롭게 등장한다. 개항과 더불어 청국상인과 일본상인

등의 외국상인이 등장하여 개항장객주와의 경쟁이 격화된다. 개항이후 청국상인은 주로 인천항에 거주하면서 유럽제품의 수입과 중국한약 등의 물품을 팔면서 기세가 등등하여 1890년경에는 약 2,600명의 거류인[122]이 있었으나 1895년 청일전쟁의 패배로 인해 중국상인은 지위가 약하게 되었다.

조선의 수입품은 면포가 중심을 이루었고 수출품은 쌀, 콩, 우피(牛皮)였다. 1880년대까지 가장 큰 수출품은 콩이었다. 콩은 작황이 안정적이고 일본에서 식료품공업의 원료로 수요가 컸다. 수입품에서 가장 큰 비중을 차지한 것은 직물인데 대부분 면포(綿布)였다. 1880년대까지 수입 직물의 80% 이상은 영국산이었지만 1882년에 일본에서는 시부사와 에이이치(澁澤榮一)에 의해 오사카방적회사(大阪紡績會社)가 설립되면서 오사카방적의 성공을 보고, 이를 모델로 삼아, 오사카에는 텐마방적(天滿紡績)·나니와방적(浪華紡績)·셋츠방적(攝津紡績)·카나킨방적(金巾製織)·키시와다방적(岸和田紡績)·일본방적(日本紡績)·후쿠시마방적(福島紡績) 등 수많은 방적 회사들이 생겨나면서 동양의 맨체스타로 불리게 되면서 일본산업화의 초기성공을 이루게 된다. 기술면에서는 공장 경영자로, 현 시마네 현의 일부에 해당하는 츠와노번(津和野藩)의 무사출신으로 영국에서 경제학과 기계공학을 배우고, 현지의 방적 공장에서 실무를 경험한 야마노베 타케오(山辺丈夫)를 초빙하여 성공을 이룬다.[123]

1895년 청일전쟁 이후에는 조선과 일본의 무역은 농산품 쌀과 공산

---

122) 한우근, 『한국 開化期의 商業研究』 일조각, 1982, p52.

123) 이덕훈, 일본의 근대화과정에서의 방적업의 발전-오사카방적의 등장과 기업가정신을 중심으로-『일본문화학보』 제64집, 한국일본문화학회, 2015년2월.

품 면포가 교환되는 종속적 관계로 정착하게 되는데 그 주요 원인은 오사카방적회사의 설립이었다. 일본 산업화의 성공으로 조선의 면포수입은 일본으로 기울어지면서 1890년대 이후에는 일본산의 면포가 중심이 되면서 1896년 수입 직물의 90% 이상은 일본산으로 변하게 된다.

그리고 조선상인을 대표하는 개항장 객주는 나름대로 경쟁을 하였으나 상업자본에서 산업자본으로 갈 정도의 자본가가 없다보니 1905년의 대한제국의 외교권을 박탈하기 위해 강제로 체결된 을사조약(乙巳條約) 이후에는 조선상인들은 일본과 친밀한 관계를 이용하던지 그렇지 않을 경우 에는 다른업종으로 전환하던가 의 양자택일의 길에 놓이게 되었다.

3) 개항기의 회사 제도의 도입과 회사 설립

1876년 병자수호조약이라 불리는 강화도조약으로 개항이 되면서 서양의 근대공장제 상품이 일본상인과 청국상인의 중계무역으로 대량 유입되었으며, 개항장에는 일본과 청국상인의 상사가 설치되었다. 특히, 인천항에는 미국·영국·독일 등 서구상인이 진출하여 상사를 개설하고 있었다. 그들의 경제활동은 조직면 에서나 상거래 방법에 있어서 한국의 전통적인 상업과는 다른 점이 많았다. 따라서 서구의 자본주의 문화의 유입에 대응의 한 방책으로 조선에서의 상회의소(商會議所)의 결성을 들 수 있다. 이 상회의소는 개항장에 진출한 일본인 상회의소에 대응하여 결성되어 일본상인의 상권침탈을 방어하는 활동을 전개하는 것이었으나(일본상인을 무조건 배격하지는 않았다.) 상권확장을 기도하는 일본상인들의 횡포를 민족상인들이 단결된 힘으로 막아내려 하였고, 대자본력을 갖고 침투하는 일본상인들과 경쟁하기 위해 자본을 모아 회사를 조직하여 그에 맞서야 했다. 그들은 서구회사를 본떠 상업조직을 혁신하고 영업방법을 개선하며 상업정보를 교환함으로써 변화하는 새로운 환경에 적응하도록 상호 협조하였다. 이러한 상회의소는 각자 다른 이름으로 1880년대 초부터 각지 개항장에서 결성되었다. 1882년 원산항에서 조직된 원산상의소는 문헌으로는 최초의 민족 상업회의소이나, 부산의 객주조합(客主組合), 인천의 신상협회(紳商協會), 한성의 상업회의소, 목포의 사상회(士商會) 등은 모두 1880년대에서 1890년대에 활발한 활동을 전개한 상인단체였다.

서구의 근대회사제도의 소개 및 회사 설립 촉구는 개화파인 유길준으로부터 시작되었다. 1882년에 동겨에서 귀국한 유길준이 발표한 상회규칙(商會規則)과 1883년의 한성순보(漢城旬報) 제3호에 게재된 회사설(會社說)을 지적할 수 있는데 이들은 회사제도를 개항기에 소개한 최초의 논설이었다.124)

상회 규칙은 모두 25조로 이루어져 있는데, 내용은 주식의 발행과 출자, 사장 선출 방법, 주주 총회, 본사의 기구와 지사 설치 등이었다. 회사설에는 "여러 사람의 자본을 모아 몇 사람에 위탁하여 농공상(農工商)의 사무를 맡아 처리하는" 회사가 서양 부강의 기초라 하여 정부가 회사 설립을 장려할 것을 주장하였다. 여기에 제시된 회규를 보면 공개적으로 자본을 모 집하고, 유능하다거나 지분이 많은 사람이 회사의 사무를 맡고 회사의 운영을 공개하도록 하였다. 아울러 주식회사의 설립과 운영, 회사 역원의 선출, 대차대조표 공개, 이윤의 분배 등을 설명하고 있다.

이들 논설은 개항이후 외국상인들이 급격히 투입됨으로서 초래되는

124) 조기준, 『한국자본주의 성립사론』 대왕사, 1982, p287.

민족자립의 위기의식에서의 탈피를 목적으로 민족 상인에 의한 상업회사설립을 적극적으로 지향한 것이었으며, 구체적으로는 일본과 청국 상인들의 조선에의 등장사태에 대비한 국내 상인들의 대항조치의 일환으로 객주(客主)나 여각(旅閣)이라 불리는 신흥 상인층에 의한 상사의 설립방법을 주로 채택하게 되었다. 갑오개혁 이전에는 문헌에 나타난 회사만 해도 40여개에 달하는데 주로 서울과 초기

개항장인 인천과 부산에 설립된 회사가 많았다. 몇가지 예를 들면 장통(長通) 회사, 장춘사(長 春社), 대흥(大興)상회 재생(濟生)회사, 미상(米商)회사(이상 서울), 대평(大平)회사 대동(大同)상회, 신상(紳商)회사(이상 인천), 해산(海産)회사, 기선(汽船)회사, 보험(保險)회사(이상 부산)등이 있었다. 그러나 개항 초기에 설립된 많은 회사의 경우 명칭은 회사였지만, 조직이나 기능면에서는 여전히 전근대적인 측면이 강하였고 엄밀한 의미에서 반드시 회사라고 할 수 없는 사례도 많았다.[125] 1895년의 갑오개혁을 계기로 해서 새로운 상황, 즉 첫째로 많은 산업분야에 있어서의 근대기업의 설립증가 둘째로 귀족 및 관료출신 기업가의 본격적인 등장, 셋째로 영세규모가 대부분이지만 방적공장을 중심으로 하는 근대공업의 형성등의 움직임이 나타나게 되었다.

이 시기에 등장한 동화(同和)약품은 1897년 창업 이후 '활명수'라는 소화제 단일 제품을 125년 이상 판매해 오고 있는 국내 유일의 기업이다. 사람을 살리는 물이라는 뜻의 활명수(活命水)는 독립운동 지원을 했다고도 한다. 활명수는 기네스북에 최고(最古) 브랜드로 기록돼있기도 하다.

125) 조기준, 전게서, p290.

최초의 활명수

활명수 라벨

동화약품 창업주인 민강(閔橿)은 충북 청주 출신으로 궁중선전관인 민병호(閔竝浩)의 아들로 활명수를 팔아 얻는 돈으로 임시정부에 독립자금을 댔고, 임시정부와 독립운동가를 이어주는 가교역할도 했다. 민강은 1919년 31운동 이후 비밀결사조직인 대동단에 가입, 고종의 5째 아들인 의친왕 이강(李堈)을 상해로 탈출시켜 임시정부에 합류시키려다 실패해 2년 가까이 옥고를 치르게 됐다. 일제의 고문으로 건강이 악화된 그는 1931년 11월 별세했다고 한다. 동화약품의 전신인 동화약방은 한때 만주까지 사세를 확장하며 승승장구했으나 민강의 독립운동으로 사세가 급격히 기울었다고 한다.

그리고 이와 더불어 이 시기에 조선에서 처음으로 민족 자본에 의한 은행이 설립되었는데 김종한(金宗漢) 등 거물급 재계인사들이 자본금 20만원으로 1897년 2월에 설립한 한성은행(漢城銀行)이다. 1897년 1월 8일에 현재의 재무부에 해당하는 대한제국의 탁지부(度支部)로부터 설립인가를 받고 2월 19일 첫 영업을 개시했다.[126] 한편, 한성은행은

126) 1897년 1월에 작성된 한성은행규칙(漢城銀行規則)에 의하면, 한성은행은 일반은행 업

창립 첫해에 주식배당을 실시하면서 1898년 1월 18일에 주주들에게 배당금을 추심할 것을 『독립신문』에 광고하였다. 다음 해인 1899년에도 계속해서 주주배당을 실시하고, 2월 7일 『독립신문』을 통해 배당금을 찾아갈 것을 광고하였다. 정상적으로 영업이 이루어지고 있었음을 보여준다.

그러나 한성은행은 자금부족과 조선 상인들의 근대적 금융기관에 대한 인식부족 때문에 창업직후부터 영업이 부진하여 사실상의 영업중지 상태에 있었다. 1903년 2월에 공립 한성은행의 성립으로 이어지게 되었는데 30만원이 시부사와 에이치(澁澤榮一)의 제일은행에서 융자되었다고 한다. 한성은행의 주주에는 조선인이 아니면 될 수 없다는 조항이 있었으며 대개가 조선인귀족들이 대부분이었는데 당시의 한상용(韓相龍)의 뛰어난 경영수완과 기업가 활동이 돋보였다고 한다.[127)]

한상용의 당시의 뛰어난 경영수완과 기업가활동을 높이 평가한 사람은 일본인 학자 야나기마치 이사오(柳町功)교수 이다. 우선 그는 한국학자와 달리 일본인으로서 친일과 매국의 입장을 배제하고 보니 일본인 지배층과의 인맥구축과 당시의 일본의 선진경영기법도입으로 수많은 회사를 설립한 한상용을 조선의 근대화를 추진한 대표적인 인물로 묘사 할 수 있었다.

우선 한상용은 1903년 일본이 친일 왕족인 고종의 종형 이재완(李載

무 외에 특별은행의 성격을 갖고 있다. 자본금 규정에 정부의 자본금 출자를 규정하고, 영업 범위에 정부 발행의 공채(公債)·은표(銀票)·환표(換票)의 대여 또는 매입 업무, 화폐 교환 및 태환 업무 등의 중앙은행 관련 금융업무의 취급을 규정하고 있다. 특히 사립 보통은행임에도 불구하고 태환은행권 발행의 특권도 수임받고 있었다.

127) 柳町功, 한성은행의 변천과정과 한상룡의기업가활동, 『林園 김병하 교수 정년논문집- 한국경제의 역사적기반과 경영이념』, 학문사, 1995, p486.

完)을 내세워 설립한 한성은행의 총무로 부임하여 실질적인 경영을 맡은 것을 시작으로, 외삼촌인 이완용, 이윤용을 등에 업고 일제 강점기 동안 철저한 친일파로서 활동했다.

1906년 5월에는 한호(漢湖) 농공은행의 설립위원, 1908년 동양척식회사 설립위원과 1921년에는 조선생명보험을 설립하였으며 1923년 외삼촌인 이윤용의 뒤를 이어 한성은행 의 두취(頭取, 은행장)로 취임하였고 1925년에는 경성상업회의소의 부회장 1932년에는 조선신탁을 설립하였다.

이런 과정을 통해 조선에서 손꼽히는 거부가 된 한상룡은 친일 유력자 모임인 대정실업친목회(大正實業親睦會) 초대 평의장을 지내며 깊숙이 관여하기도 했으며, 일본인을 찬양 기념하는 각종 사업에서 두드러진 친일행적을 식민지 예속경제화의 첨병으로 주장하면서 그의 행동은 친일파, 매국노로서 평가되고 있다.[128]

김경일 교수는 한상용을 평가하면서 "친일 예속성을 기반으로 그는 한성은행을 자신이 맡아 경영하였으며 조선에 수많은 기업과 회사, 공장들을 설립하였다. 만일에 친일이라는 <오명>을 그(한상용)에게서 잠정적으로 거두어 들인다면, 그는 이 시기 가장 활발하게 근대화를 추진한 대표적인 인물로 우리에게 기억될 수도 있을 것이다." 라는 글을 남겼다.

야나기마치 이사오 교수 등 일본학자들이 필자에게 비슷한 말을 한 적이 있는데 내용은 "개항기와 일제식민지 시기(일제 강점기)의 조선인 기업가는 친일파와 독립운동가의 2종류만 존재하는가? 한상용은 대단한 인물인데 한국에서는 친일의 정치적 부분만이 강조되어 경영 요인이 너무 저평가 되고 있다"는 말이었다.

그런데 그로부터 20년후에 한상용을 일본인학자인 야나기 마치 교수

---

128) 김경일, 「한상룡: 친일 예속자본가의 전형」『한국학보』 19권 2호, 1993.

처럼 친일과 매국을 완전히 배제하진 않았지만 김명수 교수는 근대일본의 조선지배란 흐름속에서 나름대로 한상용의 기업활동은 자본가로서 직접 기업을 설립하고 경영한 많은 조선의 기업가와는 달리 금융업 분야에서 활약한 전문경영자·정상형 기업가·"조선재계"의 사무담당과 간사, 상담역등 다면적인 성격을 가진 기업가로서 평가하여 식민지시기의 정경유착으로 평가하기도 하였다.[129] 그리고 한상용을 조선의 시부사와 에이치로 평가한 논문이 등장[130]하기도 하여 주목을 받았다.

그동안 너무나 매국과 애국으로 친일과 반일로 평가되던 개항기와 일제강점기의 기업인들을 새롭게 평가 했던 것만으로도 대단하다고 평가할 수 있다.

한상용은 이완용이 외삼촌으로 친일파, 매국노의 조건을 갖추었지만 개항기와 일제강점기의 그 외의 민족기업가들을 당시의 시대적상황을 배제하여 정치적인 부분만을 너무 강조하여 친일파 또는 민족배반자등의 평가로서 옭아 매는것은 기업가로서의 능력과 경영요인을 무시하거나 기업가적 활동을 저평가하는 요인이기 되기도 한다.

동화약품의 민강처럼 개항기와 일제강점기에서의 독립운동가로서의 활동은 우리를 감동하게 하고 기업이미지 등 좋게 하는 부분이 있어 많은 기업인들이 배워야 하고 존경하여야 할 점이라고 생각한다. 필자도 민강선생을 존경하고 좋아 하지만 이 시기의 기업가들과 일제강점기시대의 기업가들을 독립운동가 와 친일파로 평가하는 것도 이해가 가고 필요한 요인이기도 했다. 그러나, 이것을 매국과 애국 그리

---

129) 金明洙, 『近代日本の朝鮮支配と朝鮮人企業家 · 朝鮮財界－韓相龍の企業活動と朝鮮實業俱樂部を中心に－』博士學位論文: 慶應義塾大學(経濟學), 2010.

130) 金明洙,『旧陸軍士官予備校成城學校と19世紀末の韓國人留學生 :「朝鮮の澁澤榮一」韓相龍を中心に－』慶應義塾経濟學會、2011年

고 선과 악으로 획일적으로 잘라 구분하여 평가하다 보면 자칫하면 당시의 경영인의 경영능력이 정치적 요소에 묻히게 된다. 정치인과 달리 기업인들은 생계형과 기업존속형으로서의 매국적 기업인들을 구별할 필요성이 등장하기 때문이다.

당시에는 군국주의 시대였기 때문에 일본과 반대하면서 생존하기는 어려웠기 때문에 일본과 친하게 지내야만 존속할 수 있는 기업가적 노력(친일아부와 굴종)을 현재의 정치적 요인과 감정적 요인으로 보면 당시의 기업인의 기업가적 활동을 저평가하게 만든다.

따라서, 매국적 행위를 제외한 기업이 성장하여야 할 부분과 사회적 요인을 포함한 경제적 요인, 그리고 당시의 기업가의 문화적 요인등을 포함한 요인을 연구하여야 민족 기업가들의 진면목을 새롭게 볼 수 있게되어 이 시기의 기업인들의 기업가적 활동이 나타난다.

제2절 식민지하의 기업 환경과 민족계 기업

1. 식민지하의 민족계 기업

일본의 민간자본의 진출이 본격화되기 시작한 것은 1917년 이후부터였다. 즉, 제1차 세계대전(1914~1918년) 결과 일본해외시장의 급격한 확대와 일본경제의 급속한 성장에 필요한 식량 및 공급기지로서 한국의 가치가 종래 보다 더욱 커졌기 때문이다. 그러나 1918년 11월 1일을 기하여 진행되지 못하였다. 이는 제1차 세계대전 이후 불어 닥친 반동공황[131]의 여파로 일본경제는 심각한 불황 상태에 직면하였는데, 그것은 바로 생산의 위축, 실업자의 증가, 자본의 유휴화 등의 문제로 이어졌다. 여기에 설상가상으로 식민지 한국에서 발생한 3·1만세 운동은 제국주의로 하여금 시련에 봉착하게 하였다.

일제는 이러한 파급상태를 타개하기 위하여 한국에 대한 수출을 증대시키는 한편, 한국에 대한 통치 방식을 '무단정치'[132]에서 소위 '문화정치[133]'로 전환하였다. 또한 일본 내 유휴자본을 한국에 유출시키기 위해 1920년에는 일본자본의 유입을 금지 시켰던 '회사령'을 철폐시켰다. 이러한 조치는 일본이 고수하던 한국통치 방식의 일대 전환을 의미하는 것이었는데, 이에 따라 한국의 산업 구조도 급속하게 재편성되었다.

이후부터 일본 내의 자본들이 아무런 장애 없이 한국에 유입될 수 있었다. 그러나 '회사령'의 철폐로 인하여 일본의 한국경영 정책의 기조가 변화한 것은 아니었다.

<표 5-2>를 보면 알 수 있듯이 다카하시 가메기치(高橋龜吉)[134]는

131) 1920년 3월 금융핍박에 의한 주식시장에서 주가의 폭락현상이 초래되고 동년 4월에는 고부가가치, 고순환의 중심적인 역할을 담당하던 섬유직물시장으로부터 공황현상이 발생하였는데 그로 인하여 직물업에서는 폐업, 조업중단 등이 속출했다. 제1차 세계대전 기간 중 일본 경제성장을 선도하던 섬유공업에서부터 시작된 반동공황의 여파는 여타 산업분야에 파급되어 일본경제는 심각한 파급상태에 직면케 되었다.

132) 무단정치(武斷政治): 1910년 8월 29일 '한일병탄'을 통해 조선에 대한 지배를 공식화한 일제는 식민지배를 공고히 하기 위한 각종 조처를 착착 밟아나갔다. 총독부에서 헌병 및 경찰로 이어지는 행정적·무력적 기반 마련, 항일의병전쟁에 대한 강력한 토벌작전, 신문지법과 출판법, 조선교육령 등의 법제적 장치를 통한 언론 및 교육의 통제, 그리고 '토지조사사업'을 통한 식민지적 농업구조의 형성을 의미한다.

133) 3·1운동 이후 무력만으로는 한국을 지배하기가 어렵다는 것을 깨달은 일제가 그때까지의 무단통치 방식 대신 새로 내세운 식민지 통치 방식이다. 조선총독으로 부임한 사이토 마코토[齊藤實]는 '문화의 발달과 민력(民力)의 충실'이라는 슬로건을 내걸고 이른바 문화정책을 실시하였다. 그 내용은 종전의 헌병 경찰 제도를 보통 경찰로 바꾸고, 총독의 무관 임명 제한을 철폐하며 언론·집회·출판의 자유를 어느 정도 인정한다는 것이다. 그 밖에 조선인의 관리 임용과 그 처우의 개선, 교육·산업·교통·위생·사회행정의 개선을 통한 국민생활의 안정과 복리의 도모, 지방자치 시행을 위한 조사 연구 착수 및 평의원회의 창립, 조선의 문화·관습 존중 등을 기본정책으로 내세웠다.

일본인 경영회사는 1911년 약 27%, 1929년에는 약 62%로 성장을 하였는데 반해 한국인 경영회사는 1911년 약 17%이었던 것이 1929년에는 약 6%라고 주장했는데 한국기업의 쇠퇴는 일본자본의 대량진출에 의한 것임을 알 수 있다.

〈표 5-2〉 한국에 본사로 둔 회사의 불입자본 추이

(단위: 천원)

회사형태 / 년도	일본인 경영회사	한국인 경영회사	한일합동 경영회사	기타	계
1911	5,062 (26.82)	2,742 (17.23)	8,104 (50.94)	-------	15,908 (100.00)
1917	38,019 (79.58)	5,871 (12.96)	1,881 (3.95)	2,000 (4.18)	44,771 (100.00)
1929	193,737 (62.37)	19,878 (6.40)	95,785 (30.48)	1,222 (0.39)	310,621 (100.00)

주: ( )내는 구성비
자료: 高橋龜吉, 「現代朝鮮經濟論」, p.346.

그리고 한일 합동 회사의 구성비는 1911년에는 50%에서 1917년에는 4%, 1929년에는 30%로 한국인 경영회사 보다는 많은 구성비를 차지하고 있다.

이 시기에 한일 양국의 민족별 불입자본의 현황과 공동경영을 보면 일본인 회사가 전체 회사수로 볼 때, 공칭자본으로 다수를 점하고 있다. 특히 제조업 같은 경우 30%, 143개를 차지하고 있으나, 불입자본은 7%로 일본의 90%와는 대조적인데 그 이유는 <표 5-3>처럼 우리기업의 규모가 2,093개중 2,031개(약 97%)가 노동자 수 5~49명 이하인 중소기업이 대부분이었고, 100~199명까지가 0.6%, 200명 이상이 0.4%로 공장경영규모가 약했음을 알 수 있다.

134) 高橋龜吉, 現代朝鮮經濟論, 千倉書房, 1935

〈표 5-3〉 규모별 조선인 공장통계

노동자 수(명)	공장 수(개소)	구성비(%)
5 - 49	2,031	97.0
50 - 99	42	2.9
100 - 199	12	0.6
200명 이상	8	0.4
계	2,093	100.0

자료: 조선총독부식산국, 「조선공장 명부」, 1913.
최윤태, 「조선근대경제사」, 1978(일역판), p.219.

이와 같은 역사적 발전과 일반적 경제상태를 가진 일제 하 한국기업의 특성을 살펴보면 다음과 같다.

즉, 그것은 한 마디로 식민지 경영적 특질로 요약될 수 있다.

경영에 있어서 경영자층, 자본, 기술 등이 일본의 강력한 무력과 정치적 특권 하에 보호 육성됨으로써 한국의 기업이나 경영자, 자본 및 기술이 건전하게 발전할 소지가 없어지게 되었다. 이리하여 거의 제로 상태에 가까웠던 한국의 기업은 오랜 역사와 전통을 갖지 못하고 사회 경제의 정세변동에 따른 적응력이 약하여 일본 기업에게 무력하게 굴복하지 않을 수 없게 되었다. 물론, 부분적으로 미약하나마 민족기업이 없었다는 것은 아니며, 그들이 결정적 역할을 할 수 없었다는 뜻이다. 더구나 후진국기업에 있어서의 하나의 특성인 경제가 정치를 규정 짓느니 보다는 정치가 경제를 규정 진다는 정치우위, 관료우위 나아가서는 식민지적 관료우위의 특성이 기업경영에 영향을 미치게 되었다.

따라서 한국의 기업은 필연적으로 일본기업의 종속 하에 들어가고 어느 정도의 농업경영과 소수의 일본 상품의 유통부문을 담당하는 상업경영 그리고 정미업을 중심으로 하는 식품공업 또는 극소부문의 경공업에만 한국기업이 그의 발판을 얻을 수 있었으나 그 비중은 극히 낮을 수밖에 없었다.

〈참 고〉

❖ 회사령

1910년 12월 조선총독부가 한국의 민족자본과 공업발전을 억압하기 위해 공포한 법령.

일제는 무단정치(武斷政治)하에서 한국 내의 회사 설립을 억제함으로써 자본주의 공업 발전을 저지하고 일본제국주의의 식량·원료의 공급지이자 상품시장으로서의 역할을 강요했다. 이 법령은 1910년 12월 29일자 제령(制令) 제13호로 제정·발표되었고, 1911년 1월 1일부터 1920년까지 시행되었다. 전문은 20조로 구성되어 있다.

조선총독부가 표면상 내세운 법령제정 목적은 "한국인은 법률상·경제상의 지식·경험이 부족하여 복잡한 회사조직의 사업을 경영할 수 없고, 일본자본가 또한 한국 실정을 몰라 예측 못한 손해를 입을 우려를 미연에 방지하기 위해서"로 되어 있었다. 주요내용은 회사의 설립은 조선총독의 허가를 받아야 하며(제1조), 한국 외에서 설립한 회사가 한국에 본점 또는 지점을 설치하려 할 경우 조선총독의 허가를 받아야 된다는 것(제2조), 회사가 회사령 또는 회사령에 기초하여 발하는 명령·허가 조건에 위반되거나, 공공질서·미풍양속에 위반하는 행위를 할 경우 총독독부는 사업의 정지·금지, 지점 폐쇄, 회사의 해산 등을 명령할 수 있다는 것(제3조), 부실한 신고를 하여 제1·2조의 허가를 받았을 때는 조선총독은 그 허가를 취소할 수 있다는 것(제6조) 등이다. 1910~1919년의 실시상황을 보면, 한국 외 회사의 지점설치 신청 91건에 허가 85건, 한국 외 회사의 본점설치 신청 11건 모두 허가, 한국 내의 회사설치 신청 676건에 허가 556건, 기존설치 회사에 대한 해산명령 7건, 기존설치 회사의 지점 폐쇄명령 1건 등이었다. 이것으로 볼 때 회사의 설립이 그렇게 까다로운 것은 아니었으나, 한국인회사가 27사에서 63사로, 일본인회사는 109사에서 289사로 증가한 것에서 볼 수 있듯이 일본인이 출원한 회사의 설립은 거의 인정해준 반면, 한국인회사의 설립에는 엄격한 규제를 가했고, 기존 한국인회사에 대한 해산명령도 남발했다. 특히 헌병경찰에 의한 탄압·간섭과 조선총독부에 대한 충성도, 재력·신용도 등에 대한 광범위한 조사가 이루어진 뒤에 허가를 했으므로 한국인 중에서도 친일파들이 회사 설립허가를 많이 받았다.

특히 설립기업 중 절대다수가 금융업·상업회사이며, 제조업·농림수산업은 각각 전체 회사의 10% 정도에 불과했고, 한국인회사로는 경성방직과 구포·대구·호서·동래·북선 등의 지방은행만이 제대로 규모를 갖춘 회사였을 뿐, 대부분 영세자본으로 한국을 일본자본주의에 대한 상품시장·원료생산지 역할을 강제하려는 법령제정의 의도를 증명하고 있다. 제1차 세계대전을 계기로 일본의 독점자본은 한국을 투자시장으로 삼아 보다 많은 초과이윤을 확보하기 위해 1920년 4월 회사령이 기업의 발전을 저해한다는 이유를 들어 폐지했다.

2. 식민지 시대의 조선 경제

가와이 아키다케(川合彰武)는 1911년 회사령의 실시는 기업의 억제력을 통해 이입시장적 기구를 형성시키고 미곡 조선에의 탄생을 기회로 생산 및 유통경제를 미곡 일색화 시켰다고 지적하였다.[135)]

그러나 1916년부터 도래한 조선의 호경기와 조선인 자본의 급속적인 증가에 의해 기업은 증가하기 시작하였다. <표 5-4>를 보면 1915년 1개 회사보다 농림업이 8개로 증가하였고 운수창고업도 2개에서 13개로 증가하였다. 특히 은행업(25.6%)과 상업(46.2%)이었던 1915년의 경우가 제조업, 금융신탁업과 인쇄업 등의 신업종의 증가로 39개 사에서 124개 사로 300% 이상의 증가를 보였다.

〈표 5-4〉 조선인 회사의 업종별 구성

(단위: 개, 천 원)

	회사수		공칭자본금	
	1915년	1921년	1915년	1921년
농림업	1(2.6)	8(6.5)	600(6.2)	7,230(12.5)
제조업	7(17.9)	14(11.3)	246(2.6)	4,037(7.0)
가스전기업		1(0.8)		100(0.2)
정미업		4(3.2)		375(0.6)
양조업		2(1.6)		300(0.5)
인쇄업		5(4.0)		988(1.7)
은행업	10(25.6)	12(9.7)	6,975(72.4)	22,500(38.8)
금융신탁업		6(4.8)		1,888(3.3)
운수창고업	2(5.1)	13(10.5)	155(1.6)	1,715(3.0)
상업	18(46.2)	57(46.0)	1,637(17.0)	18,787(32.4)
기타	1(2.6)	2(1.6)	25(0.3)	144(0.2)
합계	39(100.0)	124(100.0)	9,638(100.0)	58,034(100.0)

* 괄호 안의 숫자는 구성비

135) 川合彰武, 朝鮮工業の現段階, 東洋經濟新報社, 1943.

다음으로는 이 시기의 산업자본에 대해 검토해보기로 하자. 제1차 기업발흥기(1916~20년)에 조선인 공장 수는 419개에서 943개로 2.3배 가량 증가하였지만, 그중 종업원 수 50명 이상인 공장 수는 극히 소수였기 때문에 증가한 공장 수는 거의 대부분 종업원 수 50명 미만의 영세공장이었다고 할 수 있다. 이들 공장은 1920년의 경우 정곡업(공장 수 219), 금공업(204), 요업(168), 제지업(84) 및 피혁제품 제조업(66) 등의 5개 업종에 전체의 약 8할이 집중되어 있었다.136)

다음으로 종업원 수 50명 이상의 조선인 공장에 대해 검토해보자. 자료의 제약으로 1922년 7월 말 현재의 종업원 수 50명 이상의 조선인 공장을 뽑아보면 <표 5-5>에서 보는 것처럼 13개였다. 1915년에 6개였으니, 6년여 동안 7개가 늘어난 셈이다. 업종별로는 정미소가 4개로 가장 많고, 양말 공장이 3개였으며, 제사·금속·성냥·인쇄·면직물·견직물 공장이 각 1개씩 있었다. 수적 증가율은 대단히 높지만, 절대수로 보잘것없었을 뿐만 아니라 질적으로도 아직 본격적인 근대공업이 형성되기 시작했다고 간주하기는 어려웠다.137)

그러나 이들 공장의 종사업종은 근대 혹은 신 재래에 속하는 것으로만 구성되었다는 점에서, 압도적 다수가 재래업종으로 구성된 종업원 수 50명 미만의 공장과 구별된다. 또 "그 경영자는 지주 아니면 상인 출신의 사람들"이었다는 점이었다.

한편, 1920년대가 회사수의 증가폭이 컸던 데 반해(3.3배, 자본금은 1.7배) 1930년대는 자본금의 증가폭이 컸던 시기(5.2배, 회사 수는 1.8배)로 대비된다. 1920년대에는 1920년의 회사령 철폐에 따라 상대적으로

136) 한국사 14, 식민지 시기의 사회경제-2, 한국사, pp.100-101.

137) 한국사 14, 전게서 p.102.

영세자본의 회사설립이 늘어났으며, 일본의 대규모 자본이 조선에 본격적으로 투자되기 시작한 것은 1930년대 이후였음을 알 수 있다.

〈표 5–5〉 종업원 수 50명 이상의 조선인 공장(1922년 7월 말 현재)

(단위: 명, 원)

공장명	업종	종업원	자본금	공장명	업종	종업원	자본금
조선제사(주)	제사	260	1,000,000	대창직물(주)	견직	76	200,000
이왕직미술품제작소	금속	186		경성직유(주)	면직	70	100,000
동아성냥	성냥	160	200,000	북선정미소	정미	61	30,000
양말제조지신(명)	양말	104	60,000	평안정미소	정미	60	100,000
대동인쇄(주)	인쇄	93	35,000	양윤근정미소	정미	51	50,000
세창양말제조소	양말	91	10,000	동양정미소	정미	50	20,000
노덕규양말제조소	양말	80	10,000				

* 공장명 뒤의 '(주)'는 주식회사, '(명)'은 합명회사.

한편, <표 5-6>에 의하면 1923년 조선인 회사의 부문별 비중은 상업·금융업·운수업 등의 유통부문이 절대 다수를 차지하였으며(회사 수 72%, 자본금 80%) 그 다음이 공업(18%, 9%), 농림수산업(6%, 10%)의 순이었다. 1938년에도 이와 같은 순서는 변함이 없지만 유통부문(회사 수 61%, 자본금 54%)과 농림수산업(5%, 12%)의 비중이 감소한 대신 광공업의 비중(34%, 35%)이 증가한 것이 눈에 띈다.

이 기간 동안 회사 수가 10배 이상 늘어난 부문은 공업(21배)·상업·운수창고업·잡업 등이었다. 한 회사당 평균자본금은 1923년에는 없던 광업이 가장 크고(43만 원) 농업이 약간 늘었을 뿐 나머지는 모두 규모가 줄었다. 가장 자본규모가 작은 부문은 상업으로 3만원(1923년 9만 원)이 채 안되고, 그 다음이 공업으로 이것도 4만 원(1923년 8.5만 원)

〈표 5-6〉 조선인 회사 부문별 현황

(단위: 백만 원)

	1923년 6월		1938년 말	
	회사수	불입자본금	회사수	불입자본금
농림업	13	2	86	13
수산업	4	2	27	1
광업			29	12
공업	36	3	740	30
전기사업	3	0		
상업	75	7	846	23
금융업	32	13	97	10
보험업	1	0	1	0
운수창고업	21	1	258	7
잡업	17	6	194	25
합계	202	34	2,278	123

에 불과하였다. 이 같은 조선인 자본의 영세성은 조선인 회사의 자본 규모가 일본인 회사의 6분의 1(표 6의 1938년 1개 사당 평균자본금 기준)했다는 점으로도 잘 알 수 있다.

다음은 <표 5-7>의 공장 통계를 통해 공업자본과 공장 증가에 대해 검토해보기로 하자.

먼저 조선인 공장 수가 차지하는 비중은 일본인 185개에 비해 66개로 20%를 차지하였다. 1928년에는 일본인 2,425개에 비해 조선인 2,751개로 50%를 넘어섰고 1933년에는 조선인 2,652개로(일본인 2,144개) 전체 공장의 55%에 달했다.

물론, 고용하고 있던 직공수와 생산액의 비중도 증가하여 전자는 1912년의 17%에서 1924년의 26%로, 후자는 1912년의 10%에서 1928년의 23%로 늘어났다. 그러나 이들 조선인 공장의 자본규모는 대단히 영세하여 전시기에 걸쳐 1만 원을 넘은 적이 없었다. 따라서 조선인 공장의 자본금 비중도 시종 5% 전후에 불과하였다.

〈표 5-7〉 민족별 공장 현황

(단위: 개, 백만 원, 천 명)

연도	민족	공장	자본금	직공	생산액
1912년	조선인	66	0.6	2.4	2.0
	일본인	185	9.8	10.6	16.9
1916년	조선인	416	1.3	5.2	5.4
	일본인	650	21.7	23.0	47.2
1918년	조선인	943	9.1	10.2	21.3
	일본인	1,125	140.2	41.8	154.1
1924년	조선인	1,768	12.8	19.3	51.4
	일본인	2,025	143.7	50.7	238.2
1928년	조선인	2,751	25.3		90.1
	일본인	2,425	499.4		244.5
1933년	조선인	2,652		106.0	
	일본인	2,144		11.5	
1940년	조선인		101.9		
	일본인		1,623.5		

* 민족별 구분은 공장경영자 기준. 단 1933년 직공 수는 직공의 민족별 구분.

그러나 영세 자본이었다고는 하나 조선인의 공장 수의 증가, 직공 수, 생산액의 증가는 식민지 시대였음에도 불구하고 대단한 성과를 이루었음을 알 수 있다.

제3절 식민지 시대의 기업

1. 식민지 정치권력에 대한 토착 기업

3·1 운동을 겪은 이후 총독부는 한국 지배 정책을 수정해야 한다고 생각하게 되었다. 총독부가 구상한 것은 한국인의 상층부가 가지고 있는 정치적 경제적 욕구를 충족시켜 그들을 총독부 정치에 대한 지지자로 바꾸는 것이었다. 그것을 위해 두 가지를 계획했다. 하나는 그들에게 참정권을 주는 것이었고, 다른 하나는 투자의 기회를 늘리는 것이었다.

투자의 기회를 늘리는 것과 관련한 가시적인 변화의 하나는 조선회사령의 철폐였다. 그것은 1920년에 이루어졌다. 여기에서 사업 투자의 가능성을 발견한 한국인 부르주아지는 총독부에 조금 더 강한 요구를 하기 시작했다. 한국인 기업에 보조금을 지급해 줄 것과 일본 제품에 더 높은 관세를 부과해 줄 것이 그것이었다. 인도에서 이미 이와 같은 정책이 행해지고 있었던 것이 한국인 부르주아지에게 영향을 미쳤다.

총독부는 한국의 독자적인 산업 발전을 전혀 중요하게 생각하지 않았다. 총독부가 주로 고려한 것은 일본 제국 내에서 한국이 어떤 역할을 수행해야 하는가 하는 것이었다. 시기는 조금 다르지만 1930년대 초에 경성(현 서울)의 상공업자로 구성된 경성상공회의소(京城商工會議所)가 관세율을 높여 한국 내 생산자의 사업 환경을 유리하게 해 줄 것과 한국 내 생산자에게도 보조금을 주어 일본에 본점을 둔 기업에 대해 불리하게 만들지 말 것을 요청한 적이 있었다. 그 때에도 총독부는 어느 것도 받아들이지 않았다.

총독부가 한국인 기업가에게 개별적으로 혜택을 주기는 했다. 예를 들어 경성 방직 주식회사는 1925~31년과 1934~35년에 계속해서 보조금을 지급 받았다. 그렇지만 총독부가 한국인 기업가의 산업 활동을 전체적으로 지원하는 일은 없었다. 일본 제국의 이익에 맞게 한국의 산업을 위치시킨다는 방침은 계속 강화되었다. 1938년에 이르러서는 일본 제국 전체를 단위로 해서 경제 계획을 수립하게 되었다.

2. 일제시대 하의 한국기업

1) 경성방직 주식회사

한국민족계 자본의 근원을 이루는 유일한 호남의 재벌계 김년수는 근대적 기업경영자로 널리 알려졌다. 김씨계의 기업은 김성수·김년수·김용완 등이 대표로 경영하고 있었으며 이들은 모두 호남의 대지주 출신들로서, 토착민족자본을 형성한 인물들로 평가받고 있었다. 기업활동은 농장경영, 방직업, 언론기관 등 다양하게 운영하고 있었으며, 경성방직주식회사를 비롯하여 삼양사, 중앙상공주식회사, 동광제사주식회사, 동아일보사 등을 설립하여 경영하였다<표 5-8참조>. 그 중에서 1920년 설립한 경성방직주식회사는 당시 조선 내에서만이 아니라 만주에까지 진출한 민족계 자본의 대규모의 방직회사로서 1960년대와 1970년대에 한국 경공업발달의 주도를 이룬 섬유공업 발달의 원동력이 되었고 한국공업화의 대표주자로서 인식되었던 것은 부인할 수 없다. 특히 중앙상공주식회사와 동광제사주식회사는 뒤에 경성방직주식회사에 합병되었다. 이 김씨계 자본은 이밖에도 옥계금산주식회사 등 국내 다수 민족계 기업에도 투자되고 있었다. 그러나 이미 잘 알듯이 일제식민지 지배체제에서 재벌을 형성하는 데는 일제와 협력하지 않고서는 불가능하다는 것을 많은 사례에서 검증된 바 있다.

〈표 5-8〉 경성방직주식회사 그룹의 사업

연도	사업체 명	사업 분야	비 고
1917	京城 직류 주식회사	고무 공업, 무역업, 창고업, 광업	1925년에는 중앙상공 주식회사로 개칭
1920	京城 방직 주식회사	방적업	
1920	동아일보	언론업	
1929	중앙학원	교육업	중앙 고등보통학교(1921), 보성전문학교(1932), 만주 동광학교(1935)
1935	동광 제사 주식회사	제사업	
1938	해동은행	금융업	
1939	남만주 방적 주식회사	방적업	

자료: 趙璣濬, 『韓國企業家史研究』, 民衆書館, 1971. Carter J. Eckert, The Koch'ang Kims and the Colonial Origins of Korean Capitalism, 1876~1945 (University of Washington Press, 1991). 金容燮, 「古阜金氏家의 地主經營과 資本轉換」, 『韓國近現代農業史研究』(一潮閣, 1992).

〈참 고〉

❖ 김성수

독립운동가, 교육자, 언론인, 정치가 등 여러 방면에서 활약했던 인촌 김성수(1891~1955)가 1955년 2월 18일, 64세로 세상을 떠났다.

1891년 10월 11일, 전북 고창에서 태어난 김성수는 고하 송진우(1889~1945), 근촌 백관수(1889~?) 등과 교유했고, 1914년 일본 와세다 대학 정경학부를 졸업한 뒤, 운영난에 빠진 중앙학교를 인수하여, 1917년 3월에 교장에 취임했다. 1919년, '경성방직회사'를 창립하여, 경제자립과 민족자본 육성에 노력한 김성수는 1920년[동아일보]를 창간했다. 김성수는 [동아일보]를 통해, 물산장려운동을 전개했고, 1923년에는 민립대학 설립운동을 펼치며, 민족의식을 일깨우는 데 힘썼다.

1932년, 보성전문학교를 인수한 그는, 1946년 이 학교를 기초로 고려대학교를 설립했다. 광복 이후에는 미 군정청 수석고문관을 거쳐, 1946년에는 한국민주당의 수석총무와 총재, 동아일보사 제9대 사장, 대한독립총성국민회 부회장 등을 역임했다. 1949년에는 민주국민당 최고위원이 되었고, 1951년에는 제2대 부통령이 선출되었으나, 정부의 국회탄압사건에 항거하면서 이듬해 5월, 사임했다.

❖ 김연수

일반인들에게 '삼양설탕'(현 '큐원설탕')으로 익숙한 삼양사는 한국 근대경제사를 주도한 명문 기업이다. 호남 거부의 후예인 김연수(金秊洙) 창업주는 일제 하인 1924년 순수 민족자본으로 기업을 설립, 한국기업의 명맥을 이었다. 김 창업주는 형인 인촌(仁村) 김성수씨가 동아일보를 설립하고 꾸려가도록 뒷받침했고, 여러 차례 재산을 털어 고려대와 고려중앙학원의 기틀을 마련하도록 뒤에서 도왔다. 그러나 김연수는 일제하에 기업을 경영함으로써 최근 민족문제연구소가 친일인사인명사전을 편찬하면서 친일인사로 선정하는 등 사후에 '친일' 시비에 휘말리고 있기도 하다. 김연수는 1896년 10월1일 전라도 고부군 부안면 인촌리에서 부친 김경중씨와 모친 장흥 고씨 사이에서 2남으로 태어났다. 형의 호인 인촌은 바로 두 형제가 태어난 동네 이름을 따온 것이다. 김연수의 부친은 1만 5000석 지기의 호남 최대 거부였고 학문에도 조예가 깊었다. 부친은 일제하에서 나라가 영영 없어지는 것으로 알고 당시 저명한 사학자들을 몰래 불러 '조선사'를 17권이나 엮을 정도로 민족애가 투철했다는 게 삼양그룹 관계자들의 전언이다.

김연수는 고무신과 '태극성표' 광목을 대히트시킴으로써 일본자본과 맞서는 최대의 민족회사를 일궜다. 집안 내력을 잘 아는 김재억 삼양사 상임감사는 "30년대 경성방직은 우리나라 금융거래 절반을 담당할 정도의 민족 최대 기업이었다."고 말했다. 1924년 삼수사(三水社)를 설립해 호남 일대의 소유농토에 대한 근대화 작업에 나섰다. 장성, 줄포, 고창, 명고, 신태인, 법성, 영광농장을 차례로 개설해 기업형 농장으로 탈바꿈시켰다. 간척사업에도 눈을 돌려 손불농장과 해리농장의 2개 지역에 1070정보의 농토를 만들었다. 이 시기에 상호가 삼양사(三養社)로 바뀌었다. 김연수는 만주벌 개척에도 나섰다. 5개 협동농장을 개설한

데 이어 봉천에 남만방적을 설립했다. 남만방적은 한국기업 최초의 해외생산법인이다. 그러나 1945년 해방으로 만주의 사업장들을 고스란히 놓고 철수하는 아픔을 겪어야 했다.

또한 그는 기업경영에만 몰두하지 않았다. 고려대와 고려중앙학원의 운영기금을 출연한 것을 비롯해 양영회와 수당장학회를 설립, 교육사업에도 힘썼다. 경성방직의 회계를 맡아 김 창업주를 도왔던 국어학자 이희승 박사는 "수당(秀堂·김연수의 호)은 돈 쓰는 데도 일가견을 가진 사람으로 만금을 쓰면서도 기업경영에는 한 푼을 아꼈다."고 그의 용전(用錢)철학을 전했다.

2) 화신백화점(和信百貨店)

화신백화점은 1931년 박흥식이 설립한 지상 5층의 백화점으로 서울특별시 종로구 공평동 현재 종로타워 자리에 있었다. 일제강점기 조선 경성부의 제5대 백화점인 미나카이(三中井)백화점, 죠지야(丁子屋)백화점, 히라타(平田)백화점, 미츠코시(三越)백화점과 함께 5대 백화점으로 불렸으며 그 중 유일하게 조선인 운영 백화점이었다. 종로 상권의 패자로서 꾸준히 사업을 확장해 나가던 1935년 1월 27일 저녁 7시 30분, 화신상회는 불이 나 건물이 통째로 타버렸다.

아래 사진은 화재로 인해 1937년 건축가 박길용의 설계에 의해, 지상 6층·지하 1층의 건물이 1937년에 재건되었다.

화신 백화점

죠지야백화점 5층

화재사건 후 박흥식은 당시 조선총독이었던 우가키 가즈시게(宇垣一成)를 찾아가 "백화점 2동이 타버리는 동안 종로소방서는 무얼 하고 있었냐"며 압박했고, 결국 책임을 피할 수 없었던 우가키 가즈시게 총독은 '500여명에 달하는 점원을 놀릴 수 없으니 건너편의 종로경찰서 구관을 빌려달라'는 박흥식의 요구를 들어주게 된다. 박흥식은 완전히 타버린 서관을 새로 짓기로 결정하여 연건평 2,000평이 넘는 지하 1층 지상 6층의 신관을 완성시켰다. 참고로 당시 경성에서 가장 높은 건물이었다. 신관이 완성된 1937년 10월, 화신백화점으로 출발하면서 구관과 신관을 합쳐 연건평 2,500평에 달하는 명실공히 당시 조선최대 크기의 백화점이였다고 한다. 1938년 4월에는 일본에 볼모로 잡혀간 영친왕이 영친왕비 이방자와 이왕직 장관 외 다수의 수행원을 대동하고 화신백화점을 방문하게 하여 더욱 인기를 얻었다고 한다.

일제강점기 시대의 경성의 백화점의 크기를 간접적으로 나타내 것이 <표 5-9> 서울(경성) 백화점의 영업세액 추인이다.[138]

〈표 5-9〉 서울시내 각 백화점의 영업세액 추이

백화점 연도	1930	1931	1933	1935	1936	1937	1938	1939	1942
미츠코시	2,253	2,465	3,853	4,313	4,651	5,359	6,261	7,841	16,686
죠지야	-	3,038	3,460	4,379	4,628	4,657	4,935	5,614	14,302
미나카이	1,730	1,439	1,164	2,757	3,878	3,957	4,239	4,500	9,551
히라타	1,812	1,853	1,732	2,012	2,329	2,319	2,653	2,830	4,850
화신	758	670	1,314	2,388	2,001	2,457	2,990	4,069	10,930
합계	-	9,465	11,523	15,849	17,487	18,749	21,078	24,854	56,319

자료: 교토상공명록, 각년도판, 1933년은 동아일보 1933.8.13.
비고: 1원 이하는 반올림,1930년 죠지야는 자료누락,
해당연도의 영업세액은 전년도 일년간의 영업 내용에 대한 과세임

138) 오진석, 일제하 박흥식의 기업가활동과 경영이념; 연세대학교 국학연구원 동방학지, 118집(2002) p.123 참조

1931년 670원으로 5대 백화점 중 최하위(5위)의 매출을 기록했지만 1933년에는 1,314원, 1935년에 2,388원으로 4위를 기록했지만 1936년 2,001원로 다시 최하위, 1937년 2,457원, 1938년에는 2,990원으로 4위, 1942년에는 10,930원으로 미나카이(9,551원), 히라타(4,850원)를 누르고 3위를 기록하였다.

이렇게 일본인이 운영하는 4개 백화점보다 더 빠르게 성장할 수 있었던 것은 민족백화점이라는 것을 광고로한 전략이었고 당시 조선인의 감정으로는 종로는 조선의 상징이었으므로 종로에 일본인 진출을 방해 하면서 조선(민족)백화점을 내세워 성공하였다고 보고 있다. 그리고 또 하나는 조선 총독부와 긴밀한 관계를 유지하였다는 점이다. 그러나 이것은 후일 매판자본가로 인식되기도 한다.

박흥식은 일제 강점기 대표적 친일 기업인이다.139) 그는 1949년 반민특위가 활동할 당시 1호 체포 대상자였다.(2009년 대통령 소속 친일반민규명위는 박흥식을 친일행위자 1,006명에 포함시켰다.) 반민족행위처벌법이 1949년 1월 5일부터 시행됐는데, 박흥식은 1월 11일 제 1호로 구속수감된다. 박흥식은 구속 3개월 만인 4월 21일 병보석으로 풀려났으며, 그 해 9월 26일 공판에서 무죄를 선고받았다. 석방 이후 그가 이끈 화신은 이승만 정권의 비호 하에 삼성, 락희, 대한, 삼호, 삼양, 개풍 등과 더불어 1950년대까지는 10대 재벌로 군림해왔었고, 1950년 한일무역협정 타결 당시 사절단으로 활동한 뒤 1955년 신신백화점을 세웠으나, 화신은 끝없는 몰락의 길을 걸었다. 우선 해방 후 터져버린 1950년 6.25 전쟁으로 인해 그의 기반이었던 유통업의 경기가 영 좋지 않았고 박흥식은 상업자본가였지 산업자본가와는 맞지 않았던 것 같다.

1961년 5.16 군사정변 직후 부정축재 혐의로 잡혀가기도 했으나 금

139) 『친일파 99인』(전3권, 반민족문제연구소 편) 박현채, '박흥식: 반민특위에 제1호로 구속된 매판자본가' 참조

세 풀려난 후 경제재건촉진회 발기인으로 나섰다. 그러나 박정희의 산업화를 중심으로한 경제개발5개년계획 등의 정책에 맞지 않고 유통업과 무역업을 고수했던 것 같다.

일제강점기 때만 해도 조선의 최고 거부였던 그가 해방 이후 허망하게 몰락해버린 이유에는 여러 가지가 있겠지만, 일제강점기의 경공업 중심의 시대에는 유통업이 맞았지만도, 처음부터 막대한 자본이 뒷받침되어야 하는 산업자본시대에는 그의 경영원칙은 맞지 않았다.

또한 박흥식은 주식회사(이사회)와 같은 조직 경영이 아닌, 박흥식 개인의 능력만으로 기업 경영의 모든 것을 혼자 결정하다보니 성장하지 못했다.

1930년대 말의 화신백화점은 전국 주요도시에 300여 개소의 최신 미국 스타일의 연쇄점을 설립하여 경영함으로써 일제시대 백화점의 왕자가 되었다. 평남 용강에서 인쇄소를 경영하던 박흥식이 서울에 진출하여 선일지물상으로 성공하였고, 당시 민족경영인으로 최초의 동아백화점을 설립한 최남으로부터 그 백화점을 인수하여 화신상회가 모체가 된 화신백화점을 설립하게 되었다.

이와 같이 서북지방의 서민출신인 박흥식은 어려서 상업계에 진출하여 당대에 거부를 이룬 기업인이 되었다. 그가 설립한 화신백화점은 민족계 경영인으로서는 최대의 백화점이었고 이를 중심으로 한 전국의 연쇄점은 일인상업계의 경쟁과 도전을 받으면서 성장하였다. 박흥식은 화신상회를 비롯하여 화신무역주식회사, 대동흥업주식회사, 선일제지사 등과 그리고 경인기업주식회사 등 이밖에도 국내 민족계 주식회사에 많은 자본을 투자하여 주주로 참여하고 있었다. 그러나 역시 조선총독부의 압력 하에서 민족자본의 성격을 띤 이 기업이 그 당시 어떻게 재벌을 형성하였는지 앞으로 기업가사적으로 더 연구되어야 할 것이다.

〈참 고〉

❖ **박흥식**

평안남도 용강에서 태어났다. 일찍부터 상업분야에 천재적인 재능을 보였다. 1926년 선일지물주식회사(鮮一紙物株式會社)를 설립하여 종이와 신문용지 판매에 주력하였고, 이를 계기로 자본을 축적하여 1930년대 중반 화신(和信)의 총수로 성장하였다. 일찍이 금융업에 진출한 귀족가문이나 1920년을 전후하여 제조업에 진출한 지주가문과는 달리 상업자본가로서의 성격을 분명히 하였다. 당시에는 공급과 수요는 여전히 전통적인 장시(場市)나 지방상점에 의존하였다. 이러한 상황에서 그는 1934년 화신연쇄점 계획을 추진함으로써 전국적 유통체계의 구축을 도모하였다. 이 시기의 상업분야는 일본의 자본과 조직이 중심적인 위치를 차지하고 있었는데, 여기에 예외적으로 참여하였던 것이 화신이다. 그러나 이러한 성공의 근본 원인은 총독부 지배 권력과의 결합에 의한 매판성에 있었다.

그는 총독부 정책 및 경제여건에 재빠르게 적응하는가 하면, 총독부 관료 및 일본인 기업인들과의 유대관계 형성에 노력하였다. 1955년에는 신신백화점, 1956년에는 화신백화점을 열었으며, 1957년 미국의 웨스팅하우스와 대리점계약을 체결하고 원자력발전소 건립계획안을 제출할 정도로 의욕적인 활동을 벌였으나, 무산되었다. 5·16군사정변 후 송도해수욕장 개발권과 화학섬유공장 설립권을 얻었다. 그러나 막대한 외자를 투입한 흥한화섬(원진레이온)이 1969년 한국산업은행 소유로 넘어가면서 몰락하기 시작하였다. 결국 1972년 설립, 1973년 일본의 소니사와 합작한 화신산업(지금의 아남정밀산업)이 부도를 내면서 경제활동은 끝났다. 화신그룹의 총수로서 상업자본가의 전형적인 인물이었다.

3) 공흥 주식회사

오늘날 흔적이나 기록도 찾아볼 수 없는 일제에 협력한 대표적 자본가이며 기업가이다. 1938년 민중시론사편, 조선인물대계에 일본인이 기록한 방의석의 인물평을 보면 주목할 만하다.

반도의 자동차왕, 함남도회의원, 북선산업, 교통문화의 개척자인 방의석은 당시 드물게 보는 인걸이다. 그의 상권은 북선 땅에 융융히 솟았으며 비단 교통운수계뿐만이 아니라 각종 방면에 손을 뻗쳤고, 무릇 사회문화의 발전에 도움이 될 만한 사업에는 전력을 기울여 노력하는 기백과 국가적 공헌의 정신은 높이 평가될 만 하였다. 방의석은 공흥주식회사를 비롯하여 함흥택시, 조일택시, 원산택시, 평안자동차사업의 총수이며, 북선교통계, 운수업의 거인으로 알려져 있음은 설명할 필요조차 없는 일이다. 그뿐 아니라 함남창고, 함남목재, 북청주조, 기타의 사업을 운영하며 나아가서는 전기사업에까지 손을 뻗치고 있어 북선사업계에 웅비하고 있음은 세인이 다 아는 일이다.

이 기록에 나타난 바와 같이 방의석계 재벌은 북한서민출신으로서 자수성가한 기업인이다. 그는 북선의 자동차 운수업에 진출하여 북선자동차운수업의 개척자로서 또는 지배자로서 경영능력을 발휘한 결과 재벌로서 성장한 창업자이다.

그러나 그는 일제에 협력한 대표적 자본가이었다. 전쟁 시에는 기업을 존속시키기 위해서 일본제국주의에 비행기를 헌납하는 등 철저한 변질된 민족기업가로 전락하였다.

이상에서 열거한 바와 같이 식민지 지배체제에서 대규모자본을 형성한 재벌형태는 첫째, 귀족출신형 재벌 둘째, 대지주출신형 재벌 셋째, 서민출신형 재벌로 그 유형이 구분될 수 있다. 그들은 소위 조선의 민족자본 재벌의 이름으로 불리고 있었으며, 당시 민족기업계에서 차지하는 위치는 매우 큰 것으로 나타나고 있었다.

현재 민족기업체의 모델로 지칭되고 있는 우리나라의 많은 일제 때 창업회사들은 초기에는 민족기업으로서의 강한 성격을 가지고 있었지만, 일제 말기에 들어와서는 일제의 탄압이 강해짐에 따라 일부 경영방침을 일제에 협력하는 형태의 성격으로 변모하여 성장하지 않을 수 없었던 것이라고 생각된다.

〈참 고〉

❖ **방의석**

일제강점기 한국의 실업가로 알려진 방의석은 북선교통주식회사를 설립하여 북한의 운송망을 확장시켜, '조선의 자동차왕'이라 불리었다. 그러나 일제강점기 말에 일본군에 거액을 헌납하여 친일파라는 비판을 받았다. 함경남도 북청(北靑)에서 태어났다. 북청에서 4년제 사립 극명학교(克明學校)를 졸업한 뒤 물상객주(物商客主) 김경팔(金敬八) 밑에서 장사 수완을 배웠다. 1922년 김경팔이 대주주로 있는 공흥자동차운수주식회사(共興自動車運輸株式會社)에 입사하였는데, 입사한 지 1년 만에 그의 사업적인 수완을 인정받아 취체역에 이어서 전무취체역(專務取締役)으로 연달아 승진하고, 1927년에는 사장에 취임하였다. 그 후 경영권까지 맡게 되자 자본금을 증자하는 한편, 1929년에는 함흥택시회사를 설립하여 사장이 되었다. 1932년에 북선자동차운수합명회사, 1936년 조일택시주식회사를 설립하여 함경도의 운송권을 독점하였다. 1940년에는 함흥택시·조일택시 등을 북선교통주식회사(北鮮交通株式會社)라는 이름으로 통합하여 운수업을 일원화시켰다. 1942년에는 원산택시주식회사와 평안택시주식회사까지 흡수하여 '조선의 자동차왕'이라 불리었다. 이 밖에도 함남창고주식회사(1935년)·북청양조주식회사·함경목재주식회사 등을 설립하여 취체역으로 활동하였다. 또 한일합자회사인 조선신탁주식회사(1932년)와 경춘철도주식회사 등의 주주로 경영에 참여하였다. 그러나 총독부 중추원의 참의를 지내면서 친일단체를 조직하여 비행기 2대를 바치고, 거액의 재산을 국방비로 헌납하는 등 친일행위를 함으로써 반민족행위처벌법 피의자로 구속되었으나, 그 법이 폐지됨에 따라 석방되었다.

4) 민족기업과 독립운동가인 백산상회, 구인회와 허만정

백산상회(白山商會)는 1914년에 안희제(安熙濟, 1885~1943)가 세운 민족기업이다. 상회 이름은 안희제의 호인 백산(白山)에서 유래한다.[140] 대한제국 시기부터 구국 운동을 전개한 안희제는 일제 강점 이

140) 양경화, 『안희제 독립운동 비밀자금 주식회사 -백산상회 인물로 만나는 부산정신 3』 호밀밭, 2019년을 참조할것.

후 1911년 만주와 러시아로 망명을 갔다. 1914년 제1차 세계 대전이 발발하자 국외로 망명한 독립운동가들은 변화한 국제 정세를 독립의 기회로 활용하려 했다. 그들은 국내와 접촉을 더욱 빈번히 시도했고, 항일 투쟁을 지속하기 위해 국내 비밀 연락망을 구축하고 운동 자금을 조달하려 했다. 안희제는 1914년 9월 무렵 부산으로 귀국하여 고향인 경상남도 의령의 소유 농지 2,000두락을 팔아 자금을 마련하고, 영남지역의 대지주들인 이유석, 추한식 등과 함께 백산상회를 설립한 뒤 독립운동 단체의 연락 및 자금공급에 주력하였다. 특히 국권회복단 등과 연계하여 대구, 서울, 원산, 안동, 봉천 등지에 지점과 연락사무소를 설치한 1916년 이후 더욱 활발한 활동을 펼쳤다.

1919년 3·1운동 의 활동에 고무된 뜻 있는 유지들의 성원을 통해 백산상회는 1919년 6월 10일 백산무역 주식회사로 확장 개편하였는데, 사장 최준과 전무 윤상태를 비롯하여 안희제, 최태욱, 이종화, 윤현태, 강복순, 남형우, 허만정 등이 주주로서 참여하였다.[141] 개편 이후에도 활발한 활동을 전개하였으나 이를 눈치 챈 일본경찰이 계속적인 수색, 감금, 고문, 장부검열 등의 탄압을 자행하자 이를 견디지 못하고 1927년에 해산되었다.

LG 그룹의 구인회(具仁會, 1907~1969년) 창업회장은 중경임시정부 독립운동 자금을 지원했다고 한다. 첫 사업은 1931년 진주에서 구인회 포목상점이란 이름으로 사업을 시작해 사돈 관계에 있던 현 GS그룹의 소유집안인 허만정의 김해 허씨 집안과 동업으로 하였고 여러 사업들을 거치면서 진주에서 사업을 정리하면서 많은 토지를 매수해 일제 강점기 말기인 1943년 만석군이란 소리를 들을 정도로 대토지 소유자가

141) 국사편찬 위원회, 『한민족독립운동사자료집 8권 부록』 2010년.

되었다. 1942년 7월 구인회는 독립운동가인 백산상회의 안희제의 독립운동 자금 부탁에 흔쾌히 1만 원을 지원했다. 일제로부터 지명 수배를 받고 있던 안희제 에게 독립자금을 준다는 것은 상점뿐 아니라 가문이 풍비박산 날 수도 있는 위험한 일이었지만, 구인회 회장은 '당할 때 당하더라도, 나라를 되찾고 겨레를 살리자'며 안희제 에게 1만 원을 전달했다고 한다.

안희제

구인회

허만정

허만정(許萬正, 1897~1952년)은 독립운동가이자 대한민국의 기업가이다. LG그룹의 공동창업주이며, GS그룹의 창업자이다. 1914년 상하이 대한민국 임시정부에 독립운동을 지원하는 비밀자금 조달기관이었던 백산상회의 주주로서 참여한다는 것은 당시에는 무척 힘든 일이었지만 백산상회 설립에 참여하며 후원금을 계속 지원했다. 1923년 백정들의 해방 운동인 진주 형평운동을 후원하기도 했다. 구인회, 이병철, 허정구, 조홍제 등이 졸업한 지수초등학교 부지 제공에 힘썼으며 1925년 진주여자고등학교의 전신인 진주일신여자고등보통학교를 설립했다. 백산 안희제를 기념하기 위해 부산의 용두산 공원에서 중앙로 방향 계단을 내려오면 백산기념관(부산시 중구 동광동3가 10-1)이 있다.

제4절 일제강점기하의 공업화의 구조와 현황

일제 하 식민지시기의 공업화 현황을 산업구조 변화에서 볼 때, 우선 농업이 전산업에서 점하는 생산액의 비중은 계속 저하되었다. 이와 반대로 공업화의 비중은 계속 상승하였다. 1915년과 1925년에 81%이던 농림수산업(농업+임업+수산업)의 비중이 1940년에 50%로 급감하고, 공업은 17%, 18%에서 44%로 상승하게 되었다<표 5-10 참조>.

〈표 5-10〉 산업별 생산액 추세(1910~1940년)

(단위: 千円, %)

연차	전산업		농업		임업		수산업		광업		공업	
	생산액	비중	생산액	비중	생산액	비중	생산액	비중	생산액	비중	생산액	비중
	280,760	100	214,482	77	13,072	6	13,072	5	6,068	2	27,900	10
15	483,137	100	379,924	72	19,832	5	19,832	4	9,920	2	51,816	17
20	471,831	100	372,482	79	18,978	2	18,978	4	7,517	2	63,473	13
25	487,187	100	421,975	71	33,009	4	33,009	6	8,029	1	103,602	18
30	706,855	100	465,212	66	44,325	5	44,325	6	13,183	2	150,248	21
35	1,046,516	100	513,520	49	75,640	6	75,640	7	49,740	5	343,207	33
40	1,466,482	100	524,258	36	128,969	5	128,969	9	83,045	6	648,316	44

자료: 『韓國の人口と經濟』, p.160.
주: 1910년 가격

취업인구상으로 1925년에 농림업에 종사하던 사람이 83%였던 것이 1930년에는 농림업이 78.5%, 40년에는 72.7%로 변화를 보이고 있으며 2차 산업이 5.9%에서 6.5%로 늘어나 이러한 변화를 보이고 있으나 생산액에서의 변화만큼은 크지 않은 것도 확인 할 수 있다<표 5-11 참조>.

〈표 5-11〉 취업인구의 산업별구성

(단위: %, 천명)

연도	농림업	수산업	광업	공업	상업	교통업	공 무 자유업	기타	무업	합 계 인구수
1917	85.1	1.3	2.0		5.4		1.4	2.2	2.6	10,920
1925	83.0	1.4	2.1		6.0		2.3	3.0	2.2	11,497
1930	78.5	1.2	0.4	6.0	5.8	1.1	1.8	5.2	-	9,766
1940	72.7	1.5	1.9	5.4	6.5	1.6	2.6	7.8	-	9,196

주: 1) 1917, 25년은 「호구조사」에 의한 직업통계.
2) 1930년, 40년은 국세조사의 통계.
3) '무업(無業)'은 '무직 또는 직업을 신고하지 않은 자'이다.
4) 이 계수는 일본인과 기타 외국인을 포함한 계수이다.

자료: 『조선총독부통계년보』 각 년도,
조선총독부, 『조선국세조사 보고(1930년 전국편)』,
대한민국정부 경제기획원 통계국, 『한국통계월보』, 1962. 9.

공업화에 반해 취업인구의 변화가 크지 않은 근본원인은 공업에 종사하는 인적자원들이 일본인 우선이었고, 전 절에서 볼 수 있듯이 공업화의 주된 산업이 대륙 진출을 위한 군수 산업에 치중되어 한국인보다는 일본인 우선 정책 때문이다.

제 6 장

해방이후의 한국기업의 발전

제 6 장

해방이후의 한국기업의 발전

제 1 절 해방후 한국기업의 발전단계

2020년대에 들어오면서 코로나19의 확대, 우크라이나 전쟁와 함께 혼합된 불경기의 현재를 "VUCA"시대라고 부른다. 이는 불안정 (Volatility)하고 불확실 (Uncertainty)하며 복잡하고 (Complexity) 하고 애매모호한 (Ambiguity)사회를 의미한다. 한국기업은 현재 2009년~2010년의 글로벌금융 위기 이후의 시장개편과 기업구조조정과 한국경영시스템의 부재라는 현실적인 이유로 심한 갈등에 휩싸이고 있는 실정이다. 개화기 이래로 또 하나의 개방, 과연 여기서 우리한국은 어떻게 대응하여야 하며, 한국기업의 새로운 전략은 어떻게 변화하고 대처해 나가야 하는 것일까? 특히 국경 없는 지구촌시대에서의 우리기업은 어떠한 전략으로 대처하여야 하는가? 이 모든 것은 기업뿐만이 아닌 정부에서조차 세계화라는 타이틀 아래 고심하고 있는 부분이기도 하다.

지금같이 미래예측이 불투명하고, 급격한 환경변화 하의 기업경영은 한국기업의 경쟁우위를 생각게 하며 한국형 경영시스템의 창출을 기대하게 된다. 이는 우리기업의 걸어온 길과 갈 길을 경영사적으로 되돌아봄으로써 가능하다고 생각된다. 특히 한국경제 발전에 역기능적 측면도 있었지만 경제발전의, 담당자로서의 역할을 하였던 해방이후의 한국기업의 역사를 살펴봄으로 인해 과거, 현재, 미래의 기업을 조명해 봄과 동시에 앞으로의 한국기업의 참모습을 투시해 볼 수 있을 것이다. 또한 한국기업이 계속적으로 성장, 발전하기 위해서는 한국경제 발전에 끼친 부정적인 면을 수정하고 한국적 경영형태를 설계하여 새로운 경제 질서에 대응할 수 있는 체계의 확립이 필요하다고 할 수 있다. 과거 일본제국주의에 의한 식민지 정책은 민족자본 형성에 부정적인 영향142)을 끼쳤음은 물론이고 그로 인해 민족자본으로 기업을 설립할 수 있는 여건이 형성되지 않았다. 하지만 그 와중에서도 '경성방직 주식회사'는 개척자 정신을 가지고 동시에 자립정신을 가진 애국기업으로써 독특한 기업 경영 방식143)으로 식민지 정책 하에서도 기업을 유지했다. 이것은 한국기업의 역사에서도 중요하지만 그 악조건 속에서 피운 한국기업 경영이 있었다는 것을 기업가사(企業家史)적인 면에서도 상기할만한 일이라 생각한다. 즉, '경성 방직 주식회사'는 다른 기업과는 본질적으로 다른 기업의 특성이 있었다는 것이다.

본 절에서는 위와 같은 민족기업이 해방 이후 존속하지 못하고 결국

142) 한국경제 사학회, 한국사 시대 구분론, 을유문화사, 1983, pp.237-238.
　* 식민지의 적극적 요인인 경제적 동인
　1. 귀한 재화를 불등가 교환(不等價 交換)의 수단에 의해 취득하는 것.
　2. 염가의 원료품 수입에 의하여 불변자본의 가치를 저렴케 하고 싼 식료품을 수입하여 노동자의 실질임금을 낮은 곳에 묶어두어 잉여가치율을 높이고 이윤율의 저하를 막으려는 것.
　3. 상품수출시장의 확보.
　4. 자본의 수출.

143) 황대석, 한국기업 경영론, 세영사, pp.39-51.

민족자본 형성을 하지 못한 이유와 한국기업 환경에 끼친 영향을 한국 경제의 발전과정과 전통 문화적 특성, 그리고 노사관계 면에서 경제사, 경영사적 선상에서 설명하고자 한다. 이는 역사적 접근법을 중심으로 경영사적 접근법을 취하여 한국기업의 특성을 추출하기 위해서는 기간 구분에 대한 기준이 필요한데 이것은 해방 이후의 한국기업 성장단계가 경제성장에 따라 사회, 정치, 경제적 매트릭스의 형성에 결정적인 영향을 미친 것이라 사료되기 때문이다.

여기서는 한국기업의 발전단계를 네 단계로 구분하기로 한다.

제1기는 1945년에서 1961년까지,

제2기는 1962년에서 1971년까지,

제3기는 1972년에서 1981년까지,

제4기는 1982년에서 1990년까지,

제5기는 1991년에서 2007년까지,

제6기는 2008년부터 현재까지로 구분하여 한국기업에 미친 경제적 환경을 살펴보고 향후 한국기업의 발전방향을 말하고자 한다.

제2절 해방과 적산기업의 처리

1. 한국기업에 끼친 경제적 환경

1) 제1기: 1945년 – 1961년

1945년 한국은 해방과 함께 자주국가로 새 출발을 하였으나, 해방직후 사회·정치·경제의 모든 면에서 혼란의 연속이었으며 이 속에서 기업의 성장은 자연적으로 건전하게 이루어 질 수 없었다.

이 시기에는 해방 전 일제의 식민지 정책에 따른 민족기업의 발판이 거의 없었던 것과 더불어 적산불하(敵產拂下)나 미국의 원조 등에 의한 자본의 축적으로 민족자본의 형성에 어려움이 많았지만 종래의 상업적 경영형태에서 근대적인 산업 자본적 경영형태로 전환하였다고 말할 수 있으며 자력(自力)보다는 외부환경에 의해 경영형태가 변화하였으므로 외부환경의 변화에 크게 의존하지 않을 수 없었다. 특히 1950년 한국동란(6·25사변)으로 인하여 막대한 피해를 입게 되어, 차관이나 원조에 의해 전후 복구과정에서 나타나는 외부환경의 영향을 쉽게 볼 수 있다.

따라서 1945년부터 1961년까지는 사회, 정치, 경제적인 혼란 속에서 기업도 그 위치를 제대로 찾지 못하고 해방 전 기업의 모습을 벗어나지 못했던 시기였다. 이 시기의 기업성장과정을 1945년 해방이후부터 적산불하, 미국의 원조 등에 의존했던 1950년까지와 이후 외국원조 등에 의해 복구하기 시작한 1961년 제3공화국이 출범하기까지의 시기로 구분하여 기업의 성장에 미쳤던 요인들을 살펴보고자 한다.

(1) 1945년 – 1950년

해방과 더불어 남북은 분단되었으며, 한국의 경제상황도 혼란한 상태인데다가 사회적인 혼란이 가중되어 매우 불안정하였다. 해방 전 한국기업의 성립배경에는 민족정신이 작용하기는 하였지만 일제의 식민지 정책에 따라 타율적으로 형성되어 민족자본의 발전에는 도움을 주지 못하였으며, 경영기반의 약화만 초래하였다. 결국 민족자본의 열악, 산업구조의 불균형, 기업의 전근대적 특질에다 해방 이후의 국토분단으로 경제 자립도의 기반이 약화되었고[144] 민생안정과 경제안정을 위한 소비재 중심의 미국 원조

---

144) 신유근, 한국기업의 특성과 과제, 서울대학교 출판부, 1985, pp.70-71에 따른 부연설명은
 1. 해방 전 제조부문의 총자본액의 94%를, 기술직의 80%를 일본인이 점하고 있었으며 한국인은 저급 기술자로서 전체의 20%(1,632명)를 차지하고 있었는데 기

물자의 대량 유입으로 인해 자립적인 기업성장이 오히려 저해되었다.

그러나 이러한 혼란한 상황 속에서도 한국 경제가 안정이 되고 근대적인 대기업[145]이 생성될 수 있었던 것은 적산불하, 농지개혁[146], 미국의 원조, 그리고 마카오 무역경기 등에 기인한다고 볼 수 있다.

(2) 1950년 – 1961년

1950년 한국전쟁으로 한국기업들은 기업경영에 필요한 인적, 물적 자원을 거의 파괴당하게 되었고 이후 한국경제를 부흥시키기 위해서 휴전 이후 미국을 비롯한 UN 가입국들의 경제적 원조가 시작되어 기업도 외국원조 중심의 색채를 띠게 될 수밖에 없었다.

그리고 한국에 대한 외국원조는 한국경제의 재건과 안정의 기틀마련에 도움이 되었으나 대부분 소비재 중심의 원조였기 때문에 국민의 사치성향을 높이고 상업부문의 기형적 팽창을 초래하였으며 제조업의 구성도 생산재 공업을 외면한 방직업과 제분업만이 크게 확장되어 외국원조는 산업구조의 후진성을 심화시켰다.

또한 이 시기의 원조는 대부분 군사원조의 성격을 강하게 띠고 있었으며

술교육의 고의적인 회피 정책을 엿 볼 수 있으며 해방 후 공장의 가동이 어려워져 생산이 중단되고 실업자가 급격히 증가.

2. 일제에 의해 남농북공(南農北工)의 분업체제 구축으로 남북분단이 불완전한 경제체제 구축.
3. 해방직후의 정치적, 사상적 혼란을 틈탄 노사분쟁이 격심하게 발생되었다.

145) 박세길, 한국경제의 뿌리와 열매, 돌베게, 1991, p.25.
적산불하를 통해 생겨난 대재벌에는 두산그룹은 소화기린 맥주를, 한국화약은 조선화약 공판을, 선경은 선경직물을, 그리고 현대그룹은 명동의 땅을 불하받아 현대자동차 공업사를 세워 성장의 발판을 마련하였으며 이 외에도 대창방직, 동일방직, 한국펄프 등이 있다.

146) 박세길, 한국경제의 뿌리와 열매, 돌베게, 1991, pp.26-29.
정치적 목적에 따른 농지개혁으로 사회개혁의 의의를 기대할 수는 없었으며 이런 연유로 해서 한국 자본주의는 농촌 출신의 양질의 노동력을 사용할 수 있었다.

대기업의 자본을 육성시키는 역할을 하였는데 이로 인해 중소기업의 위치와 농민의 생활에 부정적인 영향을 끼치게 되었다. 그 일례로 '삼백산업'의 경우 대기업은 값싼 원조물자를 배척받아 제품을 생산하여 그 수익이 대단한 반면 소규모 중소기업은 원조물자 배정에서 철저히 따돌림을 받게 되어 운영이 어려워짐과 동시에 농민들도 공급시장을 상실해 버린 결과를 초래하게 되어 자립경제의 기초가 흔들린 것도 이 시기의 큰 특징이다.

이 시기의 한국 근대기업의 특질을 요약하면

첫째, 기업 내부적인 자본축적보다는 상업주의적인 유통상의 이익을 추구하여 설비투자 보다는 투기치중.

둘째, 혁신이나 기술개발보다는 경영외적인 능력에 좌우된다는 경영풍토의 조성.

셋째, 정경유착으로 가족 경영체제 확립.

넷째, 삼백산업 등의 경공업에 치중하여 대외 의존성이 심화되는 경향을 갖게 되었다.

(2-1) 1945년 - 61년까지의 적산기업과 기업성장

적산 불하(敵產拂下, Disposal of Enemy Property)는 귀속재산 불하(歸屬財產拂下, Disposal of Vested Property)라고도 하는데 광복 이후 일제 강점기 일본인들이 한국 내에 설립한 부동산 또는 반입 후 도로 가져가지 못한 동산 등의 자산을 미군정[147]에서 미군정법령으로 1945년 9월부터 몰수하여 미군정에 귀속한 귀속재산(한반도내 일본의 국유재산을 포함하여 민간인의 기업 등 사유재산까지 미군정이 압수했음)을

147) 미군정(美軍政)은 1945년 8월 광복 이후, 미합중국 육군 제24군단이 점령하여 1945년 9월 9일부터 1948년 8월 15일 대한민국 정부 수립까지, 조선총독부에게서 한반도의 행정권, 치안권 등을 이어받아 38도선 이하 한반도(및 그 부속 도서)를 통치했던 기구, 혹은 그 시기를 가리킨다.

미군정(이 시기 대한민국 정부는 아직 존재하지도 않았던 시기임)과 정부가 1947년부터 한국 내의 기업 또는 개인에게 불하한 정책을 가리킨다. 적산(敵產)은 적국의 자산 및 산업을 말하며, 여기서 적은 일본을 칭한다. 적산은 일본인들의 회사와 토지를 말하고 패망하면서 버려진 일본인 회사를 주로 적산이라 한다.[148)]

우선 미국은 1946년 9월 8일 남한에 진주한 미군은 9일 군정을 선포하고, 9월25일 패전국 소유 재산의 동결과 이전 제한을 규정한 법령 제2호(Concerning Property Transfers)를 발표하여 8월 9일 현재 남한 소재 일본 재산의 미군정 관리를 선언하였다.

귀속기업체에 관한 가장 많은 정보를 제공해 주는 한국은행조사부의 1949년도 경제연감은 귀속사업체를 총 3,089개로 표시하고 있다. 한편 1955년 국회 재정경제위원회 보고서에는 미군정기 이후 접수되어 당시까지 불하 매각된 귀속기업체와 잔여 귀속기업체의 숫자를 제시하고 있는데, 합계는 2,707개(기업)로 나온다.

다음 <표 6-1>에서 나오는데 이 자료는 배석만의 자료를 사용하였다.[149)] 일부학자들은 귀속재산의 규모가 과장되었다고 하더라도 당시 남한 전체재산의 80%의 비중으로 보고 있다.

미 군정은 한국 내에 있던 모든 일본인 재산은 미 군정 소유로 귀속된다고 선포했다. 모든 귀속 재산에 대한 소유권이 미 군정에 있다는 것은 일본인들의 소유권을 부정한 것일 뿐 아니라 당시 활발하게 전개되던 노동자들의 자주 관리에 의한 소유도 부정하는 것이었다. 미 군정에 의해 귀속사업체의 관리인으로 선정된 사람들은 주주, 관련 상인, 상공업자, 기술자,

148) 윤황지, 미군정기의 귀속재산에 관한 일 고찰 한국부동산학회 『부동산학보』 24권, pp.255-273, 2005.8월을 참고 할 것

149) 배석만, 해방 후 귀속재산 처리의 전개과정과 귀결, 한일민족문제연구 26권, 2014년 6월 pp.43-91, 한일민족문제학회.

미 군정 관리, 일제시대 관리 등 다양했다. 중소기업의 경우 대체로 일본인 소유자가 재산관리를 위임했던 사람 등 연고자가 관리인이 되는 경우가 많았고 대기업에서는 외부에서 관리인이 선정되는 경우가 많았다.

2707개의 적산기업중 그 중 2013년에도 존속하고 있는 기업은 50여개 이내이며, 대기업으로 성장한 경우가 많다.

〈표 6-1〉 1955년 9월 현재 귀속기업체 처분상황

	총 수	미군정기 매각	귀속재산처리법 이후 매각	미불하 기업체수
기업체	380	85	226	69
서울	385	23	264	98
경기	187	47	126	14
강원	82	25	49	8
충북	64	10	40	14
충남	168	55	82	31
전북	226	2	198	26
전남	337	105	211	21
경북	355	75	250	30
경남	523	102	382	39
합계	2,707	529	1,828	350

자료: 국회재경위, 「귀속재산 대규모 기업체의 우선적 매각 진상에 대한 조사보고」

다음은 적산 기업을 불하받아 대기업으로 성장한 주요 사례이다.150)

*소화기린맥주 - 당시 관리인 박두병에게 불하 - 두산그룹의 계열사인 OB 맥주로 된다

*삿포로 맥주 - 명성황후 민비의 친척인 민덕기에게 불하 - 조선맥주 - 하이트맥주가 된다.

*조선유지 인천공장(조선화약공판)은 당시직원이었던 김종희에게 불하 - 한화그룹이 된다.

150) 박병윤, 재벌과 정치, 한국양서 1982년, pp91-92 와 나무위키 참조

*선경직물은 직원이었던 최종건에게 불하 - SK그룹의 모태가 된다.
*나가오카 제과(永岡製菓)는 직원이던 박병규에게 불하 - 해태제과가 된다.
*오노다 시멘트 삼척공 - 이양구에게 불하 - 동양시멘트가 된다.
*한국저축은행 - 삼호방직의 정재호에게 불하
*미쓰코시 백화점 경성점은 이병철에게 불하 - 신세계 백화점이 된다.
*조지아(丁子屋) 백화점은 무역협회에 불하 - 미도파라는 회사명으로 개명하였으나, 대한농산그룹, 롯데쇼핑에 인수 인계 - 롯데쇼핑의 흡수 합병에 의하여 해체
*미쓰야장유 양조장 - 박규회가 불하 - 샘표식품으로 된다.
*야마다장유-김홍구가 불하 - 몽고간정이 된다.
*조선미곡창고(조선미창) - 한국미곡창고(한국미창)으로 개칭 - 1968년 동아그룹에 인수되어 민영화 -
*풍국제과 - 이양구가 불하 - (주)오리온이 된다.
*닛폰제분 인천공장-이한원이 불하 - 대한제분이 된다.
*마사키 야마토 연필 대전공장 - 김정우가 불하-동아연필이 된다.
*조선전선 시흥공장- 설경동이 불하-대한전선이 된다.

미군정은 전체 적산 기업 중 15% 정도만을 불하하고 나머지를 1948년 정부 수립과 함께 대한민국 정부에 인계한다. 이승만 정부는 미군정의 불하 원칙을 그대로 승계하여 적산 기업을 불하했다. 즉 해당 기업과 관계 있는 사람에게 우선 불하하며, 매각 대금 중 1/5 이상을 일시납하고 나머지를 10년간 연리 7%로 납부하도록 하는 것이었다.

이러한 혜택과 조건은 정경유착이 이루어지는 초기 단계로서 재벌이 되는 중요한 요소로서 작용하였다.

제 3 절 박정희의 경제개발과 중화학공업정책(1962년~1971년)

1) 제2기: 1962년~1971년

1960년대 초 한국은 자유기업주의적 정책이 경제개발계획 등 정부의 이니셔티브에 의한 개발정책으로 전환된 시기이다. 1962~66년의 제1차 경제개발계획의 모습은 기간산업의 육성과 사회간접자본의 정비를 통한 공업화 기반조성에 비중을 두었고 중점분야로 전력, 비료, 합성섬유, 나이론사, 정우, PVC, 시멘트 등이다.

이들 공업 중 특히 합성수지, 비료, 정유 등이 외자 합작방식에 의해 추진되었으며 섬유 제분, 제당 등은 미국의 유상원조에 의해 가동되었고 특히 1965년 7월에 수출 특화산업으로 1차 선정된 13개 품목은 당시 우리나라 산업의 면모를 여실히 말해주고 있다. 생사류, 면직물, 도자기, 고무, 라디오 및 전기기기, 어패류 그리고 양송이통조림, 모제품, 합판, 의류, 피혁제품, 공예품, 잡화 등이 그것이다.

1967~1971년의 제2차 경제개발계획은 1980년대까지 자립경제 체제를 갖춘다는 목표아래 산업구조를 근대화하고 자립경제의 확립을 더욱 앞당긴다는 것으로 대외 지향적 공업화를 적극 추진하여 자본재 수입 대체화와 경공업의 수출화를 추진하게 되었다. 중화학공업의 시작으로 철강, 석유화학, 기계 등 3대 전략부문의 육성에 힘을 기울였으며 특히 포항종합제철과 울산석유화학단지의 건설이 이 기간 중 2대 핵심과제였다.

이렇게 정부주도에 의한 성장정책은 막대한 차관을 도입하면서 고도경제성장의 기틀을 마련할 수 있었는데 제1차 경제개발계획 기간 동안은 총 투자액의 62%가 차관과 직합작투자 등 외국자본에 의해 조달[151]되어 자립경제의 기반을 더욱 약화시켰다. 그리고 정부의 폭 넓은 개입에 의해 공공 및 민간부문의 저축증진을 겨냥한 금융 및 통화정책들의 수립, 단일 환율제, 1970년의 수출 자유지역의 설치 등 중요한 개혁이 이루어 졌는데 재벌들은 이러한 정책에서 혜택 받은 바가 크다고 할 수 있으며 중소기업들은 원조경제의 그늘 아래 계속적으로 성장이 억제되었다.[152)]

하지만 재벌들은 혜택에 의해 정부 의존적 성향을 띠게 되어 기업 경영을 유지하였다고는 하나 1960년도 한국 10대 재벌 중에서 1992년에 10대 재벌에 남아있는 기업은 불과 2개(삼성, LG)뿐[153)]이어서 생존경쟁이 치열했음을 알 수 있다. 그러나 해방 이후 적산불하, 원조, 차관 등에 의해 기업경영자체가 외부환경에 의해 움직여졌으며 관권과 유착하려는 기업성향은 건전하고 합리적인 기업 활동을 저해하였다 할 수 있다.

2) 제3기: 1972년~1981년

제1, 2차 경제개발계획을 통하여 기업의 양적 성장의 기반을 조성하는 데에는 성공하였으나 기업경영체질의 근대화문제에는 큰 진전이 없었으며 1969년 정부 정책이 금융긴축으로 전환되면서 기업경영체질의 근대화가 특히 중요한 문제로 인식되어졌다.

이 시기에는 정부의 관심이 규모가 크고 자본집약적인 산업을 지원하는 방향으로 집중되었으며, 한국에 있어서의 비교우위 산업의 변화를 모색하게 되어 전략적인 산업과 비전략적 산업들로 나누어지게 되었다. 전략산업으로 지목된 분야에는 면세, 관세환급, 외화사용허가 등의 특별한 인센티브가 주어져 이들 산업이 세계적 수준에서도 경쟁적

---

151) 강행우 외, 한국 경제론, 열사람, 1990, p.52.

152) STEERS SHIN & UNGSON 공저, 한국의 재벌, 시사영어사, p.48.
박세길, 한국경제의 뿌리와 열매, 돌베게, p.37.

153) 공병호,『한국 기업 흥망사』, 명진출판사, 1993, pp.32-38.

위치를 점할 수 있도록 도움을 주었으며 낮은 금리의 융자가 제공되었다. 정부의 주도 하에 산업육성을 이룩하려는 정부의 노력은 "한국주식회사"로 표현되어 놀라운 발전을 가져다준 것도 사실이나, 이 시기의 정부 주도는 특정한 개인과 회사를 선발·지원하게 되어 재벌의 형성을 낳았다는 것이 큰 단점으로 등장하게 되었다.

제3차 경제개발계획(1972~1976년) 동안은 중화학공업 건설을 통한 산업구조의 고도화가 목표였으며 단순히 수입대체 산업의 육성보다는 경공업 위주의 산업구조를 변모시켜 수출상품구조의 고도화를 목적으로 하였다. 정부가 역점을 둔 사업 분야는 철강, 기계, 조선, 전자, 비철금속, 석유화학공업 등으로 1971년도의 중화학공업 비율은 37.3%에서 1976년에는 45.6%까지 상승하였다. 그러나 1, 2차 경제개발계획에서 정착된 경제의 양적 팽창은 계속적으로 적용함으로써 해외 의존도가 심화되었다.

제4차 경제개발계획(1977~1981년)은 자립경제구조의 실현을 위한 산업구조 개편과 경쟁력 강화에 두었으며 투자재원의 국내조달과 국제수지의 균형을 이룩하기 위해 시도되었고 철강, 석유, 비료, 시멘트, 기계, 전자, 조선 등 중화학 공업 중심으로 공업화 전략이 이루어지고 국제 경쟁력 강화를 위한 능률 향상과 기술개발을 추구하는 기업환경이 조성되기 시작하였다.

그러나 제1, 2차 석유파동으로 해외 의존성과 석유관련 산업이 많은 한국기업 심각한 타격을 받게 되어 성장의 둔화를 초래하였다. 이 시기 동안 한국 대기업과 기업집단들은 각종 특혜로 인한 독과점을 형성하였으며 기업규모를 확대하여 폐쇄적 경영 상태를 유지하게 되었고 이로 인해 중소기업부문의 약화를 초래하게 되었다. 또한 수출 드라이버 정책과 종합상사의 등장, 중동 붐에의 편승 등이 중요한 한국기업

특성에 영향을 미친 환경적 요인들이다.

특히 1970년 1인당 GNP 249달러였던 것이 11년 뒤인 1981년에는 1,749달러로 성장하여 세계로부터 주목을 받던 시기였으므로, 이 시기야말로 박정희 정권의 새마을운동의 성공으로 자신감이 갖춰졌으며 한국기업도 세계로 등장하는 단계였다<표 6-2 참조>.

〈표 6-2〉 GNP규모 및 연도별추이

(단위: 달러)

년도	1인당국민총소득 (달러)	국민총소득 (억달러)	국내총생산 (%)	국내총생산 (억달러)
1970	249	80	0.0	
1971	286	94	8.6	
1972	316	106	4.9	
1973	394	134	12.3	
1974	540	187	7.4	
1975	592	209	6.5	211
1976	799	287	11.2	289
1977	1009	368	10.0	371
1978	1399	517	9.0	520
1979	1636	614	7.1	619
1980	1598	609	-2.1	622
1981	1749	677	6.5	696

자료: 한국은행, 경제통계

; 2001년 자료는 World Bank, World Development Indicators database, April 2002.

제 4 절 글로벌화와 중진국극복

1) 제4기: 1982년 – 1990년

이 시기에는 기존의 정부주도에서 좀 더 시장원리에 입각한 형태로 변모하게 되었으며, 중화학공업에의 집중 투자로 빚어진 부문별 지원정책이 심각한 불균형을 초래하여 조금씩 자유화 정책을 시작하여 현재에 이르고 있는 게 그 특징이다. 초기에 정부는 지표계획과 시장기능의 중요성을 인식하여 일련의 금융 및 무역상의 자유화 정책을 가져왔으며 제5차 경제개발계획(1982~86년)동안 정부는 지식·정보산업의 개발을 통한 선진국형 공업화에 목표를 두었고 중점분야는 정밀·기계, 전자공업 그리고 지식·정보산업이었다. 이에 따라 정부와 산업 간의 분리가 좀 더 추진되고 시장의 개방을 통한 치열한 경쟁을 이끌어 내게 되었다.

그리고 이 시기에는 중소기업에 유리한 정책으로 전환하기 시작했으며 정부는 기업으로 하여금 그 자금 운용을 공개시장에서의 주식의 처분, 증자와 같은 방법에 더 의존하도록 했다.

다시 말하면, 제5차 경제개발계획은 우리 경제의 구조적인 취약성과 물가불안, 국제수지악화 및 성장둔화에 직면하여 물가안정을 최우선으로 실현하고 산업불균형을 개선하여 편중된 산업지원제도 하에서 왜곡된 기업체질을 강화하는 한편 기술 및 인력 개발 투자의 확대로 첨단산업에 도전하여 이끌어 내는 것을 주안점으로 삼았다.

1979년 이후 불황에서 헤어나지 못했던 한국 경제는 1983년과 1984년에 걸쳐 미국경제의 주도로 경기회복세가 확산되고 세계 교역량이 증가함에 따라 1983년부터 다시 성장궤도로 들어섰으나 1985년부터 세계 경기가 침체되고 보호무역주의가 강화되는 가운데 무역 신장률이 급속히 둔화되어 우리경제도 성장세가 크게 둔화되었다. 그러나 이 시기에 물가안정을 토대로 경상수지도 점차 균형에 접근해 감으로써 대외 균형 문제를 해결할 가능성이 보였다.

1985년 둔화되었던 한국경제는 1986년에 들어서면서 새로운 국면을 맞이 하였다. 즉, '3저 호황'을 맞이하였고 국제 원유가도 하락하여 경상수지가 46억 달러에 이르는 흑자를 기록했고 외채규모도 감소되기 시작했다.

제6차 경제개발계획(1987~91년)은 안정의 정착을 기본 전제로 하여 능률과 형평을 제고시키는 데 중점을 두었는데 '3저 호황'으로 경상수지 흑자규모가 1988년까지 계속적으로 늘어 성장세를 유지했으나 1989년에 접어들어 성장세가 둔화되었다. 이는 주요 선진국의 경기 둔화와 보호무역주의의 강화로 무역환경이 악화되고 또한 국내적으로 원화절상과 임금상승으로 가격 경쟁력이 약화되었으며 노사분규도 늘어났고 고도 성장기간 중 구조조정 능력이 미흡했기 때문이다. 원자재, 자본재뿐만 아니라 국내시장 개방에 따라 소비재 수입들이 늘어 1991년에는 경상수지 적자폭이 87억 달러에 이르렀으며 결국 이것은 '3저 호황'을 경제의 구조조정의 계기로 삼는 데 실패했기 때문이다.[154)]

그리고 이 시기에 재벌과 중소기업의 형태를 보면 1988년 10대 재벌의 소유주 및 그 가족의 소유지분은 평균 16.1%이고 계열사 상호 출자분은 49.5%로 이 양자를 합하면 65.5%라는 높은 소유 집중 현상을 여실히 보여 주고 있으며 1989년 53개 재벌 그룹은 경제 전반에 높은 시장 지배력을 구축하고 있고 수출에서도 50대 기업 집단이 50.1%를 수출하고 있었다.

중소기업의 경우 70년대 중반부터 중화학 공업화정책이 취해지면서 중소기업이 증가하였는데 이는 비품 조달기반의 필요성 때문이었고 결국 약 2/3이 하청관계로 대기업과 관계를 유지하게 되었으며 중소기업들의 독자적 시장기반이 끊임없이 잠식당해 왔다. 이 시기에 그 격차구조는 확대되어 왔다. 결국 독점재벌 중심의 독점적 생산기구를 보

154) 한국사회 과학 연구소, 다이어그램 한국 경제, 의암출판, 1993, pp.15-18.

완하는 존재로 재편되기도 하였다.

그러나 음식료업, 섬유의복, 목재 및 가구, 종이 및 인쇄, 비금속 광물, 기타 제조업 등에서 그 존립을 유지하고 있다. 여기서 짚고 넘어가야 할 것은 한국 경제에서 차지하는 재벌의 위치는 말할 필요가 없으며 재벌이 국민경제의 발전과 산업발전에 기여한 공이 큼은 인정할 수 있지만, 한편으로 그들은 피해도 무척 많이 끼쳤다. 일반인들이 '반자본주의 심리'155)로 흑백논리를 다시 논하기 전에 재벌들은 과욕을 버리고 국민경제를 다시 한 번 생각할 필요가 있다고 하겠다.

1982년의 1인당 GNP 1,847달러가 1990년에는 5,886달러로 중진국 대열에 우뚝 섰으며 1988년의 올림픽 개최는 한국과 한국기업을 세계에 알리는 계기가 되었다<표 6-3 참조>.

〈표 6-3〉 GNP규모 및 연도별추이

년도	1인당국민총소득(달러)	국민총소득(억달러)	국내총생산(%)	국내총생산(억달러)
1982	1847	726	7.2	744
1983	2020	806	10.7	823
1984	2190	885	8.2	906
1985	2229	909	6.5	934
1986	2550	1051	11.0	1076
1987	3201	1333	11.0	1352
1988	4268	1794	10.5	1808
1989	5185	2201	6.1	2207
1990	5886	2523	9.0	2525

자료: 한국은행, 경제통계

; 2001년 자료는 World Bank, World Development Indicators database, April 2002.

155) 박우희, 과학·철학과 한국경제의 인식, 한국경제신문사, 1986, pp.201-210.

2) 제5기: 1991년 - 2007년

1985년 3월 공산주의 맹주국인 소련의 서기장이 고르바초프로 바뀌면서, 소련을 포함한 동구권의 변화가 시작되었다. 냉전 체제의 종식은 향후 세계 정치 및 경제 질서의 변화에 커다란 영향을 미칠 것으로 예견되었는데, 이와 같은 국제질서의 변화와 관련하여 1992년에 들어서면서 향후 국제질서의 변화와 관련된 조짐들이 나타나기 시작하였다.

첫째, 경제적 다극화 체제가 전개되면서 지역주의적 경향이 전세계적으로 확산되었고,

둘째, 지구환경 보전을 전제로 한 선진국들의 무역규제와 각국의 산업정책 규제가 본격화되기 시작하였다. 이에 따라 선진국들은 환경 공해 유발 상품에 대한 수입규제와 아울러 환경 공해를 유발하는 에너지 사용 및 생산공정에도 규제를 가하려는 움직임을 구체화하였다.

셋째, G-7이나 OECD제국 간의 정책적 조율 노력이 일층 강화되었다.

넷째, 세계경제의 글로벌화(Globalization)현상이 일반화되는 가운데 신흥 개도국들의 세계 시장 진출이 두드러졌다.

또한, 강력한 법적 구속력을 갖춘 WTO(World Trade Organization: 세계무역기구)가 1995년부터 정식으로 출범하였다는 점이다. WTO의 출범은 동구권의 시장 경제화와 함께 전 지구촌의 단일시장화에 기여할 것으로 기대된다.

따라서 21세기에는 국가 간의 국경선이 아무런 의미가 없어지고 대신 진정한 자유무역경제체제(WTO) 하에서 국가와 국가 간에 기업과 기업 간에 필요에 따라 제휴와 경쟁을 하는 상호주의 경향이 강화되며 전세계적인 균형이 유지될 것이다. 이로써 19세기 이래 지속된 민족주의 경향 하에서의 분열과 대립의 역사는 종식되고, 대신 '지구는 하나'

라는 슬로건 하에서 세계주의가 보편화되는 새로운 시대로 전환하게 되었다. 이에 1960년부터 1980년까지 고속 성장을 거듭하던 한국기업들에게도 중대한 변화의 전환을 갖게 하였다.

1987년 6·29 선언 이후 산업현장에서 근로환경의 개선 노동자의 경영참가, 임금인상 등 노동조건의 개선을 요구하는 노사분규로 시작된 민주화 요구는 1988년 이후에도 계속 되었다. 이러한 분위기는 점차 사회 각층에 확산되어 끝내는 농민, 도시빈민 등에까지 확대되었다.

이 무렵 노사 분규의 제일 큰 이슈는 임금 인상이었다. 임금 인상의 요구가 표출된 직접적인 원인은 1960년대 이래 지속된 '선성장 후분배'의 개발정책이었다. 노사분규의 결과 생산직 근로자들의 임금 증가율은 1987년 11.8%, 1988년 20.5%, 1989년 18.1% 등 매년 두 자리 수의 성장을 지속하여 점차 블루칼라와 화이트칼라 간의 임금수준 평준화를 달성하였다.

이는 향후 학력 간, 직종 간, 계층 간의 임금격차 문제가 해소되는 한국사회로의 전환을 예고하였다. 그러나 노동생산성 증가는 임금 상승률을 쫓아가지 못해 소비자물가의 증가율은 1982년대 초반 2~3%에서 1988년에는 7.1%, 1990년에는 8.6% 등을 기록하며 물가불안을 가중시켰다. 한편 임금상승은 한국 상품의 수출에도 직접적인 영향을 주어 수출 증가율은 1988년 28.4%에서 1989년에는 불과 2.8%로 급속히 둔화되었다. 이후부터 수출 증가율이 다소 회복되기는 하였으나 1990년 4.2%의 증가에 그치고 있다.

한국 상품의 수출경쟁력 둔화는 장차 한국 경제성장에 커다란 질곡으로 전망되었고 1995년에는 1인당 총소득이 10,000달러를 넘어 세계로부터 경이적 찬사를 받게 되었으나 1997년에는 IMF 위기를 맞아

1998년에는 1인당 GNP가 6,744달러로 감소하게 되었다<표 6-4참조>. IMF 위기 이후의 근본적인 문제는 투자마인드의 저성장이며, 수출전망 불투명, 인력난가중, 상습화된 노사분규는 한국 내 기업가들로 하여금 제조업에 대한 투자 메리트를 감소시켰다. 또한 분규과정에서 표출된 집단이기주의의 만연과 근로분위기의 저성장으로 말미암아 한국경제는 서서히 활기를 잃어가기 시작하였다.

앞으로 이러한 문제를 해결하지 못하면 한국경제는 불투명할 것으로 보고 있으며 강경한 노조와 회사와의 발전적인 타협이 경쟁요소로서 중요하게 등장하게 되었다.

〈표 6-4〉 GNP규모 및 연도별 추이

년도	1인당국민총소득 (달러)	국민총소득 (억 달러)	국내총생산 (%)	국내총생산 (억 달러)
1991	6810	2949	9.2	2951
1992	7183	3143	5.4	3147
1993	7811	3452	5.5	3457
1994	8998	4017	8.3	4024
1995	10823	4881	8.9	4894
1996	11385	5183	6.8	5200
1997	10315	4740	5.0	4766
1998	6744	3121	-6.7	3177
1999	8595	4007	10.9	4058
2000	9770	4592	9.3	4617
2001	(GNI) 9400	(GNI) 4477	3.0	4222

자료: 한국은행, 경제통계 ; 2001년 자료는 World Bank, World Development Indicators database, April 2002.

3) 중진국 함정을 극복한 한국경제

한국의 GNP규모는 1991년도에 약 2,808억 달러(206조원)를 기록하였다. 대체로 보아 미국의 1/20정도의 수준이며 IMF의 통계기준으로 보면 1인당 GNP는 91년도에 약 477만 원, '달러'로 환산하면 6,810달러에 이르러 대체로 세계에서 33위 정도에 속하는 것으로 추정된다. 이는 세계에서 가장 소득이 높은 스위스의 34,984달러(90년)에 비하면 1/6수준이고 미국에 비하면 1/4정도에 해당 될 정도였고 대만의 82%에 해당될 정도였다.

이 시기에 한국경제에 가장 중요하게 작용하는 것이 한중수교(韓中修交)이다. 1992년 8월 24일의 한국과 중국의 국교 정상화는 노태우 정권의 북방외교의 최대 성과이자 한국 기업의 중국진출 의 출발이었으며 세계화의 첨병이기도 하였다.

한중수교의 국제적 배경은 1989년 12월 미소 몰타정상회의에서 냉전 종식을 선언했고, 1989년 5월 고르바초프의 중국 방문으로 중소관계가 정상화되었으며, 1990년 9월 한소수교가 수립된 것 등이 한중수교의 디딤돌이 되었다. 중국인민공화국의 건설과 중국의 한국전쟁 참전으로 한국과 중국의 관계가 단절된 이후 양국간의 교류를 새롭게 개시하는 역사적 의의를 갖는다. 더불어 이는 남북한 대치 국면에서 한반도 평화와 통일을 위한 교두보 확보로 여겨졌다. 수교 당시인 1992년 64억 달러였던 한·중 교역 규모는 2012년 2206억 달러에서 2021년 말 3016억 달러로 47배 늘었고, 인적 교류도 13만 명에서 2019년 말 1037만 명으로 80배나 증가하는 등 경제와 인적 교류에서는 비약적인 발전을 이뤘다. 수교 후 한국의 대중 수출은 53.8배, 중국의 대한 수출은 29.3배가 됐다. 한국과 중국의 무역액은 최고치를 경신하고 있다. 중국이 한국 무역에서 차지하는 비율은 1992년 4%에서 2020년 24.6%로 커져 한국에서의 중국비중은 미국, 일본을 제치고 커졌다.

당시 중국 정부는 1990년 베이징 아시안게임을 성공적으로 치러 중국에 대한 외부 세계의 인식을 바꾸고 싶었다. 1986년 서울 아시안게임과 1988 서울 올림픽을 성공적으로 치르고 경제 발전 경험이 있는 한국의 도움이 절실했다고 한다. 이에 발맞춰 한국 정부 지도자와 기업인들은 과감하게 통 큰 지원을 결정했으며 이런 한국의 통 큰 지원에 중국도 1997~1998년 한국의 국제통화기금(IMF) 경제위기 때 호의로 상응했다고 전해진다.

그러나 중국이 세계 2위의 경제 대국으로 부상하고 사드문제 등으로 국제정치 지형이 바뀜에 따라 한중 관계에도 변화가 불가피하게 됐다. 시진핑 주석 취임 후 중국이 '우뚝 섬'을 뜻하는 중국굴기((堀起)를 선언하고 시장 원리보다 국가 통제를 우선하는 정책을 취하자, 미국 도널드 트럼프 전 대통령과 그 후임인 조 바이든 대통령은 노골적으로 중국을 견제했다. 국제적인 생산 네트워크에서 중국을 떼어내고자 하며, 한국에도 이를 요구하고 있다. 한국이 대만을 1인당 GDP를 이긴 것은 2004년인데 이는 중국과의 수교가 큰 역할을 했다고 보고 있다.

그렇게도 기다리던 한국의 1인당 GDP 1만 달러 달성은 김영삼 정부인 1995년에 달성 하였다. 1995년의 1만1472달러는 홍콩은 1987년, 싱가포르는 1989년, 타이완이 1992년에 1만 달러 고지를 넘은 것에 비해 우리가 다소 늦었지만 한국경제가 아시아의 4룡으로 등장하기도 하였다. 일본은 4만1823달러로 4만 달러 시대를 열었다. 당시 세계은행(IBRD)은 '아시아 경제 기적'의 모델로 한국과 타이완을 선정했다. 덧붙여 '지구촌에서 가장 빠른 경제성장과 소득 재분배를 실현한 나라'로 평가했다. 1996년 1인당 GDP가 1만2197달러를 거쳐 세계 29번째로 OECD에 가입, 축포를 쏘았다. 90년대의 한국의 OECD 가입은 국내에서는 큰 논쟁거리였다. OECD 국가들은 한국의 가입을 적극적으로 권유하였고, 로버트 코넬 OECD 사무차장과 프레드 버그스텐 미국 국제경제연구소(IEI) 소장 등은 OECD 가입을 통해서 한국 경제가 더 성장할 것이라는 견해를 피력하였지만, 국내의 논의는 시기 상조론이 지배적이었다. 한국 경제에 대한 나라 안팎의 인식 격차가 대단히 컸다. 외국의 시각은 한국이 더 이상 개발도상국이 아니라 제2의 일본이라고 보았다. 반면에 국내의 시각은 당시 한국 경제를 위기 상태라고 보았다. 경제성장이 크게 둔화되었고, 무역수지 적자가 발생하여 전반적으로 경제위기 징후가 보인다는 것이었다. 이러한 상황에서 한국경제의 개방화를 의미하는 OECD 가입은 무모한 것으로 비춰졌다. 결국은 IMF금융위기라는 거대한 파도가 등장하여 엄청난 시련을 겪었다. 김대중 대통령은 금 모으기 운동과 기업구조조정과 공공부분의 개혁 등으로 IMF극복을 한 대통령으로 유명하다.

〈표 6-5〉 1인당 GDP 1만 달러에서 2만달러 달성

1988년	$4,749	88올림픽
1989년	$5,817	노태우 대통령
1994년	$10,385	김영삼 대통령
1998년	$8,297	IMF금융위기
1999년	$10,637	김대중 대통령
2004년	$16,496	노무현 대통령
2006년	$21,743	노무현 대통령

그리고 1인당 GDP 2만불달성은 노무현 대통령시기인데 진보 대통령이면서 한미FTA(Free Trade Agreement)를 체결하여 경제적으로는 높게 평가 받고 있다. 사실 초기에는 전 국민이 우려하였던 협정이었는

데 한국의 대미무역수지 흑자가 크게 늘었다<표 6-5참조>.

한미자유무역협정이 발효 4주년이 지난 뒤 조선일보[156]는 한미 교역액이 4년새 131억달러(약 15조원) 늘고 무역수지도 개선됐다면서 한국의 수출에 큰 기여를 했다고 평가하였다. 한국무역협회 국제무역연구원이 발표한 '한미 FTA 4주년 평가와 시사점' 보고서에 따르면 한국의 미국시장 점유율은 2008년 2.29%에서 지난해 3.2%로 크게 올랐다. 중앙일보는 한국의 대미 무역흑자는 한미 FTA 발효 직전인 2011년 116억 달러에서 259억 달러로 폭증했으며, 이 때문인지 미국 정가에서는 한미 FTA가 완전히 실패한 협상이라는 불만이 팽배하다고 분석했다.[157] 물론, 반대의 평가도 있지만, 일반적으로는 한국의 대미 무역수지는 2016년에 어느 때보다도 높은 수준까지 증가했는데, 이쪽은 한미 FTA가 그 원인 중 하나로 작용한 것으로 평가하고 있다.

제5절 고도성장과 중진국함정의 극복

1. 제6기 2008년~현재

2007~2008년 세계 금융 위기(2007~2008년 세계금융위기)는 2000년대 후반 미국의 금융 시장에서 시작되어 전 세계로 파급 된 대규모의 금융 위기 사태를 통틀어 이르는 말이다. 2007년에 발생한 서브프라임 모기지(Subprime Mortgage) 사태는 미국의 TOP 10에 드는 초대형 모기지론 대부업체가 파산하면서 시작되었다. 미국만이 아니라 국제금융

156) 조선일보 2016년 3월14일

157) 나무위키, 한미FTA 참조

시장에 신용경색을 불러와 1929년의 경제 대공황에 버금가는 세계적 수준의 경제적 혼란을 초래했다.

<그림 6-1>에서 나타나는 것처럼 2007년 말부터 2009년말까지 약 2년 정도의 위기상황은 선진국경제가 제일 타격이 컸으며 1인당 GDP가 2만달러를 넘어 선진국진입을 목전에 둔 한국경제에도 타격이 왔다.

〈그림 6-1〉 글로벌금융위기 전후의 세계의 경제성장

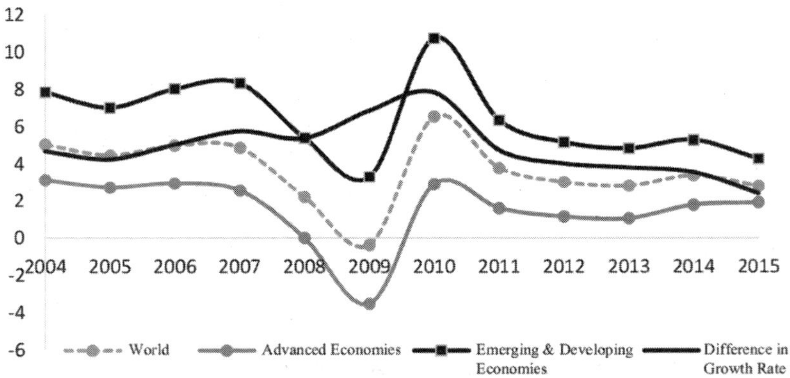

자료: 세계 금융 위기 전후의 세계 경제 성장 (2004~2015). (출처: IMF)

〈표 6-6〉 2007~2018년

2007년	$ 24,088	노무현 대통령
2009년	$ 19,152	글로벌금융위기--이명박대통령
2010년	$ 23,083	
2011년	$ 25,100	이명박 대통령
2013년	$ 27,178	박근혜 대통령
2014년	$ 29,242	박근혜대통령
2017년	$ 31,605	박근혜(2017년3월10일 탄핵)-문재인 대통령
2018년	$ 33,429	

2008년은 한국인에게는 글로벌금융위기로 힘들었지만 가전제품에서 삼성이 소니를 이기고 LG전자가 필립스를 이기고 샤프와 비슷해지면서 텔레비전과 냉장고등이 한국제품에 의해 세계시장점유율이 거의 1/3을 넘게 되었다<그림 6-2참조>.

〈그림 6-2〉 가전 제품의 삼성과소니, LG의 격돌(2004년~2008년)

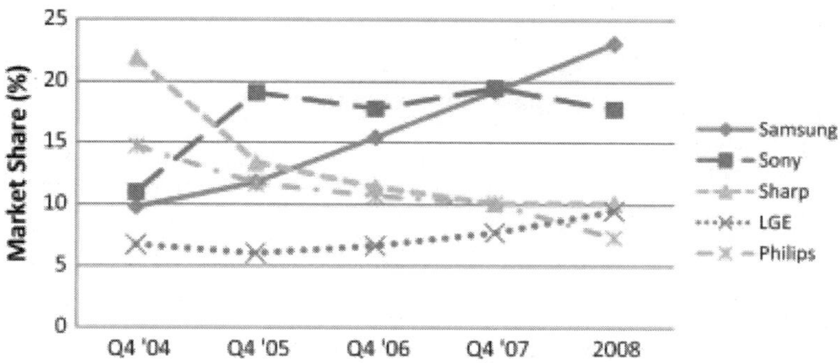

<표 6-6>에서 보여지는 것처럼 2007년에는 24,000달러를 기록했지만 글로벌금융위기로 2009년에는 19,152달러로 약5,000달러의 감소를 기록하였다. 그러나 2년 뒤인 2011년에는 25000달러를 기록하였다.

2011년은 <그림 6-3>에서 나타나는바와 같이 스마트 폰 시장점유율에서도 삼성이 노키아를 꺾고 1위를 차지하게 되어 한국경제에서 가전산업과 스마트폰 등 반도체의 비중이 높아지는 시기였다.

되돌아보면 1992년 8월의 한중수교, 1990년대 말의 IMF금융위기, 2008년의 글로벌 금융위기 등은 국내시장만으로는 생존이 어렵다는 것을 인식하여 해외시장 개척을 위해 글로벌 지향이 강해져 결과적으로 삼성전자 스마트폰 '갤럭시(갤럭시)'처럼 세계에서 통용되는 품질, 디자인을 갖춘 상품을 생산하는 글로벌 기업이 탄생하게 되었다.

〈그림 6-3〉 스마트폰 세계시장점유율

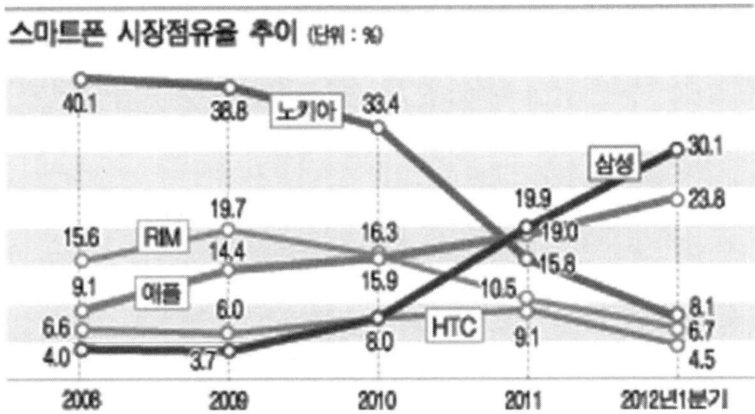

자료: Bloter&Media Inc

2012년 12월에 대통령 당선 후 2013년 2월25일 출범한 박근혜대통령은 2017년 31,605달러를 기록하였으나 2017년 3월10일 탄핵으로 3만달러의 기쁨을 맛보지 못하고 다음 대통령인 문재인 대통령이 30-50(3만달러 인구5천만)을 기록하였다. 모두가 걱정했건 중진국함정을 용케도 빠져나와 선진국대열에 들어가게 되었다.

2. 고도성장과 남미의 중진국함정

중진국 함정(Middle Income Trap)은 이론적인 경제 발전 상황으로, (이윤으로 인해) 특정한 소득을 얻는 특정 국가가 특정 수준으로 발전한 뒤 성장이 둔화되어 선진국소득의 수준까지 이르지 못한 2007년 세계은행이 동아시아의 르네상스에서 이러한 현상을 형용하는 말로서 사용한 것이 처음이다, 세계은행은 중간소득지점에 있는 국가를 일인당 국민 총소득 기준 $1000~$12,000으로 보고 있다.

1960년부터 2010년까지 홍콩, 일본, 싱가포르, 한국, 대만 등 101개 중산층 경제 중 15개국만이 중산층 함정에서 탈출했다고 한다.

1960년~1990년대 브라질, 아르헨티나, 베네수엘라 등은 전형적인 '중진국 함정'에 빠져 위기를 맞는다. 이때까지만 해도 나름 잘 사는 편이었던 중남미 국가들은 중진국 함정의 대표적인 표본이 되었다. 1970년대~80년대만 해도 브라질이나 아르헨티나로 이민가는 한국사람들이 많았던 이유는 그곳이 살기가 좋았던 때문이다<표 6-7참조>.

1980년 한국이 1,704달러였을 때 베네수엘라 3,894달러, 멕시코 3,027달러 아르헨티나는 2,759달러 로 중남미가 1인당 GDP가 대체로 높았는데 1990년대에 이르면서 한국은 6,516달러로 가파르게 성장했는데 베네수엘라 2,475달러, 멕시코 3,112달러 아르헨티나는 4,333달러를 기록하여 중남미국가의 1인당 GDP의 성장이 마이너스를 기록하거나 약간 성장하는데 그쳤다.

2010년대에 이르자 한국은 경이적인 성장을 이뤄 1인당 GDP가 22,087달러를 기록하여 선진국대열에 진입했지만 베네수엘라는 1,3825달러, 멕시코 9,271달러 아르헨티나 10,386달러를 기록하여 중남미국가들은 중진국대열에 진입하였다. 그런데 2020년이 되자 한국은 31,489달러로 3만달러를 돌파하여 선진국이 되었으나 베네수엘라는 1,691달러, 멕시코 8,347달러, 아르헨티나 8,442달러로 중진국함정에 빠지게 된다.

〈표 6-7〉 중남미 국가들의 년도별 1인당 GDP의 성장과 비교

1인당GDP시대별 비교(달러) 세계은행 통계						
국가	1980년	1990년	2000년	2010년	2019년	2020년
우루과이	3,486	2,990	6,875	11,992	17,688	15,438
칠레	2,543	2,495	5,075	12,808	14,742	13,232
코스타리카	2,022	1,831	3,773	8,142	12,670	12,077
아르헨티나	2,759	4,333	7,708	10,386	9,912	8,442
멕시코	3,027	3,112	7,158	9,271	9,946	8,347
브라질	1,947	3,100	3,750	11,286	8,897	6,797
페루	1,033	1,197	1,956	5,082	7,028	6,127
콜롬비아	1,242	1,445	2,520	6,327	6,425	5,333
베네수엘라	3,894	2,475	4,842	13,825	2,299	1,691
세계평균	2,530	4,280	5,492	9,539	11,417	10,926
대한민국	1,704	6,516	11,948	22,087	31,846	31,489
미국	12,575	23,889	36,335	48,467	65,280	63,544

자료: 세계은행 통계

1960년대 중남미 일대 국가의 저발전상의 원인을 다국적 기업의 착취와 중앙정보부(CIA)의 공작으로 인한 쿠데타 등 여러 근원을 미국, 영국, 스페인 등 서구 국가들로 보는 종속이론과 해방신학 등이 등장하였다. 대체로 이들 국가는 수입대체화의 실패와 중화학공업화정책의 결여로 보는 것이 일반적이다. 즉, 남미의 국가들은 대체로 공업보다는 1차 산업, 즉 농업국이나 자원수출국이었므로 국제 시장의 변동에 따라 경제가 크게 좌지우지 되어 안정적인 경제성장이 힘들다.

제 7 장

후진국의 공업화와 중공업육성정책

제 7 장
후진국의 공업화와 중공업육성정책

제 1 절 후진국의 공업화

1. 후발국의 산업화를 주장한 알렉산더 거센크론 (Alexander Gerschenkron)

알렉산더 거센크론(Alexander Gerschenkron)이 하버드대학출판사에서 "역사적 관점에서 본 경제적 후발성, Economic Backwardness in Historical Perspective: A Book of Essays"을 발표한 것은 1962년의 일이었다. 그 이후 50년 이상의 역사속에 거센크론의 이 논문은 후발국의 산업화에 관한 가장 기본적인 문헌으로서 확고한 지위를 차지했다고 해도 과언은 아니다. 알렉산더 거센크론(1904년~1978년)은 러시아 태생의 미국 경제사학자이자 하버드 대학교의 교수였으며 오스트리아 경제대학에서 교육을 받았다.

당시 러시아 제국의 일부였던 현재의 우크라이나의 오데사에서 태어난 거센크론은 1920년 러시아 내전 당시 오스트리아로 피신하여 비엔나 대학에 다녔고, 1928년 박사 학위를 받았으며 1938년 나치 독일이 오스트리아를 병합한 오스트리아 안슐루스(Anschluss Österreichs)이후 미국으로 이민을 갔다.

알렉산더 거셴크론

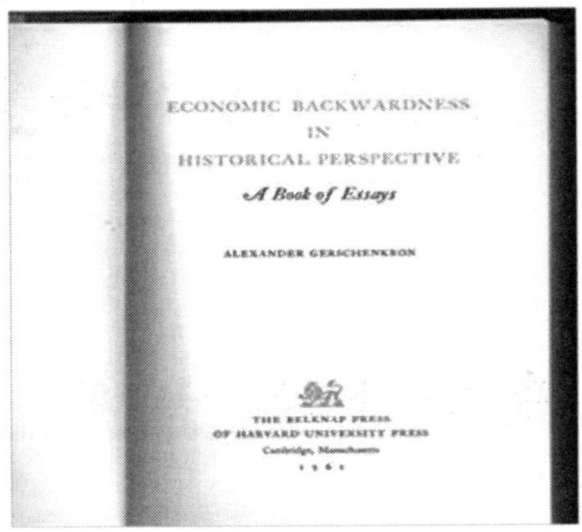

역사적 관점에서 본 경제적 후발성

버클리 캘리포니아 대학의 찰스 굴릭 교수는 거셴크론을 그의 연구 조교로 초대했다. 거셴크론은 캘리포니아 버클리 대학교에서 5년 동안 연구한 후 1943년 워싱턴 D.C.로 이주하여 연방준비제도이사회에 합류했다. 1944년 그는 연구 및 통계 부서의 연방 준비 제도 이사회(Federal Reserve Board)에서 근무하는 동안 거셴크론은 소비에트 경제에 대한 전문가로 자리매김했다. 그의 지식은 소련과 미국 사이의 관계가 핵심 쟁점이었던 시기였기 때문에 이사회에 매우 중요했다. 그는 미연방 준비 이사회에서 4년 동안 일했으며 결국 국제 부문의 책임자로 승진했다. 1945년, 거셴크론은 미국 시민이 되었고, 1948년에는 하버드 대학으로 옮겨 교수가 되었고 약 25년 동안 하버드에서 경제학 교수로 재직했습니다. 그곳에서 그는 경제사와 소비에트 연구를 가르쳤다.

1951년 Gerschenkoron은 그의 경력의 초석이자 유럽 경제 역사에 중요한 역사적 관점에서 경제적 후진성이란 에세이를 썼다. 그 저서 안에서, 그는 경제 발전의 선형 단계 이론을 발전시켰는데, 이는 개발이 크게 결정된 단계에서 진행된다고 가정한다. 158)

이 에세이는 "경제적 후진성"을 다루며, 경제가 경제 발전의 초기에 후진적일수록 특정 조건이 발생할 가능성이 더 높다고 주장했다. 거셴크론은 산업화에 착수했을 때 영국에 비해 후진적인 러시아와 같은 국가는 같은 단계를 거치지 않았다고 말했다. 그의 경제적 후진성 이론은 다른 획일적인 단계 이론, 특히 로스토우(Rostow)의 경제발전의 단계를 "①전통사회 ②도약준비 ③도약 ④성숙 ⑤고도대중소비"의 5단계로 구분하는 경제성장단계론(經濟成長段階論)과 대조적이다.

거셴크론은 영국과 독일의 산업화 과정의 차이를 선발국가와 후발국가의 차이로 설명한다. 영국의 발전과정은 기업가가 점진적으로 자본을 축적하였으며 무역을 통해 얻은 자본을 농업, 면직물, 중화학공업 등으로 이행했다. 따라서 투자은행이 발전될 필요가 없었으며 국가는 최소한의 역할에 머물러 있었다. 그러나 독일은 뒤늦게 산업화 과정에 뛰어들었는데 당시 경쟁력있는 산업은 중화학공업이었다. 당시 독일의 내부사정은 투자를 위해 축적된 자본이 부족한 상황이었다. 독일의 산업화 과정은 영국과 달리 보다 적극적인 국가역할을 필요로 했다. 어차피 후발국가는 선발국가의 길을 그대로 따라갈 수는 없다. 후발국가는 선발주자보다 기술도입과 국가개입의 역할을 통하여 특정산업을 집중적으로 육성(Big Push)할 수 있다. 그러나 다른 국

158) Gerschenkron, Alexander. 1962. Economic Backwardness in Historical Perspective. Harvard University Press.

가의 성공적인 산업전략패턴을 그대로 따라할 수는 없다. 산업의 육성방식과 패턴은 그 사회의 내부적인 제도적 특징, 국가 기업관계 등에 따라 달라진다.

거셴크론은 후발국의 산업화에 대해 다음과 같이 주장한다.

「후발국에는…기술공여, 숙련노동, 자본재원으로서 보다 더 발달한 선발국가가 존재하고 있다……」라는 『선행조건(Prerequisite)』이 있다.

또, 「놀라운 근대화의 프로세스는, 공업화 발진의 전이가 아니라, 그 과정에서, 그리고 그 결과로서」 태어난다고 말했다.[159)]

즉, 로스 토우가 생각하는 이륙을 위한 전제 조건 없이도 그것들을 "대체"하는 방법이 후발국에서는 이용 가능하며, 선발국이 가지는 기술이나 인재나 제도를 이용 혹은 참조하여, 갑작스런 「대발진(Big Spurt)」이 일어난다고 주장한다.[160)]

2. 후진국의 공업화에 관한 거셴크론 모델

일반적으로 선진국이나 후진국의 관계는 각 국의 산업혁명이나 공업화에서의 단순한 '시간적 늦음'을 의미하는 것은 아니다. 바꾸어 말하면, 그것은 선진국에서의 산업혁명이나 공업화가 얼마간의 세월을 거친 후에, 그대로의 형태로 후진국으로 나타난다는 것을 의미하는 것은 결코 아니라는 뜻이다. 그리고 아울러 후진국은 선진국의 경제가 밟은 역사적 발전과정과 단계를 반드시 똑같이 밟아야 된다는 필연성

159) Continuity in history, and other essays, Belknap Press of Harvard University Press, 1968, p.138

160) Gerschenkron, Alexander. 1962. Economic Backwardness in Historical Perspective, pp.357-358

은 어디에도 없다는 것을 의미하고 있다.

좀 더 정확하게 말하면, 후진국에서의 산업혁명이나 공업화는 그 나라가 후진국이라는 이유로 대립이라는 무대 위에서 공업화를 추진하지 않으면 안 되므로, 선진국의 그것과는 오히려 본질적으로 다른 과정을 밟지 않으면 안 된다. 다시 말해서 '후진국'이라는 시간적 늦음은 단순히 시간적으로 늦음이 아닌, 오히려 후진국의 경제발전 내지 공업화에서의 구조적 특질을 내포하고 있다는 의미이다.

그런데 이 사실을 종래, 각 국 경제사 연구에서 결코 충분히 의식하고 있다고는 말할 수 없다. 오히려 종래는 선진국 특히 영국에서의 경제발전 과정이 경제발전의 유일한 방식인 것처럼 인식하며, 후진국의 발전은 항상 선진국 방식과의 괴리로 인하여 일반적으로 후진국이 짊어져야 할 후진성에 의해 설명되어 왔다.

그런데 좀 단순하게 이야기하자면 이러한 정태적(情態的) 이해에 머무는 한, 후진국은 영구히 후진국이어야 하며, 후진국이 선진국을 추월하여 급속한 경제발전을 이룩한다는 힘들지 않을 수 없다.

이와 같은 과제에 대한 추구에 있어서 알렉산더 거센크론(Alexander Gershenkron)의 생각은 매우 개척자적인 역할을 하였으므로, 이하 거센크론 이 제출한 모델을 중심으로 후진국 공업화에서의 흐름을 살펴보기로 한다.

우선, 거센크론의 이론은 다음과 같이 전개된다.161) 후진국에서의 공업화는 그 공업화의 속도에서도 그 공업화의 조직적 구조에서도 선진국의 공업화와는 현저하게 다르다. 그리고 이 속도나 성격에서의 차이는 주로 선진국에는 없었던 '제도적 수단'에 대한 채용에 근거하고 있다. 거센크론

161) 中川敬一郞, 比較經營史序說, 東京大學出版會, 1986, pp.55-67.

에 따라 결론적으로 그 특징들을 요약하면, 거의 다음과 같이 될 것이다.

첫 번째, 후진국에서의 공업화의 속도는 선진국의 경우보다도 일반적으로 보다 빠르며, 종종 대약진의 양상을 보인다.

두 번째, 후진국의 공업화 과정에서는 구조적으로 생산재 생산부문 내지 중공업부문의 소비재 생산부문 내지 경공업부문에 대한 비중이 선진국의 경우보다도 상대적으로 보다 빨리 커진다.

세 번째, 후진국에서는 산업이 일찍부터 거대 경영의 형태를 취하여 나타나며, 따라서 독점형성으로의 움직임이 비교적 빨리 나타난다.

네 번째, 후진국에서는 공업화가 자생적으로 출발할 가능성이 적고 그 후진성 정도에 따라 은행·국가·외국정부 등 특수한 '제도적 수단'에 '유도'되어 비로소 공업화가 발족한다.

다섯 번째, 후진국의 공업화는 단순한 합리주의 경제주의에 의해서는 이루어지지 않으며 대부분의 경우, 내셔널리즘 더 나아가 산업주의라는 특별한 사상에 의한 강력한 지탱이 필요하다.

그렇다면 후진국의 경제발전에서는 왜 이러한 여러 특징들이 나타나는 것일까? 이하 그 문제를 거센크론의 주장과 주지의 역사적 사실과를 관련지으며 주로 그러한 후진국적인 경제조건 하에 발전된 기업가적 활동과의 관련을 추구해 보기도 한다.

1) 급속한 공업화

원칙적으로 후진국은, 선진국의 경우에 비해 기술적으로도 자본적으로도 급속한 경제발전을 위한 조건을 그 해외에 갖추고 있다. 즉, 후진국은 그 공업화의 출발점에서, 선진국이 그 공업화 과정에서의 선구자적 노력을 통하여 한 걸음 한 걸음 축적해 온 기술개발의 성과를 언제라도 이용할 수 있는 것으로서 제공받고 있다. 예를 들면 방적기계에 대하여 살펴보자. 영국은 1760년대 제니방적기에 의해 산업혁명을 개시했으나, 그 후 워터 프레임(Water Frame), 뮤울(Mule)을 거쳐 1830년대 자동뮬이 완성되고, 철제력직기가 실용화되기까지 이 나라의 방적업에서의 산업혁명은 적어도 60년의 세월을 필요로 했다.

1830년대에 산업혁명을 개시한 프랑스는 그 공업화 개시기에 영국이 60년의 세월을 소비하여 개발한 진보한 방적기계를 갑자기 채용할 가능성을 갖고 있었을 것이다. 특히 영국은 제니방적기 등장 이후 100년 걸려 겨우 링방적기를 채용했는데, 일본의 근대 방적업은 처음부터 링으로 출발할 수 있었다. 그 의미에서는 프랑스나 일본의 방적업에서의 산업혁명이 영국에서의 그것보다도 보다 급속히 진전했다고 할 수 있어 기술적으로는 완전히 당연한 일이라고 말하지 않을 수 없다.

그러나 공업화 초기에서 후진국이 보다 좋은 환경에 놓여 졌던 것은 이와 같은 기술적 조건만이 아니다. 원칙적으로 선진국은 그 공업화에 필요한 자본을 그 국내에서 조달하지 않으면 안 된다는 것에 반해, 대부분의 경우 후진국은 선진국으로부터 그 공업화에 필요한 자본을 차입할 수가 있으며, 미국, 러시아 등은 그와 같은 선진국 자본을 계속 이용하여 급속한 공업화를 추진한 대표적인 국가이다.

그러한 면에서 이상을 정리하여 말하면 후진국이 되면 될수록 기술적으로도 산업혁명의 초기에 해외의 좋은 환경으로 인하여 경제적 발전 가능성은 그만큼 크며, 그 결과 후진국에서의 산업혁명 내지 공업화는 선진국의 경우보다도 그 만큼 보다 급속히 진행한다는 것이 된다. 그리고 현실적으로도 늦게 공업화를 스타트한 나라일수록 그 후의 경제발전 속도가 보다 빨라지고 있다는 사실은 사이몬 쿠즈넷(Simon

Kuzunets)이 보인 <표 7-1>에 의해 명백하게 나타난다.

영국(1760~1953), 프랑스(1841~1953), 독일(1860~1954)의 10년 당 총 생산증가율이 21.5%, 15.3%, 27.4%였는데, 이보다 늦게 출발한 캐나다(1870~1954), 일본(1878~1954) 등이 41.3%와 42.3%를 기록하였다.

〈표 7-1〉 각 국의 10년당 총 생산액의 증가율

(단위: %)

국 별	기 간	10년당 총생산 증가율
영국	1760~1953	21.5
프랑스	1841~1953	15.3
독일	1860~1954	27.4
네덜란드	1900~1954	24.6
덴마크	1870~1954	29.6
노르웨이	1900~1954	33.5
스웨덴	1861~1954	36.0
이태리	1862~1954	18.0
스페인	1906~1954	14.9
헝가리	1899~1949	15.5
러시아	1870~1954	31.0
미국	1869~1954	41.2
캐나다	1870~1954	41.3
남아프리카공화국	1911~1953	49.7
일본	1878~1954	42.3

자료: Simon Kuznets, Six lectures on Economic growth, 1959.

그러나 문제는 이와 같이 후진성이 크면 클수록 그만큼 경제발전이나 공업화 속도가 보다 빨라질 수 있다는 것만을 시사하는 것은 아니다. 후진국의 경우에는 실은 선진국의 가장 우수한 최신기술을 도입할 가능성이 있을 뿐만이 아니라, 선진공업국으로부터 보내지는 양질의 값싼 가격의 상품과 대항할 수 있을 정도의 생산성을 갖지 않는 한(즉,

단적으로는 선진국에서의 최신기술을 갖고 기업화하지 않는 한) 그 기업존립에 빼놓을 수 없는 시장을 찾아낼 수 없다. 뿐만 아니라 후진국에서는 기계적 작업에 대한 훈련을 받은 공업노동자는 부족한 것이 보통이므로 급속한 공업화에 필요한 노동력은 선진국에서보다도 오히려 고가이므로 후진국 기업일수록 보다 자본집약적인 생산방법의 채용을 필요로 한다는 것이 된다.

즉, 그러한 의미에서는 선진국으로부터의 최신기술 도입은 후진국 기업에 있어서 단순한 가능성이 아닌 오히려 후진국에서의 공업화 개시를 위한 필연적 전제라 할 수 있다.

2) 중공업부문의 조속한 발전

후진국의 경우에는 특정 사업에 대한 최신기술이 해외에서 도입된다는 것만이 아니라, 산업구조에서 보아도 일반적으로 선진국에서 비교적 새롭게 발전한 산업부터 먼저 도입되는 경향이 있다.

선진국에서도 비교적 새롭게 발전한 산업 혹은 후진국이 공업화를 개시하려는 정도의 시점에서는 기술적 발전이 급속하게 진행하고 있는 듯한 공업부문에서 선진국 기업의 생산서의 우위는 그다지 크지 않다. 뿐만 아니라 후진국 기업은 처음부터 최신의 설비로 발족하므로 낡은 생산설비를 폐기하지 못하고 있는 선진국 기업과 비교적 유리하게 경쟁할 수가 있다.

특히, 선진국에서의 최신 산업의 도입이라는 위의 논점을 보다 직접 실증한 것은 전기공업의 경우이다. 에디슨이 뉴욕에 처음으로 전등을 단 것은 1882년이나, 일본에서는 그 다음해인 1883년에 미요시전기공장이 창설되고, 1890년에는 백열사(후의 도쿄전등)가 전구 생산에 들어가고, 1893년에는 시바우라제작소도 전기기계 제조를 개시하고 있다. 그리고 조선이나 전기와 대조적으로 일본에서 기업화가 늦어진 것은 차량공업(1896년 기차제조회사 창립), 방직기계공업(1897년 도요타사키치(豊田佐吉) 목제혼철 동력직기 완성), 공작기계공업이나 이들 산업부문에서는 선진국 영국이 18세기 말부터 19세기 중엽까지 사이에 이미 그 기술적 경영적 기초를 확정하고 있어서 그만큼 후진국 기업의 진출이 보다 곤란했다고 볼 수 있을 것이다. 그래서 위의 논거를 일단 타당한 것으로 본다면 그리고 선진국 공업화가 먼저 소비재 부문에서 개시되어 이윽고 서서히 생산재 부문으로 확대한다는 사실을 전제로 할 수 있다면, 후진국의 경우에는 선진국에서 비교적 나중에 발전하기 시작한 생산재 생산부문이 그 공업화의 비교적 빠른 단계부터 발전하기 시작한다는 것도 당연하다.

호프만은 공업화 과정을 소비재·생산재 양 부문의 관계에서 다음과 같이 파악한다. 먼저 제1단계, 즉 공업화 초기에서는 소비재 생산부문 5±1에 대해 생산재 생산부문 1의 비율로 소비재 부문이 압도적으로 크게 제2단계, 즉 공업화가 상당히 진전한 단계에서는 소비재 생산 부문 2±1에 대해 생산재 소비부문 1과 같이 생산재부문의 급속한 확대가 보여지며, 제3단계 즉 공업화의 성숙기에서는, 소비재 생산부문 1±1/2에 대해 생산재부문 1과 같이 오히려 생산재 부문이 우월하다. 그리고 비교적 일찍 공업화를 개시한 나라, 예를 들면 영국은 겨우 1881년에 제2단계로 1907년에 제3단계에 도달한 것에 비해 비교적 늦게 공업화를 개시한 나라, 예를 들면 독일은 이미 1882년에 제2단계, 1907년에 제3단계에 도달했듯이 후진국일수록 보다 급속히 제2, 제3단계에 도달한다. 즉, 생산재 부문이 그 만큼 보다 조기에 큰 비중을 갖기 시작하는 것이다.

3) 시작부터 대규모 기업

후진국에서의 공업화가 이와 같이 우선 선진국에서의 최신 공업기술을 이용한다는 사실로 인해, 더구나 선진국에서 비교적 새롭게 발전해 가고 있는 산업부문을 먼저 개발하는 것에 의해 시작된다. 또한 거셴크론에 의하면 시작되지 않으면 안 된다는 사실은 후진국 공업화 과정에서 산업은 맨 처음부터 대경영으로 발족하지 않으면 안 된다는 것을 의미하고 있다는 것이 된다.

바꾸어 말하면 공업화의 초기 시점에서 산업에 대하여 요구되는 최저규모가 후진국이 될수록 크다. 그리고 후진국이 되면 될수록 그곳에서 산업기업은 당초부터 대규모기업으로서 출발하지 않으면 안 된다는 사실이 다음에 서술하는 후진국에서의 자본축적의 상대적 저위성과 어울려 거기에 독점적 기업의 조기형성은 불가피하다고 해도 좋을 것이다. 한국은 이러한 논제에 의하여 재벌중점 정책으로 철강업 등의 중공업 육성으로 발전하는 계기가 되었다. 이러한 점은 대만과의 비교를 통해 장단점이 논의되기도 한다.

4) 비 자생적 발전

후진국의 공업화는 그 선진국과의 국제적 관계에서 볼 때, 이와 같이 그 당초부터 최신 기술에 의한 대규모 경영에 의해 급속히 진전할 뿐만이 아니라, 종종 대발전의 가능성과 윤리적 필연성을 갖고 있었는데, 한편 후진국 공업화의 개시 시 국내적 조건은 어떠할까.

후진국이 되면 될수록 급속한 공업화의 가능성은 그만큼에도 불구하고 공업화를 위한 국내적 조건은 그만큼 오히려 빈약하며, 따라서 발전 가능성과 그것을 위한 현실적 조건과의 차이는 후진국이 되면 될수록 그만큼 보다 크다는 것이 된다. 그리고 그 차이가 너무나 크면 자생적인 공업화는 나타나기 어렵다. 그래서 당연히 은행·국가 더 나아가서는 외국정부와 같은 어떤 강력한 '제도적 수단'의 소위 '위로부터' 공업화가 이루어져야 한다.

어쨌든 중요한 것은, 영국 이외의 나라에서는 산업혁명 내지 공업화는 결코 영국에서와 같은 자생적인 형태로는 발생되지 않고, 은행이나 정부에 의한 소위 '위로부터'의 강력한 유도와 조직화에 의해 비로소 공업화를 개시할 수 있었다는 사실이다. 한국의 정부위주 개발정책은 서구의 자유시장 중심주의와는 약간 다른 면이 있어 반대의견을 논하는 경우도 많다.

5) 공업화의 이념

그런데 후진국의 경우에는, 그 공업화를 추진하는 주체가 대부분의 경우 자생적인 산업자본이 아닌 은행·정부 등 '위로부터'의 강력한 조직자이었을 뿐만이 아닌 공업화의 지도이념도 또한 영국적인 합리주의·경제주의로는 충분하지 않고, 국민주의 혹은 사회주의와 같은 보다 강렬한 이데올로기를 필요로 하는 적이 많았다.

오랫동안 영국에 대한 후진국으로서 경제적 정체를 탈피할 수 없었던 프랑스에서 급격한 공업화를 이끌어 내기 위해서는, 아무튼 국민의 마음에 프랑스 경제의 미래에 대한 희망의 불을 붙일 필요가 있었다. 즉, 프랑스의 영광은 프랑스 혁명이나 나폴레옹 1세와 같은 프랑스의 과거가 아닌, 오히려 프랑스 국민의 미래에 있다는 국민적 확신을 고조시켜 그 국민적 에너지를 공업화를 위해 투입해 갈 필요가 있었으며, 그 때 스스로의 사상을 '신 기독교'라 칭하고 미래의 이상사회를 그려낸 생 시몽(Saint-Simon)의 사상은 매우 유효한 작용을 했다. 즉, 현저한 경제적 후진성 속에서는 개인주의, 자유경쟁, 최대이윤과 같은

영국적 이념으로는 급격한 공업화의 에너지는 나오지 않는다.162)

동일한 것은 독일의 공업화 과정에서 리스트(Friedrich List)의 역할에 대해서도 말할 수 있으며, 그 '정치경제학의 국민적 체제(Das nationale System der politischen Ökonomie)' 사상이이 독일의 공업화에 대한 국민주의적 정열을 고취시켰다는 사실을 부정하는 것은 아닐 것이다. 그것뿐만이 아닌 거셴크론에 의하면 1890년대의 러시아 공업화를 지도한 것은 마르크스주의라는 사실이다.

즉, 마르크스주의는 자본주의 단계를 경영하는 것이 경제발전의 세계사적 법칙임을 강력히 입증함에 따라 당시 러시아의 공업화에 장애가 되고 있던 밀이나 알테리에 관한 인테리겐챠의 사상, 즉 러시아는 그러한 전통적 공동체를 기반으로 한 공업화에 의해 자본주의를 경과하는 일 없이 사회주의 사회로 발전할 수 있다는 나로드니키의 견해를 타파하는 데 매우 유효했기 때문이다. 즉, 이와 같이 후진국에서는 그 공업화의 이념조차 선진국 영국의 경우와는 전혀 다른 내용이 아니면 안 되었다. 근대화 과정에서 일본의 사혼상재(士魂商才)적인 이념이 유명하며, 한국의 경우에는 박정희 대통령의 '하면 된다(can do spirit)' 정신이 공업화의 이념에 가까웠다고 말하고 있다.

---

162) 후진국의 공업화는 항상 오히려 반종교적인 정열에 의해 지탱되어야 했다. 쿠레디 모비리에의 창설자들이 그 은행 업무를 오히려 '전도자'적 사업이라 생각하고 있었다는 사실은 샹 시몽이 국가(國歌)라 마르세즈의 작곡자에 새로운 국민 노래 '산업적 마르세즈'의 작곡을 의뢰하고, 그 가사의 첫머리에는 '조국의 아이들'을 대신하여 '산업의 아이들'이 등장했다는 사실과 더불어 어쨌든 사회주의적인 샹 시몽주의가 공업자본가들 사이에 급속히 받아들여져 간 과정을 이해시키는 데 충분할 것이다.

제 2 절 후진국 공업화와 한국의 중화학 공업육성정책

한국정부가 수출주도의 외향적 성장전략을 책정함으로써 외자는 수입대체산업 및 수출산업에 집중적으로 투입되었다. 이것은 한국의 국제수지개선에 크게 기여 했다. 1970년대의 한국정부의 분석에 의하면 외자도입에 의한 국제수지효과는 <표 7-2> 처럼 나타난다.

〈표 7–2〉 외자 도입에 의한 국제 수지 효과(1972년 현재)

단위 :백만달러

	1962~66	1967	1968	1969	1970	1971	1972	1962~72
수출효과 (a)	39	45	100	190	285	509	739	1905
수입효과 (b)	153	124	314	374	554	639	844	3002
원료수입 (c)	85	71	168	226	336	455	738	2079
순효과 (a+b+ c)	107	98	246	338	503	693	845	2830
수출총액 (d)	688	335	486	658	882	1132	1676	5857
(a)/(d)	5.7	13.4	20.6	28.9	32.3	45.0	44.1	32.5
(a+b+c)/(d)	15.5	29.3	50.6	51.4	57.0	61.2	50.4	48.3

자료: 재무부, 한국산업은행, 외자도입30년사, 1993년, p129

이 자료에 의하면 외자도입에 의한 수출효과는 원자재수입에 의해 상쇄되지만 수입대체의 효과가 크게 나타나 순효과액은 1962~72년에는 총 수출액의 48.3%를 차지하지만 1962년~66년간의 순효과액은 15.5%로 저조하지만 1968년 50.6%, 69년 51.4%, 70년 57%, 71년 61.2%, 72년 50.4%의 5년 평균은 51.2%로 50% 이상을 차지하고 있다. 외자도입의 수지효과는 성공했다고 보는 것이 일반적이다.

외자도입은 박정희 정권의 성공적인 경제적요소로 보고 있다. 박정권의 외자도입법은 다음과 같다.

㉠ 경제개발 5개년 계획을 성공적으로 이룩하기 위하여 도입되는 선의의 외국자본은 그 형태와 액수에 구애되지 않고 이를 허용한다.

㉡ 일체의 특혜와 차별을 배제하여 범국민적인 토대 위에서 외자도입을 추진하며, 외자도입 계획사업은 정부가 적절한 보호와 지원을 하기 위하여 정부계획의 테두리 안에서 합리적으로 조정한다.

㉢ (지불보증) 5개년계획에 책정된 계획사업 중 외자도입촉진위원회가 필요하다고 인정한 사업의 차관에 대하여는 각의의 의결을 거쳐 정부가 지불 보증한다.

㉣ (내자 지원) 5개년계획 중 정부투융자계획에 책정된 사업을 제외한 민간 외자사업의 내자 조달에 있어서는 국내 민간자본의 동원을 원칙으로 하되 외자도입촉진위원회가 부득이하다고 인정한 중요사업의 내자 부족액은 기타 가용자원으로 융자한다.

㉤ (환율의 적용) 외자기준평가에 적용하는 환율은 투자등록시의 공정환율로 하고 원본(元本) 및 과실(果實) 송금시의 환율은 송금 당시의 공정환율로 하며, 합작투자일 경우의 주식배분은 투자등록시의 환율로 환산한 원화 금액의 비율로 결정한다.

지금 보더라도 대단하다고 할 정도로 외자도입이 필요한 요인을 간결하게 정한 부분과 외자공여국의 송금까지 정한 것은 평가 할만한 부분이다. 특히 외자도입의 운영방침에 나타난 민간차관 및 민간의 외자도입에서는 제2차 산업부문에 중점을 둔다고 한점은 한국의 외자도입에서 중화학공업이 발잔하는데 결정적 요인으로 작용한다.

다음은 외자도입의 사업순위이다.

1. 외자도입의 사업순위

㉠ 5개년계획에 책정된 외자 소요액 조달계획은 각종 차관 및 민간외자의 도입 상황에 따라 은행불(KFX)로서 수급을 조절하고 계획사업의 업종과 시설규모도 5개년계획에 차질이 없는 한 도입사정에 따라 조정한다.

㉡ 민간차관 및 민간외자의 도입에 있어서는 제2차 산업부문에 중점을 둔다.

㉢ 사업의 선정에 있어서는 5개년계획에 책정된 사업에 우선하되 국민경제 발전에의 기여도가 큰 사업도 추가로 선정한다.

그런데 막상 외자도입을 하려 해도 외자공여국이 도와주지 않으면 외자도입은 이루어지지 않는다. 여기에서 새로운 안을 낸 것이 한일국교 정상화와 청구권 문제이다.

<표7-3> 국가별 외국인 투자 인가 및 도착 현황을 살펴보면 미국은 1962년~78년을 보면 111건에 1억8천5백만 달러이지만 일본은 632건에 5억4천5백만 달러로 전체의 815건의 9억5천7백만 달러의 건수로는 14% 금액으로는 전체의 56.9%를 차지할 정도로 일본에서의 외자도입은 중요한 역할을 차지하였다. 그런데 79년을 포함하면 일본의 투자상황은 658건으로 금액은 5억8천5백만 달러로 전체의 59.3%를 차지하고 있다. 한일 국교정상화 아니었으면 외자도입은 어려웠을것으로 판단된다.

〈표 7-3〉국가별 외국인 투자 인가 및 도착 현황

(단위: 1,000달러)

국별	1962~78		1979		인가액			도착액	
	건수	금액	건수	금액	건수	금액	구성비	금액	구성비
미국	111	185,217	11	37,060	122	222,277	20.3	190,733	19.4
일본	632	545,306	26	42,280	658	587,586	56.0	585,717	59.3
파나마	6	20,938		274	6	21,212	2.0	25,385	2.6
서독	15	11,905	1	6,193	16	18,098	1.5	11,861	1.3
홍콩	10	9,049	1	2,588	11	11,637	1.0	14,401	0.9
화란	4	72,811	1	5,466	5	78,277	7.0	52,289	5.6
이태리	2	1,148			2	1,148	0.1	1,246	0.1
스위스	7	11,585	1	4,640	8	16,225	1.5	6,845	0.7
영국	5	11,741	2	7,961	7	19,702	1.7	18,552	1.5
카나다	1	79			1	79		184	
불란서	5	11,362	2	1,404	7	12,766	1.1	12,087	1.3
기타	17	75,927	3	8,192	20	84,119	7.9	79,550	8.0
합계	815	957,068	48	116,058	863	1,073,126	100.0	998,849	100.0

자료: 경제기획원과 한국기독교 사회문제 연구소, 한국의 산업화와 다국적기업, p26

일반적으로 외자 공여국및 외자도입국의 국가이익과 정략에 의해 도입 외자의 질량과 투자기업의 적정규모등이 결정되게 마련되는것 이 초기에는 한국은 포항제철의 성공으로 외자도입의 성공적인 면을 보여주었지만 1970년대에 이르면서 이익률이 높은 기업에 우선 투자 해야 한다는 주장이 등장하면서 재벌기업에의 외자가 등장하기도 한다.

예를들면 외자공장이 국제경쟁을 위한 것이냐 단순한 국내 수요만을 위한 것이냐 등의 외자도입의 목적논쟁은 수출중심의 정책으로 일단락지어진다.

한편, 정부에 의해 선택된 소수 재벌에 대출이 집중되어 그것이 재벌의 고도 성장의 물적 기반이 되었다. 1972년부터 1979년까지의 기간 중 재벌은 중화학공업 등 정부의 정책적 육성사업에 적극적으로 참여하고 전체 대출 규모의 약 50%에서 65%를 차지하는 정책금융의 특혜[163]를 받고 있었다.

박정희 정권(정부)은 기계공업진흥법(1967), 전자공업진흥법(1969), 석유화학공업육성법(1969), 자동차공업육성계획(1969), 철강공업육성법(1970), 조선공업진흥기본계획(1970) 등을 통해 중화학공업에 관심을 갖고 있었으며 1973년 1월 12일 중화학공업 정책을 공개적으로 선언하였다.

〈표 7-4〉1970년대의 정책금융 (단위:억원)

	1972	1973	1974	1975	1976	1977	1978	1979
자산금융(A)	7338	10387	14556	19579	25767	36116	60627	84530
전년비증가율(%)	(22.4)	(41.6)	(40.1)	(33.9)	(31.6)	(40.2)	(58.6)	(39.4)
총대출금(B)	5413	20370	30118	38568	48672	63433	93160	130642
전년비증가율(%)	(25.9)	(32.2)	(47.9)	(27.0)	(26.2)	(30.3)	(46.9)	(40.2)
A/B(%)	47.6	51.0	48.3	50.8	52.9	56.9	65.1	64.7

자료: 한국은행, 경제통계연보, 각년도판, 한국은행자금부 정책금융과

박정희 정권은 1973년 1월에 중화학 공업 육성안을 발표했다. <중화학공업추진위원회>를 발족시키는 것과 동시에 철강, 전자, 정유, 조선, 기계, 비철금속을 주요 육성산업으로 선정했다. 그러나 공교롭게도 같은 해인 1973년 10월, 1차 오일 쇼크(Oil Shock)로 계획이 일시적으로 중단되었지만,[164] 1976년에 전반적인 경기 회복으로 중화학 공업 육성에 박차를 가했다.[165]

163) 조동성, 한국재벌연구-매일경제신문사발간, 1994년, p. 187

164) 당시에는 산업구조가 경공업에서 에너지수요가 많은 중화학공업으로 전환되는 시점이었기 때문에 충격이 컸다. 특히 1975년 성장률은 6.5%로 더 떨어졌고, 물가는 24.7%의 고공비행을 이어갔으며 오일쇼크의 후폭풍은 2년간 지속됐고, 1976년에서야 비로소 경제는 정상을 되찾았다.

<표7-4>의 1970년대의 정책금융을 살펴보면 1972년에는 47.6%였지만 1973년의 중화학공업육성정책을 발표하면서 정책금융은 더욱 활발하게 움직였다. 특히 제1차 오일쇼크 끝난 이후인 정부의 정책적 육성사업의 전체 대출 규모의 1976년 52.9% 1977년 56.9% 1978년 65.1% 1979년 64.7%를 기록하였으며 이런 가운데 한국수출이 100억불을 달성 하여 77년 12월 22일에 있었던 수출의 날 행사는, 전에 없던 성대한 국가적인 축제로 이어지며 중화학공업정책은 더욱 중요하게 인식되어졌다.

100억불 수출의 날 행사

100억불수출의 날 현수막

당시 서독이 1960년에, 일본과 「프랑스」가 1967년에, 「네덜란드」가 1970년에 각각 1백억 「달러」 수출을 이룩한 점을 감안할 때 거의 빈손에서 시작한 수출이 이처럼 빠르게 증가했다는데 대해 상당한 긍지를 갖게 되었던 것으로 판단된다.

제2차 5개년 계획이 시작된 62년에 5천5백만 달러에 불과했던 상품 수출이 4차 5개년 계획의 첫해인 금년에 1백억달러를 넘게 되다보니 그 규모로 보거나 성장률 면에서도 세계의 주목을 받았다. 여기에 더욱 박차를 가한 것이 중화학 공업 육성정책이다. 여러 가지 원인이 있

165) 조동성, 전게서 p.189

지만 중화학공업의 성장이 없었더라면 100억불 달성이 어려웠을 것으로 판단하기도 한다.

1979년 상반기의 제 2차 오일쇼크에 대한 선진국들의 충격은 1차 오일쇼크 때보다 적었지만, 한국경제는 반대였다. 한국경제의 피해가 다른 나라들에 비해 컸던 이유는 제1차 석유파동 이후에도 중화학공업 확대정책에 중점을 둔 것이 원인이었다. 이로 인해 경제성장률이 당시로선 이례적으로 마이너스를 기록하기도 했다.

제2차 오일쇼크로 비록 중화학공업육성정책을 설정한 박정희 대통령은 1979년 10월26일 암살당하지만 그 후의 80년대 중반의 결실은 중화학공업의 비율에서 보면 그것을 알 수 있다.

<표7-5> 의 중화학 공업의 비율에서 나타나듯이 1966년의 중화학공업비율이 34.2%에서 1980년 53.2%로 증가하였는데 이는 14년만에 19%로 증가하여 중진국진입을 이루게 된다. 수출도 1966년 15.3%에서 1980년 47.6%로 증가하였는데 32.3%로 증가하여 한강의 기적을 이루게 되는데 결정적인 역할을 하였다고 볼 수 있다.

〈표 7-5〉 중화학 공업의 비율

(단위:%)

	1966	1971	1976	1980
생산(불변가격)	34.2	41.7	48.6	53.2
수출	15.3	21.6	37.0	47.6

자료: 경제기획원, (제5차경제사회발전5개년계획), P72

수출에서도 중화학공업의 비중이 증가한 것을 알 수 있다. <표 7-6> 에서 볼 수 있듯이 1960년대 초반에는 수산물, 광물 등 제1차 산품이 34.6%을 차지하여 큰 비중을 차지하였고 중화학공업제품은 13.7%로 미미하였다. 그리고 1960년대에는 섬유류를 중심으로 한 경공업제품이 51.7%로 제일 큰 비중을 차지하였으나 1970년대에 들어서면서 기계류와 철강 및 금속 제품 등을 중심으로 한중 화학 제품의 비중이 커지기 시작하여 1975년에는 제1차 산품은 9.1%로 감소하였고 중화학공업제품은 41.5%로 증가하여 경공업제품은 69.6%에서 49.4%로 20%가 감소하면서 중요한 수출품이 되었다.

〈표7-6〉 상품류별 수출구조

(단위:%)

상품류별 \ 연도	1965	1970	1975	1980
총계	100.0	100.0	100.0	100.0
1.1차산품	34.6	17.6	9.1	8.2
2.경공업제품	51.7	69.6	49.4	45.0
섬유류	31.2	40.8	29.8	28.1
기타	20.5	28.8	19.6	16.9
3.중화학공업제품	13.7	12.8	41.5	46.8
화학제품	0.2	1.4	4.7	3.4
철강및 금속제품	10.2	3.8	14.4	14.4
기계류	3.2	7.6	20.3	27.7
기타	0.1	0.1	2.1	1.4

자료: 한국 무역학회, <무역연보>, 각년도

1980년에는 제1차 산품이 8.2%, 경공업제품은 45.0%, 중화학공업 제품은 46.8%로 중화학육성정책으로 인하여 점점 그 질이 높아지게 되었고, 그 구성도 보다 자본 집약적이고 기술집약적으로 변화했다고 하겠다.

한국경제는 1980년 초반에 고달러·고유가·고금리의 3고 현상으로 초기에는 불황을 겪게 되었지만 1986~88년 저달러·저유가·저금리의 3저 현상으로 호황을 맞았다. 전두환대통령 임기 초에는 2차 석유파동으로 물가상승률이 30%에 달하는 악재가 있었지만 3저호황으로 이것을 극복하여 중진국 대열에 들어서게 된다.

<표 7-6>는 정병휴 양영식, <한국재벌부문의 경제분석>의 자료를 기초로, 1983년~87년의 제조업부분 일반집중을 나타낸 것이다. 제조업 출하액 기준30대 재벌을 센서스 부가가치기준에 의하여 5대, 10대, 20대, 30대 재벌로 구분하고 그러한 재벌부분에 속하는 개별재벌의 샌서스부가가치의 산업샌서스 및 광공업통계조사의 조사대상이 되는 종업원수 5명이상의제조업부분 사업체의 샌서스 부가가치에 의한 비율을 제곱합(Sum of Squares, 자승합(自乘合)으로 나타낸 것이다. 이 자료에 의하면 1983년의 5대 재벌의 제조업부문에의 집중치는 0.00557이었으나 1987년에는 0.00953으로 170% 증가하였음을 보여준다. 10대 재벌도 1983년에는 0.00626이었으나 1987년에는 0.01062로 170% 증가하였음을 보여준다.

〈표 7–6〉 재벌 부문에 의한 제조업 부문 일반 집중 〈1983~87〉

재벌 부문	1983	1984	1985	1986	1987
5대	0.00557	0.00758	0.00775	0.009490	0.00953
10대	0.00626	0.00833	0.00845	0.01031	0.01062
20대	0.00664	0.00874	0.00879	0.01072	0.01094
30대	0.00677	0.00885	0.00889	0.01087	0.01104

자료: 경제기획원조사 통계국 자료, 정병휴 양영식, 한국재벌부문의 경제분석, p40

이 표에 의하면 1883년~87년에 모든 재벌부분에 의한 제조업부문에서 재무부문에 의한 일반집중이 중대한 이유를 재벌의 제조부문별 주가가치 누적점유율이 등장한다<표 7-6 참조>. 1983년부터 87년간의 재벌 부문별 제조 부문별 부가가치 누적 점유율은 다음과 같다.

〈표 7-6〉 재벌 부문별 제조 부문별 부가가치 누적 점유율 1983~87

(단위: %)

재벌 부문	1983	1984	1985	1986	1987
5대	16.09	18.81	18.98	21.18	20.73
10대	21.78	24.84	24.80	27.49	27.96
20대	27.77	31.04	30.44	33.77	33.52
30대	31.26	34.31	33.65	37.47	36.53

자료: 경제기획원조사 통계국 자료와 정병휴 양영식

5대 재벌이외의 재벌부문에서는 당해 재벌의 경제활동의 상대적규모의 불균등도 도 심화되어 일반집중이 증대 되었다. 특히 1983년~87년의 재벌부분의 누적점유율의 증가는 전반적으로 증가하였는데 그 이유는 제조업부문에서의 재벌부문의 부가가치생산성이 비재벌부문보다 높아지고 있음을 시사한다.166)

그러나 이것을 가능케한 것이 한국정부의 산업정책의 하나로 지적되고 있는 것이 조세지원이다. 1974년에 개정된 조세감면규제법에서는 철강, 비철금속, 기계, 항공, 조선, 전자, 나프타분해 및 화학비료산업을 중요산업으로 지정하고 소득세의 직접감면(최초 3년 100%, 다음 2년 50%), 투자세액공제(8~10%), 특별상각(100%)의 3가지 혜택 중 기업이 택일할 수 있도록 규정하였다.

중화학 공업의 법인세금은 2255억 이었지만 공제 및 감면으로 904억3천만원을 감면받아 실지납부세액은 1350억 7천만원으로 제철업에서 차지하는 공제 및 감면액의 93.6%를 차지하였다.

이와 같은 조세감면의 결과 1978년 현재 중화학공업에 대한 법인세 감면율은 40.1%에 달하여 경공업의 8.0보다 월등히 높았다<표 7-7 참

166) 정병휴 양영식, 한국재벌부문의 경제분석, 한국개발연구원, 1992, pp.41-42

조>. 중화학공업에 대한 직접세감면은 중화학공업에 종사하는 기업의 세후이익을 증대시켜서 생산자원이 중화학부문으로 이동하는 유인을 제공하였다.

〈표 7-7〉 제철업 법인세 감면현황(1978)

(단위: 억 원, %)

	납부세액		공제 및 감면		표준세액		구성률
	(A)	%	(B)	%	C=A+B	%	(B/C)
경 공 업	711.8	34.5	62.3	6.4	774.1	25.6	8.0
중화학공업	1,350.7	65.5	904.3	93.6	2,255.0	74.4	40.1
제 철 업	2,062.5	100	966.6	100	3,029.1	100.0	31.9

자료: 재무부

중화학공업에 대한 집중적인 조세감면은 직접세뿐만 아니라 관세 등의 간접세부문에서도 이루어졌다. 간접법에서는 중화학공업을 중요산업으로 지정하여 시설재도입에 대한 관세감면혜택을 제공하였다. 반면 중화학공업의 완제품에 대해서는 고율의 관세와 수입허가제 등을 통한 보호정책을 실시하였다.

그 결과 중화학공업의 실효보호율은 1978년 현재 71.2%에 달하여 경공업의 제철업 실효보호액 현황(1978) -2.3%를 훨씬 상회하였다<표 7-8 참조>.

〈표 7-8〉 제철업 실효보호액 현황(1978)

	국내가격기준 부가가치	국제가격기준 부가가치	실효보호액	실효보호율
경공업	1266.6	1316.7	-30.1	-2.3
중화학공업	1937.7	1131.8	805.9	71.2
제철업	3224.3	2448.5	775.8	31.7

자료: 재무부

2. 기타 정책금융의 확대

한국투자기금 이외에 산업은행자금, 수출산업설비금융 등의 정책금융도 중화학공업부문에 우선적으로 지원되었다. 예를 들어 산은법(産銀法)에서는 철강, 조선, 반도체 등을 우선 지원대상으로 선정하고 재정자금, 산업금융채권발행, 외국차관으로 조달된 자금을 공급하였다. 도한 외국차관과 외국인직접투자 등의 외자도입허가에 있어서도 중화학공업을 우선 시하는 반면 경공업은 억제하였다.

또한 제철업의 정책자금 중에서 중화학부문에 대한 지원이 차지하는 비중도 1978년에는 92.8%에 달하여 정책자금의 대부분이 중화학공업에 지원되었음을 보여준다<표 7-9 참조>. 이것은 외국에서 이해하기 어려운 한국정부의 산업정책이었다

〈표 7-9〉 제철업 정책 자금 대출잔액 구성(1978)

	금액	구성비
경공업	793	7.02
중화학공업	10177	92.8
중화학일반	904	8.2
화학	1339	12.2
비금속광물가공	556	5.1
1차금속	1264	11.5
금속기계장비	6115	55.7
제철업계	10970	100.0

자료: KDI, 산업정책의 기본과제와 지원시책의 개편방안, 1982, p. 48.
주: 1) 국민투자기금, 산업합리화자금, 기타산은대출, 수출입은행연불수출지원 및 기계공업 육성자금의 合을 기준으로 함. 일반적 수출지원금융과 중소기업자금은 제외되었음.

박정희 정권의 중화학공업화는 성공하였다고 평가하는 학자들이 많다. 또한 재벌에의 집중투자로 재벌성장에만 도움을 주었다고 비판하는 학자들도 많다. 그러나 박정희 정권의 중화학공업육성정책이 없었더라면 중진국 진출은 어려웠을것이라는 것이 일반적이다.

이 시기는 존슨(Chalmers Johnson)이 주장한 개발국가의 개념대로 계획합리성(Plan-Relation)을 추구하고 국가관료에 의한 전략산업의 방향설정과 민간기업과 정부의 긴밀한 협조를 수반한다[167]는 것을 정석으로 한것이라고 판단한다.

그리고 알륀 영(Alwyn. Young(1994)은 동아시아의 4마리 용에 대해 언급하면서 OECD와 라틴 아메리카는 장기간의 경험에 의해 전체 요인 생산성(비농업 경제와 제조업)의 성장에 접했던 반면, 동아시아의 성장과 제조업 수출은 전례가 없었던 것이며, 전체 요인 생산성(Total Factor Productivity Growth TFPG)의 성장이 동아시아에는 없다[168]라고 하였다.

다시말하면 제조업과 중화학공업이라는 전략적선택을 통해서 전체를 발전시키겠다는 국가관료의 전략산업의 방향설정은 한국의 중화학공업정책을 보면 성공적이었다고 필자는 생각한다.

167) Chalmers Johnson, MITI and Japanese Miracle, Stanford University Press, 1982.

168) Alwyn. Young, Tyranny of Numbers: Confronting the Statistical Realities of the East Asian Growth Experience, NBER Working Paper, No. 4680(March), 1994

제3절 한국식의 압축형 산업발전

1) 한국의 고도경제성장과 중화학공업화

한국의 고도경제성장과 중화학공업화를 모토로 한 지도이념 또는 이데올로기는 명확했다고 할 수 있다. 일제의 패망 후 광복을 찾은 신흥 한국을 둘러 싼 국제환경은 긴장으로 연속되었다. 1950년 6월 25일 북한군의 공격으로 초토화된 한국전쟁은 국가재건을 일으켜야겠다는 국민적 노력을 가능케 했다. 북한과의 군사적 대립은 강국에의 염원과 이것은 중화학공업화의 결의를 굳게 하는 원심력으로 작용하였다. 특히 1970년대에 들어서면서 가속화된 한반도에 대한 미국의 무관심으로 이어진 주한미군의 단계적 축소는 경제·군사 양면에의 자립화를 깨우쳐 주게 되었다. 다시 말하면 한국의 국방비의 과대한 부담은 한국경제의 발목을 잡은 현상이 되었지만 그러나 한편으로는 한국의 급속한 경제성장과 중화학공업화의 이데올로기가 되었던 것도 사실이다.

한국의 1992년 고정자산형성의 대 GNP비율(자본형성율)은 37.0%이지만 1953년 전쟁 직후에는 겨우 7.2%였다. 1985년 가격으로 계산된 실질 연평균 증가율은 13.3%인데 이 증가율은 발전도상국에서는 이례적으로 높을 뿐만 아니라 세계에서 가장 높은 고도 성장을 이루었던 제2차 대전 후의 일본과 비교하더라도 한국의 증가율이 더 높다. 1990년 당시의 일본의 자본형성율은 33.0%인 것을 보더라도 한국은 일본의 수준을 상회한다.

특히 제조업의 대 GNP비율(공업화율)은 1953년의 8.9%에서 1962년의 14.3%, 1972년의 22.4%를 거쳐 1982년에는 33%에 달해 1970년대 말의 일본과 비슷한 수준이었다. 제조업취업자비율을 보더라도 1990년의 한국은 26.9%로 일본의 23.4%를 능가하였다.

1954년부터 1990년까지의 일본의 제조업취업자의 증가율은 연평균 2%였지만 1964년부터 1990년까지의 한국은 8.2%였다.

이러한 마크로 지표의 변화만 보더라도 한국의 발전은 자본주의 세계사상 가장 급속도로 성장을 이룬 일본을 뛰어넘었다.

2) 중화학 공업화의 지표 호프만비율

거센크론의 논리가 아니더라도 선발국의 경제 발전사를 보면, 경제 발전의 압축은 무엇보다도 중화학공업화의 과정에서 나타나 높은 중화학공업화가 경제 발전의 과정 자체의 압축을 촉진하는 요인이 되었다. 독일의 경제학자 호프만 (Walther Hoffmann)은 제조공업을 소비재산업과 자본재산업으로 분류해 공업화의 진전과 함께 자본재산업의 소비재산업에 대한 비율이 증대해 나갈 것을 밝혔다. 이것을 <호프만의 법칙>이라고 하며, 또 생산재 공업에 대한 소비재 공업의 비율을 <호프만 비율>이라고 한다. 호프만 비율은 중화학공 부문의 부가가치 생산액에 대한 경공업 부문의 부가가치 생산액의 비율로 나타내며, 공업발전단계가 낮은 수준에서 시작하여 그 비율이 5.0~3.5의 제1단계, 3.5~1.5의 제2단계, 1.5~0.5의 제3단계로 구분 되고 있다.

중화학공업화의 지표로서 호프만비율을 나타낸 것이 <그림 8-1>이다.

〈그림 8-1〉 호프만비율의 국제비교

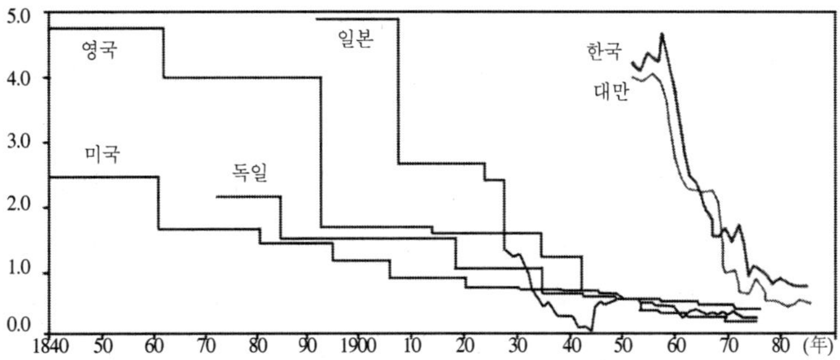

자료: Hoffmann. W. G., The Growth of Industrial Economies, Oceana Publication Inc., 1958 ; UN, The Growth of World Industry, New York, 그 외.

이 그림에서 보면 영국, 미국 등 선진국보다는 일본이, 일본보다는 한국이 더 빠른 중화학공업화의 경사를 보여주고 있다.

호프만비율이 5.0~3.5의 범위에서 나타내는 1단계에서 3.5~1.5의 그 단계로의 이행에 주요 선진국들은 20년에서 30년을 필요로 했는데 한국은 더 짧은 기간에 이루었다. 호프만비율이 4.0에서 2.0으로 내려간 것도 한국의 경우에는 1960년에서 1966년의 겨우 6년에 이루어졌다. 즉 1960년의 공업구조는 소비재부문(경공업부분)이 81.1%의 비중과 중공업(자본재부분)은 18.9% 에 지나지 않았다. 그로나 1966년에는 경공업이 66.7% 중화학공업이 33.3%로 호프만 비율이 20%에 도달하여 공업화의 2단계에 도달하였다.[169]또 한국은 1970년대 초에서 1.5~0.5의 공업화 제3단계의 초기에 들어갔다. 즉, 1963년에는 경공업비중이 66.7%로 축소되고 중화학공업은 33.8%로 호프만의 제2공업단계에 도달하였다. 그리고 1975년에는 경공업 57.2%, 중공업 42.8%로 바뀌었지만 호프만의 50%대 50% 비율은 약간 도달하지 못하였다.[170]

169) 박우희, 『한국경제의 좌표』, 문왕사, 1976, p.312.

그렇다면 제2단계에서 제3단계로의 이행을 몇 년에 걸쳐서 이루어졌음을 보면 더욱 더 명확하게 알 수 있다.

1990년의 한국의 호프만 비율도 0.52이다. 주요 선진국의 역사적 경험으로 비추어보면 여기에서도 3~4배의 속도가 빠르게 나타난다. 중화학공업화의 중심적 산업인 철강업에 대해서 선진국과 후진국의 발전속도로 비교한 것을 보면[171] 1880년을 시점으로 조강생산 100만 t에서 시작한 영국, 독일이 1,500만 t을 달성하는 데 필요한 시간은 각각 60년, 54년이었다. 또 프랑스는 60년 이상이 걸렸다. 가장 빠르다고 하는 미국과 일본도 24년, 34년이 걸렸다. 그러나 한국은 1973년에 124만 t의 조강생산이 1987년에는 1,678만 t을 기록하여 겨우 15년 만에 선진국 수준의 높고 빠른 성장을 기록하였다.

3) 철강산업의 압축성장

<그림 8-2>는 철강산업의 최종제품인 압연제품의 수입의존도와 수출의존도를 한·일 양국을 비교하여 산업발전의 단계이행 속도를 보려고 나타낸 것이다.

일본의 히도츠바시 대학(一橋大學)의 야마자와 교수에 의하면 일본의 히도츠바시 대학(一橋大學)의 야마자와 잇뻬이(山澤 逸平)교수에 의하면 일본의 철강제품의 수입대체가 가장 급속히 전진된 것도 1920년대 초에서부터 1930년대의 중엽까지였다.[172]

이 기간의 수입 대체의 속도는 <그림 8-2>에서 보이는 바와 같이 현

170) 박우희, 전게서, p312.

171) 日本鐵鋼連盟,『鐵鋼界』, 1980年 8月

172) Yamazawa, I., "Industry Growth and Foreign Trade: A Study of Japan's Steel Industry," Hitotsubashi Jouanal of Economics, Vol.12, No.2, February 1972 ; 山澤逸平『日本の經濟發展と國際分業』, 東洋經濟新報社, 1984년, 제5장.

저하게 나타나며 그리고 이 시기에 일본은 철강제품의 국산화를 거의 완성시켰다. 통계적으로 보면 1963년경부터 한국의 수입의존도의 저

〈그림 8-2〉 철강제품의 수출입의존도의 한 일 비교

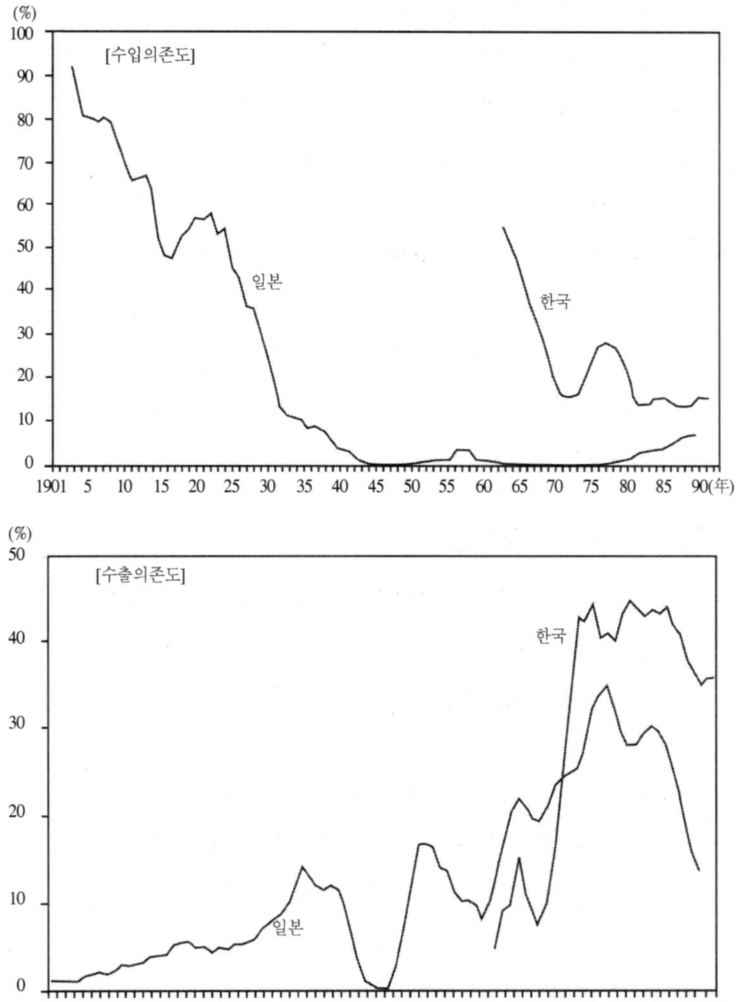

자료: 日本은 山澤逸平, 『日本の經濟發展と國際分業』, 東洋經濟新報社, 1984년, 通產省, 『鐵鋼通計年報』 各年版. 한국은 한국철강협회 『철강통계연보』 각년도판.

하속도는 거의 일본의 최대저하속도와 필적하고 있다. 동시에 주목할 만한 일은 한국의 수입의존도의 감소과정이 동시에 명료하게 수출증가 과정이었다는 점으로 이 산업발전 단계의 압축은 일본과 대조적이다.

한국의 철강 수입의존도는 1970년대 중엽부터 본격적으로 추진된 중화학공업화와 함께 폭발적인 철강수요에 의해 일시적으로 상승하였지만 전반적으로 뚜렷하게 저하 경향을 보이고 있다.

한편 수출의존도는 1970년대 초부터 급속적으로 상승하여 1973~87년 평균 42.5%를 기록하였다. 일본의 철강제품의 수출의존도가 가장 높았던 시기는 1970년 중엽부터 1980년 중엽으로 이 시기의 수출의존도는 30% 수준이었던 것을 보면 한국의 철강산업은 수출지향적인 성격이 강했다. 그리고 한국의 철강산업에서의 수입의존도의 감소와 수출의존도의 상승은 거의 동시적이었으므로 산업발전 단계의 압축경향은 너무나 명료하다고 하겠다.

4) 자동차산업의 압축성장

자동차산업은 기술, 자본의 집약적 산업이며 관련 산업의 파급효과가 큰 기계공업 분야라고 하겠다. 자동차는 단일 상품으로서는 세계최대의 무역상품이며 이 산업이야말로 한 나라의 경제력과 기술력을 평가할 수 있는 척도이기도 하다.

<그림 8-3>은 승용차의 발전과정을 나타낸 것이다. 이것에 의하면 자동차산업은 1963년대 중엽까지는 국내수요의 대부분을 수입에 의존하고 이후 국내 생산이 본격화했지만 1976년까지는 국내수요와 수출수요와 함께 생산증가가 가속화되어 국내 생산이 국내 수요를 상회하여 수출을 급속하게 신장시켰던 것이다.

한편 수입은 1960년대 초부터 1976년까지 연평균 1,200대 수준을 유

지하고 그 후 급속히 감소된 후 1980년대 말부터 크게 증가했다. 이는 1970년대 중반까지는 승용차의 수입 규제가 강화되었다가 1980년대 초기 이후 수입규제의 완화 때문이었다.

〈그림 8-3〉 자동차산업의 발전 패턴(승용차)

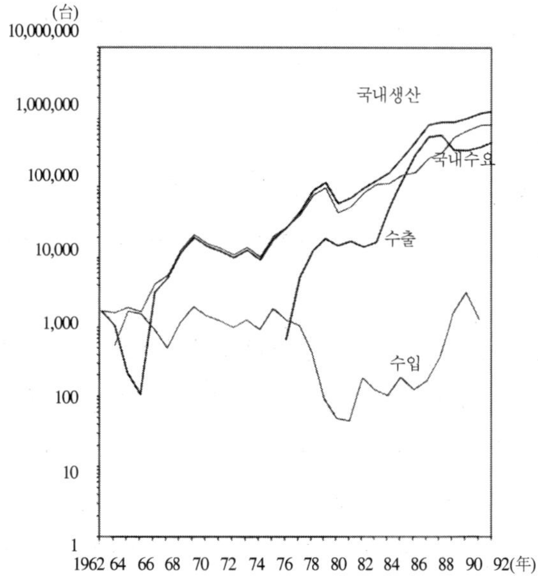

자료: 한국자동차공업협회, 『자동차통계연보』, 서울, 각년도판.

<그림 8-4>은 승용차의 수출입의존도이다. 1965년에 94.0%이었던 승용차의 수입의존도는 1966년에는 23.0%로 저하, 1967년부터 1975년에는 9.1%의 일정비율을 유지하게 되었다. 그리고 1977년에는 2.4%로 감소된 후 1991년까지 수입의존도는 거의 제로에 가까워지고 있다.

이렇게 해서 한국의 자동차산업의 수입대체는 1970년 중엽까지 완료되었다. 그러나 1970년대 말까지는 승용차에 대한 국내 수요의 규모는 작아지고 국내생산도 소규모였다.

〈그림 8-4〉 자동차산업의 수입의존도, 수출의존도의 추이

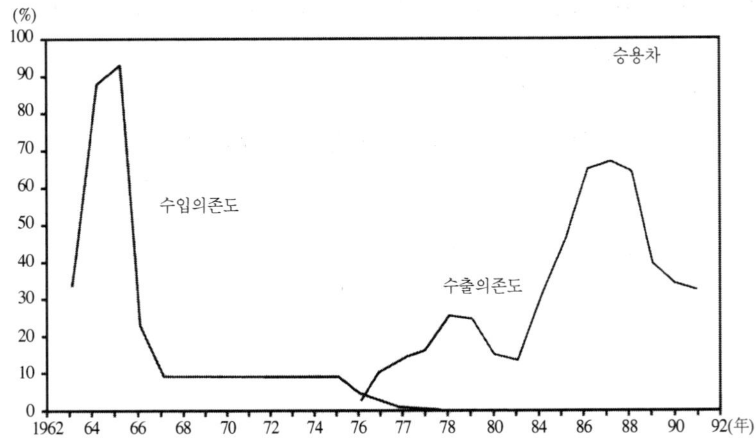

승용차의 국내 수요가 10만 대를 돌파한 것도 1982년이며 이것에 대응한 국내 생산이 10만 대를 초월한 것은 1983년이었다. 한편 국내 승용차의 수출은 양산체제에 들어간 1976년부터이며 1980년대의 중엽 이후 급속히 증가하여 1988년에는 56만 4,000대에 달해 수출의존도는 67.5%로 늘어났다. 이렇게 해서 한국의 자동차 산업은 수입기에서 10년 정도의 수입대체기를 거쳐 수출기로 들어갔다.

이처럼 한국에서는 철강산업과 자동차산업의 경우에서처럼 압축성장이 이루어졌고 이 압축 성장은 '한강의 기적'을 이루어냈지만 이것은 후일 IMF 위기에 이르는 결과를 낳기도 하였다. 이러한 이유는 압축성장이 기업가 정신보다는 정부의 제도적 수단에 의한 것이 컸기 때문이라 하겠다. 세계적으로 성공한 포항제철의 탄생 배경은 이를 뒷받침한다. 그러나 이러한 제도적 수단은 지하자원과 기술자원이 존재하지 않았던 한국에서는 정말 필요했던 요인이라고 하겠다.

제4절 한국형 압축성장의 재평가

1960년도부터 30여 년 동안 한국의 압축 경제성장은 세계에서 유례가 없는 것으로, 세계에서 가장 가난한 나라 중 하나에서 선진국 대열에 합류하게 되었다. 특히 이것을 가능케한것중의 하나가 중화학공업정책인데 그러나 이러한 경제 기적은 1997년 IMF 외환위기로 막을 내렸다. 그러나 김대중 대통령은 이 위기를 잘 극복하였다고 평가하고 있으며(물론, 반대의견도 있다) 세계의 모든 나라들이 이제는 한국은 끝났다고 할 때에 '금모으기 운동'과 '구조조정' 등 눈물겨운 노력으로 이 위기에 대응하여 한국 정부는 한국 경제는 2000년에 놀라울 정도로 빠르게 회복되었으며, 2003년에 다시 세계 11위의 경제 대국이 되었다.

그러나 2008년 2009년 글로벌 금융위기가 다시 한번 한국 경제를 강타 하였는데 당시의 학자들은 이구동성으로 한국경제의 '저축율저하와 높은 가계부채비율'로 심하게 고전할 것으로 예상 하였다. 그런데 한국의 내부요인인 주택담보대출등의 가계부채비율을 외부요인인 해외수출이 증가하면서 상당한 고전 끝에 겨우 위기를 돌파 하였다. 이명박 정부는 2008년 글로벌 금융위기로 불리우는 글로벌금융 위기를 한미 통화스왑과 고환율정책으로 대응하여 2010년의 무역수지는 417억 달러 흑자를 기록했다. 이것은 2년 연속 400억 달러 이상의 흑자를 기록한 것으로 사상최대치를 기록하였다. 2012년에는 2만달러를 돌파하며 20-50클럽[173]에 가입했다.

이렇게 한국경제는 자신감을 피력했으며 한국은 지난 50년 동안 세계 어느 나라보다 높은 '압축 성장'을 일궈내 경제 규모가 그간 17배로

173) 1인당 소득 2만달러에 인구 5000만명을 갖춘 '20-50 클럽'

커졌고, 그 성장 동력에는 높은 교육열도 한몫했다고 평가했다. 그러나 높은 청년 실업률, 정규직과 비정규직의 큰 임금 격차 등 한국 경제가 안고 있는 문제의 뿌리 가운데 경제, 특히 고용 시장을 개방하는데 있다고 이코노미스트지는 진단했다.

한번 고용되면 높은 임금으로 정년을 누리는 정규직과 저임금 비정규직을 구분하도록 한 규제부터 철폐해야 한다고 조언하며 2013년 10월 26일자의 영국의 이코노미스트지는 '급속 감압'(The Great Decompression)' 이라는 제목으로 이렇게 지적하면서 서비스 산업에 대기업(재벌)이 참여해 일자리를 늘려야 한다고 제안했다. 그리고 한국의 급격한 성장 이후에도 경쟁의 압박은 줄지 않았고, 성장의 과실은 소수 고용주와 산업에 돌아갔기 때문에 한국이 이뤄낸 성취에 세계인이 놀라지만 정작 한국인은 놀라워하지 않는다고 이코노미스트지는 지적했다.

여기에서의 감압(Decompression)은 비정상적으로 압박받는 부위의 압력을 감소시켜주기 위해 시행하는 수술을 말하기도 하며 압축된 데이터나 파일을 원래 형태로 되돌리기를 말한다고 한다. 이를 압축위기라고 표현한 학자들도 있었지만 1인당 국민소득은 2만달러를 돌파하여 2015년에는 2만8,338달러를 기록하였으며 2019년 3만 1754달러를 기록하여 3만달러를 돌파 하였다. 많은 학자들은 2011년에만 해도 3만달러를 돌파하기 어려울 것으로 보았다. 만약 3만달러를 돌파 할 경우에는 새로운 한국모델을 창출할 것으로 보았는데 조건은 65세 이상 고령자의 상대적 빈곤비율의 극복이다. 필자는 여기에다 세계1위의 저출산 극복과 정규직과 비정규직의 임금 격차축소와 남녀임금격차축소, 그리고 유니콘기업의 확대정책이 이루어지면 압축성장, 압축경제의 한국모델은 세계인으로부터 회자될 것으로 보고 있다.

제 8 장

한국의 재벌의 구조와 특징

제 8 장

한국의 재벌의 구조와 특징

재벌(財閥)이라는 용어는 일본어의 '자이바츠(Zaibatsu)'로 표기되었으나 이제는 영어로도 한국식의 거대집단으로 표현된 재벌(Chaebol)로 표기되어 사용되고 있을 정도이다. 재벌은 지금까지도 그 개념이 명확하게 정립되지 못해 주로 언론계에서 많이 사용되었다고 하겠다. 특히 재벌(財閥)이라는 말은 일본에서 만들어진 통속적인 말로서 정확하게 정의하기 어려우나 동족을 중심으로 한 기업진단으로 통용된다.

한국의 재벌은 일반적으로는 가족 또는 친인척 구성원들이 출자한 지주회사(모기업)가 핵심이 되고 다양한 산업을 경영하는 자회사를 지배하는 형태를 이룬다. 계열사들의 관계는 순환출자를 통해 복잡하게 얽혀 있는 경우도 많다.

일본에서는 20세기 초반 정부 주도로 미쓰비시(三菱) 재벌 스미토모(住友) 재벌미쓰이(三井) 재벌 야스다(安田) 재벌등을 중심으로 재벌중심의 고도성장이 이루어졌는데 한국에서는 1960년대부터 일본의 성장모델을 본받은 경제 개발 계획이 시작되면서 재벌이 성장하게 되었다. 하지만, 1998년에 일어난 한국의 IMF 구제금융 요청으로 인해서 많은 재벌들이 없어졌으나, 롯데, 삼성, 현대자동차그룹 등을 비롯한 주요 대기업들 중에는 아직도 재벌집단이 존재하며 그 명성을 유지 하고 있다.

제 1 절 재벌의 개념

1. 재벌의 정의

재벌집단은 기업진단에 관한 연구에는 시대적 상황에 의해 평가가 달라지고 있다. 한국재벌에 대해 알아보려면 재벌의 역사에 깊은 관계가 있는 일본재벌을 중심으로 연구해보기로 한다.

우선 한국에서는 주로 경제, 경영 분야에 종사하고 있는 학자들이 여러 논문을 쓰고 있다. 그중 대표적인 것으로는 사공일·죤스의 「경제개발과 정부 및 기업가의 역할」[174], 신유근의 「한국기업의 특성과 과제」[175], 조용범·정윤형의 「한국 독점자본과 재벌」[176], 이규억·이성순의 「기업결합과 경제력 집중」[177], 주종환의 「재벌경제론」[178], 이하영의 「우리나라 재벌의 다각화전략이 경영성과에 미치는 영향에 관한 연구」[179] 등이 있다. 이중에서 사공일·죤스, 조용범·정윤형 등은 재벌이라는 표현을 쓰고 있고, 신유근, 이규억·이성순 등은 기업집단이라는 표현을 쓰고 있다.

반면에 일본의 대기업집단에 대해서는 나까가와 게이이치로[180], 모리가와 히데마사, 요네가와 신이치, 야스오카 시게아끼, 하또리 타미오

---

174) 사공일·죤스, 경제개발과 정부 및 기업가의 역할, 한국개발 연구원, 1981.

175) 신유근, 한국기업의 특성과 과제, 서울대학교 출판부, 1984.

176) 조용범·정윤형, 한국 독점자본과 재벌, 풀빛, 1984.

177) 이규억·이성순, 기업결합과 경제력 집중, 한국개발연구원, 1985.

178) 주종환, 재벌경제론, 정음문화사, 1985.

179) 이하영의 "우리나라 재벌의 다각화전략이 경영성과에 미치는 영향에 관한 연구", 서울대학교경영학 석사학위논문, 1986.

180) 나까가와 게이이찌로(中用敬一 郎), "第二波大戰前의 日本"

〈표 8-1〉 각국의 재벌에 대한 개념 정의

대상(용어)	학자(연도)	개 념
한국(재벌)	사공일·존스	지주회사를 통한 고도의 중앙집권적 가족지배조직, 족벌 경영 및 소유주의 단독 경영을 중심으로 혈연, 지연, 학벌 위주의 경영인맥이 형성되고 있으며, 다각적인 경영을 수행하는 독점자본으로 수출지향적이며, 타인자본의존도가 높고 정치권력과의 밀착을 통해 성장을 추구하는 기업집단.
한국(재벌)	조용범·정윤형	가족에 의해 소유되고 경제개발과정에서 방대한 규모의 재정투융자, 외자도입과 결부됨으로써 급속히 성장·변모해온 독점자본.
한국(기업집단)	이규억·이성순	여러 시장에 걸친 다수의 대규모적 독과점적 기업들이 1인 또는 그 가족에 의해 실질적으로 소유·지배되는 기업집단.
한국(재벌)	주종환	특정가족의 혈연적 지배하에 있는 지주회사를 중심으로 다수의 기업을 지배하고 있는 기업집단.
한국(재벌)	이하영	복수의 계열기업을 소유하고 있으며 외형적으로는 독립되어 있지만 실질적으로는 재벌 산하기업들 사이의 자본소유관계, 임원겸임 등을 통해 일관된 체계하에 움직이고 있는 기업군.
일본(財閥)	나까가와 게이이찌로	가족이라는 본능적 군거집단을 사회조직의 기본원리로 삼고 있는 전통적 사회가 선진공업국과의 국제경쟁 속에서 강력한 공업화를 추진하려고 할 경우, 이러한 후진국적 공업화의 경제 주체로서 필연적으로 발생하는 다각적인 기업 집단.
일본(財閥)	모리까와 히데마사	부호의 가족 내지는 동족의 봉쇄적인 소유지배하에 성립하는 다각적 사업경영체.
일본(財閥)	요네까와 신이찌	가족 내지 동족에 의한 '家' 의식으로 결성된 다각적 기업집단.
일본(財閥)	야스오까 시게아끼	가족 내지는 동족이 출자하고 지배하는 다각적 사업체로서, 그중 대규모 사업부문은 국민경제, 지방경제에 커다란 영향력을 행사할 정도의 규모를 지님.
일본(財閥)	하또리 타미오	가족 내지는 동족에 의해 봉쇄적으로 소유되어 있는 다각적인 사업경영체.
미국	Steers, Shin & UNGSON	여러 다양한 사업영역에 걸쳐 그 소유와 경영이 가족구성원이나 친척에 의해 이루어지는 대기업들로 구성된 사업집단

자료: 조동성, 한국재벌연구 매일경제신문사, 1990, p.41 참조 & Steers, Shin & UNGSON, "韓國의 財閥" 한영탁 옮김 (주) 시사영어사, 1990. p.59, p.62 참조

등 모든 일본 학자들이 '재벌(財閥)'이란 용어를 사용하고 있는데 이러한 현상은 일본이 재벌에 대한 역사가 깊을 뿐만 아니라 연구기간도 오래 걸쳐 일본식의 연구가 정립되었다고 보겠다. 그러나 우리나라는 일본식의 재벌보다는 미국식의 기업집단이라는 새로운 표현을 쓰고 있기도 하나 일반적으로는 상술한 것처럼 재벌이라는 용어가 사용되고 있다.

<표 8-1> 재벌에 대한 개념 정의 는 한미일 3국의 학자들이 정의를 내렸지만 한국의 재벌의 정의와는 약간 다른 개념을 느낀다. 재벌의 본질 중 한국에서 중요한 요인은 정부와의 관계이다. 따라서 필자는 상술한 학자들의 정의를 종합하여 한국의 재벌에 대해 논하면 "한국정부의 주도하에 경제성장에 발맞추어 성장한 혈연중심 의 한국적 대규모 기업집단"이라고 정의하기로 한다.

즉, '소기업에서 출발하여 한국정부주도하의 성장에 발 맞추어 성장한 한국적 특성의 대규모 기업집단'으로 보며 이들 대규모 기업집단은 가족기업의 경영방식을 취하고 있다는 것이 특이하다고 하겠다.

제2절 한국재벌의 특징

한국경제에서 한국재벌의 영향은 지대했으며 때로는 긍정적이었고 또한 부정적으로 비춰지기도 했다. 요즈음 재벌 개혁 등이 주요 논점이 되고 있지만 우선 이 점은 다음에 논의하기로 하고 우선 한국재벌의 특징을 살펴보면 다음과 같다.

첫째, 소유구조 및 경영면에서 창업자 일족 중심의 소유 및 중앙집권적 경영이 일반적이다. 우리나라 재벌의 경우 1970년대 중반 이래 기업공개 등을 통해 소유분산이 이루어져 창업자 일족에 의한 소유 집중 현상이 상당히 완화되었다. 그러나 이는 외견상의 변화일 뿐 실질적으로 창업자 일족에 의한 소유 집중이 여전하다.

둘째, 재벌 소유자와 사용자 간의 관계가 전근대성, 봉건성을 탈피하지 못하고 있다는 점이다. 우리나라 재벌기업에서 중역의 권한은 일본의 게이레츠(系列)에 비해 극히 미미하다. 우리나라의 전문 경영인들은 재벌오너의 '상머슴'에 비유되고 있다. 머슴론이 등장한 것은 한보그룹의 청문회에서 이다. 1997년 4월 7일 일 서울구치소에서 진행된 한보청문회에서 국민민회의 이상수(李相洙)의원이 한보철강의 부도처리에 대해 "한보철강에 3천억원이 추가투입됐다 하더라도 두달 정도밖에 못 버텼을 것이라고 한보 임원이 검찰에서 진술했다"고 밝히자 한보그룹의 정태수(鄭泰守) 회장이 "자금 흐름은 주인인 내가 알지 머슴이 어떻게 압니까"라고 쏘아붙이면서 회자되었던 말이다. 대기업 총수가 공개적인 자리에서 자신을 '주인' 이라 부르고 사장급 임원을'머슴'으로 비유하면서 등장한 단어이다.

셋째, 혈족중심의 재벌의 세습경영이다. 한국재벌의 경우 재벌의 후계승계가 철저하게 혈족 중심으로 이루어지고 있다는 점에 주목해 볼 때, 이는 단순히 부의 상속 이상의 의미가 없다. 다분히 천민 자본주의적 발상에 기인하고 있다는 점에서 일본의 자이바츠의 세습경영과는 차이가 있다.

넷째, 정부와의 관계도 재벌 계열사의 상당수가 진출한 시장에서 독과점적 지위를 누리고 있다. 30대 재벌의 경우 이들이 거느리고 있는 계열사들의 상당수가 그들이 진출한 시장에서 독과점적인 위치에 있는데, 이러한 현상은 자본집약적인 장치산업에서 특히 두드러진다. 이는 재벌들이 정부 정책에 적극적으로 편승한 결과였다.

이러한 특성은 창조적이고 미래지향적인 '기업가 정신'을 중심으로 움직이기보다는 안정적이고 현실지향적인 사고를 하여 혁신적인 상품이 없고 이윤이 없는 거대기업으로 등장하여 IMF 외환위기시에는 많은 재벌이 해체되었으며 2008년 글로벌 금융위기시에도 상당한 재벌 구조조정이 이루어지게 되었다.

제3절 한국재벌의 역사

1. 한국재벌의 형성

한국재벌을 정확하게 알려면 재벌의 역사를 알아야 하고 재벌의 발전과정을 알아야 한다. 본 절에서는 한국재벌의 형성 과정과 특징을 살펴보기로 한다.

1) 일제하 민족계 기업의 환경

우리나라에서 근대적 회사 조직을 갖춘 민족계 기업들이 출현하기 시작한 것은 1880년대 중반 이후부터이다. 1876년 개항 이래 우리나라에 진출한 외국 상업 자본들이 근대적 회사 조직을 갖추고 출현함에 따라 이에 자극을 받은 토착 자본들이 합병, 합자 혹은 유한, 주식회사 형태를 갖추고 외국 자본들과 경쟁, 혹은 보완관계를 유지하며 기업조직으로 변신하였던 것이었다. 이 시기는 분명 우리나라 기업 사상 맹아기였다. 그러나 당시 기업들이란 기존의 상회, 판매 조합 등이 근대적 기업 조직으로 전환한 것에 불과 하였다. 한편 1920년 이후 일본의

'회사령' 철폐 이후 일본의 거대 자금이 유입되면서 한국의 산업 구조도 급속하게 재편성되기 시작하였다. 즉, 일본의 상공업정책의 전환(무단정치에서 문화정치로)과 원료공급지에서 군수산업지로의 전환으로 산업화가 가속화되기 시작하였다. 이때 민족계 기업집단이 형성되었는데 대표적 기업으로 삼양그룹, 화신그룹 등이 있다.

민족기업으로 등장하는 삼양그룹의 창업주인 고 김연수(金秊洙)회장은[181] 일본에서 경제학을 공부한 뒤 국내 기업에 근대적 경영기법을 처음 도입한 인물로 알려져 있다. 1924년 삼양그룹을 설립한 이후 1961년 전국경제협의회(전국경제인연합회 전신) 회장을 맡는 등 재계에서 활발한 활동을 펼쳤다.

하지만 친일반민족행위진상규명위원회(이하 친일반민족위)에 따르면 이 과정에서 일본에 '국방헌금'을 납부하고 '학병권유 연설'을 한 사실이 알려졌다. 더욱이 김연수 회장은 1941년 조선총독부의 자문기관인 중추원 참의로 임명돼 해방될 때까지 활동했다고 한다.

김연수 본인이 쓴 일대기 <한국 근대기업의 선구자>에서는 중추원 참의 임명과 관련해 1940년 5월 조간신문에 자신이 칙임참의에 임명됐다는 기사를 보고 내무국장 우에다키에게 항의하러 갔지만 결국 그의 완력에 굴복했다고 해명하기도 했다.

민족기업에 빼놓을수 없는 기업에 유한양행(柳韓洋行)이 있다. 1926년 고 유일한 박사가 설립한 기업인 유한양행은 창업주가 독립운동에 관여한 사실이 알려지면서 애국기업이라는 명성을 얻은 기업이다. 더욱이 유일한 박사가 세상을 떠나며 기업을 대물림 하지 않고 사회에 환원한 사실이 알려자면서 '민족기업' 이라는 이미지에 '착한기업'이라는

181) 삼양그룹, 『삼양90년사1924~2014』 2016년

긍정적인 부분까지 더해졌다.182) 유한양행의 이러한 깨끗한 이미지는 국민들의 뇌리에 새겨지며 제품 등에 대한 신뢰로 이어졌고, 이를 통해 안정적인 수익기반을 다지는 동시에 꾸준한 성장을 구가해왔다.

필자가 항상 높이 평가한 유한양행에 대해 일부교수가 유일한의 동생 유명한 사장이 친일행위를 했다고 알려왔다. 민족기업이 아니라고 주장하기 위해서 이다. 유한양행 창업주이자 독립운동가였던 유일한 박사의 친동생 유명한 전 사장이 민족문제연구소가 발간한 친일인명사전에 등재되었다는 것이다.

유명한은 1908년 평안남도 평양에서 태어났으며 유일한의 동생이다. 그는 일본의 진주만 공습으로 태평양 전쟁이 발발한 1941년 12월 유한양행주식회사의 사장에 취임했다. 유명한 전 사장은 취임 직후 일본이 미국의 진주만을 폭격한데 이어 홍콩을 함락시켰다는 소식이 전해지자 종로경찰서를 통해 '유한 애국기' 1대의 제작비를 일본 육군에 헌납하였다고 한다. 이는 친일파의 기준으로 삼는 '국방금품 헌납자'에 해당되는 경우로, 민족문제연구소에서는 '일본의 침략전쟁 수행을 돕기 위해 1만원 이상의 금품을 헌납한 자'를 친일파로 분류하고 있다.

과거 일제는 유한양행의 창업주인 유일한 박사가 미국에서 학교를 다녔다는 이유와 기업명인 '양행(洋行)'을 문제 삼아 유한양행을 미국계 회사로 낙인 찍고 핍박을 가했다. 진주만 공습 직후 간부사원 전원을 종로경찰서에 연행하기도 했으며, 5년여에 걸친 혹독한 세무조사로 끊임없이 회사에 압박을 했던 것으로 알려졌다.

유한양행의 창업주인 유일한 박사가 수출 판로를 개척하기 위해 출국했다가 2차 세계대전이 터지는 바람에 미국에 발이 묶인 상태에서

182) 유한양행,『유한50년』1976년, 참조

도 열정적인 항일 독립운동을 펼친 것은 여전히 재계의 유명한 일화로 남겨져 있다. 그러나 동생인 유명한 전 사장의 회사를 존속시키기 위한 궁여지책이었다고 하더라도 문제가 된다고 한다. 그러나 이점은 조금 더 연구가 필요한 부분이다.

삼양그룹의 김연수는 본인의 반성으로 이해가 가지만 유한양행까지 친일로 모는 것은 문제가 있다고 본다. 나는 정치인이나 학자가 친일파로 분류되는 것은 이해가 가나 기업인은 새로운 평가가 필요하다고 생각한다고 몇 년전 강연회에서 주장했다. 왜냐하면 기업인은 싫은 사람은 물론, 때로는 적에게도 물건을 팔아서 회사를 존속하여야 하기 때문이다. 따라서 회사존속방법의 하나로 일제 강점기에 강요된 국방헌금(?)을 너무나 민감하게 평가하지 않았으면 한다고 주장하자 반대도 있었지만 많은 사람들이 동조도 하였다. 이 부분은 앞으로 조금 더 많은 논의와 연구가 필요하다.

2) 일제 하 민족 기업의 특징

일제 하의 민족중 대기업은 적었으나 다음과 같은 특징을 갖고 있다.

첫째, 당시에는 드물게 보는 신용과 철저한 서비스 체제를 강화함으로써 소비자들에게 깊은 신뢰감을 구축하였다는 점과 선진 경영기법 및 기술의 적극적 도입 등 나름대로 발군의 기업가 정신을 발휘할 수 있었다.

둘째, 일제 하에서 민족계 기업들은 일본계 기업들에 비해 상대적으로 불리한 위치에 있었는데 주로 자본력, 기술력, 경영력 등의 열세 때문이었다.

셋째, 1937년 중일전쟁 이후 만주 및 북중국 지역에의 진출을 하면서 기업 규모의 확대를 도모하는 기업과 현상유지 기업의 두 기업 집단으로 나뉘어진다.

2. 재벌의 태동(1945~1959)

1) 해방 직후의 사회 환경

(1) 미군정과 귀속재산

1945년 8월 15일, 한국은 36년간의 일본의 식민지 지배에서 벗어났다. 이 시기에 등장한 정부가 미군정(美軍政)이다. 정확히 말하자면 재조선 미국 육군사령부 군정청(United States Army Military Government in Korea)이고 일반적으로는 약칭으로 미군정(美軍政)이라고 한다. 미군정은 1945년 8월 광복 이후, 미 육군 제24군단이 점령하여 1945년 9월 9일부터 1948년 8월 15일 대한민국 정부 수립까지, 조선총독부에게서 한반도의 행정권, 치안권 등을 이어받아 38도선 이하 한반도(및 그 부속 도서)를 통치했던 기구, 혹은 그 시기를 가리킨다.

군정청 마크

이승만 김구 하지중장

군정 사령관은 제24군단장 존 하지(John Reed Hodge)중장이었고 이후 소장 급 육군 장성이 군정장관을 맡았다. 미군정은 재조선 일본인들을 쫓아냈고 그들의 조선 내 자산의 반출도 불허했다. 일본인 사업가와 관리자들이 자기네 나라로 철수하자 노동자나 지역 인민위원회가 공장과 사업체를 관리하였으나(공장 자주관리운동), 1945년 12월 6일에 미군정은 군정법령 33호를 공포해 일본인 재산을 귀속시킨 뒤 노동자 관리위원회를 와해시키고 자본가들을 관리인으로 임명해 관리토록 했다.

또한 일제의 식민지 정책은 남북한에 전혀 다른 성격의 경제구조를 만들었다. 일제는 남농북공 정책을 시행하여, 남과 북에 각각 농업과 공업을 집중적으로 육성하였다. 또한 공업 내부에서도 북은 중화학공업, 남은 경공업을 중심으로 이원화되어 있었다. 그런데 남북분단으로 남과 북의 산업구조상 연관성은 끊어지면서, 남한은 반쪽짜리 경제구조를 가지게 되었다.

이러한 상황에서 미군정의 개입은 식민지 시절 뿌리내린 국가통제경제적인 제도를 자유화하는 경제정책을 실행한다. 또한 미군정은 군사 및 경제 원조를 제공하는 한편, 식민지 시절 일본인이 한국에서 소유하고 있던 공·사 재산 일체를 접수하여 미군정 소유로 이관시킨다. 이는 '귀속재산(Vested Property)'[183]이라 불리며, 1948년 10월에 대한민국정부로 이관되었다.

(2) 1950년대 재벌의태동과 귀속재산, 한국전쟁

귀속재산은 연간 정부 예산의 10배에 달하는 3,000억 원 이상의 규모였다. 약 3,551개의 공장과 기업, 그리고 토지 및 간접자본과 잔여자산을 포함한 일본기업의 점유율은 한국 기업 총 자본의 85%를 차지했다. 이승만 정부는 '귀속재산처리법'을 통하여 민간에 불하를 시작하였고, 1963년까지 약 30만 건 이상이 불하되었다. 이승만 정부는 불하과정에서 소수의 기업에게 집중적으로 불하하였는데, 이는 초기 자본가(재벌)가 형성되는 배경이 되었다. 대체로 미군정하에서 시작하여 정부수립 후 한국 전쟁후 1950년대 말까지 귀속재산의 불하는 실로 재벌의 방대한 자본축적 과정이었으며 바로 한국 재벌의 물질적 기반이기도 하였

183) 이대근 『귀속재산연구: 식민지 유산과 한국경제의 진로』 이숲, 2015년, 참고할것

다. 김성두는 당시 귀속재산의 불하를 다음과 같이 기술하고 있다.

하나의 본보기로 방직공장의 경우를 보자. 당시(1947년) 30여억원으로 평가되었던 이 공장은 7억원으로 사정(査定) 되었고 3억 6천만원에 불하되었던 것인데 우선 불하가격은 시가의 1/10에 지나지 않고 소위 사장가격에 대해서도 반액밖에 되지 않는다. 이것을 귀속재산처리법의 규정에 따라 15년간의 연불(年拂)로 하면 통화가치로 따져 이 거대한 공장은 공짜나 별차 없는 값으로 넘겨 주게된 셈이다. 그것도 특혜 융자에 의해서 말이다.[184)]

이종훈(李鐘燻)은 기업체의 경우 70%가 1953년 전에 처리되었다는 사실과 함께 귀속재산 매각대금중에서 40%만이 현금으로 수납되었고 나머지 대부분이 지가보상증권으로 받았는데 그 가운데 37.7%가 1958년 까지 보상되지 않았으며 조선방직, 부산방직등 6개 기업의 체납액이 9당시금액으로) 20억 3316만 7천원에 달하고 있었다[185)]고 한다. 오늘날에도 적산(敵產)으로 불려지는 일본인의 귀속재산(Vested Property)은 새로운 관점에서 보아야 할 중요한 과제이다. 한국의 경제발전과 관련하여 일본이 남긴 식민지유산을 어떻게 평가할 것인가? 그리고 그 귀속재산은 어느정도 한국경제에 동력이 되었으며 만약 동력이 되었다면 어떻게 평가받아야 하는가? 이제는 학술적으로 평가받아야 할 과제이기 때문이다. 아울러 귀속재산의 어느정도가 재벌의 자본에 축적되었는지도 평가되고 검토 되어야 할 문제이다.

귀속재산에 대해 김기원은 일반적으로 당시 남한 전체 재산의 80%의 비중이라는 귀속재산의 규모가 정확한 것인지를 다양한 자료를 이

184) 김성두, 『재벌과 빈곤』, 1965년, p.23.

185) 이종훈, 『한국경제론』, 1975년, pp.297-301.

용하여 확인하려고 하였다.[186] 김기원이 추정한 귀속재산의 규모는 3,053억 원으로, 남한 전체 재산의 80%라는 해방공간의 일반상식이 과장된 것임을 지적했지만, 그렇다고 귀속재산의 위상이 축소된다고 보지는 않았다. 김기원은 1948년 국가예산의 세출이 351억 원이었다는 사실을 들어 귀속재산의 규모가 대단한 것이었음도 아울러 지적하였다.

그리고 1950년~53년의 한국전쟁은 한국산업전체를 파괴하였으나 한국전쟁은 재벌 출현의 주된 요인이 되기도 하였다. 1950년대의 수입할당 및 수입허가의 비경쟁적 배정, 적산의 염가 구입, 원조자금 및 물자의 선별적 배정, 특혜적 저리 은행 융자, 동란 후 부흥을 위한 정부 및 미국과의 계약 시 비경쟁적 특혜의 획득 등이라 할 수 있다.

1950년대 많은 부를 쌓은 주요한 재벌들 소위 '10대 재벌'이라고 불리는 재벌들을 보면 삼성재벌(이병철계), 럭키재벌(구인회계), 금성재벌(김성곤계, 쌍용), 판본재벌(서갑호계), 삼호재벌(정재호계), 삼양재벌(김연수계), 대한재벌(설경동계), 동양재벌(이양구계), 개풍재벌(이정림계), 풍한재벌(박흥식계) 등이 있다. 50년대 상위재벌 기업을 삼성, 삼호, 개풍, 대한, 럭키그룹 등이었는데 당시에는 제일제당, 호남비료, 삼호방직, 대한양회 등 주로 삼백산업이 그 중심을 이루었다고 하겠다.

2) 50년대 재벌형성의 특징

첫째, 이 시기 재벌형성의 축은 상업 및 무역업 등 유통부문이었다. 만성적인 물자부족 상태에서 무역업자들은 수입무역을 통해 단기간에 투자 자본 대비 몇 배 이상의 초과 이윤을 얻을 수 있었다.

186) 김기원, 「미군정의 경제정책에 관한 연구」, 논문집 5, 한국방송통신대학교, 1986 ; 미군정기의 경제구조—귀속기업체의 처리와 노동자 자주관리운동을 중심으로—, 푸른산, 199

둘째, 당시 정부는 만성적인 물자부족을 해결하기 위해 외국에서 제공된 막대한 원조물자를 가공하는 소비재 중심의 수입대체산업의 육성에 주력하였다.

셋째, 재벌로 도약할 수 있는 또 하나의 루트는 이른바 귀속재산 불하였다. 당시 정부는 시세보다 지나치게 낮은 가격과 좋은 조건으로 정부귀속의 각종 산업시설들을 불하하였는데 따라서 불하받는 것 그 자체가 상당한 특혜였다.

넷째, 해방과 6·25동란으로 이어지는 과정에서 전개된 정부의 복구사업 또한 새로운 부를 제공해 주었다.

다섯째, 해방 이래 6·25동란에 이르는 동안 다수의 사람들과 물동량의 전국적 이동이 매우 심하였다. 이와 관련하여 운수업 또한 '황금알을 낳는 거위'로 치부되었는데, 여객운송의 경우 노선 개설은 정부의 허가사항이었다.

3. 재벌의 기반조성(1960~1969)

1) 개발경제시대도래 및 재벌 조성 환경

1950년대 재벌이었던 판본재벌(서갑호계), 삼호재벌(정재호계), 삼양재벌(김연수계), 동양재벌(이양구계), 개풍재벌(이정림계), 풍한재벌(박흥식계) 등이 사라졌는데 그 이유는 516 군사정권의 경제개발계획과 외자도입(차관)등의 문제로 상업자본의 재벌은 배척되고 산업화의 재벌등이 성장을 이룬 것이다. 60년대는 경제개발정책으로 현대건설, 삼성무역, 대한전자, 쌍용시멘트, 럭키화학 등의 그룹이 정부정책에 호응하면서 발전하기 시작하였던 시기이었다<표 8-2 참조>.

〈표 8-2〉 1960년대 말 10대 재벌

재 벌 명	업 종
삼성그룹	무역, 식품, 섬유, 전자, 언론
럭키그룹	화학, 전기, 전자, 정유
한진그룹	항공, 운수, 금융, 건설
신진그룹	자동차, 기계
쌍용그룹	시멘트, 유지
현대그룹	건설, 시멘트, 자동차
대한그룹	전자, 전선, 무역
한국화약	화약, 정유
극동그룹	조선, 해운
대농그룹	섬유, 양곡무역

참조: 『한국재벌 형성사』, 이한구 저, 비봉출판사, 1999 참조 & 조동성, 『한국재벌연구』, 1990.

그 배경은 1960년대 군사정부의 등장으로 경제개발의 작업 박차와 경제근대화 사업개시, 수출지향적 공업화, 대기업중심의 공업화, 정부주도의 경제체제, 자본의 해외조달, 선성장 후분배 방식으로 전환되면서 기업의 참여가 활발하게 형성되었다는 점이다. 재벌의 성장에 보다 직접적인 영향은 정부의 정책에의 관여가 중요했으며 외부적 환경으로는 전경련의 등장, 외자 도입 개시(차관 도입), 수출 드라이브 정책, 월남 특수, 부실기업 인수, 국토 종합 개발 사업 등이 주된 요인이었다.

2) 60년대 재벌 형성의 특징

첫째, 구정권 하에서 축재한 기업가들을 주축으로 경제개발 사업이 전개되었다는 점과 그 과정에서 재벌의 양적 확대가 이루어 졌다는 점이다.

둘째, 이 시기에 이르러 독과점의 심화 및 진입장벽이 점차 두터워지기 시작하였다. 당시 정부는 정유, 화학비료, 화학섬유, 시멘트 및 섬유 등을 정책적 육성산업으로 선정하고 이들 산업에 대해 투자 장치를 마련, 신규기업의 진입을 제한하는 반면 여기에 참여한 업체들에게 재정, 금융상의 지원을 하였다.

셋째, 당시 재벌들을 철저히 외부자금을 동원하여 몸 불리기를 감행하였다는 점이다. 이 무렵 재벌성장의 주요 원천은 은행차입과 외자도입이었는데 이들 차입자본은 재벌 성장의 기반이 되었다.

넷째, 공업화를 위한 외자조달의 필요성이 점증하면서 수출의 중요성 또한 제고되었고, 수출을 통한 재벌화의 가능성이 확인되었다.

다섯째, 이 무렵 재벌화의 가능성을 확인한 또 하나의 계기는 이른바 월남 특수였다. 우리나라 국군의 월남파병에 대한 대가로 야기된 월남 특수로 인해 한진상사는 별안간 재계 서열 상위의 재벌로 급부상하였다.

여섯째, 경제개발이 본격화되면서 급속한 도시화의 진전과 철도, 도로, 항만 등 사회간접자본의 확충에 따른 국토개발 사업의 본격화, 그리고 연평균 20%를 상회하는 만성적인 인플레는 전국적으로 지가를 앙등시켜 부동산 투기붐을 일으켰다.

일본의 한국 재벌전문가로 알려진 게이오 대학의 야나기마치 이사오(柳町 功)교수는 '1960년대의 한국삼성재벌의 신규사업전개' 라는 논문에서 당시의 이병철회장은 비료프로젝트의 좌절로 전자사업에의 진출이 결정[187]이 삼성에의 정점이 되는 1960년대 전개되었다고 주장한다.

1966년 5월 24일, 삼성그룹의 계열사 한국비료공업(현 롯데정밀화학. 2015년 인수)이 일본 미쓰이 그룹과 공모하여 사카린 2,259포대(약 55톤)을 건설 자재로 꾸며서 들여와 판매하려고 했다가 들통난 밀수

---

187) 柳町 功, 1960年代における韓國·三星財閥の新規事業展開 : 肥料プロジェクトの挫折と電子事業への進出, 慶應義塾大學出版會, 三田商學, 49卷6號, 2007

사건인 소위<삼성 사카린 밀수사건>이 일어난다.

이 사건의 여파로 이병철 삼성 회장은 한국비료공업과 대구대학을 정부에 헌납하고 2선으로 물러났다. 이병철회장은 1966년 9월 22일 오후 2시 자청한 기자회견을 통해 한국비료를 국가에 헌납하는 동시에 본인이 대표로 있는 중앙매스콤 및 학교법인을 비롯한 모든 사업 경영에서 물러나겠다는 발표를 했다. 특히 한국비료는 자신만의 "역량으로써는 도저히 순조로운 건설을 담당할 수 없다는 것"을 "불미스러운 사건으로 인해 절감하게 됐으며, 연일연야 고민 끝에 이를 국가에 바치기로 결심" 했다는 것이다. 소위 한국비료헌납사건(韓國肥料獻納事件) 이다.

박정희 대통령과의 회동을 계기로, 1969년 1월 13일 삼성전자를 창립하면서 전자산업에 진출하게 되며 이것이 삼성의 새로운 사업진출과 함께 중공업비중이 약해지면서 후일 IT기업으로서의 삼성이 진출하게 되었다는 것은 아이러니칼하지만 이병철의 고뇌를 엿볼 수 있다.

4. 재벌육성의 본격화와 3대재벌의 성립(1970~1979)

1) 중화학 공업으로의 산업 구조 개편

1970년대는 중화학공업중심으로 상업구조를 개편하게 되었다. 이는 정부 주도 하에 1980년대에는 수출 100억불, 국민소득 1,000불에 달하는 중진국 수준에 도달하기 위한 방안이었다. 또한 북한의 잦은 도발(1968년 청와대 습격사건, 1965년 1.15 울진삼척공비침투사건)과 미군철수 움직임(닉슨독트린)에 대응 자주국방 차원에서 군수 산업의 육성이 절실했다. 따라서 정부는 국산무기를 생산하기 위해 주물선공장, 특수강공장, 중기계공장, 조선공장 등 4대 핵심공장의 건설을 위조로 한 중화학공업 정책을 추진하였다. 또한 철강, 비철금속, 조선, 전자,

화학, 특수강 등 6대 중화학공업을 중점 육성대상 산업으로 선정하고 이들 위해 ① 경제성과 경쟁력 제고를 위한 대형화 유도 ② 중화학공업을 수출 주력업종으로 육성 ③ 기술인력 확보를 위해 기능장제를 도입하고 전략산업기술연구소를 설립 ④ 각 공업의 집단유치 등의 구체적인 실천방안을 확정하였다.

그리고 1970년대 재벌조성 환경으로 8·3 사채 동결, 중화학공업화, 종합무역상사제, 중동건설 특수 등이 주된 요인이었다.

1970년대는 재벌의 전성기로서 새로운 재벌 대우그룹의 등장으로 '재벌삼총사'가 나타나기 시작했던 시기였다. 현대그룹은 1972년 6개였던 계열사가 7년 뒤엔 31개 사로 늘어났고 대우는 1972년 불과 2개였던 회사가 34개로 늘어나 당시의 벤처기업으로 인식되기도 하였다. 여기에다 LG그룹의 43개 회사를 포함한 한국재벌의 4강은 그 후로도 계속되는 경쟁으로 국가에 도움이 되기도 했다.

2) 70년대 재벌의 특징

첫째, 기업들이 1960년대 이래 차입경영 위주의 외형확대 경쟁에 매진해온 결과 전 산업에 걸쳐 부채 비중이 지나치게 과다하여 그에 따른 막대한 이자부담 때문에 재무구조는 더욱 악화되었다.

둘째, 1970년대의 두드러진 특징 중의 하나는 재벌들의 외형이 급속히 확대되었다는 점과 재벌의 중심축이 종래의 상업, 무역업 내지 노동집약적 경공업에서 자본집약적인 중화학공업 내지 건설업, 금융업 등으로 옮겨지고 있다는 점이다.

셋째, 1970년대 한국경제 성장의 견인차는 수출 드라이브 정책이었다. 1960년대 이후의 공업화는 주로 내자동원 및 외자도입의 극대화를 통해서 가능하였는데, 그 중에서도 특히 외자의 필요성이 절대적이었다. 공업화에 필요한 자본재 및 원료의 도입과 상품수입 등에 다수의 외화가 필요하던 터에 기존 차관분에 대한 원금 상환압박 등으로 외화조달이 절실한 상황이었다.

넷째, 1970년대 재벌부문의 확대를 초래한 또 하나의 계기는 중동건설붐과 국토개발 사업이었다.

〈표 8-3〉 10대 재벌 계열 기업군 변화 추이

재 벌 명	1972년 계열기업 수	1979년 계열기업 수
현대그룹	6	31
LG그룹	18	43
삼성그룹	16	33
대우그룹	2	34
효성그룹	4	24
국제그룹	3	22
한진그룹	8	15
쌍용그룹	6	20
한국화약	7	18
선경그룹	5	14

참조: 『한국재벌 형성사』, 이한구 저, 비봉출판사, 1999 참조 & 조동성, 『한국재벌연구』 & 매일경제신문사 기업연감.

다섯째, 1960년대 군사정부의 출현과 함께 기업들의 제1금융권 진출이 봉쇄됨으로써 산업자본의 금융자본 지배 가능성은 일단 배제되었다.

삼성그룹이 선조 때부터 지역에서 나름대로 재력을 축적하고 있던 지역갑부였다면 현대재벌은 초등학교 출신이 창업자 정주영이 1947년 현대토건사를 세워 1950년에 현대자동차공업사와 합친 뒤 주식회사로 개편했고, 같은 해 현대상운을 세워 사업 확장의 발판을 마련했다. 1962년 충북 단양에 시멘트공장을 세우고 1963년에는 현대양행까지 세웠다.

1964년에 이동준이 서독 차관을 들여 세운 인천제철(주)인데, 기술 문제로 인해 경영난이 생겨 산업은행이 관리하게 되면서 결국 1970년에 우량기업인 인천중공업(주)에 합병되어 통합 사명을 '인천제철'로 했다. 1975년에 인천합금철(주)을 방계회사로 설립하였다. 합병 뒤에도 경영난이 개선되지 않자 1978년에 현대그룹에 인수되어 현대제철로 거듭난다.

1947년 현대 토건으로 시작된 현대건설은 1965년에 태국의 파타니와 나라티왓을 연결하는 파타니나라티왓 고속도로의 건설경험으로 1970년에 개통한 서울과 부산의 경부고속도로 건설에 참여한 시공사들 중에 가장 많은 공구를 따내게 된다. 그리고 1975년 2월 16일, 한국이 제1차 오일쇼크로 나라 전체가 시름에 잠겨 있을 때 중동에서 기쁜 소식이 날아들어 온다.

20세기 최대 역사(役事)라 불리던 사우디아라비아 주베일(Jubail) 산업항구의 공사를 현대건설이 따낸 것이다. 수심 10m의 바다를 길이 8km, 폭 2km로 매립해 항구와 기반시설을 만드는 공사로, 300 미터 높이의 산 하나를 바다에 메우는 분량이었다. 수주금액만 약 9억3000만 달러로, 당시 우리 국가 예산의 30%에 달하는 막대한 규모였다. 한국 역사상 최대의 공사였으며, 세계 최대 규모의 공사였다. 50만 톤급 유조선 4척이 동시에 접안할 수 있는 항만 공사로, 3,500명의 한국인 근로자가 투입되었다. 이때 중동에 뿌려진 건설 한류(韓流)의 씨앗은 이달 2일 달성한 '대한민국 해외건설 누적수주액 6000억 달러'란 결실로 이어졌다.

80년대(정주영회장)말까지 현대그룹의 간판기업이자 모체 기업으로 사실상 모든 범현대그룹의 시작이라 할 수 있다. 또한 현대는 1967년 현대자동차 설립과 1973년 현대조선중공업의 설립으로 경상남도 울산시에 각각 세워 자동차와 조선업에 진입해 중화학 공업정책을 선도하며 한국을 대표하는 재벌로 자리매김하게 된다. 현대가 공장을 울산에 세움으로써 그저 평범한 도시였던 울산이 대한민국 제7의 도시이자 한반도 최대의 공업도시가 되는 결정적인 계기가 되었다. 현대그룹은 현대건설, 현대자동차, 현대조선, 현대제철은 한국의 중화학공업정책을 대표하는 기업으로 등장하면서 재계서열 1위로 등장하는 계기가 된다.

이 시기에 중화학공업화정책에 적극호응하면서 등장한 기업이 대우실업이다. 1967년 3월, 샐러리맨 김우중이 서울 충무로 동남도서빌딩 3층에 무역업체 '대우실업'을 설립하고 부산에 공장을 설치하여 와이셔츠 등 공산품 수출을 주로 했다. 1970년대 경제성장 및 수출 호조에 따라 비약적인 발전을 이루었고, 정부 주도의 중화학공업 육성정책에 힘입어 단기간에 국내 최대기업으로서 성장했다. 1973년 영진토건과 동양증권을 인수해 건설 및 금융업에 각각 손을 뻗었고, 1974년 동남전자를 인수하여 '대우전자'로 개편해 전자제품 수출업에도 손을 뻗었다.

1967년 창업한 대우실업은 불과7년만인 1974년에 종합무역상사로 지정된 후 설립된후 9년만인 1978년 수출 1위 기업에 올랐다. 사업다각화도 빨랐다. 섬유 수출로 시작한 사업은 금융·건설·전자·중공업·자동차·조선으로 급속히 넓혀갔다. 해외시장 진출은 가장 선두에 섰다. 경쟁기업들이 중동에서 오일머니를 캐낼 때 대우는 수단 (1977), 리비아(1978) 등 아프리카를 공략했다.

1974년 동남전자를 인수하여 '대우전자'로 개편해 전자제품 수출업에도 손을 뻗었다. 1976년 부실기업 한국기계를 인수하고서 중공업 사업에 손을 뻗기 시작해 1978년 대한조선공사로부터 옥포조선소를 인수하여 '대우조선'을 세웠고, 1979년 새한자동차도 인수해 중공업 사업군을 형성했다. 이러한 성장 과정에서 부실 국영기업의 매각등 M&A를 많이 활용하여 1976년 기획조정실을 신설해 재벌의 모양새를 갖췄다.

특히 김우중의 1976년 옥포조선소를 흡수해 대우조선을 세울때에 당시 박정희 대통령은 결단력 있게 조선소 인수를 추진, 미래 먹거리 사업으로 발전시키겠다는 김 전 회장의 결단력을 보며 "김우중 그 사람밖에 없어. 그 사람이 아니면 안 돼"라는 평가를 했다고 한다.188)

옥포조선소를 인수하는 과정에서나 새한자동차 인수과정에서 처럼 신설기업인 대우가 이처럼 빠르게 성장한 이유를 많은 사람들은 박정희 대통령과의 친분설이라고 한다.

김우중 회장도 "박정희 대통령은 대우 센터 지하에 있는 일식집 홍학(紅鶴)을 자주 찾았고 들를 때마다 연락을 주었다"며 "술 한잔 드시면 '우중아!'라고 부르며 껴안는 등 정(情)이 많은 분이었다"고 회고했다.

〈표 8-4〉 10대재벌의 제조업자산에 대한 중화학공업 자산비율 (단위:1000억원)

	재벌	현대	LG	삼성	대우	효성	국제	쌍룡	한화	선경	합계
1972	A : 제조업	25	89	74	0	21	7	61	65	22	364
	B : 중화학공업	25	79	28	0	4	4	61	56	0	257
	B/A (%)	100	88.8	37.8		19	57.1	100	86.2	0	70.6
1979	C : 제조업	1005	1088	76.3	631	458	291	527	359	141	5263
	D : 중화학공업	1005	1088	44	595	218	225	527	359	26	4460
	D/C (%)	100	100	57.7	94	47.6	77.3	100	100	18.4	84.7

자료: Seok Ki Kim, Business Concentration and Government Policy, Thesis for D.B.A, Harvard Business School, 1987

1972년에는 10대 재벌의 제조업자산에 대한 중화학공업자산비율 10대기업이 70.6% 였는데 79년에는 84.7%로 성장하였으며 특히 대우그

188) 2019년 12월10일 중앙일보, 박정희 "그 사람 밖에 없다"던 김우중 에서

룹은 1972년에는 비율을 측정할 수 없었지만 1979년에는 94%가 되면서 10대 기업의 평균인 84.7%를 상회하면서 현대, LG, 쌍용, 한화 그룹이 100%였지만 다음에는 대우그룹이 차지할 정도로 대우조선, 새한자동차, 대우중공업등 중화학공업화로 이어지면서 재벌의 모양새를 갖추면서 신재벌대우가 탄생한다.

5. 거대기업집단의 출현과 사라진 국제그룹(1980~1989)

1970년대가 재벌의 고도성장기였다면 1980년대는 질적 변화기였다. 국내외 정치·경제 환경의 변화에 대응하여 국내 재벌들은 질적 변용을 강요당해야만 했다. 그러나 그 와중에서도 재벌들의 양적 확대가 지속되어 이 시기 재벌들은 중화학 공업과 첨단산업을 중심으로 한 제조업과 금융업 등 주요 산업부문 전반에 걸쳐 국민경제의 성장속도를 훨씬 능가하는 고속성장을 하였다<표 8-5 참조>. 그 결과 1980년대에는 다음과 같은 재벌특징이 발견되는데 첫째, 재벌들의 성장방식의 전환

〈표 8-5〉 10대 재벌의 계열사 변동 추이

재 벌 명	1980년 계열기업 수	1987년 계열기업 수
현대그룹	31	34
삼성그룹	33	37
럭키그룹	43	62
대우그룹	34	28
선경그룹	14	18
쌍용그룹	20	21
한국화약	18	23
한진그룹	14	16
효성그룹	24	15
롯데그룹	18	26

참조: 조동성, 『한국재벌연구』, p.209, 매일경제신문사 회사연감, 참조.

이었다. 1980년대 이후 재벌에 대한 규제가 강화되면서 더 이상 종래와 같은 계열사수 불리기 작업은 불가능하였다.

둘째, 이 시기 재벌들이 다각화에 주력한 산업부문은 반도체, 신소재, 정밀기계, 메카트로닉스, 화학, 유전공학, 컴퓨터, 항공우주산업, 통신 분야 등 첨단산업 부문이었다.

셋째, 이 무렵 재벌들의 다각화가 특히 두드러진 사업부문 중의 하나는 금융업이었다. 1980년대 자본자유화 정책에 부응, 재벌들의 시중은행 지분 비중이 확대되었다. 또한 이 시기 보험, 증권, 리스, 단자 등 제2금융권에 대한 경쟁적인 진출도 두드러졌다. 그 결과 상위 30대 재벌의 경우 산하에 한두 개 이상의 금융업종을 거느리게 되었는데, 특히 이러한 경향의 절정은 종합주가지수 1천 포인트 시대의 도래였다.

넷째, 재벌들의 중심 기업이 점차 변화하고 있다는 점이다. 1970년대 중반 이래 재벌들이 중화학공업과 첨단산업, 금융업 등으로 다각화한 결과 재벌들의 중심 기업이 종래 무역업체 및 섬유, 신발 등 경공업체에서 반도체, 조선, 자동차, 석유화학, 플랜트 등 첨단 사업체 및 중화학공업체 등으로 변화하고 있었다.

전두환 정권은 1981년 12월 대통령령으로 부실기업 처리를 위한 비상설기구로 산업정책심의회를 설치하고 부실기업 정리에 나섰다. 중화학공업 투자조정 및 산업합리화 정책의 미명 하에 1985년 5월부터 1988년 2월까지 총 6차례 걸쳐 부실기업정리가 단행되었는데, 해운업을 필두로 조선, 합판, 섬유, 제지, 종합상사 등 광범위한 업종에 걸쳐 이루어졌다. 이런 식으로 1988년까지 모두 78개의 기업이 합리화 대상으로 지정되거나 3자 인수방식으로 정리되었다.

부실기업을 인수하는 기업에 대해선 각종 특혜가 주어졌다. 이런 기업들은 대출원리금 상환을 유예받았고, 이자 지급과 조세를 감면받았다. 뿐만 아니라 종잣돈으로 불리는 '시드머니'를 비롯한 금융과 세제상의 특혜까지 주어졌는데, 이를 통해 재미를 본 것은 대부분 재벌그룹이었다.

1980년대에 정리된 부실기업의 부채는 모두 6조 8천억원이 넘었는데, 기존 대출원리금 상환유예액은 4조 2천억원에 달하는 엄청난 규모였다. 조세감면액은 총 2조 1천억원에 달하였다. 시드머니는, 대출원금의 상환유예나 이자감면으로도 정리가 곤란한 업체에 대해 10년 거치 10년 분할상환의 특별장기저리 융자로서 총 4608억원이 대출되었고, 시드머니에 대한 특혜시비가 있자 은행대출금 자체를 대손처리하여 원금을 탕감시켜주는 편법을 썼는데, 그 규모도 9863억원이나 되었다. 이와 같은 부실기업 처리과정이 은행의 부실채권과 대손처리로 인한 은행부실 가능성으로 부각되자 한은금융을 통하여 지원하였는데, 그 규모는 1조 7200억원에 달하였다.[189]

1) 부실기업으로 사라진 국제기업

국제그룹(國際-)은 1970년대 말부터 1980년대 중반까지 22개의 계열사를 거느렸던 대한민국의 대기업이었다. 회장은 양정모(梁正模이다. 부산에 지역 기반을 둔 국제고무라는 회사를 모태로 고무신 브랜드 '왕자표 고무신'을 출시하여 국내에서 선풍적인 인기를 끌며 급속한 성장을 이루었으며, 1962년에는 국내 최초로 미국에 신발을 수출하는 성과까지 이루었다. 프로스펙스라는 브랜드를 만들기도 하였다. 1963년 신발류와 비닐제품 생산업체 진양화학을 세워 1970년대초 신발 수출 붐을 타고 눈부신

189) <1980년대 혁명의 시대(이혜영 편)> - '1980년대 한국경제의 구조(이은숙 글)' 파트 p198. 새로운세상. 1999.

성장을 거듭했다. 이후 직물가공업체 성창섬유, 국제상선, 신동제지, 동해투자금융 등을 잇따라 창업하고 동서증권, 동우산업, 조광무역, 국제토건, 국제종합엔지니어링, 원풍산업 등을 인수하며 재벌 반열에 올랐다. 1979년대 21개 계열사를 거느린 재계 서열 7위의 국제그룹으로 키웠다.

1980년대에 이르러 재계순위 7위까지 등극한 국제그룹은 1985년 2월 전두환 정권의 '국제그룹 정상화 대책'이라는 구실로 부실기업 정리와 함께 하루 아침에 공중분해되는 비운을 겪게 되었다. 국제그룹의 명목상의 해체 이유는 무리한 기업 확장과 해외 공사 부실 등의 이유가 있었으나, 실제로는 정치자금의 납부실적이 부족해서 권력층으로부터 배제된 것이 결정적인 원인이었다. 정치자금이 타 기업은 10억원 이상 부담하는데 반해, 국제그룹은 겨우 3억원 정도만 부담하는게 이미 전두환의 눈총을 산 것이나 다름없었다. 또한 겨우 10억원을 채우면서 그것도 어음으로 부담하는게 해체의 도화선이 되었다고 한다.

양정모는 전두환이 퇴임 뒤에 영향력을 행사할 목적으로 만든 일해재단(훗날의 세종연구소)에 기부금을 제대로 내지 않은 것이 그룹 해체의 진짜 이유라고 주장했다.

6. 한국재벌의 양적팽창(1990~1997)

1990년대에 재벌들은 금융산업, 유통산업, 정보통신산업, 광고대행미디어 산업에 주력하기 시작하였으며, 1990년대는 1980년대에 비해 재벌들의 다각화 작업이 급증하였다. 10대 재벌의 계열기업수를 보면 1980년 총 242개에서 1987년에는 267개로 10% 증가에 그쳤다. 그러나 1990년에는 251개로 축소되었다가 1996년에는 306개로 급증하여 1987년 대비 10대 그룹의 계열사수는 14.6% 증가하는 현상을 보이고 있다<표 8-6 참조>.

〈표 8-6〉 10대 재벌의 계열사 변동 추이

재벌명	1990년 계열기업 수	1996년 계열기업 수
현대그룹	33	45
삼성그룹	34	49
럭키그룹	54	48
대우그룹	20	21
선경그룹	17	32
쌍용그룹	19	21
한국화약	20	28
한진그룹	15	21
효성그룹	12	12
롯데그룹	17	29

참조: 조동성, 『한국재벌연구』, p.209 및 매일경제신문사 '90년, '96 회사연감.

30대 재벌로 확대할 경우 계열사수의 증가속도는 이 비율을 훨씬 능가한다. 즉, 30대 재벌의 1993년 당시 자기자본은 총 35조 2천억 원에서 1997년에는 70조 5천억 원으로 5년 만에 200.2%나 신장함으로써 이들의 다각화 및 양적 팽창을 확인할 수 있다.

국내 재벌들의 이러한 양적 팽창 현상은 상호 지급 보증을 통한 자금 조달과 계열사들 간의 상호출자 등의 이유 때문이었다. 1990년대 재벌들의 외부자금 차입 정도는 1980년대를 능가하고 있다. 개방화, 국제화 시대에 대비, 정부는 기업들의 대형화를 유도하였고 이러한 논리는 대마불사론과 부합하여 급속한 재벌확장을 초래하였던 것이다. 그 결과 재벌들의 재무구조는 더욱 악화되었다.

한편 정부는 재벌들의 상호출자를 통한 양적 팽창을 저지하기 위해 1980년대 이후 지속적으로 이를 규제하였다. 그러나 1990년대에도 상호출자 비율은 둔화되지 않아 여전히 상호출자를 통한 재벌들의 양적 팽창이 지속되고 있음을 알 수 있다. 즉, 총 자산 4천억 원 이상인 61개 대규모 기업집단의 내부지분율은 1990년의 45.4%에서 1991년에는 46.9%로 증가하였다. 또한 1997년 말 30대 그룹 소속 상장사 190개 사의 상호출자비율은 평균 26.61%로 나타났다. 그러나 비상장사를 포함할 경우 이 비율은 훨씬 높을 것으로 추정되는데 그러한 예로써 1997년 4월 1일 30대 재벌에 속한 819개 계열사의 평균 내부지분율은 43%로 조사되었다.

상호출자를 통한 다각화 결과 우리나라 재벌의 외형적 모습은 일본의 게이레츠(系列)와 유사한 형태로 전환된다. 계열사 간의 상호출자를 통해 계열사수를 불릴 경우 재벌 총수의 개인적인 투자에 비해 위험부담이 적을 뿐 아니라 수많은 계열기업이 총수 개인의 소유로 되었다는 국민적 비판도 피할 수 있었기 때문이다. 뿐만 아니라 계열사들이 공동으로 출자하여 새로운 기업을 설립할 경우 대외적인 공신력도 제고되어 은행융자가 보다 용이하기 때문이었다.

또한 <표 8-7>의 1990년 각국 10대, 20대, 40대 기업의 매출 규모를 살펴보면 독일과 미국의 기업은 이탈리아나 프랑스보다 기업규모가 크게 나타난다. 또한 아시아에서 일본과 한국은 기업이 비대하고 중앙집권화 되어 있는 반면에 대만이나 홍콩에 비해 훨씬 크게 나타나고 있다. 규모가 비슷한 한국과 대만의 경우를 살펴보면 기업의 규모가 크다고 해서 경제발전이 빠르다는 것과는 관계가 없음을 알 수 있다. 대만의 중소기업들이 훨씬 더 유동적이고 다이나믹하기 때문에 97년 IMF 위기 시에도 대만은 꿋꿋하게 버텼음을 알 수 있다. 그러나 글러벌화가 진행되면서 전세계의 흐름을 보면 대만의 중소기업보다는 한국의 재벌들이 더 큰 역할을 했다고 하겠다.

〈표 8-7〉 1990년대 각국 10대, 20대, 40대 기업의 매출규모

(단위: 100만달러)

국가명	10대 기업	20대 기업	40대 기업
미 국	775,202	1,144,477	1,580,411
일 본	551,227	826,049	1,224,294
독 일	414,332	629,520	869,326
프 랑 스	233,350	366,547	544,919
이탈리아	137,918	178,669	259,595
한 국	61,229	86,460	107,889
홍 콩	24,725	30,633	35,515
대 만	10,705	N.A.	N.A

자료출처: "Hoover's Handbook of American Business 1994", (Austin, Texas: The Reference Press, 1994), "Moody's International Company Data 1994", (Korea Trade Center of Los Angeles, 1994), "Germany's top 300, 1993/1994 Edition", Austin, Texas: The Reference Press, 1994)

7. 재벌의 대붕괴

1) IMF 외환위기의 원인

IMF 외환위기는 우리나라 경제뿐 아니라 정치·사회·문화 등 거의 전 분야에 커다란 변화를 가져온 일대사건이었다. 정리해고 등 구조조정과 경기침체로 고통스러운 시기를 겪어야 했지만 그로 인해 환골탈태했다고 할 수 있을 만큼 경제 체질이 바뀌었다. 정부의 관치금융이 사라지고 기업들은 규모보다는 수익성 중심으로 사업을 했다. 외국자본이 국내에 대거 진출하는 계기가 됐고 사외이사제 등 여러 가지 외국 제도가 도입됐다. 외환위기의 원인은 여러 가지로 나눠볼 수 있지만 단적으로 말한다면 경제개발기에 성공적이었던 정부 주도의 경제개발, 관치금융, 재벌체제 등이 오히려 위기를 초래했다고 볼 수 있다.

(1) 금융구조의 부실과 외환보유고의 경시

각국의 중앙은행은 갑작스러운 대외결제의 증가에 대비하여 즉시 현금화할 수 있는 자산으로 보유하는 것이 일반적이다. 그러나 당시 한국은행은 보유외환을 즉시 현금화할 수 있는 자산으로 보유하지 않고 시중은행에 예치하였고, 시중은행 역시 이를 즉시 현금화할 수 있는 자산으로 운용하지 않아 한국은행이 이를 국제결제에 사용할 수 없었고, 신용공급이 중단되자 갑작스런 외환부족에 대처할 수 없었다. 은행이 부도 위험이 높은지 낮은지를 다룬 기준으로 국제결제은행[190]의 "BIS(Bank forInternational Settlements, BIS) 비율"이나 "BIS 기준 자기자본 비율"을 사용한다. 1988년 바젤 합의에서 자기자본 비율 규제를 정했고 한국은 1993년에 도입했다. BIS 권고가 권고한 바로는, 은행은 위험 자산을 상대로 삼아 최소 8% 이상의 자기자본을 유지하도록 돼 있다. 그러나 한국은 이것을 지키지 않고 무시하였다. 한마디로 금융구조의 부실이다.

(2) 재벌위주의 경제구조

1995년부터 외환위기 직전까지 세계적인 공급과잉 조짐을 무시하고 재벌 그룹들은 자동차와 철강, 반도체, 석유화학, 조선 등 '중후장대형' 산업에 경쟁하듯 대규모 투자를 감행했다.

자기자본이 아닌 회부차입을 통한 대규모 투자는 '금융기관 동반부실'을 낳았고, 한국 경제를 외환위기라는 전대미문의 재앙 속으로 내몬 결정적 요인으로 작용했다.

---

190) 중앙은행간의 통화결제나 예금을 받아들이는 것 등을 업무로 하고 있는 은행으로 본부는 스위스 바젤에 있다.

규모가 크면 망하지 않는다는 '대마불사(大馬不死)'를 자랑했던 재벌들의 신화는 1997년 1월 한보를 계기로 무너졌다. 이어 삼미, 진로, 대농, 기아, 한라, 한신공영, 쌍방울, 태일정밀, 해태, 뉴코아, 고려증권, 한라그룹 등 기라성 같던 재벌 그룹들이 우리 앞에서 사라져 갔다.

외환위기 직전 대부분의 한국의 재벌 그룹들은 사업 다각화, 이른바 문어발식 사업확장에 열을 올리고 있었다. 총자산 기준 재계서열 14위였던 한보철강은 비관련 다각화(Conglomerate Diversification)에 몰두해 4년 동안 제약업, 금융, 건설, 조선 등으로 사업영역을 넓혀갔다.

1996년 말 30대 재벌의 계열사 수는 821개 사로 평균 27개 이상의 계열사를 보유했으며 영위업종도 평균 20개를 웃돌았다. 당시 미국 500대 기업의 평균 영위업종 수가 10~11개 였던 것을 감안할 때 한국 재벌 기업들이 얼마나 관련다각화 보다는 비관련다각화에 집착했는지 알 수 있다.

(3) 한국재벌의 대들보 - 대우그룹의 도산

IMF금융위기의 대표적 산물이었던 대우그룹의 도산은 모든 한국인을 놀라게 했다.

1993년 당시 150여개에 불과했던 대한민국 외 국가 현지법인을 1998년 11월에는 396개로 끌어올리는 가시적인 성과를 거두었다. 대우는 1997년 다가온 경제위기에도 아랑곳하지 않고 매물로 나온 쌍용자동차(주)를 인수하여 소형차에서 대형차는 물론, 버스와 트럭, 사륜구동 SUV 자동차에 이르기까지 다양한 차량을 생산하는 풀라인업을 완성시키고 그 밖에도 해외 현지공장 인수 및 확장을 멈추지 않았다. 그 결과 대우는 1998년 삼성(三星)을 제치고 재계서열 2위까지 뛰어오른다.

1998년 3월 30일 대우자동차(주), 쌍용자동차(주) 인수.

1998년 6월 우크라이나 자동차 법인 AUTOZAZ-DAEWOO 공장 본격 가동.

1998년 7월 미국 Fortune 선정 매출 500대 기업 중 세계 18위의 기업으로 도약.

1998년 10월 대우중공업(주) 이집트공장 준공.

1998년 11월 무역의 날 150억불 수출의 탑 수상

경기침체의 장기화와 세계 시장의 위축으로 대우의 입지는 크게 흔들렸고, 개발도상국가 위주로 판매망을 확대해온 대우자동차의 부진이 거듭되었다. 경영여건이 안정되지 못한 상황에서 추진한 쌍용자동차의 인수도 큰 실익을 거두지 못하였고, 외형확대의 초점을 맞추어 경영해오다보니 당시 정부가 요구했던 구조조정에는 소극적인 자세를 취해오다 보니 구조조정의 실시가 경쟁 그룹에 비해 늦은 편이었다[191]. 정부주도의 산업체계 개편에 따라 늦게나마 추진한 대우전자-삼성자동차 빅딜협상은 양사간 입장차이로 끝내 결렬되었으며, 1999년 여름에 접어들면서 그룹의 운명을 좌우할 대우와 GM과의 협상(대우차와의 경영권 문제)마저도 실패한 대우는 급속한 몰락의 길을 걷게 된다. 자금난이 가중되던 대우는 알짜자산인 힐튼호텔 매각 등을 성사시키기도 하지만 1999년 3월에는 이미 부채 비율을 무려 400%를 훨씬 넘은 상태여서 수습이 어려운 지경이었다. 7월 대우는 초고강도 구조조정안을 발표하였으나 채권단은 이를 반려한다. 결국 대우는 1999년 8월 16일 채권단의 재무구조개선수정약정 체결과 더불어, 26일 채권단 관리하에 워크아웃을 맞이함으로써 그룹 해체의 길로 접어든다. 지난 1967년

191) The death of Daewoo, The Economist, 1999 Aug 19.

창업 이래 32년간 대한민국에 경쟁성장의 견인차로 역할을 해오던 기업 중 하나로서, 1993년 세계경영을 선포한지 6년 만에 역사 속으로 사라지고 만 것이다.

정치적 탄압에 의한 몰락이라는 의혹도 있지만 IMF 체제로 들어선 뒤 부채비율 200%를 맞추지 못했던 대우그룹 계열사들은 뿔뿔이 흩어졌다. '부채도 곧 자산'이라는 김우중 회장의 말은 현금 없는 부채는 부도난다는 말로 이어지기도 했다. 아쉬운 부분이다.

제 4 절 한국재벌의 공(功) 과(過)

1. 한국재벌의 공(功)

개인적으로 가난을 극복하고자 동분서주했던 재벌창업자들은 1960년대 이래 우리나라 산업화에 대한 비전을 제시해 주었을 뿐만 아니라, 이들은 몸소 경제발전을 선도하는 견인차로서의 역할을 담당하였다. 이들은 우리나라 공업화에 있어 기획자이자 연기자였다.

부존자원이 빈약한 상황에서 제반 악조건을 극복하고 '메이드 인 코리아' 제품을 전 세계에 내다 팔아 공업화에 필요한 달러를 벌어들였을 뿐만 아니라 선진공업국으로부터 자본과 기술을 도입, 생산주체로서 국민소득의 향상에 기여하였다.

이들은 돈을 벌기 위해 국내는 물론 해외로 진출하여 죽음을 무릅쓰고 전쟁터로 혹은 건설을 위해 열사(熱沙)의 사막으로 달렸다. 돈이 되는 것이라면 법 테두리안에서 물불을 가리지 않고 달려들었다. 이들은 근대 자본주의 발전에 선구적 역할을 했으며 한국민들에게 경제적 번영을 가져다 준 창조적 기업가들이기도 하였다. 이들은 무에서 유를 창조했을 뿐만 아니라 자원의 효율적 배분을 통해 부가가치를 극대화함으로써, 우리나라 국민들에게 경제적 번영의 길을 실천적으로 보여 주었다.

세계 반도체 산업의 여명기였던 1970년대에 반도체 산업에 진출한 삼성 그룹을 위시한 국내 반도체 메이커들은 부단히 기술 개발에 정진한 결과 1980년대 중반 이후 한국은 미국, 일본과 함께 세계 반도체 시장을 선도하는 국가 중의 하나로 부상하였다.

아울러 현대자동차는 '포니'를 자체 기술로 생산, 미국에 수출함으로서 전 세계에 한국의 산업화의 가능성을 입증하기도 하였다. 이후부터 한국의 재벌들은 선진국을 따라 잡기 위한 노력을 경주하였고, 1980년대에는 가시적인 성과가 나타나 선진국들에게 충격을 주기도 하였다.

즉, 우리나라의 경제는 해외건설, 조선산업, 자동차, 반도체등의 경기가 선도함으로써 1인당 국민소득 3만 달러 시대를 돌파하기도 하였다. 이로 인해 한국의 국제적 위상은 한층 강화되었는데 재벌들의 사회공헌도 등 문제점도 있지만 그들의 기여와 노력을 무시할 수만은 없는 실정이라고 하겠다.

2. 한국재벌의 과(過)

대한민국의 재벌 1세대 즉 창업주는 대학을 가지 못한 경우도 많았으나 2세들은 국내 명문대학을 졸업한 후 미국 경영대학원이나 일반대학원에서 졸업하여 국내귀국을 하였으나 3세들은 대개가 미국으로 학부부터 유학을 가서 유명대학원 유학이 거의 정석코스다.

그런데 조기유학을 하다 보니 미국적의 2세, 3세가 등장하여 갑질이나 잘못된 경영으로 국민들에게 지탄받기도 한다. 그러나 삼성, 현대, SK, LG, 롯데 같이 규모나 역사 모두 5대그룹 안에 들어가는 최상위권

재벌들의 경우 폭언, 난동 문제가 거의 없다고 해도 과언은 아니다. 롯데 그룹의 신동빈(辛東彬) 회장의 경우 한국말이 서투른것을 보고 비판하기도 하나 원래 고 신격호 (辛格浩) 롯데그룹 명예회장의 2남으로 일본 동경에서 태어나 일본이름 시게미츠 아키오(重光昭夫) 로 초등학교부터 대학(아오야마 가쿠인 대학)을 졸업하고 1980년에 미국의 컬럼비아 경영대학원에서 MBA를 취득하였다. 그리고 열심히 한국어를 공부해서 지금은 나름대로 한국인들이 이해하는 추세라고 보고 있다.

그러나 이런 내부적인 것보다는 외부적인 것으로 한국재벌의 과(過)가 등장한다.

1) 국가주도적 발전과정의 사생아

한국재벌의 태생적 과(過)가 존재한다. 즉 국가가 금융자원을 재벌에 집중하여 재벌을 성장시키는 즉 국가 주도적, 재벌 중심적인 한국의 경제발전과정 자체가 현 재벌체제의 문제점의 주요한 배경이라고 하겠다. 한국의 경우 1960년대의 은행국유화 이후 금융을 산업정책의 주요한 수단으로 하여 경제를 성장시켜 왔다. 이 과정에서 한국 정부는 정책대출, 금리규제 등 금융자원에 대한 통제에 기초하여 재벌들을 성장시켜 왔으며 금융자원의 할당과정에서 수출목표량 등의 다양한 기준을 통하여 시장 대신 재벌들을 규율하였다. 그러나 1980년대 이후 재벌의 성장과 금융제도의 변화는 더 이상 재벌에 대한 정부의 통제와 규율이 효과적으로 작동하지 못하는 상황을 낳게 되었다. 비록 불완전하였지만 80년대 중반 이후 전개된 금융자율화는 정부가 재벌을 통제하고 규율하는 가장 핵심적인 수단을 사라지게 하는 것이었으며, 주식시장의 성장, 그리고 재벌에 의해 통제되는 제 2금융권의 성장 등 재벌의 자금조달방식의 변화는 이전시기와 같은 재벌에 대한 정부의 통제를 불가능하게 만들었다. 특히 80년대 중 후반 이후 재벌이 급속히 성장하여 해외의 자금을 정부의 보증 없이 직접 조달할 수 있게 되고, 저금리, 저물가 저유가의 3저에 기초한 흑자로 인해 외화조달이 더욱 쉬워지게 됨에 따라 재벌은 정부로부터 더욱더 자율적이고 독립적이 되어 갔던 것이다.

2) 소유구조의 왜곡과 집중

소유구조면에서 한국의 재벌은 재벌총수의 주식지분만을 고려한다면 그 비중이 그리 높지는 않지만, 재벌총수의 가족, 친지 등 특수 관계인의 지분과 계열기업 간 상호출자를 이용하여 소수의 지분만으로도 실질적인 지배권과 통제력을 행사하고 있다. 한국의 재벌은 총수가

소수의 핵심기업의 주식보유를 통해 지배권을 확보하고 이들 기업이 계열기업에 출자함으로써 총수의 지배권이 확장되는 소유구조를 갖고 있는 것이다. 또한 상호출자는 총수의 실질적인 지배력 행사의 핵심적인 수단인 동시에 상호출자를 통한 자본의 가공적 확장은 자기자본비율에 따라 결정되는 은행 대출과 여신에 대한 접근을 용이하게 함으로써 경제력 집중을 이중적으로 심화시키고 있다.

상술한 한국재벌의 취약한 기업지배구조의 이면에는 이렇게 왜곡·집중되어 있는 재벌의 소유구조의 특징이 있다고 할 수 있다. 즉, 한국의 재벌은 총수가 주식소유를 통하여 계열사 전체에 대해서 실제적인 지배력과 통제력을 행사하는 동시에 경영 전반을 관장해왔던 것이다. 이렇게 소유와 경영을 모두 담당하는 재벌총수에 대한 실질적인 견제는 현실적으로 어려운 것이었고 결국 부실경영이 고착화되었다고 할 수 있다. 하지만 IMF 외환위기 이후 상당수 재벌들이 도산당하면서,

결정적으로 2004년 SK의 소버린 사태가 터지고 난 후 주요 재벌들이 지주회사 형태로 지배력을 변경하기 시작해서 현재는 몇몇 재벌을 제외한 대부분 지주회사 형태로 그룹을 지배하고 있다.

3) 재벌의 과잉투자와 도산

재벌의 과잉투자는 '밴드웨건(Band-wagon 선도기업 따라가기)'식 투자와 그에 따른 재벌간 생사를 건 시장점유율 경쟁 때문에 야기된 것이었다. 밴드웨건식의 투자는 해당 산업 부문에 중복투자를 야기하여 수익성의 심각한 하락을 초래하였고, 이를 만회하기 위해 재벌은 설비규모를 경쟁적으로 확장하였던 것이다.

그리고 재벌의 과잉투자는 부실한 수익성에도 불구하고 차입을 손쉽게 했던 여러 가지의 조건에 의해 가능하였다. 투자계획의 심사보다는 담보나 보증의 확보를 우선시하는 대출 관행 속에서 재벌은 금융기관으로부터의 차입을 보다 유리한 조건으로 계속 유지하고 독점하다시피 할 수 있었다. 그리고 중화학공업육성정책에서 나타나는바와 같이 정부에 의한 각종 금융규제의 완화나 부실한 금융감독 등은 재벌과 금융기관에 의한 무리한 차입을 부추겨 재벌의 과잉투자를 조장하였다.

마지막으로 과잉투자는 지금까지의 국가주도적 정책의 성장체제가 낳은 유산이었다. 재벌은 1~2%대에 지속적으로 머무는 낮은 투자수익성에도 불구하고 대규모의 설비투자를 계속하였고, 은행 등 금융기관 역시 부실채권이 누적되는 상황에서도 단기차입을 통해 조달한 자금을 전망이 상당히 불투명했던 장기설비투자에 단기로 제공하는 등 극히 부실하고 위험한 대출 행태를 지속하였다. 이는 궁극적으로 지금까지의 국가주도적 성장체제 속에서 재벌과 금융기관이 보호와 특혜의 대상이었기에 가능하였다. 그로 인한 자금의 수요자와 공급자 모두의 도덕적 해이가 과잉투자의 배경에 자리 잡고 있었던 것이다. 또한 재벌은 망하지 않는다는 신화는 외국인 투자자를 위시한 어느 누구도 표면적 거시경제지표 내부의 상황을 주의 깊게 살펴보지 않게끔 만들었다. 이는 위기의 촉발을 지연시켜 경제의 실질이 오히려 오랫동안 점차로 곪아 터지도록 만든 결정적 요인이기도 하였다. 그리고 위기는 바로 재벌은 무너지지 않는다는 통념이 1998년 IMF금융위기 이후 재벌의 도산과 함께 붕괴함으로써 촉발되었다.

4) 과도한 차입경영

한국의 제조업, 특히 재벌은 과도하게 차입에 의존하는 경영 행태를 보여 왔다. 제조업의 부채비율은 300% 근처를 유지하고 있으며 재벌기업의 부채비율은 300%를 훨씬 초과하는데, 이는 미국·일본·대만 등과 비교할 때 대단히 높은 수치라고 할 수 있다.

특히 1990년대 대표적 과잉투자 산업이라고 할 수 있는 자동차산업의 경우 이 비율은 400%를 훨씬 초과하고 있으며 일반제조업의 경우에도 (1994년) 한국이(302.5), 대만(87.2), 일본(209.6)에 비해 부채비율이 높고 이자율도 일본에 비해 2배~3배 높다. 그리고 이러한 사실들로부터 대규모의 설비투자는 주로 차입에 의해 자금이 충당되었음을 알 수 있는데, 그 수익성이 1990년대 지속적으로 낮은 수준에 머무름에 따라 기업 재무구조의 안정성은 크게 악화되었다. 경제의 안정성은 1990년대 중반 이후 특히 재벌에 의한 단기채무 및 외화 차입이 급증하면서[192]결정적으로 악화되었다.

192) 배영목, 기업경영 분석, 한국은행, 1998

특히 단기 및 외화 차입의 급증은 자금시장이 경색되었음에도 불구하고 크게 증가하였던 설비투자에 우선적으로 기인한다는 사실은 분명하다. 또 하나 중요한 이유로는 정부의 금융 규제와 감독이 제대로 이루어지지 않았다는 점을 들 수 있다.

방만한 차입경영과 그에 따른 높은 부채비율 및 고이자율, 그리고 수익성 낮은 과잉중복투자와 무분별한 다각화는 1996년 수익성 폭락과 함께 한국 경제위기의 위기를 가져와 IMF 외환위기로 이어져 한국은 엄청난 타격을 받았다.

제 9 장

한국 기업가의 생성과 발전

제 9 장

한국 기업가의 생성과 발전

제 1 절 한국경제의 성장과 기업가의 등장

제2의 일본, '동아시아의 기적'으로 묘사되었던 한국의 경제발전은 정부의 전략적 정책에 의한 비인위적인 요인에 의해서 설명되는 경우가 많았다.[193] 그래서 인위적인 요소의 하나인 기업가 정신에 대한 평가는 그다지 많지 않았다. 비록 한국의 경제 성장이 발전국가의 전략적 정책에 의해 많은 부분이 설명되지만 기업조직을 만들고 시장을 변화시켜 온 기업가의 활동을 과소평가할 수는 없다. 경제 성장의 원동력은 어떠한 조건에도 불구하고 도전하는 기업가에 의한 것이기 때문이다.

과거 한국은 서구 선진국처럼 산업혁명의 혜택을 받지 못했기 때문에 근대화 과정에 뒤늦게 참가했다. 한국에서는 개방 후 근대화과정에

193) Wade Robert, Governing the Market: Economic Theory and the role of the Government in East Asian Industrialization, Princeton University Press, 1990.
Dwight Perkin, There are at least there Models of East Asian Development, world Development No. 22-4, 1994.

서의 상업 자본을 기본으로 기업가의 출현을 기대할 수 있었다. 그러나 우리나라가 일제의 식민지가 시작됨으로써 민족자본으로 성장하는 기업가의 출현이 늦어졌다고 보는 학자들도 있고 오히려 주식회사등의 도입으로 성장한 기업도 존재한다는 학자들의 논리도 등장한다. 여기에는 아직도 많은 연구가 필요하다. 당시 선진화된 일본 기업과 경쟁해야 했던 조선의 기업가는 상당한 이익기반의 시장을 혁신하는 기업가정신 없이는 초기의 일제의 차별적 정책에 대응하기가 어려웠을 것으로 판단한다. 그래서 1930년대 이후에나 본격적인 민족자본 기업가의 활동이 나타났다.

그러나 1945년 해방으로 기대했던 기업가활동은 1950년의 한국전쟁으로 인하여 기업가의 성장을 더디게 했을 뿐 아니라 폐허가 된 산업하에서는 소기업활동도 어려운 시기였다. 그러나 1960년대의 박정희 대통령의 경제개발계획과 함께 시작된 기업가 정신은 1970년대 이후 고도 성장기에 더욱 발전하였다. 당시 기업가들은 정부의 전략적 산업정책과 호의적인 시장에 대응하면서 산업을 창출하고 다각화된 기업집단을 형성하여 한국의 경제성장을 주도하였다.

1980년대, 1990년대는 말 그대로 한국의 경제성장이 세계의 주목을 받고 기업가들도 주목을 받아 한국은 동아시아의 기적국가로 인정받게 되었다. 그러나 불행히도 정보화시대의 발걸음에 산업화논리로 움직이던 한국 정부와 재벌은 1997년 IMF 관리 하에 놓이게 되면서 그동안의 평가가 나뉘어지고 있지만 이 기간의 생존경쟁은 한국기업가들에게 중요한 시련이 되었다고 할 수 있다. 그러나 다행스럽게도 2000년이후 구조조정과 시장중심의 논리로 다시 움직이고 있어 다시금 발전에 기대하고 있는 중이다. 본장에서는 기업가의 개념을 살펴보고 한국기업의 발전과정과 기업가들의 시대적 흐름을 살펴보기로 한다.

제2절 기업가정신과 기업가의 등장

'기업가정신(Entrepreneurship)'이라는 용어는 약 200년 전 기업가들의 위험 감수를 강조한 리처드 캉티용(Richard de Cantillon)이 처음 사용한 이래 널리 사용되어 왔으나 하나의 학문 분야로까지 발전된 것은 비교적 최근의 일이다. 기업가정신은 위험(Risk)이 있는 새로운 사업(New Business)을 운영하기 위한 경영자들의 창의적이고 모험적인 성향을 의미한다. 현재는 통제된 자원에 구애됨이 없이 기회를 추구하는 정신이라고 풀이할 수 있다. 스티븐슨(H. H. Stevenson)은 "기업가정신이란 기업을 설립하거나 혁신 또는 위험을 감수하는 정도"라고 정의하였다. 즉, 새로운 아이디어, 업종, 기업체 등의 객체가 아닌 기업가적 마인드(Entre preneurial mind)로 인식하였다. 1980년대부터 미국 하버드대학(Harvard University) 및 뱁슨칼리지(Babson College)의 교수들을 중심으로 '학문의 대상'으로 연구가 시작되어 이제는 미국 내에만 해도 1,000개 이상의 대학이 기업가정신에 대한 독립된 교육 프로그램을 운영하고 있다.

기업가정신의 변천 과정을 역사적으로 살펴볼 때, 초창기는 동방 무역로를 개척한 마르코 폴로(Marco Polo)에서 찾아볼 수 있다. 그는 상인에게 보험을 포함해서 연리 22.5% 대출을 함으로써 벤처투자가의 창시자였다고 볼 수 있다. 중세에 접어들면서는 정부에 의해 제공된 자원을 이용한 대형 프로젝트의 관리자에서 창업자정신을 찾아볼 수 있다. 이들은 주로 공공건물이나 성당과 같은 건물을 짓거나 대형생산 프로젝트를 관리하였으며 그다지 큰 위험을 내포하고 있지는 않았다.

17세기에 들어서면서 물품이나 서비스를 공급하기 위해 정부와 계약을 하는 사람으로부터 창업자정신을 찾아볼 수 있다. 계약 가격은 독과점 형태로 고정되었으나 정부로부터 얼마의 가격으로 사서 농민, 상인, 장인들에게 파느냐에 따라 이익과 손실을 부담하는 위험은 가지고 있었다.

18세기에는 자본을 가진 자와 이용하는 자가 분리되는 큰 변환기를 맞았다. 이는 산업혁명의 동기로 작용하게 되었으며, 19세기에 들어서면서 창업자는 벤처투자가가 아닌 어떤 유일한 것을 개발하는 혁신자로서의 역할이 더 강조되었다. 최근에 창업자정신은 글로벌 창업으로 개념이 확대되었으며 "보상과 위험을 가정하고 새로운 어떤 것을 창조하는 과정"으로 개념화되고 있다.

기업가정신에 대한 많은 관심은 전 세계적으로 창업이 급격히 늘고 있다는 점과 무관하지 않다. 1990년대 이후 미국에서만 매년 70만 개에서 100만 개의 기업들이 생겨났는데, 이러한 창업의 붐은 정보사회로의 진전, 수요의 다양화, 정보통신 기술을 중심으로 한 급속한 기술의 발전, 기업가정신의 확산, 사이버 공간의 등장으로 인한 새로운 기회 생성 등으로 인해 첨단 소기업의 창업이 쉬워지고 있는 산업 여건에 힘입은 바가 크다. 특히 최근에는 재택근무사업(Home-based Business)을 하는 소기업의 창업이 크게 늘어나고 있고, 독립적으로 자기 꿈을 실현하는 데 주력하는 젊은이들이 많은 벤처기업 성공 사례에 고무되어 창업에 도전하고 있다.

1. 기업가의 정의

기업가정신에 대한 일치된 견해는 없다. 시기적으로 고대 상업 또는 무역 활동에서 나타난 자기자본 기업가의 혁신적인 특징 또는 활동에서 정의하기도 하고, 산업화 과정에서 혁신적으로 기업조직을 건설하고 시장의 생산과 분배 과정에 참여한 그들의 특징과 활동에 따라 정의하기도 한다. 시기에 상관없이 시장 활동을 이끌어 온 그들의 일면(一面)에서 기업가는 어느 시대에나 존재해 왔지만, 여기에서는 산업화된 시장의 발달 이후에 나타나는 기업가의 특징으로 한정하기로 한다<표 9-1 참조>.

〈표 9-1〉 기업가의 정의

연구가	연도	기업가의정의
Richard Cantilion	1755	자신의 활동을 시장요구에 부합시키는 불확실한 수익을 지닌 자영업자
Jean-Baptiste Say	1810	경영자적 능력을 지닌 생산의 조정자
Joseph Schumpeter	1910	창조적 혁신가
Frank knight	1921	불확실성을 감수하고이윤을 추구하는 사람
Edith Penrose	1959	경영자적 능력의 기회를 확인하고 소기업을 개발할 수 있는 기업가적 능력과 분리된 자
D.C.McClelland	1961	높은 성취욕구를 지닌자
Robert L.budner	1962	모호성에 대해 높은 인내를 지닌자
Orvis F.Colins	1964	높은 자율성에 대한 욕구를 지닌자
Israel Kirzne	1979	재정거래자(an arbitrageur)
Peter Drucker	1985	항상 변화를 추구하고, 변화에 대응하며, 기회로 활용하는사람.

기업가는 시장환경 또는 상황에 따라 기업가적 활동을 선택하고, 역으로 시장환경 또는 상황을 창출해 가는 사람을 의미한다. 그러므로

기업가가 처한 시장환경과 상황에 따라 기업가 정신도 상이하게 전개된다. 모든 기업가가 동일한 환경과 상황에서 동일한 활동을 하지 않기 때문이다.

이러한 견해는 슘페터(Joseph Alois Schumpeter, 1934)의 혁신가와 커즈너(Israel M. Kirsner, 1982)의 재정거래자에 대한 관점으로부터 출발한다.

우선 슘페터는 생산요인의 새로운 결합을 혁신으로 보고 이를 촉진하는 것을 기업가정신으로 보고 있다. 따라서 ① 신제품의 도입 ② 새로운 생산방법의 도입 ③ 신시장의 개척 ④ 신원료에 대한 새로운 공급원의 확보 ⑤ 새로운 조직의 수행(독점 위치 또는 독점의 해체)에 의해 이루어진다는 것이다. 결국 혁신가는 시장에서 선도기업과 추종기업 간의 격차(Gap)를 창조하거나 넓히는 개발 과정을 새롭게 창출한다. 현재는 획기적인 신제품을 개발하는 자, 즉 혁신자보다는 혁신적 기술을 취급하는 경영자를 기업가로 보는 경향이 있다. 최근 일본에서는 벤처기업의 창업자 또는 벤처기업의 경영자라는 용어가 등장하고 있다. 리스크를 짊어진다는 의미에서 타당한데, 특히 환경변화와 사업에 대해 리스크를 계산하면서 신규의 성장 영역을 선택하여 높은 긴장감에 장기적으로 대응하면서 과감히 도전하는 독립·독창형의 창업자로 인식되기 때문이다.

프랭크 나이트(Frank Knight, 1921)는 기업가를 불확실성을 감수하고 이윤을 추구하는 사람으로 간주했고, 피터 드러커는 기업가는 항상 변화를 추구하고, 변화에 대응하며, 기회로 활용하는 사람이라 정의했지만 조지프 슘페터의 기업가의 정의를 벗어나지 못한다. 조지프 슘페터(Joseph Schumpeter)는 '기업가정신'에 대해 최초로 체계적으로 연구한 학자로 평가받는다. 그가 강조한 기업가정신의 핵심은 '혁신'이다. 기업가는 시장에 숨어 있는 이윤을 찾아내기 위해 끊임없이 새로운 상품과 새로운 서비스를 개발해야 한다. 이러한 바탕이 되는 것이 '혁신'이다. 신제품의 발명이나 개발, 새로운 생산 방법의 도입, 신기술의 발명, 새로운 시장의 개척, 새로운 원료나 부품을 찾아내고 사용하고 공급하는 것, 조직을 새롭게 형성해 생산성을 올리는 것이 새로운 혁신의 방법이다. 이런 변화는 늘 기존의 시장을 흔드는데, 슘페터가 강조한 '창조적 파괴(Creative Destruction)'는 이런 것을 말한다. 슘페터는 이윤을 좇는 기업가 누구라도 창조적 파괴, 즉 '혁신'을 추구할 수밖에 없다고 이야기한다. 그리고 이런 것이 자본주의를 발전시키는 핵심적 동력이라고 말한다. 즉, 자본주의는 지속적인 혁신과 창조적 파괴의 진화 과정이라고 주장하였다. 슘페터는 창조적 파괴가 주기적으로 나타나고 사라지는 과정에서 기업가정신이 쇠퇴한다면 경제는 더 이상 성장하지 못하고 하락한다고 주장한다.

'현대 경영학의 창시자'로 불리는 피터 드러커(Peter Drucker)도 기업가정신과 혁신을 이야기할 때 가장 많이 언급되는 대표적인 경제학자이다. 그는 슘페터와 같은 오스트리아 출신의 경제학자로 오랜 시간 교류해 슘페터로부터 많은 영향을 받았다. 슘페터와 드러커의 기업가정신에 대한 정의에서는 기업가정신과 혁신은 별개로 떼어놓을 수 없다. 다만 슘페터와 드러커가 차별화되는 지점이 있다. 드러커는 '혁신'으로 성공한 기업이라고 하더라도 기업의 규모가 커지면서 '기업가정신'이 점차 약해지는 현상에 주목했다. 드러커는 기업이 미래에서 지속적으로 성장하기 위해서는 내부적으로 '혁신'을 두려워하지 않는 기업가정신을 유지하는 것이 필수불가결하고 이를 위해 경영관리에서의 혁신이 뒷받침되어야 한다고 말한다. 드러커는 기업의 목적은 고객 창조(the purpose of business is to create a customer)라고 주장한다. 기업가가 고객 창조에 성공한다면 이익은 자연스럽게 뒤따라오기 때문이다. 한국에서의 기업가는 정상적기업가와 산업화적 기업가를 포함하여 정부정책에 호응한 열성적기업인(재벌)으로 정의 할 수 있다.

2000년대에 들어오면서 기업가 정신이 영리 사업의 기원에서 사회적 기업가 정신을 포함하도록 확장되었으며, 비즈니스 목표는 사회적, 환경적 또는 인도적 목표와 함께 추구되고 있다. 사회적 기업가 정신은 신생 기업 및 기타 기업가가 사회적, 문화적 또는 환경적 문제에 대한 해결책을 개발, 자금 조달 및 구현하고 있다.[194]. 이 개념은 상이한 크기, 목표 및 신념을 가진 다양한 조직에 적용될 수 있다.[195] 영리 기업가는 일반적으로 이익, 수익 및 주가 상승과 같은 비즈니스 메트릭을 사용하여 성과를 측정하지만 사회적 기업가는 비영리 단체이거나 영리 목적의 목표를 긍정적인 "사회 복귀"와 혼합되고 있다.

2010년대에는 2010년대 들어 스타트업(Startup, Start-up)이 자주 등장하고 있다. 일반적으로 창업은 자영업과 코스닥이나 나스닥 등에 등록할 의사가 없는 사업을 포함 모든 신규 사업을 지칭하는 반면 스타트업은 단독 창업자를 넘어 크게 성장하고자 하는 기술지향적인 신규 사업을 지칭한다. 소수의 스타트업이 계속해서 성공하여 일부 스타트업은 고수익을 창출하여 유니콘 기업(Unicorns)이 된다. 이들 주위에는 벤처 캐피탈이나 엔젤투자자의 시드투자를 받는 것이 특징이다. 유니콘기업은 「창업 10년 이내의」, 「비상장기업」으로 「평가액 미화 10억 달러 이상의 가치」를 지닌 「테크널리지 기업」의 4가지 조건을 갖춘 스타트업 기업이다 .

194) The New Heroes, Oregon Public Broadcasting, 2005

195) J. Gregory Dees, The Meaning of Social Entrepreneurship, 2001

최근에는 기업가(Entrepreneur)는 하나 이상의 비즈니스를 창출 및 또는 투자하여 대부분의 위험을 감수하고 대부분의 보상을 누리는 개인으로 사업을 설정하는 과정은 기업가 정신으로 알려져 있다. 따라서 필자는 기업가는 새로운 아이디어, 상품, 서비스 및 비즈니스 또는 기술로 창업한 자와 조직 및 사회를 혁신 하는자로 정의한다.

제3절 한국기업가의 시대적 변천

상술한 바와 같이 기업가는 시대적 상황과 경제발전정도에 따라 다르듯이 한국의 기업가들도 시대마다 특징을 달리 나타나고 있다. 우선 근대화과정에서의 민족자본의 기업가, 60년대 이후의 정부의 정책에 의해 발전한 상업적 자본가(정상적 기업가), 그리고 70년대 이후 산업화와 함께 나타난 산업적 자본가(산업화적 기업가)로 구분할 수 있다.

〈표 9-2〉 한국 기업가의 시기적 특징에 따른 구분

단 계	시기구분	특 징
생 성	1890년~1945년	민족자본의 기업가
확 인	1946년~1960년	정상적 기업가
성 장	1961년~1997년	산업화적 기업가
창업가적	1998년 이후	벤처형 기업가
디지털경제	2000년~현재	스타트업 기업가

귀속재산(Vested Property)은 1948년 9월 11일 대한민국 정부와 미국정부 간에 체결된 재정 및 재산에 관한 최초협정 제5조의 규정에 의하여 대한민국 정부에 이양된 8·15광복 이전 일본인 소유였던 재산을 일컫는다.(귀속재산처리법 2조 1항). 귀속재산은 당시 한국의 연간 정부

예산의 10배에 달하는 3,000억 원 이상의 규모였다. 당시 접수된 재산은 농지가 약 30만 정보와 약 3,551개의 공장과 기업, 그리고 토지 및 간접자본과 잔여자산을 포함한 일본기업의 점유율은 한국 기업 총 자본의 85%를 차지했다.

일반적으로는 적산(敵產, Enemy Property)이라고도 한다. 미군정청은 이를 관리하기 위하여 군정청 안에 중앙관리처를 두고 각 도에는 지방관재처(地方管財處)를 두어 처리하였다.

귀속재산의 불하(Disposal of Vested Property)과정에서 불하가격이 저렴하게 책정되었을 뿐만 아니라, 정부에 의한 재정·금융상의 지원과 물가상승을 생각하면 무상에 가까운 가격이었기 때문에 이의 불하는 특혜나 다름없었다. 이 때문에 불하과정에서 부정과 정경유착(政經癒着)이 일어나게 되었다.

미군정은 전체 적산 기업 중 15% 정도만을 불하하고 나머지를 1948년 정부 수립과 함께 대한민국 정부에 인계한다. 이승만 정부는 미군정의 불하 원칙을 그대로 승계하여 적산 기업을 불하했다. 즉, 해당 기업과 관계 있는 사람에게 우선 불하하며, 매각 대금 중 1/5 이상을 일시납하고 나머지를 10년간 연리 7%로 납부하도록 하는 것이었다. 이러한 조건 하에서 정경유착에 의해 초기 재벌 상업자본가적 기업가 정상적기업가가 등장한다.

당시 이 적산 기업의 불하를 둘러싸고 조속히 처분하여 정권의 토대를 만들고자 했던 정부와, 이에 반대하는 국회 사이의 갈등도 컸다. 결국 정부측 입장이 관철되어 1949년 12월에 '귀속재산처리법'이 제정·공포되었고, 한국 전쟁으로 인해 불하가 지연되기는 했으나 국·공유로 지정된 일부를 제외하고는 모두 불하되었다.

1. 민족 자본 기업가

개항 이후 1900년대의 기업가는 그 출신별로 귀족 또는 관료출신, 지주출신, 상업 및 기타 서민 출신에서 나타났다.196) 해외지식을 접할 기회가 많은 귀족관료출신은 관권에 의해 토지자산의 축적을 통해, 지주출신은 국유지를 사전화(私田化)하여 그 토지로부터의 수입을 근대 기업설립에 투자하였다. 그러나 기업경영에 실질적으로 참여하는 것이 드물고, 시장과정에서 이윤추구 동기가 명백하지 않아 기업가활동을 보여주지는 못했다. 한편 상업 및 기타 서민 출신 기업가들은 한말 경성(韓末 京城)에서 활약한 상인자본가로서 일제 초기에 기업을 창립하였다.197)

그러나 1920년대에 들어와서 과거와는 달리 지주출신 기업가들의 활동이 두드러지기 시작했다. 민족자본의 자본동원을 높이며, 은행설립 등 금융 분야에 많이 진출하였다. 당시의 기업가들은 일본인이 무시하지 못하는 기업을 만들겠다는 의지로 기업 활동을 하였던 바 이윤중심의 시장생리를 파악하는 데 충분하지 않았다. 많은 기업들이 도산한 이후에 기업가들은 이윤추구를 기초로 한 기업 설립이라는 동기를 균형 있게 추진하게 되었다. 이것은 1930년대 이후에 형성되어 갔다. 1920년 12월말에 99개 사였으나 1938년에 민족기업은 2,278사에 달하고 있었다.198)

이러한 점은 시장 환경에 반응하는 기업가의 행동양식이 한국에서 독특하게 형성되었다는 것을 말해준다. 단순히 이윤추구의 동기가 아

---

196) 김영모, 조선지배층연구, 일조각, 1977, pp.367-368.

197) 조기준, 한국기업사연구, 박영사, 1973, p.163.

198) 황명수, 한국기업경영의 역사적 성격, 신양사, 1993, pp89-111.

니라 민족기업을 설립하여 식산흥업(殖産興業)하겠다는 기업가의 의지, 기업설립의 목적, 그리고 시장에서 추구해야할 목표를 명확히 하였던 것이다. 당시 기업가정신의 이중적인 구조가 기업의 성장과정에 장애를 형성할 것 같았지만 모순 없이 적용되어지고 있었다. 일례로 경성방직(京城紡織)의 김성수, 김연수 형제(현 삼양그룹)의 활동을 들 수 있다.(김성수를 친일파로 몰다보니 그의 기업가정신을 찾아보기 어렵다. 정치적 개념은 정치적 개념이고 김성수의 순수한 기업가적 요소만을 찾는 연구도 필요하다.)

> 당시 일제의 면직물이 한국시장을 독점한 상태였기에 우리 옷을 우리 손으로 짜서 국민에게 입히고자 방직기업 설립을 계획하게 된다. 1917년 한복에 필요한 끈 종류를 생산하던 京城織紐회사를 인수하여 직포(織布)생산으로 공장을 전환하게 된다. 당시 시장의 조건은 소비자들의 복식형태가 한복에서 양복으로 전환되고 있었고, 기본 소비재인 관계로 제품 수요는 급격히 늘어나고 있었기에 기업을 설립할 충분한 동기가 형성되었다. 그러나 당시의 일본의 廣幅織布에 비해 경쟁력이 떨어진다는 것을 알고 별도의 회사를 설립하여 규모를 키우고자 계획하였다. 이에 따라 1919년 경성방직주식회사(京城紡織株式會社)를 설립하였다(황명수 1999: 272).
>
> 창립 후 첫 제품이 나온 것은 1923년이 되어서 나왔다. 비록 당시의 경영자가 현재의 先物去來와 유사한 三品(면화, 면사, 면포)거래에 손을 댔다가 10만 여원의 손해를 보게 되었지만 '우리도 하면 된다'는 신념으로 '태극성(太極星)'이란 상표로 제품을 출시하였다. 회사가 도약기에 접어들면서 일본에서 경제학을 전공한 동생 金季洙를 실무 책임자로 발탁하고 전문경영체제를 유지하기도 하였다. 이후 1942년에는 일본 오사카에 京城紡織株式會社의 出張所를 설치하기도 하였으며, 京城紡織 영등포 공장이 紡機 3만 200추, 織機 1,080대를 보유하는 등 대기업으로 성장하였다.

이와 같이 일제강점기라는 시대상황에서 민족기업 설립이라는 동기를 분명히 하고 시장의 생리를 적용시켜 그 동기를 지지해 나갔다. 민족기업의 부흥이라는 철학을 명백히 함으로써 자금, 인적자본, 기술면에서 언제나 기업을 새롭게 하였다. 상대적으로 새로운 기업조직을 형성하는 자금, 인적자본, 기술의 혁신에 비해 기업가의 철학이 미치는 영향이 컸지만 일본의 독점산업에 대응하여 새로운 기업을 설립하고자 하였던 것이다.

물론 모든 기업들이 이러한 기업가정신을 보여준 것은 아니다. 영세규모의 기업들은 이익을 수취하기 위해 시류에 부합하기도 했다. 일부의 기업에서만 상술한 기업가정신이 확인되고 있다. 일례로, 일본기업들의 독점적 횡포에 대항하여 직물도소매업을 일으켰던 박승직(現 두산그룹: 1898년 활동시작), 한국근대 소매유통업을 창조하여 일본인 백화점의 경영활동을 능가한 박흥식(화신, 1980년 부도: 1931년 한국최초의 백화점 설립) 등의 기업들은 최근까지 활발한 기업 활동을 하여 왔다.

전반적으로 보면, 이 당시의 기업 활동성과가 지금의 현대적인 산업구조 형성에 미친 영향은 미약하게 평가된다. 새로운 산업을 주도할만한 기업조직의 혁신요소를 충분하게 준비하지 못하였고, 기업가의 철학내지는 그 동기만이 기업의 성장에 영향을 주는 필요조건으로서 작용하였기 때문이다. 그렇지만 범위를 줄여 각각의 기업을 평가할 때, 기업가의 철학이 기업조직을 새롭게 할 수 있는 힘을 발휘한 것으로 볼 수 있다. 이것이 한국기업가의 생성기에 형성된 특징이다. 일제강점기라는 환경에 대응하며 기업가정신-기업성장-시장변화의 관계에서 기업 활동을 언제나 새롭게 만들었던 그들의 철학이 당시의 경험인 것이다. 이러한 이중적인 기업가정신은 광복 후 단절의 시기를 거친 후 1970년대 시대상황을 달리하여 산업보국의 이념으로 재벌(Chaebol)에 의해 나타난다.

2. 정상적 기업가와 산업적 기업가

한국의 기업가는 1960년대 말의 월남특수, 1970년대 중동붐의 호경기와 정부의 전략적 산업정책과 외자도입 환경을 이용해 성장하였던 것으로 비춰지고 있다. 고도성장기의 한국기업은 기업가정신에 의한 성장보다 외부적인 환경에 더 큰 영향을 받은 것으로 보는 것이다.

사실 기업성장 초기에 정부정책과 외자도입의 영향이 기업의 성장에 중요한 역할을 하였다. 과거 한국의 자본시장은 미발달되어 간접금융(외자, 은행융자)으로 자금을 조달할 수밖에 없었다. 더욱이 정부는 (인위적으로 대출 금리를 낮춤) 기업의 외형규모에 따라 금융 수혜기업을 선정함으로 기업들은 다각화(설비투자)를 통해 규모를 확장하려고 하였다. 또한 정부정책변화에 따른 위험(Risk)의 가능성 때문에 기업들은(법률상 은행을 가질 수 없음) 제 2금융권으로 진출하거나 현금회전이 빠른 백화점이나 호텔 등에 진출하는 비관련 다각화를 통해 자금을 조달하고자 했다. 이러한 간접조달방식은 외부자의 소유획득(주식)을 막음으로써 경영권을 보호할 수 있게 되었다.[199] 결국 '가족이나 친지에 의해 경영되는 다각적 사업집단-재벌(Cheabol)'을 형성할 수 있었던 것이다.

다각화는 자동화, 정보통신과 수송수단이 발달함으로써 집중된 관리가 가능해졌다. 그리고 경기변동에 따른 위험을 경험해 왔던 바 위험분산을 위해서 다각화된 기업을 유지하려고도 했다. 더욱이 재벌기업가들은 한국 시장이 상대적으로 협소하여 해당 기업이 규모의 경제(Economy of Scale)[200] 하에 있다 해도 생산규모를 유지하기 어렵다는

199) 백필규 등, 전환기 한국자본주의와 기업가정신, 삼성경제연구소 연구보고소, 1996, pp.62-63.

것을 발견하였다. 이에 따라 생산 활동 간에 '범위의 경제(Economy of Scope)'를 추구하기 위해서 업종다각화를 추진하기도 하였다.

따라서 한국시장과 산업을 변화시켜 온 재벌대기업의 성장이 "호의적인 외부환경 뿐만 아니라 기업가정신"과 더불어 형성되어 왔던 것으로 평가된다.

1) 정상적(政商的) 기업가 생성

해방 후 38선의 장벽으로 남북의 원료수급과 판매교환이 두절되었다. 남한의 공장들은 생산력을 잃어버렸고, 필요한 물자가 순조롭게 공급되지 않았다. 더욱이 귀속재산의 불하받은 기업의 생산시설은 일제가 남기고 간 잔재들이었기 때문에 소비자에게 절대적으로 필요한 생필품의 생산과 판매는 거의 불가능했다. 시장은 교란되었고 기업가들의 활동은 두드러지지 않았다. 더욱이 1950년 한국전쟁이 발발하였다. 이후 미국을 비롯한 UN의 원조로(1962년까지 총 $33억 6,730만 3천 도입) 소비재부분(방직, 제분, 제당, 시멘트[201])에서 산업이 먼저 일어났다. 이러한 시장환경의 변화가 과거 무역거래에서 자본을 축적한 기업들을 산업화에 적극적으로 참여시키는 계기가 되었다.

그러나 1945년부터 1950년대는 기업가정신을 찾아보기 힘들다. 미국의 원조에 대응하여 기업을 설립하였고, 미국의 자본과 시설, 그리고 산업기술 교육에 대한 협상과정을 거치면서 선진화된 기업운영방식의 이해했을 뿐 시장변화를 어떻게 선도할 것인가에 대한 확신은 적

200) 규모의 경제(Economy of Scale): 생산요소 투입량의 증대(생산규모의 확대)에 따른 생산비 절약 또는 수익향상의 이익.

201) 삼분산업(제당, 제분, 시멘트), 삼백산업(방직, 제분, 제당).

었던 것으로 보인다. 또한 미국의 원조 하에 1950년대 주요 대기업 89개 중 일제하에 창립된 기업은 8개뿐이며 나머지가 1945년 이후 설립될 정도로 많은 기업이 생성되었지만, 본격적인 산업의 창출보다는 과거 일본의 산업구조에 맞추어 형성된 산업을 오늘날의 독립된 산업구조로 변모시키는 기초를 형성해 가던 시기이기 때문이다.[202)]

더욱이 1960년대 초 4.19와 5.16혁명이 발생하여 부정축재자로 지목된 기업가들에게 정부는 벌금대신 국가에 필요한 공장을 건설하도록 하였다. 이를 통해 기업가들은 비료(삼성), 시멘트(금성, 現 쌍용), 제철(대한방직, 현 대한섬유), 화학섬유(Lucky의 Cable, 現 LG)로 업종에 진출하게 된다. 이에 적극적으로 참여한 기업은 외자도입정책(차관)에 따른 혜택을 받기 시작하였다. 이때 삼성, 현대, LG 등은 자금조달능력의 여유가 생겨 전자, 자동차, 정유 등 유망사업에 투자하기도 하였다.

이와 같이 1960년대 말의 기업가정신은 두드러지지 못했다. 일례로 차관금리가 명목적으로 6~7%에 비해 국내는 높은 금리를 유지하고 있어 기업들은 방만한 외자를 도입하였고[203)], 이것이 화근이 되어 당시 외국차관 도입허가를 받는 약 200여 개 업체가 부실화되기도 하였다.[204)]

2) 산업적 기업가 성장

1970년대 이후 중동의 건설붐과 전략적 중화학육성정책에 호응한 기업가들은 사업을 확장한다. 특히 1973년 제 1차 석유파동은 산유국의 건설붐을 일으킴으로써 당시 진출한 한국기업은 기업성장의 기초

---

202) 공제욱, 1950년대 한국의 자본가연구, 백산서당, 1993, p.117.

203) 일반은행금리(만기 1년): 1969년 24.5%, 1974년 15.5%[한국은행, 『경제통계연보』, 각 연도]

204) 강철규, 재벌개혁의 경제학, 다산출판사, 1999, pp.95-103.

를 마련하였다. 일례로 현대건설(정주영)이 1976년 사우디의 주베일(Saudi Jebail)항 건설공사($9억 3천만)에서 받은 선수금이 한국외환은행 설립이후 최고의 외환 보유고를 기록할 정도였으니 당해 기업의 자금력은 두말할 필요가 없다.

당시 건설업계는 기업규모나 기술수준이 세계적인 기업들에 비해 열악한 조건이었다. 하지만 해외조직을 설립하고 '불가능에의 도전'을 하였다. 기술적으로 새로운 공법의 창조하고 이례적으로 공사기간을 단축함으로써 품질과 명성을 쌓아갔다. 더욱이 전문화된 건설인력의 훈련과 내부기술의 축적방법은 향후 기업경영에 접목시키는 경험을 지니게 되었다. 이때 기업가들은 '우리도 하면 된다'는 자심감을 얻는 값진 경험을 한다. 이러한 자신감 속에서 기업가는 정부의 중화학공업 정책에 호응함으로써 세계시장의 점유율을 높여가기 시작하였다.

호의적인 환경은 국가산업의 형성해 간다는 자부심으로 바뀌고 있었다. 이 자부심은 '산업보국' 하겠다는 기업가의 의지로까지 발전하였다. 이를 통해 기업은 항상 새로운 분위기를 창출하게 된다. 보편적인 기업경영의 측면에서 보면 사실 허황된 것이다. 하지만 당시 한국의 상황은 경제적으로 허약한 국가에서 우리도 잘살 수 있다는 '새마을 운동'이 국가적으로 파급되어 희망을 주던 시기였다. 사회적 분위기는 기업구성원들을 '우리기업'이라는 공동체의식에 사로잡히게 하였고, 기업가는 이를 십분 활용하였다. 그래서 산업보국 하겠다는 기업가의 이념은 기업을 항상 새롭게 할 수 있는 근거가 되었던 것이다. 또한 호의적인 환경은 기술, 자금, 인적자원의 축적을 가능하게 하였다. 지금은 그렇지 않지만 당시로서는 충분한 역할을 하였다.

대부분 이 당시 중화학 공업에 참여한 기업이 대기업으로 성장하였다. 대표적으로 삼성은 조선, 종합기계, 전자교환기, 석유화학 부문에 참여하였고, 현대는 기존의 자동차, 기계 외조선, 철강, 알미늄, 중전기, 대형기계, 정유 부문에까지 사업을 확장하였다<표 9-3 참조>.

〈표 9–3〉 중화학 투자에 참여한 기업(1978년 당시)

업 종	참 여 기 업
중전기	
- 비 전기*	현대, 대우, 삼성
- 전 기*	현대, 대우, 삼성, 효성, 조선공사
수송기기	
- 자동차	현대, 대우, KIA
- 기관차	대우, 조선공사
- 자동차 engine*	현대, 대우, 쌍용
- 조선	현대, 대우, 삼성, 조선공사
전자	Lucky김성, 삼성, 대한전선(Taihan)
화학*	삼성, Lucky금성(LG), 선경(SK), 한국화약(Hanwha)

주: *는 각 산업내의 참여자가 한 상품 혹은 상품그룹에 독점적 지위를 보장받음.
출처: 강철규 1999: 91.

이러한 산업진출 결과 한국의 주력산업은 1970년대부터 현재까지 섬유를 비롯하여 석유화학, 전기전자, 철강, 자동차, 기계(수송, 산업, 정밀), 조선 등을 중심으로 성장해 왔다. 섬유, 화학, 식품, 정유, 철강은 약 30년 동안 중요한 산업으로 자리 잡고 있다<표 9-4 참조>.

그러나 중화학공업에 참여하였다고 해서 모든 기업이 1980년대를 거쳐 90년대에 들어와서까지 뚜렷한 성과를 가져온 것은 아니다. 1965년 100대 기업 중 1991년까지 존속한 기업은 16개 사만이 남았다.[205] 이러한 결과에서 보면 비록 정부의 전략적 산업정책이 산업의 성장에

205) 공병호, 한국기업 흥망사, 명진출판, 1993, p.16.

〈표 9-4〉 한국의 시기별 주력산업(생산액 기준)

	1975	1980	1985	1990	1995	2000
1	섬유	섬유	섬유	전기전자	전기전자	전기전자
2	정유	정유	전기전자	섬유	자동차	자동차
3	화학	화학	화학	화학	섬유	섬유
4	식품	식품	정유	자동차	화학	화학
5	전기전자	철강	식품	철강	일반기계	식품
6	철강	전기전자	철강	조립금속	철강	정유
7	담배	자동차	조선	정유	식품	철강
8	음료	고무	자동차	일반기계	조립금속	일반기계
9	목제품	제지	조립금속	고무	정유	조립금속
10	고무	담배	일반기계	조선	조선	조선

주: 2000년 생산(순위)은 업종별 생산지수, 도매물가상승률을 고려하여 추정.
출처: 김정호 2001:23.

중요한 역할을 하였지만, 산업에서 독보적인 위치를 점하고자 하였던 기업가들의 활동이 뒷받침되었기에 가능하였다.

독자적으로 메모리 반도체산업에 진출한 삼성의 이병철과 이미 자동차산업에 진출하고 있었고(1976년에 이미 첫 제품 pony출시), 조선산업을 선도했던 현대의 정주영이 그들이다. 이러한 산업의 특징은 과거와는 다르게 최종생산제품을 중심으로 형성하였다는 점에서 전문화된 기업이라는 점을 들 수 있다. 그 결과 세계적으로도 시장점유율이 높지만 국내 단일품목 수출 중 조선은 1985년 수출 1위 이후로 2000년 말 기준으로 5위권 내에 머물러 있으며, 반도체는 1990년도 들어와서 1위 자리를 지속하고 있다. 자동차의 수출도 급격히 증가되어 왔다.[206]

따라서 고도성장기의 기업가정신이 '산업보국'에서 출발하여 기업성장기 동안 이를 가장 잘 적용했고, 또한 그 성과도 가시적으로 일구

206) 최봉, 조선산업, 삼성경제연구소 산업경쟁력 심포지움, 2001, pp.90-92.

어 낸 기업가는 조선(세계 수주량 1위), 자동차(세계 생산 5위)산업의 개척자인 현대의 고 정주영 회장(2001년 별세)과 반도체 메모리(세계 DRAM 생산 1위) 산업의 개척자인 삼성의 고 이병철(1987년 별세) 회장이 이 당시 기업가정신을 대표한다. 일반적으로 하드웨어 산업이 주도적 역할을 하는 중공업분야의 기업가들은 '하면 된다(Can do)' 정신으로 사업을 추진했으며, 소프트웨어 산업이 지배적인 역할을 하는 지식, 정보 분야에서 기업가들은 '하면 된다 + 유연성(Can do Plus Flexibility)'을 보여 왔는데 이를 잘 대변하고 있다.

정주영은 그의 최초 사업(1938년)인 쌀가게 '경일상회'를 정리하고 1940년 자동차수리공장 'Art service 공장'을 인수하여 운영하였다. 해방 후 '현대자동차공업사', 1947년 '현대토건사'를 설립한다. 1950년 '현대자동차공업사'를 합병하여 '현대건설주식회사'로 확대, 개편한다(현대건설 홈페이지: 성장사). 비록 한국전쟁으로 기업의 기초를 다지지 못했지만 '현대건설'은 국내 SOC공사에 참여하여 성장하기 시작하여 1960년에 현대건설이 건축업계 1위가 된다. 1965년 국내 최초의 해외건설공사인 태국 'Pattani-Narathiwat고속도로'(552만불) 공사를 시작으로 동남아시아, 남태평양, 중동 등지의 건설공사에 적극 도전한다. 1970년대 말에는 국내외 작업장이 60여 곳을 가질 정도고 인재의 축적과 기술의 축적을 완성해 왔다.

한편 1967년 '현대자동차'를 설립하였다. 초기에는 Ford자동차와 조립기술 계약으로 시작하였으나 1976년 자체모델인 'pony'를 생산하기에 이른다. 당시 국내생산기술이 미비하고 국내 내수시장도 취약하였는데도 불구하고 향후의 성장을 주도할 산업으로 예견하여 10만대 생산공장을 건설하는 등 과감한 투자를 하였다. 미국시장에서 소형자동차에 대한 무역규제로 일본기업들이 중대형 자동차로 전략을 전환했을 때의 소형차 수출 틈새(niche)시장을 보고 능동적으로 대응한 것이다. '하면 된다'는 의지가 무모하게 도전하는 것이 아니라 시장기회를 보고 적극적으로 기업조직을 창출하려 했던 행동이었다.

또한 1973년 '현대중공업'을 설립하여 조선공업을 시도하였는데, 설립 당시 많은 반대가 있었으나 건설업에서 습득한 사업 Plant, 기계시공기술을 잘 활용하면 충분히 해 낼 수 있다는 자신감을 갖고 적극 추진하였다. 이것은 해외건설을 통해 축적된 인적자원, 기술, 자금조달을 새로운 기업을 재창출해 가는 그의 기업가정신을 보여주는 것이다. 이를 통해 중화학공업분야의 사업을 확장하여 갔다. 현대미포조선(1975), 현대종합제철(1977), 현대정공(1977, 현 현대 Mobis), 현대차량(1978), 인천제철(1978), 현대중기(1978) 등을 설립하였다. 이러한 사업은 해외건설인력들이 기초를 닦았다. 그러나 80년대로 들어오면서 중동특수의 후퇴와 조선경기 침체로 구조조정을 실시하면서 soft형 산업을 추가하기 시작하였다. 1983년 현대전자(현 Hynix 반도체) 설립하기도 하였다.

정주영은 사업을 진행하면서, 자신을 '노동을 하여서 재화를 생산해 내는 부유한 노동자'로 생각하고 항상 '진두지휘'하였다.[207] 그는 "나는 무슨 일을 시작하든 '된다는 확신 90%'와 '반드시 되게 할 수 있다는 자신감 10%'외에 안 될 수 있다는 불안은 단 1%도 갖지 않는다"(정주영 1991:73), "나는 현대를 통해 기업이 할 수 있는 일은 모두 다 해냈다", "현대자동차와 현대조선이 해냈고 현대건설이 우리나라의 모든 산업 발전에 중추적인 역할을 했다. 그 중추적 역할에서 다른 어떤 기업보다도 우리 '현대'가 선도적 역할을 했다고 나는 자부한다"(현대경제연구원 홈페이지: 아산정주영)고 기업가적 자부심을 보여주고 있다.

이병철은 1938년 정미사업인 "삼성상회"로부터 출발하여 1948년 "삼성물산공사"라는 무역회사를 설립한다. 불과 2년 뒤에 한국전쟁이 발발하여 기반을 소실한 그는 당시 생필품(설탕과 비료)이 부족한 것을 파악하고 1951년 동업으로 "삼성물산주식회사"를 설립하여 재기에 성공하였다.

207) 정주영, 시련은 있어도 실패는 없다. 제삼기획, 1991, 머리말.

그러나 전쟁이 끝나고 무역업보다는 제조업의 성장가능성을 판단하여 1953년 제일제당(현, CJ Group), 1954년 제일모직을 설립하였다. 이 3개사의 인력과 자금, 그리고 정보를 통해 새로운 기업조직을 형성하며 삼성Group을 세우는데 결정적인 기여를 하게 된다.

1960년대에 들어와서 삼성전자(1969)를 설립한다. 이 과정에서 기존 업계의 강한 반발과 여론이 있었다. 당시 전자산업에 손을 댄 기업도 있었지만 외국부품을 도입하여 조립하는 초보적인 단계에 지나지 않았고, 가격도 비싼 편이어서 향후 전자산업은 기술, 노동력, 부가가치, 내수, 수출전망이 알맞은 사업으로 판단하여 적극 진출하였다. 주로 가전제품(TV 등)을 생산하여 기업을 성장시켰다.

한편 1977년 한국반도체(주)를 인수하여 삼성반도체주식회사로 상호를 변경, 미국 현지 법인 ICII의 지분을 다시 인수하였다. 1980년 전자사업과 합쳐서 삼성전자가 반도체 산업에 박차를 가하였다. 이병철은 삼성내부, 업계, 정부당국의 실패우려를 만류하고 memory분야에 진출한 것이다. 84년 64K DRAM을 개발하기 시작하여 92년 64M DRAM, 94년 256M DRAM을 세계 최초로 개발함과 동시에 매출실적 세계 1위에 올랐다. 비록 87년 타계하여 그 성공결과를 끝까지 지켜보지 못했지만, 그의 열정적인 진출의지는 기업가적인 면모를 보이기에 충분하다.

이병철은 사업의 기회를 볼 줄 아는 기업가였기에, 신중하면서 실패를 두려워하지 않았다. 그는 '새로운 사업에 진출할 때 경제의 발전단계에 따라 사업가능성이 성립되었을 때 진출한다'고 하였으며,[208] "기업경영에는 의욕이 있어야 한다. 그렇다고 의욕만이 앞서도 기업이 되지를 않는다. …… 준비가 되어 있지 않으면 이는 엄청난 낭비인 것이다. …… 사업은 재화이든 서비스든, 보다 저렴하고 양질의 것을 계속적으로 사회에 공여해가는 경쟁 그 자체인 것이다. 이 경쟁에서 이기는 열쇠는 오직 경영의 합리화의 우열에 달려 있다고 나는 생각한다."

208) 이병철, 호암자전, 중앙일보사, 1986, p.247.

라고 말한다. 그는 "사업보국의 정신이야말로 삼성의 정신이며 긍지이다"라고 말하였다.209)

상술한 바와 그들의 기업가정신은 산업보국이란 이념적 자원을 통해 사업을 진두지휘했다. 그리고 기업조직이 항상 새로울 수 있도록 인재를 진두지휘하였다. '하면 된다'는 강한 자신감을 기업조직에 침투시켜 새로운 기업을 창출하고 국가산업을 일으킨다는 자부심을 심어주었다. 비록 자금조달이 정부정책에 따라 외자도입과 간접금융을 통한 정책적 수혜에 의해 가능하였지만, 지금의 한국산업에서 중요한 비중을 차지하는 새로운 기업을 설립하고 혁신해왔던 기업가는 자금과 기술, 그리고 인적자원을 기업의 활동과정을 통해 지속적으로 재창출 또는 혁신해 왔던 기업가정신을 보여 왔다. 이념적 자원과 더불어 기업조직을 새롭게 할 수 있는 경영자원을 축적하였기에 성장이 가능하였다. 그 결과가 한국산업의 현재와 미래가 공존할 수 있도록 하였던 것이다.

3. 벤처형 기업가

기업가는 불확실성(정보와 지식)이 존재하기 때문에 기업을 설립하고 시장을 변화시켜 간다. 이것은 시간이 지나면 지날수록 시장과 제품이 평준화되어 기업가에게는 불확실성이 점차 희미하게 되어갈 것임을 의미하기도 한다. 그렇기 때문에 현대와 같은 첨단산업에서 기업가는 집약된 정보와 지식을 첨가한 'High-tech제품'을 시장에 도입(혁신)하여 불확실성을 더욱 높이려고 할 것이다. 기업가는 시장을 그대로 두지 않고 계속 혁신하려 함으로써 점점 자신들을 전문화시키고 있

209) 삼성경제연구소, 호암의 경영철학, 1989, pp.103-104.

다. 이러한 혁신적 활동을 하는 기업을 벤처기업이라 말한다.

따라서 벤처기업은 기술 집약성이 중요한 것이 아니라, 오히려 '혁신'이 그 본질로 파악된다. 미국이나 유럽에서는 정책적으로 신기술을 개발하기 위해 신기술기초기업(NTBFs: New Technology Based Firms)라는 개념을 사용하고 있으나, 본서에서는 벤처 캐피탈의 주목을 받는 혁신적 기술을 창조하는 기업으로 정의하고자 한다.

한국에서 벤처기업은 IMF이후 1998년 1,301개, 1999년 2,430개, 2001년 11,000개로 급격히 증가했으나 벤처거품이 생기면서 감소 2006년 11,600여개로 나타나고 있다.[210] 물론 과거에도 새로운 혁신을 창출한 벤처기업이 없었던 것은 아니다. 증가한 근본적인 이유는 IMF이후 경제구조의 변화가 일어났기 때문이다. 공업화과정을 경험하면서 선진국의 산업화를 모방(혁신적인 모방)하여 대량생산체제에 적합한 구조를 지닌 관료화된 대기업들은 새로운 혁신을 요구하는 산업을 주도적으로 창출하는 데 다소간의 한계에 부딪히고 있다. 대기업이 주도해 왔던 과거 산업들이 대부분 쇠퇴기(수확체감)에 접하는 구조적인 문제는 IMF체제를 맞이하면서 일부 가속화되었다. 비록 약 56%이상(2001년 6월 기준)이 정부의 제도와 정책에 의해 지정되어 벤처기업 성장에 의문을 제시하는 것이 현 상황이나 본서에서 설명한 기업가의 역사에서 보듯이 점차 시장에서 그 모순을 시정해 갈 것이다. 언제 어디서나 새로운 기업조직, 산업, 경쟁시장을 준비하는 기업가는 분명히 존재할 것이기 때문이다.[211]

---

210) 전자신문, 2006년 11월 21일.

211) 최근 벤처기업의 성장론에 대해 의구심을 갖고, 또한 벤처기업 정책이 현 정부의 의도적인 설정이라는 점을 들어 벤처시대는 지나가고 있다고 말을 한다. 그러나 우리가 주의해야 할 것은 새로운 산업과 시장을 형성해 나갈 첨단의 소규모 기업이 생성되지 않는다면, 현재 쇠퇴한 산업구조를 전환하는 데 실패할 것이다.

한편 벤처기업은 기존 시장에서 새로운 기술이나 아이디어를 가지고 신상품을 선보임으로써 성공할 수 있는 다양한 틈새시장(niche market)을 창출할 뿐만 아니라 폭넓게 전개되는 첨단산업의 발전 속도에 빠르게 적응하고 있다. 관료화된 대기업보다 소비자 욕구의 다양화와 고급화, 그리고 시장이 공급자 중심에서 수요자 중심으로 바뀌어가는 환경에 빠르게 대응할 수 있기 때문이다. 최근의 신생기업은 대기업들이 구성하고 있는 전통산업 부문과 관련 있는 섬유, 화학, 금속, 전기기기 등의 산업에 진출하기도 하지만 최근 정보통신부문을 비롯한 신흥 산업부문에 많이 진입하고 있다<표 9-5 참조>.

〈표 9-5〉 Venture의 업종별 현황

業種	섬유, 화학, 기타제조업	비금속, 금속, 기계	전기기기 및 장치	영상, 음향, 통신장비	정보처리, 컴퓨터운용	기타업종
企業	1,483	2,150	1,187	1,089	3,465	671

주: 업종별 현황은 2001년 8월 기준.
자료: 中小企業廳 VentureNet.

앞으로 첨단산업화는 새로운 벤처기업이 그 역할을 대신할 것이다. 특히 디지털 경제를 대표하는 IT(Information Technology)산업과 생명공

현재 벤처기업의 침체현상이 나타난다고 해서 우리의 의지를 의심하는 것은 안되며, 분명히 이루어내어야 할 사명이다. 첨단산업에서 벤처기업의 역할을 무시하고, 방향성에 의심하게 되면 첨단화되어 가는 산업구조를 형성하지 못한다. 더욱이 역동적인 기업경쟁논리는 후퇴할 것이 자명하다. 벤처 1세대들이나 다음세대들이 새로운 첨단산업과 시장에 적합한 기업조직의 창출하는 기업가정신을 겸비하지 못하고 오로지 정신 나간 '돈놀이'에만 몰두하였던 것은 우리가 한번쯤 겪어야 할 수업료일 것이다. 일명 정현진 게이트와 같은 유사사건에서 이들을 벤처기업가라고 말하지 않으며, 더구나 기업가정신이라고는 찾아볼 수 없는 이들이다. 이들이 일으킨 사건을 빌미삼아 벤처기업을 왜곡된 시각으로 보지 말아야 할 것이다.

학기술(biotechnology) 중심의 바이오산업의 성장이 괄목한 가운데 향후 Nano technology, Opto technology의 접목을 기대하고 있다. 이러한 산업에서 이미 벤처기업의 성과가 가시화되고 있다. 이민화 등 기업가가 배출되었으나 안타깝게 사라지고 적극적인 수출성과(2001년 5월말 현재)는 디지털 위성방송 수신용 'STB(set-top-box)'를 생산하는 'Humax(변대규)'가 8,400만 달러, 휴대전화를 생산하는 'Sewon telecom(홍성범)'이 8,825만 달러[212] 등이 틈새시장을 확보하여 뚜렷한 성과를 거두고 있다.

〈참 고〉

❖ 이민화와 벤처연방제

이민화의 기업연방제는 독립성을 유지하는 개별기업들이 비전과 역량의 공유를 통해 상호시너지를 구축하기 위한 목적으로 전략적인 연계관계를 가지는 기업집단을 말한다.

비록 현재 도산으로 인한 어려움은 다각화를 통한 기업군의 성장에 대한 과도한 자신감과 과잉투자가 현재 어려움을 초래한 또 다른 원인으로 평가되고 있다. 그가 주장한 '벤처연방제'나 '초생명기업'은 이론적 타당성을 떠나서 재벌식 경영에 대한 반감을 가진 일반에게 거부감을 일으켰던 것이 사실이다.

그러나 현재 어려움에 처해 있지만 그가 제시했던 벤처강국의 꿈은 아직 사라지지 않았다. 불굴의 의지를 가진 수많은 벤처기업인들의 도전과 열정이 새로운 미래를 만들어 갈 것이다.

애플 컴퓨터의 창업자였지만 한때 실패한 경영자로 낙인 찍혔던 스티브 잡스가 픽사를 만들어 화려하게 컴백을 하고 경영난에 봉착한 애플사를 다시 일으켰듯이 이 회장의 성공적인 재기와 벤처강국 대한민국의 미래가 도래할 것을 기대해 본다. 그때 다시 한번 보다 넉넉한 마음으로 이 시기를 회고하게 되기를 바란다.

212) 조선일보, 2001.7.17.

미국경제전문 주간지 <Business Week(2001.7.2)>은 아시아의 저력 있는 기업가로 STB개발의 선두기업(유럽시장에서 시장점유율 1위)으로서 '변대규(卞大圭)', 온라인 게임 '리니지'를 성공적으로 정착시켜 디지털 콘텐츠의 유료화를 증명한 김택진 대표를 선정하기도 하였다.

김택진(金澤辰, 1967년)은 서울대학교 전자공학과 학사, 석사 학위를 마쳤으며 박사과정 중 인 1997년에 엔씨소프트를 창립했다. 엔씨소프트 창립 이전 '아래아한글'을 공동 개발했으며, 한메소프트를 창립하여 도스용 '한메타자교사'를 개발하는 등, 소프트웨어 개발자로서 명성을 얻었다. 1998년에 온라인게임 '리니지'을 개발하여 '리니지의 대성공으로 억만장자의 반열에 오른다. 한국의 억만장자들은 상속 받은 사례가 대부분이라서 김택진의 억만장자 입성은 IT 성공의 신화로 한때 큰 관심을 불러일으키기도 했다. 그리고 리니지2', '길드워' 등을 통해 엔씨소프트를 세계적인 게임기업으로 성장시켰다. 현재 그의 재산은(2022년 포브스의 기준) 16억 달러 (약 2조 640억원) 에 이르는 것으로 추정된다.

일일이 나열할 수 없으나 이와 같은 기업가는 현재 생성되고 있거나 성장 초기에 접어든 기업들이 많다. 최근 가장 주목받고 있는 변대규의 기업가적 활동을 소개하면 다음과 같다.

> 변대규(卞大圭)는 1989년 석/박사 7인의 창업멤버를 구성하여 (주)건인 System으로 창업하여 1993년 CD가요 반주기를 시장에 출시함으로써 성장을 시작한다. 초기에 우수한 기술을 바탕으로 여러 제품을 개발하였으나 시장에서 외면당했다. 그러나 당시 가라오케(カラオケ) 시장이 형성되는 것을 보고, 자막처리, 노래방 TV용 부품 등에 그들의 기술을 활용할 수 있음을 보고 사업을 본격화한 것이다. 첨단 벤처기업이 가라오케

(カラオケ)를 만든다는 것에 자존심이 상했지만 디지털가전으로 사업을 전환하기 위한 시작이었다. 이들의 비전은 'Digital 가전의 Sony'였기에 한 단계의 성장을 위해 점진적인 혁신을 고려하였던 것이다. 기업의 목표가 뚜렷하여 누구나 공감할 수 있는 상황이다. 이것이 기업조직을 항상 새롭게 하였다.

1994년 디지털가전으로 사업 분야를 정한 그는 CD ROM기술을 이용하여 세계 최초로 CD반주기를 출시한다. 이어 1996년에는 디지털1위성방송 STB를 개발 및 출시하고 1997년에는 영국 현지법인을 설립하여 유럽시장을 공략하기 시작하였다. 이때 KOSDAQ에 등록하여 자금조달을 새롭게 하였다. 이 분야가 디지털설계와 Software를 짜는 중급정도의 복잡성을 지녔다는 점과 국내의 풍부한 양산기술, 그리고 기술에 비해 시장이 성장 초기였던 기회를 파악하였던 것이다. 1998년 (주)Humax로 상호를 변경하고, 2000년 6월에는 핵심역량의 시너지를 창출하기 위해 삼성전자와 Silicon Valley에 조인트 벤처회사인 Cross Digital을 설립하고 동년 11월에 수출 1억불을 달성하였다.

이러한 벤처기업의 성공이유는 확실한 비전의 확립과 목표를 설정한 것을 우선에 둘 수 있다. 과거 대기업처럼 '기업을 언제나 새롭게' 할 수 있는 힘을 국가지향적인 이념적 자원에서 찾는 것이 아니라, 현대의 벤처기업은 첨단산업에서 시장에서 도달할 수 있는 확실한 목표의 설정을 통해 기업조직을 새롭게 하고 있다.

기회의 창(Window of Opportunity)을 인식하고 혁신적인 틈새(Niche) 사업영역을 통해 시장에 필요한 기술을 제공함으로써 기업성장의 기반을 준비하고 있는 것이다. 자금의 조달 또한 기업 활동의 성과를 평가하는 KOSDAQ이나 거래소시장을 이용하여 직접금융을 이용하고 있다. 더욱이 기업구성원들을 확실한 목표를 지향하게끔 동기화시킴으로서 그들을 전문화된 지식근로자로 만들고 있다. 이들의 기업가정신은 과거와 같이 기업가 개인에서 출발하는 것이 아니라 기업조직에서 사업의 확실한 목표와 자금, 기술, 인적자원을 혁신하고 있는 것이다.

사례: 아모레 퍼시픽의 70년의 기업가정신

AMOREPACIFIC

아모레퍼시픽이 오늘날 70년 전통을 이어 아름다움과 건강을 모토로 세계적인 뷰티기업으로 우뚝 서게 된 것은 윤독정여사와 그이 아들 서성환 회장에서 손자인 서경배 회장까지 이어져 내려오고 있는 아모레퍼시픽의 기업가정신이 있기 때문이다

윤독정

서성환

서경배

아모레퍼시픽 창업주인 고(故) 서성환 회장의 어머니 고(故) 윤독정 여사는 1930년대 개성에서 동백기름을 직접 만들어 팔았다. 당시 동백기름은 여성들의 머리 손질용으로 인기가 높았다. 냄새가 나지 않고 잘 마르지 않으며, 윤기가 오래 지속하면서도 때가 잘 끼지 않아 좋은 머릿기름의 특성을 고루 갖췄기 때문이다. 그만큼 만들기 어렵고 비쌌다. 윤 여사는 독자적인 기술로 동백기름을 만들었다. 그가 만든 제품

은 남다른 품질로 입소문이 났고 신뢰를 얻었다.

이런 어머니를 곁에서 지켜보고 도우면서 자란 서 회장은 45년 태평양화학공업사(현 아모레퍼시픽)을 세웠다. 코티분, 메로디 크림, ABC 식물성 포마드라는 획기적인 상품을 내놓으며 인기를 끌게 된다. 1956년 태평양화학공업(주)로 사명을 변경하고 1959년에는 프랑스 코티사와 기술 제휴를 하고, 1964년에는 일본 시세이도와 기술 제휴를 하였다. 1964년 사내 직원을 대상으로 브랜드 이름을 공모해 '아모레'라는 토종 브랜드를 내놓으면서 이후 메이크업 캠페, 파운데이션, 미용지, 한방화장품, 지정 체인샵등 대한민국 화장품 역사에 있어서 최초라는 타이틀을 거머쥐게 된다. 그리고 새로운 유통 경로를 구축하는데, 그것이 화장품 방문판매제도로 이어진다. 전국을 바둑판처럼 분할하여, 각 특약점에 배분하고 이 특약점 구역을 다시 판매원에게 나눠줌으로써 구역별 판매를 실시했다. 전국 어디서나 동일한 가격으로 안심하고 제품을 구할 수 있었으며, 애프터 서비스 보장 및 후불제로 고객들로부터 신뢰를 얻을 수 있었으며 이는 화장품업계의 엄청난 혁신으로 평가받는다.

서 회장은 '기술과 품질로 고객에게 인정받는다'는 어머니의 가르침을 경영의 기본으로 삼았고 여성을 존중하는 인재관을 가졌다.

아모레퍼시픽그룹의 주식 가치가 상승하면서 2015년도에는 이건희 삼성전자 회장을 제치고 국내의 주식부자 1위로 올라서기도 했다. 그러나 2016년 7월, 정부가 사드(THAAD)를 도입하기로 결정함에 따라 중국이 한한령으로 대응하면서 매출이 꺾이기 시작한다. 당장 2016년에는 매출 6조 6,976억 원, 영업이익 1조 828억 원을 기록해 사상 최고치를 기록했지만 2017년에는 매출 5조 1,238억 원, 영업이익 5,964억 원으로 2016년 대비 9%, 30% 감소하였으며 2019년은 매출 5조 5,801

억 원, 영업이익 4,278억 원으로 매출은 6% 증가하였으나 영업이익이 11% 감소하였다. 최근에는 재계서열 40위로 감소하였지만 화장품업계에서의 아모레퍼시픽은 기업가정신이 풍부한 혁신적인 기업이다.

4. 스타트업 형의 기업가

1) 가파와 팽의 등장과 유니콘기업

(1) 가파(GAPA)와 팽(FANG)

2000년대에 들어오면서 21세기의 석유로 불리는 인터넷을 무기로 디지털데이터로 성장을 계속해 온 Google, Amazon, Facebook, Apple 이들 4기업의 머리글자를 따서 'GAFA(가파)'라고 부른다. 전 세계에서 인터넷을 사용하는 수십억 명의 사람은 매일 GAFA의 제품이나 서비스를 이용하고 우리도 모르는 가운데 어느덧 이들 제품과 서비스는 생활의 필수 인프라가 되었다. 2018년 세계 시가 총액 순위에서 애플이 1위, 아마존이 2위, 알파벳(구글의 모회사)가 3위, 페이스 북이 다섯 번째로 시가 총액은 이하로 되어있다.

기업	시가 총액
Apple	9,409억 달러
Amazon	8,800억 달러
Google(Alphabet)	8,336억 달러
Facebook	6,092억 달러

최근에는 IT 서비스의 점유율이 작아지면서 하드웨어에 강점이 있는 애플(Apple)을 제외하고 대신 동영상 서비스로 세계를 석권하고 있는 넷플릭스(Netflix)를 넣은 팽(FANG)으로 불리는 기업군도 주목 받고 있다. 2019년 엔트레피디아(Entrapedia)가 발간한 일본 스타트업 파이낸스 보고서에 따르면 2009년에는 896개의 스타업과 액수로는 737억엔이 2012년 스타트업은 1,060개로 증가했지만 투자규모는 645억엔으로 감소하였다. 2015년 스타트업은 1,610개로 성장했으며 투자액수는 1,861억엔으로 증가 했다. 2017년 1,652개의스타트업과 투자액수는 3,168억엔으로 증가 하였다.

2018년에는 스타트업이 1,426개로 감소했지만 스타트업 투자액이 거의 4천억엔(35억 달러)으로 증가했다는 점에 주목받고 있다. 즉, 스타트업 1개당의 투자액수가 증가 하였음을 알 수 있다. 일본의 벤처캐피탈의 투자규모는 성장하였지만 스타트업의 숫자는 감소했음을 알 수 있다. 미국에 비하면 아직 매우 작지만 투자규모로는 엄청나게 성장했다. 이를 반영해 지난해 모금한 스타트업 중 50%가 100만 달러 가까이 모금에 성공했고, 전체평균은 약 300만 달러 수준이다.

〈표 9-6〉 스타트업의 펀딩액과 증가수

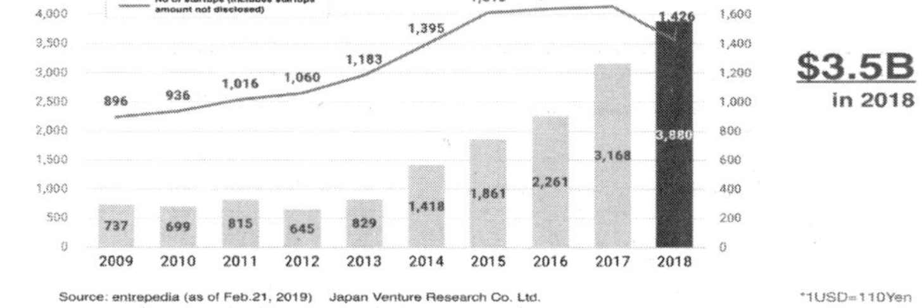

2017년의 OECD의 자료인 벤처캐피탈 투자율(GDP대비 차지하는 비율)에 의하면 1위인 이스라엘과 2위인 미국이 각각 세계 1위와 2위의 자리를 차지하고 있으며 그 비율은 GDP대비하여 두 국가가 모두 0.35퍼센트 이상을 차지하였다. 특필할 것은 한국의 경우에는 4위를 차지하여 0.08퍼센트를 넘어서 0.1퍼센트에 육박하는 것에 주목할 필요가 있다. 이에 반하여 제조업강국인 16위인 독일과 22위인 일본의 벤처캐피털 투자에 대한 GDP대비 비율은 높지가 않다. 예를 들어 독일과 일본의 경우에는 두 국가 모두 GDP에 대비하여 0.05퍼센트 미만의 비율을 차지하였는데 이와같은 비율은 다른 선진국과 비교하여 보아도 낮다고 할 수 있다.

〈표 9-7〉 각국의 벤처캐피탈 투자율(GDP대비 차지하는 비율

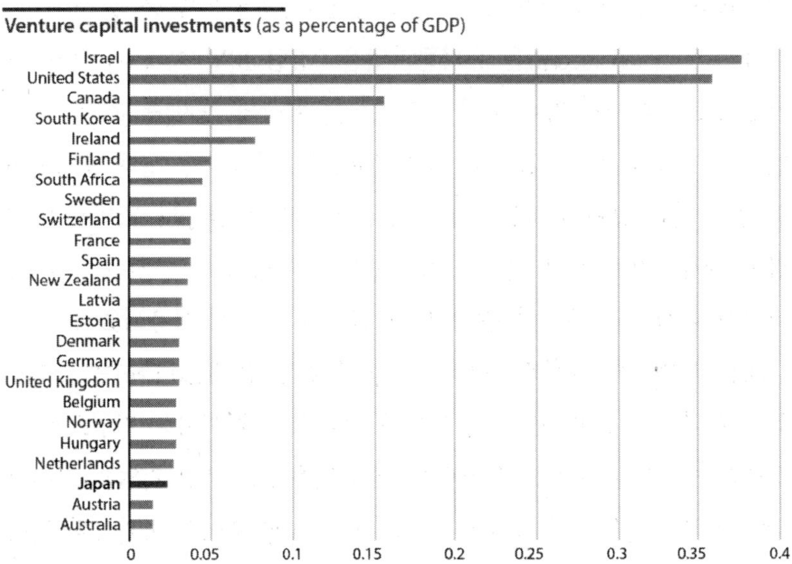

Source: OECD, Entrepreneurship at a Glance 2017

2) 유니콘 기업의 등장

1976년 포브스(Forbes)에서 처음 사용된 '스타트업Startup'이라는 단어는 1990년대 후반 닷컴 버블로 창업 붐 현상이 일었을 때, 실리콘밸리에서 기술과 인터넷을 기반으로 창업한 회사들을 지칭하는 용어로 사용되며 널리 알려지기 시작했다. 스타트업(Startup)은 설립한 지 오래되지 않은 신생 벤처기업을 뜻한다. 미국 실리콘밸리에서 생겨난 용어로서, 혁신적 기술과 아이디어를 보유한 설립된 지 얼마 되지 않은 창업 기업이다. 자체적인 비즈니스 모델을 가지고 있는 작은 그룹이나 프로젝트성 회사이다

현재는 기술 기반과 무관하게, '혁신적인 기술과 아이디어를 보유한 신생 기업', '현재의 가치보다는 미래의 가치로 평가받을 수 있는 큰 잠재력과 성장 가능성을 갖춘 기술 중심의 신생 기업'을 뜻한다.

유니콘 기업(Unicorn)은 유니콘기업은 「창업 10년 이내의」 「비상장 기업」으로 「평가액 미화 10억 달러(1조원) 이상의 가치」를 지닌 「테크널리지 기업」의 4가지 조건을 갖춘 스타트업 기업이다. 원래 유니콘이란 뿔이 하나 달린 말처럼 생긴 전설상의 동물을 말한다. 스타트업 기업이 상장하기도 전에 기업 가치가 1조 원 이상이 되는 것은 마치 유니콘처럼 상상 속에서나 존재할 수 있다는 의미로 사용되었다.

2013년 미국의 벤처캐피털리스트인 에일린 리(Aileen Lee)는 스타트업 가운데 단지 0.07%만 기업 가치가 10억 달러에 이르는 기업으로 성장한다는 통계를 바탕으로 상장도 하지 않은 스타트업 기업의 가치가 10억 달러가 넘는 것은 전설의 유니콘처럼 상상 속에서나 가능한 일이라는 의미로 처음 사용하기 시작했다. 유니콘 기업에는 미국의 우버, 에어비앤비, 핀터레스트, 깃허브, 몽고DB, 슬랙, 에버노트, 중국의 샤

오미, 디디추싱, DJI, 한국의 쿠팡, L&P코스메틱, 크래프톤(前블루홀), 비바리퍼블리카(토스), 야놀자, 위메프, 지피클럽, 무신사, 에이프로젠, 쏘카 등이 있다.

CB Insight에 따르면 2021년 1월 기준, 전 세계 유니콘 기업의 수는 515개, 데카콘 기업의 수는 25개, 헥토콘은 1개(바이트댄스)에 불과합니다. 유니콘 기업과 데카콘 기업의 상징이었던 에어비앤비는 지난 2020년 12월 10일 나스닥에 상장을 한 후 시총 1,000억 달러(100조)를 돌파했습니다. 2021년 1월 기준으로 세계에서 기업 가치가 가장 높은 비상장 기업인 바이트댄스가 1,400억 달러 가치의 유일한 헥토콘이다.

비상장 기업 기업가치에 따른 구분

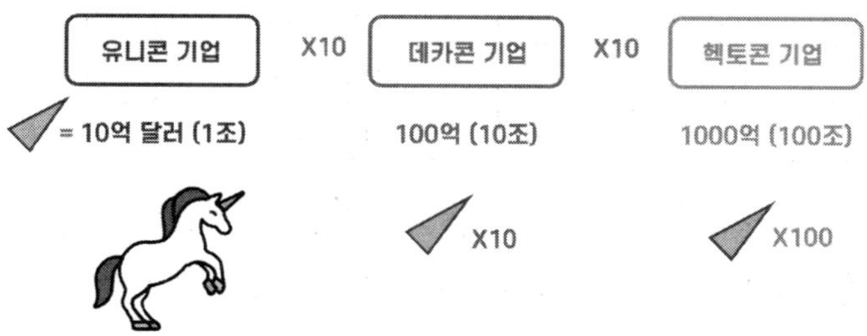

유니콘 기업(CB Insights)2022년5월 현재				
순위	국가	수	최고가치기업	기업가치
1	미국	582	SpaceX	$ 1,003억
2	중국	173	Bytedance	$ 1,400억
3	인도	65	BYJU's	$ 220억
4	영국	42	Checkout.com	$ 400억
5	독일	29	Celonis	$ 110억
6	프랑스	24	Doctolib	$ 64억

유니콘 기업(CB Insights)2022년5월 현재				
순위	국가	수	최고가치기업	기업가치
7	이스라엘	20	Wiz	$ 60억
8	캐나다	19	Dapper Labs	$ 76억
9	브라질	16	QuintoAndar	$ 51억
10	싱가포르	13	HyalRoute	$ 35억
11	대한민국	12	Toss	$ 74억
12	호주	8	Canva	$ 400억
13	스웨덴	7	Klarna	$ 456억
14	인도네시아	6	J&T Express	$ 200억
	홍콩		Lalamove	$ 100억
	멕시코		Kavak	$ 87억
	네덜란드		Mollie	$ 65억
	스위스		SonarSource	$ 47억
19	아일랜드	5	BrowserStack	$ 40억
	일본		Preferred Networks	$ 20억

한국은 유니콘기업의 숫자로는 12개로 전세계에서 11위를 기록하고 있는데 미국의 582개, 중국의 173개에 비하면 아직도 걸음마 단계이다. 몇 년전만 해도 유니콘기업이 많이 등장하는 국가로 알려져 있으나 독일, 영국, 프랑스의 돌진으로 한국은 아직도 제자리걸음을 하고 있다.

〈표 9-8〉 2022년 2월 중소벤처 기업부 발표 국내 유니콘기업

기업명	대표 브랜드	최근 기업가치	CB Insights	등재 시기	2021년 매출액
두나무	업비트, 증권플러스	$ 143억 (17.3조 원)	$ 10억	2021.07.	3조 7,046억 원
야놀자	야놀자	$ 82.2억 (10조 원)	$ 10억	2019.06.	3,748억 원

기업명	대표 브랜드	최근 기업가치	CB Insights	등재 시기	2021년 매출액
비바리퍼블리카	토스, 타다	$ 74억 (8.2조 원)	$ 74억	2018.12.	7,808억 원
옐로모바일	피키캐스트, 쿠차	$ 40억 (4.8조 원)	$ 40억	2014.11.	2,508억 원[17]
컬리	마켓컬리	$ 32.9억 (4조 원)	$ 33억	2021.07.	1조 5,614억 원
위메프	위메프	$ 26.5억 (3.18조 원)	$ 23.4억	2015.09.	2,448억 원
당근마켓	당근마켓	$ 24.7억 (3조 원)	-	2021.08.	257억 원
빗썸코리아	빗썸	불명[18]	-	2022.02.	1조 99억 원
무신사[19]	무신사	$ 18.9억 (2.27조 원)	$ 22억	2019.11.	4,667억 원
티몬	티몬	불명[20]	-	2016.04.	1,291억 원
L&P코스메틱	메디힐	$ 14.8억 (1.78조 원)	$ 11.9억	2016.01.	2,242억 원[21]
GP클럽	JM 솔루션	$ 13.2억 (1.58조 원)	$ 13.2억	2018.10.	5,355억 원
리디	리디	$ 12.3억 (1.5조 원)	$ 13.3억	2022.01.	2,038억 원
에이프로젠	GS071	$ 10.4억 (1.25조 원)	$ 10.4억	2019.05.	263억 원
쏘카	쏘카	$ 10억 (1.2조 원)	$ 10.7억	2020.10.	2,890억 원
직방	직방	$ 9.0억 (1.1조 원)[22]	-	2021.06.	559억 원
버킷플레이스	오늘의집	$ 9.0억 (1.1조 원)[23]	-	2021.09.	1,176억 원
A사[24]	불명 (도·소매업)	불명	-	불명	불명

이 중 CB Insights에서 인정하는 유니콘 기업은 12개 사로, 비바리퍼블리카($ 74억)·옐로모바일($ 40억)·컬리($ 33억)·위메프($ 23.4억)·무

신사($ 22억)·리디($ 13.3억)·지피클럽($ 13.2억)·엘앤피코스메틱($ 11.9억)·쏘카($ 10.7억)·에이프로젠($ 10.4억)·두나무·야놀자($ 10억)가 해당한다.

비공개 A사, 미국의 유니콘 기준에 미달한 직방·버킷플레이스, 투자사에서 기업가치를 밝히지 않은 빗썸코리아·티몬에 더하여 당근마켓까지 총 6개 사가 제외되었다.

(2) 유니콘과 데카콘

최근 미국 실리콘밸리에서는 유니콘보다 열배나 큰 '데카콘(Decacorn)'이 속속 등장하고 있다. 데카콘은 초거대 스타트업을 가리키는 신조어다. 기업공개(IPO) 전 기업 가치가 100억 달러($10 billion)를 넘어선 스타트업을 지칭한다. '유니(Uni)'와 '데카(Deca)'는 각각 '1'과 '10'을 뜻하는 접두사다.

데카콘기업은 미국 블룸버그통신이 '에어비앤비(Airbnb)', '드롭박스(Dropbox)', '핀터레스트(Pinterest)', '스냅챗(Snapchat)', '우버(Uber)' 등 기업 가치가 100억 달러가 넘는 초거대 스타트업들을 유니콘 기업과 구분지어 표현하면서 처음 쓰이기 시작했다.

인터넷 사용 인구가 1999년 4억 명에서 현재 30억 명 이상으로 7배 이상 늘었다. 단순 기대치가 아닌 사업성이 확실한 점도 버블 논란을 잠재운다.

숙박시설이 하나도 없는 '에어비앤비(Airbnb)'의 투숙 고객이 3,000만 명이고, 자동차를 보유하지 않은' 우버(Uber)'가 매일 고객 300만 명을 실어 나른다. 수많은 이용자를 기반으로 한 소셜미디어 업체는 광고형 콘텐츠를 이용하기도 한다. 예전보다 수익 모델의 정립이 잘 돼 있다. 상장도 서두르지 않는다. 기업 가치를 증명한 후 기업을 공개한다.

데카콘은 미국 블룸버그통신이 '에어비앤비(Airbnb)', '드롭박스(Dropbox)', '핀터레스트(Pinterest)', '스냅챗(Snapchat)', '우버(Uber)' 등 기업 가치가 100억 달러가 넘는 초거대 스타트업들을 유니콘 기업과 구분지어 표현하면서 처음 쓰이기 시작했다.

(3) 왜 우리는 데카콘기업이 나타나지 못하는가?

2018년 7월 20일 한국정보화진흥원(NIA)은 최근 발간한 '글로벌 지수로 본 한국의 4차 산업혁명 대응 역량과 과제' 보고서를 보면 우리나라는 지나친 규제와 기존 산업의 반발에 부딪쳐 여기에 대응하지 못하는 것으로 보고 되고 있어 안타깝다. 보다 과감한 규제혁신과 법·제도 개선이 없으면 데카콘은 다른나라의 이야기로만 등장할 것이다.

우리나라는 세계경제포럼(WEF)이 총 100개국을 대상으로 평가한 '미래 생산 준비도 2018'에서 미국, 싱가포르, 일본과 함께 '선도 국가'로 분류됐다. 영국 이코노미스트 산하 경제연구기관 EIU도 25개국을 대상으로 혁신환경, 교육정책, 노동시장 정책 등을 평가한 '자동화 준비 지수 2018'에서 우리나라를 1위로 꼽았다.

우리나라는 또, 200개국을 대상으로 하는 '2018 블룸버그 혁신 지수'에서 5년 연속 1위, EU의 행정부 격인 집행위원회가 지난달 말 측정한 '혁신지수' 평가에서 6년 연속 1위 자리를 놓치지 않고 있다.

2017년 말 발표된 옥스퍼드 인사이트의 '정부 AI 준비지수'에서는 4위, 터프츠대학의 '2017 디지털진화지수'에서도 7위로 상위권에 올랐다.

반면, MIT 테크놀로지 리뷰가 발표하는 '가장 스마트한 50대 기업'과 미국 시장조사기관 CB인사이트가 선정하는 '100대 유망 AI 스타트업 2018'에는 우리나라 기업이 단 한 곳도 이름을 올리지 못했다.

우리나라는 기본적으로 우리의 미래혁신 역량은 충분히 갖고 있으나 세계적인 기업이 등장하기는 어렵다. 4차 혁명시대의 대표적인 비즈니스와 스타트업 성장을 돕는 성공전략, 규제혁신 등 법·제도 개선이 필요하며 기존기업인들의 협업으로 이것을 돌파하지 않으면 우리의 미래는 없다.

앞으로 글로벌 유니콘 기업의 상위 업종은 공유경제, 전자상거래, 핀테크, 의료·건강, 빅데이터 등이 꼽히지만, 이들 업종 대부분이 우리나라에서는 규제에 묶여 있는게 현실이다.

규제혁신과 규제타파를 외치지만 실지 현장에 가보면 이 첨단분야에 이해가 얽힌 업종이 많다보니 앞으로 나아가지 못하다 보니 스타트업 기업은 창출되지 못하고 세계에서 밀려나기 십상이다. 의료뿐만 아니라 공유경제 등 산업 전반에 보다 과감한 규제 완화 노력과 사회적 협의가 없으면 우리의 미래는 전통산업으로만 해결하려고 하면 일본의 갈라파고스처럼 우리도 국제외 흐름과는 먼 디지털을 중심으로 한 공유경제, 빅데이터, 그리고 의료 등에 과감한 규제 완화 노력과 서로가 상생하는 사회적협의로 가야한다.

〈스타트업은 한국 경제에 다른 미래를 제공한다〉

영국 이코노미스트지는 2020년 4월 11일 스페셜리포트에서 한국의 경제구조와 스타트업 생태계를 다뤄 눈길을 끌었다. 스타트업은 한국 경제에 다른 미래를 제공한다(Startups offer a different future for South

Korea's economy)는 타이틀로 재벌중심의 한국경제에 새로운 모델로서의 한국의 스타트업을 소개하였다. 그리고 "한국 정부는 쿠팡과 같은 스타트업들이 단지 근무복장만이 아니라 재벌 중심 경제구조를 바꾸기를 희망한다"고 전했다.

한국은 수출주도 모델을 내세워 거대 재벌기업과 국가육성 제조업을 우선시하면서 부유한 나라로 발돋움했다. 하지만 수출 성장세와 전반적인 국내총생산(GDP)이 지난 10년 동안 OECD 평균을 향해 낮아지고 있다. 국민 1인당 소득은 여전히 OECD 상위 절반 국가들보다 1/3 낮은 상황이다. 국가경제의 60%를 차지하는 서비스업의 생산성은 제조업의 절반에 불과하다. 중소기업은 대기업보다 생산성이 크게 낮다. 이를 고치려면 경제구조 대변화가 절실하다.

한국에서의 다른 모든 부문과 마찬가지로 스타트업 관련 발전속도도 신속하다. 스타트업(Startup)은 신생 창업기업을 뜻하는 말로 미국 실리콘밸리에서 처음 사용된 용어로 기술중심의 하이테크 형의 회사를 말한다. 한국을 대표하는 스타트업의 쿠팡이 설립된 2010년, 한국에선 스타트업 생태계라 할 만한 게 없었다. 지금으로부터 5년 전 약 80개의 스타트업이 투자자들로부터 100만 달러 이상을 모았다. 현재 약 700개의 스타트업이 있다. 그중에는 1,000만 달러 이상을 투자받은 200개 스타트업, 가치가 10억 달러를 넘는 유니콘 기업이 10곳 있다. 쿠팡의 경우 90억 달러 가치를 인정받고 있다. 2019년 글로벌 투자자들은 한국 스타트업에 4조 원(33억 달러) 가량 벤처자금을 쏟아부었다. 2013년에 비하여 3배 늘었다.

스타트업 생태계의 급속한 발전은 서울을 변모시키고 있다. 쿠팡의 본사로부터 가까운 거리에 있는 강남구 테헤란로에는 스타트업과 벤처들이 공동으로 작업하는 공간, 값비싼 커피숍이 즐비하다. 이곳 전역엔 소규모 벤처클러스터가 뻗어가고 있다. 벤처캐피털 TBT의 임정욱 대표는 이코노미스트지에 "2013년 미국에서 돌아왔을 때만 해도 한국의 스타트업 생태계 규모는 매우 작았다"며 "이젠 점심을 먹으러 가면 늘 벤처창업자들과 마주치곤 한다"고 말했다. 한국 벤처캐피털연합에 따르면 2018년 한국의 벤처캐피털 투자액은 GDP 대비 0.36%였다. 중국의 0.26%보다 높았지만 미국 0.64%, 이스라엘 1.75%보다는 적었다고 적고 있다.

그리고 이코노미스트지는 즉, 한국의 대외 대내적, 구조적 문제들로 인하여 한국 경제의 장기적 성장에 적신호가 켜진 상황. 어떻게 이를 해결할 수 있을까를 문제점으로 내놓았다.

또한, 스타트업이 열심히 뛰고 있지만 아직 국내 벤처 캐피탈의 규모는 삼성전자 한 분기의 매출을 조금 상회하는 수준으로 과연 앞으로 스타트업이 한국 경제의 새로운 동력이 될 수 있을까 하는 문제점도 제기하였다.

제4절 한국 기업의 변화와 세계기업의 생존경쟁

천재는 99%의 노력과 1%의 영감으로 만들어진다는 세계적인 발명가 토머스 A. 에디슨(Thomas A. Edison)의 명언은 어렸을때부터 많이 들어 왔지만 에디슨이 설립한 회사가 미국의 GE(General Electric Company)라는 것을 아는 사람은 많지 않다.

GE는 1878년 토머스 A. 에디슨(Thomas A. Edison)이 설립한 이래 150

년간 세계 최고의 지위를 누리고 있다. 물론 20년 전인 2000년 만해도 GE는 지난 5년간 전 세계에서 시가총액이 가장 큰 회사로 비즈니스 위크 선정 글로벌 1,000대 기업 순위에서 1위를 유지하고 있었다. 최근의 2020년에 GE는 포춘지 선정 500대 기업 중 총 매출로 미국에서 33번째로 큰 기업으로 선정되었으며 2011년 GE는 포춘지 선정 20대 기업 중 14위를 차지했지만, 과거의 GE는 아니라고 하지만 150년간의 세월을 생존하면서 미국의 메이저 기업으로 성장한 기적은 놀랄만하다.

미국기업에서 100년을 넘은 장수기업이면서 우리에게 알려진 세계적인 기업은 엑슨모빌, 쉐브론텍사코, 씨티그룹, 알트리아그룹, JP모건체이스, 파이자, P&G, 존슨앤존스 IBM, AIG, 뱅크오브 아메리카 등이다.

이에 비해 우리 한국기업의 기업환경은 미국과는 다르다. 우선 자본주의의 역사가 짧은것도 그중 한 이유에 해당되겠지만 환경에 적응하지 못한 기업과 전략에 실패한 기업 등으로 구분할 수 있다.

이런 것을 보면 어제의 인기산업이 오늘은 사양산업이 되는 기업경영의 법칙은 영원한 성장산업은 존재하지 않으며, 성장산업이 되기 위해서는 끊임없이 환경과 대응우위를 가져야 한다는 중요한 지적을 우리에게 주고 있다. 이것은 또한 다음의 표에서도 설명할 수 있다. <표 9-9>는 한국기업의 10대 대기업의 변화순위를 시계열적으로 나타낸 것이다.

〈표 9-9〉 한국대기업의 변화순위

	1950년	1960년	1970년	1980년	1990년	2000년	2010년	2020년
1	삼성	삼성	현대	삼성	현대	삼성전자	삼성전자	삼성전자
2	럭키	럭키	삼성	현대	대우	현대	POSCO	SK
3	금성(쌍용)	현대	럭키금성	럭키금성	삼성	삼성	현대	삼성바이오로직스
4	판본	한진	대우	대우	LG	SK	현대중공업	네이버

	1950년	1960년	1970년	1980년	1990년	2000년	2010년	2020년
5	삼호	효성	선경	선경	SK	현대 자동차	MOBIS	LG화학
6	삼양사	쌍용	쌍용	쌍용	한진	LG International	삼성생명	삼성전자 우선주
7	동양	대우	한국화약	기아	쌍용	삼성생명	LG화학	셀트리온
8	대한	두산	효성	한진	한화	LG전자	신한금융	현대 자동차
9	개풍	동아건설	국제	롯데	금호	한국전력	KB 금융그룹	카카오
10	화신	신동아	한진	한국화약	롯데	SKGlobal	한전	삼성SDI

자료: <포브스>, 2007; 2020년공정거래위원회, 각년도

우리는 여기에서 다음을 지적할 수 있다. 1950년대 상위 10개 대기업집단 중 70여 년이 지난 현재까지 동일한 지위를 점하고 있는 기업집단은 삼성과 LG, 2개에 불과하며 1960년대 상위 10개 대기업 집단 중 60년 동안 남아 있는 기업은 삼성, 현대, LG, 3개이다. 그리고 1965년 100대 기업을 기준으로 1995년까지 생존한 기업은 불과 16개뿐이고[213] IMF를 겪은뒤의 1999년까지를 보면 1965년~1995년 의 100대 기업중 생존기업은 불과 13개에 불과하다는 점이다. 그리고 한국 기업과는 직접적인 관계는 없지만 1960년 이후 세계 100대 기업의 30년 간 잔존율은 38%인데 그중 미국기업은 21%, 일본기업은 22% 정도인 것과 우리를 비교해보면 우리기업의 생존율이 선진국보다는 낮으며 그만큼 우리기업은 외부의 환경에 영향을 받고 있다는 것이다.[214]

<표 9-9> 한국대기업의 변화순위에서 나타난 것 처럼 2000년 이후 삼성전자가 20년 동안 계속 1위를 지키고 있는데 한국기업에서 언제부터 전기전자가 주력산업이 되었는가를 보여주는 표가 <표 9-10>한국의 시기별

213) 국제신문 2016.01.18)

214) 이덕훈, 기업과 환경제3판 2016

주력산업이다. 1975년부터 1980년은 섬유 정유 화학 식품산업의 순위였으나 1985년부터는 섬유-전기전자-화학-정유의 순위였지만 1990년부터는 전기전자-섬유-화학-자동차, 1995년에는 전기전자-자동차-섬유-화학, 2000년에는 전기전자-자동차-섬유-화학으로 순위가 바뀌고 있다. 그러나 섬유산업은 1975년~2000년까지 3위의 순위를 벗어나지 않고 있다.

〈표 9-10〉 한국의 시기별 주력산업(생산액 기준)

	1975	1980	1985	1990	1995	2000
1	섬유	섬유	섬유	전기전자	전기전자	전기전자
2	정유	정유	전기전자	섬유	자동차	자동차
3	화학	화학	화학	화학	섬유	섬유
4	식품	식품	정유	자동차	화학	화학
5	전기전자	철강	식품	철강	일반기계	식품
6	철강	전기전자	철강	조립금속	철강	정유
7	담배	자동차	조선	정유	식품	철강
8	음료	고무	자동차	일반기계	조립금속	일반기계
9	목제품	제지	조립금속	고무	정유	조립금속
10	고무	담배	일반기계	조선	조선	조선

주: 2000년 생산(순위)은 업종별 생산지수, 도매물가상승률을 고려하여 추정.
출처: 김정호 2001:23.

특히 우리나라의 기업부침이 심한 이유는 급격한 환경변화와 치열한 경쟁을 들 수 있으나 이러한 기업 내부요인보다 정부 등의 기업 외부요인이 더욱 크게 작용한다는 점을 잊어서는 안 된다. 우선 1960년대의 기업부침은 1960년대 후반 불황이 닥치면서 외부자금 의존도가 높고 산업구조 변화에 적응하지 못한 많은 기업들이 도산(제1차 부실기업정리)하였다.

그리고 1973년과 1979년의 제1차, 제2차 오일쇼크로 인하여 80년대초 중화학 투자조정과정에서 성장한계에 부딪힌 기업들이 몰락한 반면, 첨단산업에 진출하는 등 사업구조 변신에 성공한 기업들은 부상하였다. 그리고 무엇보다도 한국기업의 도산과 제일 관계가 깊었던 사건은 1990년대 후반 1997년 12월의 IMF 외환위기였다고 하겠다.

한국기업의 IMF 외환위기의 도산과정을 살펴보면 국내기업들은 우선 대외여건 변화에 둔감하였고, 근본적인 기업의 구조조정과 체질개혁보다는 관치금융에 적응된 많은 기업들이 퇴출하였음은 주지의 사실이다.

우선 30대 그룹 중 대우를 포함한 15개 그룹이 워크아웃, 법정관리, 화의, 협조융자에 들어가고 기아, 뉴코아, 한일, 거평그룹이 탈락하였다. 이러한 원인중의 하나는 1990년대 중반까지는 외형이 기업판도를 좌우하였고 이윤을 무시한 기업성장과 관계가 있다고 하겠다.

특히 1997년의 금유위기는 한국경제의 글로벌 사고를 갖게 하였고, 모든 행동을 글로벌 스탠다드와 함께 움직이도록 했다는 것이다. 따라서 삼성이 삼성전자, 삼성생명으로 분류 되었고, 현대도 현대와 현대자동차로 분리 되었다. 특히 2007년도를 보면 한국대기업의 순위에 국민은행, 우리은행, 신한은행 등 은행관련 업종이 부각된 것이 주목할 만하다.

1997년에 등재되었던 30대 대기업 집단 중에서 현재까지도 '30대 그룹' 명단에 자리를 유지한 곳은 11곳에 불과하다. 과거 재계를 쥐락펴락하던 상당수 그룹이 경제 위기를 맞아 뿔뿔이 해체되거나 30대 그룹 밖으로 밀려나는 운명을 맞았다.

▲ 1998년 외환위기 당시 재벌들의 생존현황(2017년). 재계순위 30대 기업 중 11개 기업이 탈락하거나 해체되었다. 분할과 해체 없이 온전히 1998년도와 2017년까지의 20년 동안 한국그룹 30위권을 유지한

그룹은 삼성, SK, 한화, 롯데, 대림그룹, 두산, 효성그룹 7개 기업이고, 세계 3위를 유지하던 대우그룹과 쌍용, 동아, 진로, 동양, 해태그룹 등 11개 그룹이 해체 되었고 8개 기업은 탈락되었다. 2021년 새로 진입한 그룹은 POSCO, 농협, 신세계 KT 등 15개 그룹이다.

제5절 앞으로의 전망

불행히도 한국은 일제강점기(1910~1945년)에 상업자본이 활발하지 못했고 한국전쟁(1950~1953년)에 의해 산업이 파괴되어 기업가의 활동이 더디게 일어났다. 다시 말하면 후진국에서 정책 없는 주체로서, 그리고 전쟁으로 폐허가 된 산업 하에서 기업가의 활동은 기대할 수 없었기 때문이다. 이로 인해 근대적인 자본축적과 그에 따른 정당한 이윤을 얻고자 하는 가치관의 혼란이 가중되어 갔다. 주지하듯이 1950년대에는 자본부족으로 기업가의 활동은 정부정책에 의존적이어서 기업가정신의 출발점이 새로운 기업조직형성에 많은 모순을 남겼다. 1960년대에 와서야 국가주도하의 산업화로 인해 기업이 발전하면서 기업가는 산업화적 기업가가 등장하면서 1970년대 이후 고도 성장기의 기업가정신이 등장하게 되었다. 당시 기업가들은 정부의 전략적 산업정책과 호의적인 시장에 대응하면서 산업을 창출하고 다각화된 기업집단을 형성하여 한국의 경제성장을 주도하였다. 그러나 무분별한 재벌의 확장은 기업의 재무상황이 나빠지면서 1997년의 IMF 외환위기를 겪게되어 수많은 재벌기업인이 도산하면서 새로운 기업가정신이 요구되는 상황이었다.

2000년 대이후에는 벤처기업가가 등장하고 2008년의 글로벌금융위기는 기존재벌이 더욱크게 성장하여 2세기업인으로 새로 등장하기도 하였으나 일부의 재벌들은 사라지기도 하였다.

2010년이후의 디지털경제하에 기업들은 새로운기업인 유니콘 기업(Unicorn)이 등장하게 되었는데 유니콘기업은 창업 10년 이내의 「비상장기업 으로 평가액 미화 10억 달러(1조원) 이상의 가치 를 지닌 테크널리지 기업 의 4가지 조건을 갖춘 스타트업 기업이다. 현재 한국에서는 유니콘기업의 부족으로 한국경제가 힘들은 상태이다. 2020년의 현재에는 삼성과SK하이닉스, 현대자동차 등의 재벌그룹도 막강하지만 카카오 임펙트의 김범수의장, 셀트리온의 서정진회장, 스마일게이트를 창업한 권혁빈회장, 넥슨의 창업한 고 김정주 회장등의 성공은 과거와는 다른 유니콘기업의 기업가정신이다.

한국에서의 기업가정신은 장기적으로 불연속적인 혁신을 보여 왔으며, 단기적으로 연속적인 시장을 보완해 오고 있다. 이러한 장, 단기의 시장과정은 기업가들이 접하고 있는 환경과 상황에 적합하여 이루어진 것이다. 비록 한국경제의 성장과정에서 형성된 외부적 요인 때문에 기업가의 활동을 과소평가하기도 하지만, 약 100년 간의 과정을 확인함으로써 기업가정신의 중요성과 기업가의 역할을 확인하였다. 시장에서 기업가정신을 남용하거나 환경변화에 적응하지 못한 기업은 그 자취를 감추었기 때문이다.

비록 일제강점기 때 기업가들이 성장하지 못하고 1970년대부터 활발하게 이루어졌지만, 이들의 기업가정신은 국가산업을 주도하여 왔으며 최근의 스타트업기업가는 아이디어+기술+시장상황의 복합적요소로 기업조직을 새롭게 하는 창조적 혁신을 보여주고 있다.

이러한 한국의 경험은 무한한 수요와 공급을 형성하는 시장의 속성이 기업가정신을 위한 장소로 점점 변화해 가고 있음을 확인시키고 있다. 또한 시장은 항상 불확실하기 때문에 시장의 선택은 차선의 최적결과(sub-optimal results)를 만들어 내고 있다. 한국의 경험은 기업가정신에 의해 시장이 점점 진화되어 왔으며, 시장에 의해 기업가정신이 점점 전문화되고 기업은 더욱더 능률적으로 변해가고 있음을 보여주고 있다.

제 10 장

한국기업의 경영문화와 경영스타일

제 10 장
한국기업의 경영문화와 경영스타일

제 1 절 한국의 공동체문화와 농경문화

1. 한국사회와 농경문화에서 오는 전통으로서의 공동체

한국의 농경문화는 벼농사와 깊은 관계가 있다. 위지(魏志) 변진조(弁辰條)에 "변진국들은 오곡과 벼재배에 알맞다(宜種五穀及稻)."라고 씌어 있다. 또『삼국사기』권23 백제본기에 "다루왕(多婁王) 6년(서기 33년) 2월 영을 내려 나라의 남쪽 주군(州郡)에 벼농사를 시작하게 하였다(多婁王六年二月下令 國南州郡 始作稻田)."는 기록과 신라본기에 "남해왕 13년(서기16년) 7월 멸구[蝗]의 피해로 백성이 굶주려 창고를 열어 구하였다(七月蝗民飢發倉廩救之)."는 기록[215]으로 보면 기원전 1세기경에 벼농사가 시작된 것을 알 수 있다.

그리고 벼농사는 한국인의 주식으로 자리 잡아 2천년간 계속 이어졌으며 조선시대는 물론, 1960년대 한국의 식량 사정이 어려웠던 시절

215) 한국민족문화대백과사전(벼농사) 참조

에 국가적인 숙원사업은 '식량의 자급자족' 달성이었다. 봄철기근을 말하는 춘궁기(春窮期) 즉, 보릿고개 가 비일비재하던 시절이었다. 박정희 대통령시절인 1972년에 서울대학교 농업생명과학대학 허문회(許文會 1927~2010년) 교수에 인디카(indica)와 자포니카(Japonica)를 교잡한 쌀인 통일벼[216]를 개발하여 1976년에 겨우 쌀 자급에 성공했다는 기록이 있으며 당시의 수확량은 3,621만 석이었다. 그리고 다음해인 1977년 통일벼가 전체 벼 재배면적의 절반을 넘으면서 4,170만 섬을 생산해 세계 최고의 생산성을 기록했다.

통일벼를 기념한 오십원동전 1972년

당시의 신문과 방송에서는 대서특필하였는데 불과 45년전에도 벼농사에 관한 한국의 벼농사를 중심으로 하는 농경문화는 한국을 대표하는 문화로 여겨진다.

---

216) 서울대 농대 허문회 교수는 1965~ 1966년에 걸쳐 1개의 자포니카 품종과 2개의 인디카 품종을 교배하는 이른바 3원 교배를 실시했다. 허 교수가 필리핀 국제미작연구소 연구원으로 재직할 때, 일본·대만산 볍씨를 교배한 1대 잡종을 아버지로, 필리핀에서 육종한 볍씨를 어머니로 삼아 일찍 여물고, 쓰러지지 않고, 병충해에도 강한 통일벼의 모종(IR667)을 탄생시켰다. 보통 벼는 이삭당 낟알이 80~90개였지만, 통일벼는 120~130개나 됐다.

당시의 박정희 정권은 부족했던 쌀의 자급자족을 이루었던 50원짜리 동전을 만들었고 거기에 새겨진 '잘 익어 고개숙인 벼'는 허 교수가 만든 '통일벼' 라고 한다. 지금도 사용하는 50원짜리 동전을 보면 한국은 벼농사를 중심으로 한 농경문화를 발달시켜오면서 정착생활을 하며 공동작업을 행하였고 적응하려는 특성을 가졌다고 볼 수 있다. 여기에서는 농경문화의 영향인 공동체 의식이 발달했고 지역주의, 근면성이 한국의 공동체 문화와 직 간접적으로 연결되어 있다고 하겠다.

모내기하는 박정희 대통령

통일벼를 보고 있는 박정희 대통령

박정희는 초기에는 농업에 역점을 두었다. 왜냐하면 그가 태생적으로 농촌출신 이라는 것도 있지만 자본주의 발전과 농업의 발전에는 긴밀한 상관관계가 있고 선진자본주의 국가에서는 농업혁명과 산업혁명이 동시병행적으로 이루어졌고[217) 한국도 이에 비슷하게 가려면 우선 농업을 안정화시켜야 했기 때문이다. 박정희 대통령을 평가할 때 독재자와 산업

217) 박현채, 한국경제의 구조와 논리, 한국농업의 현상과 문제점, 풀빛, 1982년 pp.171-192를 참조할 것.

화를 일으킨 리더등으로 양분되는데 박정희는 지금도 60 대이후의 한국인들 에게는 '한국을 더 이상 굶지않게 했다'는 의식들이 남아 있어 박정희를 존경하는 그룹이 50대 이전의 한국인들보다도 더 많다.

이것은 한국인들의 농경문화의 한 면으로 보아야 한다.

첫째, 공동체의식: 두레나 계, 품앗이와 같은 공동체 조직을 발달시켰는데 한국인은 '우리 집', '우리 사회'라는 표현을 통해 개인보다는 집단을 중시하는 공동체의식이 발달되어 있다. 집단주의 와 공동체의식은 다르게 인식되어 왔으나 한국사회에서는 비슷하게 사용되고 있다.

두레는 한국의 농촌사회에서 등장한 원시적 유풍인 공동노동체 조직이며 농촌 사회의 상호 협력, 감찰을 목적으로 조직된 촌락 단위이다. 두레가 이행하는 공동노동의 형태는 모내기·물대기·김매기·벼베기·타작 등 논농사 경작 전 과정에 적용이 되었으며, 특히 많은 인력이 합심하여 일을 해야 하는 모내기와 김매기에는 거의 반드시 두레가 동원되었다.[218] 상호부조·공동오락·협동노동 등을 목적으로 마을 단위로 조직되었으며 농사철에는 서로 협조하여 농사에 힘썼고, 기쁜 일이 있을 때에는 여러가지 놀이를 하며 함께 즐겼다. 또한 마을의 공동 잔치로 풋굿이나 호미씻이와 같은 논농사 이후의 놀이도 함께하였다.[219]

품앗이는 일반적으로는 노동의 교환형식으로 이해되고 있으나, 그 원초적인 의미는 '품(勞力)' '앗이(受)'에 대한 '품갚음(報)', 즉 증답(贈答)의 관계였던 것으로 생각된다.[220] 품앗이는 임금(사례)을 주지 않는 한민족 고유의 1대1의 교환노동 관습이다. 파종·밭갈이·논갈이·모내

218) 두산백과사전 - 두레

219) 위키백과- 두레

220) 두산백과사전-품앗이

기·가래질·논매기·밭매기·퇴비하기·보리타작·추수 등의 농사일은 물론 지붕잇기·집짓기와 수리·나무하기 같은 생활상의 품앗이, 염전의 소금일·제방쌓기에 이르기까지 널리 활용되었다.221)

대개 마을을 단위로 해서 이루어지는데 서로의 신뢰를 우선으로 일손이 부족할 때 수시로 이웃 사람에게 요청하고 나중에 다시 나의 일손으로 갚는 사람들 간의 노동교환으로 즉, 신뢰를 바탕으로 한 노동(력)교환이라고 하겠다.

두레가 공동적 내지 공동체적인 것이라고 하면, 품앗이는 개인적 또는 소집단적이라는 인상이 짙다. 두레는 정치적인 감찰과 협력으로 이루어지지만, 품앗이는 비슷한 개인 혹은 소집단 상호간에는 그 선행조건으로서 상호부조의 의식과 의리(義理)를 바탕으로 이루어진다. 최근에는 두레는 사라지고 그 자리를 새마을 운동으로 변한 느낌이지만 품앗이는 지금도 농촌사회와 지역에서는 살아있다. 현재는 농사를 짓지 않는 사람이 늘어나면서 농촌을 떠나서 생활하는 경우가 대부분이지만 조상의 묘와 친척의 상(喪)의 경우에는 품앗이가 존재한다.

이러한 공동체의식은 독일의 사회학자 페르디난트 퇴니스(Ferdinand Tönnies)가 사용한 공유, 일치, 공동체 의 의미인 게마인샤프트(Gemeinschaft)의 의미에 가까우며 이익사회중심의 의미인 게젤샤프트(Gesellschaft)에 대치한다고 볼 수 있다.222)

---

221) 위키백과-품앗이

222) Ferdinand Tönies : 『Gemeinschaft und GeseUschaft』, 杉之 原 壽一譯 岩波文庫, 1957年

통일벼를 개발한 허문회교수

품앗이는 한국사회 에서만 존재하는 것은 아니다. 일본에서도 유이(ゆい, ゆひ(結) 라고 하여 농작업 등에서 서로 노동을 교환하고 서로 도와 모심기나 추수 등에서 나타난다. 계(契)는 한국의 전통 협동조직으로 계회(契會) 또는 회(會)라고도 부르며, 모임이라는 뜻이다. 돈이나 곡식 등을 얼마씩 거두어 그것을 여러 사람이 서로 이용한다. 상부상조, 친목, 공동이익 등을 목적으로 만들어졌으나, 오늘날에 이르러서는 투기성의 목적을 띤 계로 변형되어 원래의 목적이 사라졌다. 중국의 후이(會), 일본의 타노모시코(頼母子講), 무진(無盡)[223] 류큐의 무에(模合) 등이 계의 일종이라고 볼 수 있다. 이는 서민의 융통조직 이라고 할 수 있으며 품앗이나 계등은 벼를 중심으로 한 농경문화권인 우리 한국이외에도 중국,일본 심지어든 오키나와의 류큐도 상부상조의 문화가 존재하는 것을 보며 농경문화가 가져다 준 상부상조의 협력시스템이라고 볼 수 있다.

223) 泉田洋一, 農村金融の發展と回轉型貯蓄信用講(ROSCAs), 1992年3月, 宇都宮大學農學部學術報告, 15(1), pp.1-18. 을 참고 할 것.

2. 농경사회에서 등장한 공동체로서의 우리

농경사회 특히 벼농사를 하면서 두레와 품앗이 속에 등장한 '우리'라는 표현은 함께(같이)라는 평등의식이 있는데 우리학교, 우리집은 좋은데 우리엄마, 우리 아빠라는 단어가 등장해 외국인들을 당황하게 한다.

우리라는 표현은 평등의식과 함께 우리는 어려움을 서로 이해하고 극복한 사이 이고 우리가 아닌 타자(他者) 에게는 움츠리고 폐쇄적이다. '우리가 남이가!'에서의 '우리'라는 의미에는 '외부집단'에게는 더없이 배타적이어서 상호 커뮤니케이션이 원활치 못하고 전체 최적달성에 저해 받는 등 상호조화를 이루지 못했다는 의견이 지배적이다.

우리가 남이가' 식의 사고는 현재에는 젊은층으로 내려갈수록 많이 희석되어 있지만, 아직도 한국의 각종 연고 지역에서 효력을 발휘한다. '우리가 남이가' 는 때로는 파벌로 이어지기도 한다.

둘째, 지역주의: 벼농사를 중심으로 한 농경사회에서는 부락단위로 강한 유대감을 형성하여 왔고 공업화과정이 이루어지면서 지역연고인 고향을 떠나서 사는 사람들도 지역별 연고를 중심으로 발전하여 아직도 우리사회에서는 출신지역을 중심으로 하는 지역주의를 무시할 수 없다. 예를 들면 농경사회를 벗어나지 못하거나 농경사회에 가까울수록 지역 기반으로 파벌을 형성하는 경우가 많아서 지역주의와 지역감정의 경향이 두드러진다고 한다.

지역주의는 또한 구성원 상호 간 협동정신을 유발시키고 힘을 결집하여 단체의 목표를 달성할 수 있었던 반면 파벌의식이 나타나기도 하여 조직 내의 위화감을 조성하기도 하였다. 예를 들면 영남향우회, 호남향우회 등이 유명하며 한국의 지역주의중 대표적인 사례로는 영호남 지역주의를 들 수 있는데 지역주의는 때때로 지역감정을 조장하기도 하여 선거에서 많이 이용하기도 한다.

셋째, 근면성: 벼농사는 기후조건에 민감하여 우리 민족에게는 근면성을 요구하였고 부지런한 생활을 통해 자연의 진리를 터득하여 건전한 노동관이 생겨나게 되었다고 하겠다.

'동창이 밝았느냐 노고지리 우지진다. 소 치는 아이는 상기 아니 일었느냐. 재 너머 사래 긴 밭을 언제 갈려 하나니.'

이는 약천 남 구만(南 九萬, 1629~1711)의 시조인데 여기에는 우리의 농촌사회와 한국인의 근면성을 상징하는 시조로 여겨지고 있다.

농경문화는 공동체, 연고 등을 중심으로 한 지역주의로 발전하면서 '우리' 라는 집단 속에 내재해 있는데 공동체, 지역주의는 벼농사를 중심으로 한 농경문화권 에서는 비슷하다. 단 '우리'를 표현할 경우는 한국은 일본이나 중국과는 다르다고 할 수 있다.

제 2 절 유교에서 오는 전통문화로서의 서열문화

1. 유교문화와 가부장제

벼농사의 농경문화가 한국사회의 2천년을 이어오는 기초적인 '외관적 문화'라고 한다면 유교문화는 조선시대로부터 이어온 약 6백년간을 이어온 '내면적(정신적)문화'라고 할 수 있다.

따라서, 현대의 대한민국의 일상생활에서 윤리적 규범 및 양식은 대부분 유교적 가치에 기반하고 있다. 오랜 세월동안 한민족의 정신적 지주였던 영향 탓에 그 이념은 현대 한국인의 가치관에 상당수 녹아있다고 해도 과언은 아니다.

한국사회를 대표하는 것이 가부장제(家父長制, Patriarchy)인데 이는 관습적·법률적으로 남성 연장자가 가정을 이끌어가는 제도를 말한다. 유교의 가부장제는 단순히 가족제도를 말하는 것은 아니라 국가의 통치 이념이기도 하다. 무엇보다도 한국의 전통적인 가족생활의 특색으계의 계승(繼承)이 중요한데 가계의 계승은 가장이 후계자에게 가장권을 물려주는 것을 말하며 가장권에는 가장을 외부로부터 대표하는 대표권, 가족을 지휘, 감독할 가독(家督)권, 가산을 관리할 재산권, 조상의 제사를 만드는 제사(祭祀)권등이 포함된다.[224]

가부장의 핵심개념은 유교에서 가장 중요한 덕목인 효(孝)와 제(悌)이다. 효제(孝悌)란 부모에 대한 효도와 형제에 대한 우애를 말하는데 한마디로 가족의 사랑을 말한다. 이것은 한국 사회에서 가족을 우선시하는 가부정적인 집단주의 문화와 서열을 중시하는 권위주의 문화가 형성되는데 결정적인 역할을 하게 된다. 전통적인 한국사회에서는 가장이 권위에 의해 아랫사람을 통제하고 아랫사람은 무조건 이를 수용할 때 집안이 평안하고 잘 유지되는 것으로 판단했다.

이러한 권위는 아버지(父)가 가장권을 소유하였다는 점에서 형성되었는데 가장권과 부권이 결합되었을 때 권한과 권위가 표출된다.[225]

또한, 개개인보다 중시하고 공동체(가족)의 이익에 반하는 개인행동을 엄격하게 제한하는 걸 보면 향촌 공동체를 유교적 세상을 지탱하는 기본으로 하는 주자학에서 이어진 하나의 문화로 보고 있다.

이러한 한국인의 사고방식이나 의식구조에 많은 영향을 미친 것으

224) 이광규, 한국가족의 구조분석, 일지사, 1975, pp.129-133.

225) 박병호, "한국의 전통가족과 가장권", 「한국학보」 제2권 제1호, 일지사, 1976, pp.68-70

로는 유교(儒教)를 들 수 있으며 유교국가라고도 불린다. 유교의 인간관은 개인의 평등보다는 두 사람 이상의 관계인 가족 즉 공동체로 파악하고, 차별적 인간관계구조를 구축하여 주종관계, 상하관계, 복종관계를 만들어 냈다. 한국에서의 유교적 가치관은 권위주의, 서열의식, 높은 교육율로 이어졌다.

첫째, 권위주위: 유교사상은 주로 '효(孝)'사상에 근거한 가족중심사회였기에 여기에서 등장한 것이 혈연주의와 신분주의 이다. 효사상을 보여주는 것이 조상숭배인 제사인데 제사는 직계가족을 우선시하고 같은 친족중에서도 촌수가 가까운 근친(近親)자와 원친(遠親)자를 구별하고 항렬(行列)이 높은자와 낮은자를 구별하며 혈연자, 비혈연자, 친족과 비친족간의 차별로 이루어진다.[226]

한편, 유교는 과거제도를 중시하였기에 과거를 통한 급제, 사농공상의 직업별 계급, 양반과 중인, 천민의 신분적 계급의 구분을 통해 같은 신분끼리 단결하고 유대감을 높게 하지마 다른 신분에는 차별적, 배타적 권위가 따른다. 타인을 평가하는 기준인 성(姓), 본(本), 가문, 출생지방을 따져서 자기와 같은 부류인가를 결정하기도 한다.

유교는 가장(家長)의 권위를 중시하여 가장은 가족 구성원들을 화(和)로서 다스려야 했고, 자녀들도 윗사람들께 복종심과 겸손한 태도를 보여야 했다. 특히 가부장적 대가족주의에서는 가장이 최선의 결정을 하여야 했기에 토론과 비판문화 형성의 부진으로 조직구조의 발달이 이루어지지 않아 이것이 공무원사회나 기업으로 이어져 서로 화합중시의 인화(人和)추구의 문화가 형성되었다. 이는 창조성과 독창성이

226) 최재석, 가족사회와 사회통치, 한국사회과학논집, 한국사회과학연구소, 1968, pp.12-13.

결여되어 폐쇄적행태의 조직구조로 이어져 개방적행태의 조직구조의 문화를 저해 하였다.

둘째, 서열의식: 가부장적인 문화에서는 연장자와 손윗사람에게 대하는 예의가 확실한 서열의식, 연장자는 아랫 사람에게 베풀 줄 알아야 한다는 개념이 발달했는데 21세기의 한국에서는 아직도 서열의식은 유효하다. 연장자 우대의 문화에 의해 능력 또는 평등주의에 상관없이 혈연 내의 서열에 따라 가계를 존속시켰는데 이는 조직으로 이어지면서 모든 조직은 서열의식이 존재한다. 그런데 한국에서는 서열의식만 있는것이 아니고 윗 사람이 아래 사람을 군림하는 것이 아니고 자기만 생각하는 이기적인 윗 사람은 사회적으로 지탄받기도 한다.

따라서 한국의 조직사회에서는 인사정책에서 연공서열에 치중되는 경향을 보이고 있다. 이러한 서열의식은 수직관계를 구성하여 한국기업의 확장기(1970~80년대 초반)에는 일사불란한 추진력이 요구되어 적합한 형태로 작용해 왔다. 하지만 고용력의 안정에는 긍정적이나 창의적 사고와 적극적 행동에는 저해되는부정적인 면도 표출하고 있다.

셋째 높은 교육률: 한국사회의 전통적 사상을 지배하고 있는 유교사상은 주로 '효(孝)'사상에 근거한 가족중심사상과 문치주의에 근거한 높은 교육열의 형태로 표현되었는데 외국에서는 한국의 빠른 경제성장율을 평가할 경우 높은 교육을 들고 있다.

유교의 문치주의에 의해 명문만을 중시하는 실질적이지 못한 교육이라고 평가도 했지만 기업에 풍부하고 질적으로 우수한 인적자원을 공급하여 경제의 성장요인이었다고 하겠다.

특히 일제강점기와 해방 후의 신분상승 욕구에 대학진학은 중요한 평가가 되어 한국은 지금도 대학진학율이 세계에서 가장높은 국가의 하나이다. 이는 3년전인 2019년에 JTBC 에서 인기리에 방영했던 스카이캐슬 등에 보여진 것처럼 교육열은 세계최고라고 하겠다. 이는 유교문화와 밀접한 관계를 갖고 있다고 하겠다.

그런데 같은 유교문화권인 일본은 대학진학율이 54.4% 이고 한국은 94%로 발표하면서 한국의 2/3정도밖에 되지 않는다고 주장하였다.[227] 일본은 같은 유교문화권이지만 무사를 중심으로 한 유교문화권이고 한국은 선비를 중심으로한 유교문화권이라 다르다고 하겠다.

제3절 산업화에 등장한 군대문화

'빨리빨리"는 한국의 고유의 특징을 가진 낱말중에 하나이다. 빨리빨리는 한국 사람들의 급한 성격을 잘 표현하고 있다. 외국인들이 한국에 살면서 한국어를 배울 때 가장 먼저 배우는 표현 중의 하나가 '빨리빨리'라고 한다. 그만큼 한국 사람들이 일상에서 이 말을 가장 많이 쓰기 때문일 것이다. 그리고 이것은 하나의 문화가 되었다. 빨리빨리 문화는 한국은 고도의 경제성장과 함께 하나의 문화로 등장한다.

독일 출신인 마르틴 헤메르트 고려대 경영대학원 교수는 2012년에는 한국 기업의 경쟁력을 서구 전문가의 관점에서 풀어낸 '타이거 매니지먼트(Tiger Management)'란 경영 서적을 출간해 화제를 모았다.

그런데 헤메르트 교수는 당시 한국 기업의 강점으로 스피드와 유연성, 저돌적인 성향 등을 꼽으면서, 이 같은 특징이 마치 호랑이를 연상

---

227) Diamond Online, 2022年3月10日,「低學歷國日本」の大學進學率は韓國の3分の2、なぜこんなに低いのか, 野口悠紀雄, 一橋大學名譽教授

시켜 한국식 경영방식을 '타이거 매니지먼트'라 칭했다고 하였다.

여기서 등장하는 스피드는 빨리빨리 문화의 한요인으로 보고 있다. 이같은 빨리빨리 문화가 등장한 것에 대해서 여러 가지 요인이 있겠지만 1960년대 이후의 급속한 산업화를 직접적인 원인으로 들 수 있다.

한국전쟁 이후 모든 것이 황폐화 되었던 한국은 1960년대 경공업, 1970년대와 80년대에는 중화학공업으로 빠르게 성장했다. 산업 구조도 1차 중심에서 2차와 3차 중심으로 변화하여, 단기간에 후진국 형에서 선진국 형으로 도약했다. 이처럼 급속한 경제성장을 겪으면서 빨리빨리 나타나게 하는 성과지향적인 문화가 발달한다. 그런데 빨리빨리 문화는 긍정적이면서도 부정적인 면을 동시에 가지고 있다. 한동안은 빨리빨리 문화를 필두로 하는 성과주의의 부작용과 문제점이 하나 둘씩 나타나 단점으로 지적되기도 했다.

첫 번째가 성수대교 붕괴 사태를 들 수 있다. 1977년부터 79년까지 정부 정책과 압박에 의해서 지나치게 빨리빨리 만든 성수대교는 설계도면대로 조차 건설 되지 못했고 결국은 붕괴로 이어졌다. 두 번째는 삼풍백화점 붕괴 사건도 빨리 건설하기 위한 부실시공이 직접적인 원인이 된 것이다. 빨리빨리 사회에서는 스피드가 곧 돈이다. 따라서 황금만능주의가 강조되었다. 의사결정에 있어서 충분한 의견 교환과 토론의 과정은 되면서 과정보다는 결과가 중요시 되면서 조급함으로 날림공사, 날림서비스 등이 같은 부실문화가 등장한다.

긍정적으로 작용한 점은 한국 경제성장의 급속한 발달에 원동력인 빨리빨리 문화는 세계최강의 인터넷의 빠른 속도이다. 정보통신의 도약으로 인한 한국은 세계 최고의 IT 강국으로 꼽히어 있다. 빠르게 모든 일을 진행하려 휴대폰이나 인터넷으로 통하면 최고이다.

이러한 엄청난 속도는 IT 강국으로 인터넷문화도 발전하였다. 지금의 한국은 은행서비스도 은행에 직접 갈 필요 없이 길을 걸으면서 휴대폰으로 인터넷뱅킹 서비스에 접속하면 해결된다. 또 멀리 있는 사람과의 화상 통화나 회의도 이제 한국에서는 낯설지 않은 풍경이 됐다.

또한, 빨리빨리문화는 경제성장을 이룩했을 뿐 아니라 산업의 고도발전과 눈부신 기술발전, 디지털 기술발달 등을 이끌었다고 보고 있다.

그런데 여기에는 군대문화가 있었다. 박정희 군사정권의 영향으로 급속한 산업화를 이루었지만 일제강점기-한국전쟁-군사정권이라는 격동기를 보낸데다 징병제의 시행으로 인해 거의 모든 남자들이 군대에 가는탓에 사회에 군대문화가 뿌리내리게 되었음도 상기하여야 된다. 특히 군사정권 시절 국가 발전을 주도하던 지배층 대부분이 군 출신 인사들이었다는 점이 사회적으로 군대문화가 퍼지는 데에 큰 영향을 미쳤다.

군대문화는 단체 생활이기 때문에 개인보다는 수직적인 질서를 강제하는 군대식의 집단주의는 지금은 결코 올바른 단체 생활과 적응력이라고 할 수 없지만 이것은 성과를 요구하는 빨리빨리문화로 이어졌다. 한국남자들이 군대에 가서 가장 놀라는 것은 빠른 식사 시간이다. 5분이면 식사시간을 끝낸다. 이것은 사회에서도 이어져서 한국인들의 식사시간은 기업에서는 15분정도로 잡고 있다. 외국에서는 놀란만큼의 스피드 식사시간인데 이같은 빨리빨리문화와 등장하는 것이 폭탄주이다. 참여정부 시절 정부관료들이 각국 요인들을 불러 놓고 폭탄주를 한국 문화라고 홍보한 적이 있다. 당연히 모든 외국관료들은 '술을 섞어 마시는 문화는 세계 공통'인지라 크게 비웃었지만 한국인들은 폭탄주는 빨리취하기 위해서 등장한 '빨리빨리문화'의 한 요인으로 보고 있다.

2002년 10월 25일 파이낸셜타임스(FT)지는 일본 정부의 구조개혁안이 정계의 반발에 부딪히는 표류와는 달리 한국이 위기에서 빠르게 빠져나올 수 있는 것은 '빨리 빨리 문화' 와 관계가 있다고 보고 있다. 즉, 한국이 1997년 통화위기부터 빠른 속도로 회복할 수 있었던 것은 '빨리빨리문화' 덕분이었다는 견해가 나온다. 파이낸셜타임스(FT)지는 일본 정부의 구조개혁안이 정계의 반발에 부딪히는 표류하고 있는 것과는 달리 한국이 위기에서 빠르게 빠져나올 수 있는 것은 '빨리빨리 문화 때문이었다고 주장하였다. 비록 국제통화기금(IMF)의 요구에 따른 것이었다고 해도 97~98년의 통화위기 이후 한국이 보여준 구조재편 과정은 이런 역동성을 잘 보여주고 있다고 할 수 있다. 지난 5년간 금융기관의 4분의 1이 폐업되어 30대 재벌의 절반이 해체되거나 정리되고 있다. FT지는 그러나 이런 '빨리빨리문화'가 한국의 구조 재편에 기여한 것은 사실이지만 최근에는 가계대출이 급증하는 등 부작용도 나오고 있다고 지적했다.

한국인의 '빨리빨리문화'에 한국에서는 단점을 많이 이야기하지만, 최근에 외국에서는 한국문화 빨리빨리문화의 속도성을 긍정적으로 보고 있다. 이들은 한국인은 항상 납기를 미리 당겨 수행하며, 신속하게 해결하는 것을 부러워한다. 한국 사회가 경제성장과 민주주의를 성취한 원동력을 이들은 빨리빨리문화의 속도성에서 찾고 있다.

필자는 한국의 기업문화에는 농경문화, 유교문화가 등장하지만 세계에 유래가 없는 '빨리빨리문화'는 군사정권의 군대문화가 영향을 주었다고 생각한다. 특히 농경사회에서 산업화시기로 변화되는 시기에 노동의 패턴을 비교적 자유롭게 정할 수 있는 농경사회과 달리, 산업화된 사회에서는 납기가 있기 때문에 항상 빠른 속도로 일을 처리해야 된다. 한국 내에서는 빨리빨리문화의 조급성과 합리성의 결여로 부정적인 면을 주장하지만 최근에는 빨리빨리문화를 높이 평가하는 학자들도 많다. 왜냐하면 글로벌화와 디지털화로 세계가 속도감중시의 경영으로 변화되었기 때문이다. 그래서 필자는 경영에서만은 '빨리빨리문화'를 초고속(Hyper Speed)문화로 변형시켜 불러야 한다. 왜냐하면 '빨리빨리문화'는 빠른것만 추구하다가 실패할요인이 많아 보이지만 디지털경제에서의 초고속(Hyper Speed)문화는 실패보다는 속도감중시의 경영이기 때문이다.

제 4 절 한국기업의 경영특성

1. 한국기업의 경영특성에 대한 접근

한국기업의 경영특성을 보고자 할 때 대표 표본에 대한 논의가 있어야 하겠지만, 대체적으로 한국의 재벌이나 대기업의 경영특성을 통해 이해 할 수 있다. 더불어 우리나라 모든 기업의 구성원들이 공유하고 있는 가치관과 신념, 그리고 행동양식 등의 파악도 가능하다.

우선 한국의 기업경영을 파악하기에 앞서 던지고자 하는 화두는 삼성, 현대, LG 등 대기업의 경영활동은 뚜렷한 특성을 지니고 있는가에 관한 것이다. 21세기에서 첨단산업을 경영하는 기업이라고 하더라도 우리에게 내재되어 있는 민족·국가 단위의 특수 요소로서 농경문화의 지역주의와 동양의 유교문화권의 전통사상을 무시 할 수 없다. 이는 보이지 않게 한국의 기업문화와 스며들어 '경영전략'과 경영이념에 에 수렴되어 있기 때문이다.

한국 재벌들은 처음에는 조그만 영세기업의 가족기업으로 출발했다. 따라서 한국재벌들은 가족기업으로서의 특성을 갖고 있다.

1) 가족기업으로서 한국기업의 특성

① 가족중심의 소유구조

② 가부장적 리더십

③ 왕성한 기업가정신

④ 중앙집권적 조직구조

⑤ 폐쇄적인 권력구조

가족기업은 자본을 창업가 일족이 소유하고, 경영에 있어서 실질적인 지배권을 행사하고 있는 기업을 말한다.228) 그런데 한국의 가족경영중 문제로 등장하는 것이 사소한 일상 경영과 인사에까지 오너 가문이 개입하는 사례가 많다보니 전문경영인들의 역할이 축소되고 있다.

이런 현상은 3·4세로 경영권이 넘어간 기업에서 더 심하다는 지적도 나온다. 물론 한국의 3·4세 오너경영자 중에도 큰 성과를 낼 인재가 충분히 있을 수 있다. 같은 값이면 가족에게 경영을 맡기는 게 좋다. 문제는 자질이 떨어지는 경우가 등장한다는 점이다.

잘못된 의사결정으로 기업이 흔들리는 경우와 심하면 도산에 이르기 까지 한다.

2) 정경유착으로서의 재벌경영

한강의 기적을 이루게 만들었던 정부와 기업의 협력작품인 '한국주식회사'로 불리는 정경유착은 산업 정책적 사고로 포항제철이나 고속

---

228) De Massis, Alfredo; Josip Kotlar; Jess H. Chua; James J. Chrisman (2014). "Abilityand Willingness as Sufficiency Conditions for Family-Oriented Particularistic Behavior: Implications for Theory and Empirical Studies" . Journal of Small Business Management. 52 (2): pp344 - 364.

도로등 중요한 경제요인을 만들었고 '위로부터의 공업화'가 성공하여 발전도상국의 모델로까지 불리기도 하였다.

'제2의 일본'을 생각하며 '하면된다'를 주장한 박정희는 정부의 리더와 재계의 리더가 상의하여 앞으로의 특정중요사업 즉, '전략적 산업'을 육성하기 위해 진두지휘 하였다. 이것은 1990년대까지의 문화라고 여겼는데 2020년대인 지금에도 한국인들은 과거와는 다르지만 엷어진 정경유착은 존재한다고 믿는다.

정경유착(政經癒着)은 기업가는 정치인에게 정치 자금을 제공하고 정치인은 반대 급부로 기업가에게 여러 가지 특혜를 베푸는 것과 같은 관계를 말한다. 1952년 중석불사건(重石弗 事件), 1965년의 삼성의 사카린 밀수사건, 1985년의 국제그룹의 해체사건과 1995년의 노태우 비자금 사건과 1997년에 엄청난 후폭풍을 불러왔던 '한보 사태'로 개발독재 시절 시작된 정경유착의 정점을 찍으면서 정경유착의 대표적인 사례로 꼽히게 되었다. 특히 한보 사태가 1997년 외환 위기를 초래 했다는 점에서, 정경유착의 악영향을 뼈저리게 느낄 수 있다.

자원도 자본도 기술도 시설도 없어 맨손에서 시작해 정부가 국내외적으로 자본을 조달하고 기업을 육성한 경제발전을 이룬 한국의 현대사에서는 정경유착이 없을 수가 없다. 대기업 집단인 재벌은 1950년대부터 존재하였는데 이는 일본이 설립한 업체들을 새로 성립한 정부가 자산가 들에게 헐값으로 매각한 '귀속재산불하(歸屬財產拂下, 귀속 재산 처리법, 1949)'가 그 출발점이기 때문이다. 그리고 원조물자를 민간에 불하(拂下)하는 과정에서 여러 특혜를 받았고 이는 재벌들의 성립요건이 되기도 하였다. 한국인들이 재벌에 대해 비판적인 것은 바로 이런 혜택을 받으면서도 부조리를 일삼으면서 국가나 지역사회에 기부나 공헌이 약하기 때문이다. 재벌창업자들은 이런 것을 알아서 겸손한 행동과 사회에 기부나 공헌을 많이 했지만 재벌 2세 및 3세는 본인들은 이런 점을 알지 못하고 오히려 갑질이나 형제간의 재산다툼, 외국국적등으로 병역면제 등은 비판받기에 충분하다.

한국이 조금 심한 것은 있지만 중국이나 일본 에서도 정경유착과 가족네트워크가 있는 것을 보면(정도의 강약은 있지만) 유교문화권을 공통적으로 보는 경우도 있다. 또한 국가경제가 급속히 성장하면서 당연히 등장하게 마련인 재벌과 졸부들의 부의 축적에 어떠한 도덕적 의미를 부여할 것인가 하는 가치관의 문제에 부딪히게 된다. 한국형 경제성장이 빚어낸 문화적 갈등은 정경유착 시비에 잘 나타난다.

2. 한국재벌은 한국식경영인가?

1) 한국식경영 = 삼성경영(한국식+일본식경영)+미국식경영

한동안 신토불이(身土不二)라는 말이 유행했는데 이는 몸과 땅은둘이 아니고 하나라는 뜻으로, 자기가 사는 땅에서 산출한 농산물이라야 체질에 잘 맞음을 이르는 말로 한국적인 것을 요구 했고 가장 한국적인 것이 세계적이다'란 말이 우리에게 다가왔다.

한국을 가장 잘 보여주는 요소가 전 세계 사람들을 매료시킬 원동력이란 말인데, 최근에는 방탄소년단(BTS)과 기생충, 오징어게임등의 '한류'의 세계적인 인기를 보니 이 말은 한국적인 것이 세계적이다 라는 말이 실감나지만 경영에서는 아직은 현재 진행형이다.

미국의 하버드비즈니스리뷰(HBR·2011년 7~8월호)에 삼성 성공의패러독스(Paradox)'라는 주제의 논문229)이 실렸는데 1990년대 후반 외환위기 상황에서 삼성이 구조조정을 성공적으로 완수할 수 있었던 것은 과감하게 미국식 경영을 실천했기 때문"이라고 주장했다.

이 논문은 덩치가 큰 대규모 기업 집단이 의사결정과 실행속도가 매우 빠르고 유연한 점, 관계지향적인 동양식 경영과 성과 위주 평가의 미국식 경영을 조화롭게 적용시키는 점, 다각화와 전문화를 동시에 추구하는 점을 삼성 경영의 특징으로 설명하고 있다. 그리고 이 같은 경영은 기존 경영 이론으로 설명할 수 없는 일종의 역설이라 강조한다.

다시말하면 삼성은 한국에서 특이하게 일본식 경영을 도입하여 한국식과 일본식을 가미한 삼성경영을 미국식 경영으로 완전히 대체하기보다는 각각의 방식이 가진 장점이 발휘될 수 있도록 두 요소를 적절하게 결합했다는 점이다. 예를 들어 공개채용과 내부 인력 육성에 주력하면서 초일류 경력직 영입과 파격적 인센티브제도를 혼용하는 인사 정책을 펼쳤다고 주장했다.

이러한 요소는 대한민국에선 삼성이나 현대, SK가, LG, 롯데등의 기업도 비슷하다고 하겠다. 물론, 현대는 한국식이 더 강하게 등장하고 롯데는 일본식이 더 강하게 보이지만 일반적으로는 한국식경영=한국의 재벌경영(한국식+일본식경영)+미국식경영으로 보고 있다.

물론 일부학자들은 한국학자들은 한국의 재벌경영=한국식경영+일본식경영에 문제점을 들고 나올 수 있다. 왜냐하면 한국의 재벌에는 한국식경영으로 움직인 기업도 많기 때문이다. 그러나 필자는 한국식 경영을 주장한 것은 1990년대 이후이며 1950년대 60년대를 거치면서 발전한 재벌은 은연중에 일본식경영으로 움직였으며 대부분의 기업은 귀속재산으로 인해 성장하거나 발전하였기 때문이다. 순수하게 한국

229) Tarun Khanna, Jaeyong Song, and Kyungmook Lee, The Paradox of Samsung's Rise, Harvard Business Review 89, nos. 7-8 (July - August 2011):pp 142 - 147.

식경영으로 보였던 대우도 대우의 경영=한국식경영+미국식경영 이었으며 많은 재벌기업이 본인들은 느끼지 못했지만 2000년 대까지는 한국의 재벌경영=한국식경영+일본식경영 이었다고 볼 수 있다. 물론, 현대는 일본식 경영 보다는 한국식경영과 미국식경영의 합작으로 보기도 하지만 일본식경영이 약하게 존재 했다고 보는 것이 일반적이다.

그러나 일반적으로 재벌의 2세, 3세는 한국에서 초등, 중등을 졸업하고 학부는 미국에서 졸업하고 대학원도 미국에서 졸업하여 귀국하는 경우가 많다 보니 미국식 경영으로만 운영하다가 문제가 되는 경우가 많다. 능력을 우선시하여 나이를 무시한 인사제도를 도입하다 실패한 경우도 많이 등장한다.

일반적으로 한국재벌=한국식경영+미국식경영으로 가거나 삼성이나 롯데처럼 한국식경영=(한국식+일본식경영)+미국식경영으로 합쳐져 있는 것이 일반적이다.

3. 한국기업과 공동체사회

1) 한솥밥을 먹는 동료로서의 기업공동체

한국사회에서는 재벌을 그다지 존경하지 않는다. 왜냐하면 창업자들은 귀속재산, 정경유착, 탈세 등으로 부도덕하게 돈을 벌었다고 생각하고 재벌의 2세들은 땅콩회항 등의 악행과 직원 갑질을 저지른 것이 드러나며 국민적 공분을 불러 일으키다보니 재벌에 대한 평가는 그다지 높지 않다. 그러나 최근의 스타트업의 창업자나 디지털사회에서의 성공자는 모두가 높이 평가한다.

한국사회는 기업은 원래목적인 이윤추구를 위한 이익사회이지만 유교사회의 덕목으로 한솥밥을 먹으며 더불어 사는 공동체 사회가 되어야 한다고 생각한다. 1990년대만 해도 기업이 자신의 이윤을 추구하고자 하는 이익사회가 되다보니 더불어 한솥밥을 먹는 동료끼리 경쟁이 있어야 하고 때로는 후배가 선배보다도 더 경쟁력이 강하여지면 공동체를 깨뜨린다고 생각하여 왔다. 능력 있는 사람보다는 공동체에 적응 잘하는 사람이 존경받아 일부기업인은 '회사가족', '기업공동체' 등의 말을 사용하여 왔고 회사사장은 부하직원들을 가족처럼 여겨 회사는 대가족제도처럼 비쳐졌다. 그래서 한국사회에서는 직원을 가족과 같이 사랑하는 기업인의 모습에 우리는 감동하며, 사장이 자신의 사재까지 털어 직원들의 자녀학자금과 주택자금을 대주는 기업인의 감동적인 이야기를 가끔 들으며 그 기업인을 존경하기도 했다.

어떻게 보면 농촌사회에서 지역공동체가 하던 일을 1990년대 까지는 한국의 산업사회에서는 기업체로 이동하는 기업의 책임 확대로 생각했는데 IMF 외환위기 이후에는 공동체사회안의 이익사회를 중시하는 움직임으로 변하게 된다. IMF 외환위기를 겪다보니 너무나 이익을 무시한 공동체사회는 기업을 도산시키고 한국을 망하게 한다는 인식을 갖게 되었기 때문이다. 한국사회에서의 공동체사회의 인식은 조금씩 변화되고 있지만 공동체문화는 아직도 강하게 존재하고 있다고 하겠다.

페르디난트 퇴니스(Ferdinand Tönnies, 1855년~1936년)는 인간사회가 근대화함과 동시에 지연과 혈연, 신뢰로 깊게 결합된 자연발생적인 게마인샤프트(Gemeinschaft, 공동체조직)와는 별도로 이익과 기능을 제하나에 추구하는 게젤샤프트(Gesellschaft, 기능체조직, 이익사회)가 인위적으로 형성되어 간다고 주장했다. 선진국사회에서는 공동체문화가 서서히 사라지고 있으나 한국은 근대화가 진행되고 산업화가 성공했음에도 불구하고 공동체의식이 더 강하게 존재함은 근대화가 늦게 이루어졌고 산업화가 압축경제로 빨리 진행되다 보니 아직도 한국사회는 공동체문화가 강하게 존재한다고 생각한다.

2) 회사와 가정은 공동체인가 분리체인가?

한국에서의 훌륭한 기업인은 종업원을 감축시켜서 주주의 극대화를 이루어 기업이미지를 높이는 것보다는 다소 이윤을 내지 않더라도 한솥밥의 종업원을 감축시키지 않으며 회사의 큰 행사참석을 보류시키더라도 종업원의 애사에 참석하는 사람을 훌륭한 기업인으로 평가하고 있다.

또한 직원들도 회사를 하나의 공동체로 가족처럼 생각해 주기를 기업인들에게 바라고 요구한다. 한국사회에서 일을 열심히 한다는 것은 개인의 능력과 업적도 중요하지만 얼마나 자신을 공동체인 기업 일에 전념하는가에 준하여 평가된다. 1990년대 까지는 상사는 부하들을 퇴근시간 이후에도 같이 술 먹고 노래하고 어울리고 부하의 애경사(哀慶事)를 챙겨주는 상사를 높이 평가했다. 그리고 부하의 평가는 회식이 끝날 때에는 상사의 집까지 모셔다 주는 것은 물론, 심지어는 일요일까지 상사의 골프클럽을 들고 상사의 집앞에 까지 희생하여야만 능력 있는 부하로 취급받는다. 이러다 보니, 집안일은 모두 아내에게 맡기고 집안이 어떻게 돌아가고 아이들이 어떻게 커가는 지도 모르며 일에 빠지는 사람을 한국사회에서는 열심히 일하는 사람으로 능력 있는 사람으로 취급한다.

심지어 2000년대 초만해도 한국 사회에서 전문경영자로 이름 나 있는 사람은 입사해서 20년동안 명절날 고향 찾지 않고 부모님한테도 가지 않았다고 해서 화제가된 적이 있었으며, 그 사람은 대단한 사람으로 평가되기도 하였다. 그러나 2020년대의 지금은 그렇지 않다.

회사와 가정의 일을 엄격하게 분리하는 서구사회와는 다르지만 그래도 젊은층 중심으로 가정중시의 사고가 등장했기 때문이다. 가령 2020년대의 한국사회에서는 종업원의 가족의 결혼, 죽음 등은 회사 경영진과 관계가 없으며 종업원의 자식과 노부모, 그리고 형제의 결혼도 과거와는 달리 그다지 중요하게 생각하지 않는다. 이제는 종업원의 업적에 따라 나이와 직급에 관계없이 임금을 지불해도 많은 한국인들은 조금씩 인정하기 시작하였다.

근로자들 또한 공적인 일과 사적인 일을 엄격하게 구분한다. 정해진 시간에 열심히 잡담하지 않고 일하고, 시간이 되면 정확하게 퇴근한다. 일이 많으면 일거리를 집에 가서 할지언정 회사에 남아 일하는 것은 드물다. 회사에 늦게까지 남아 일하는 사람은 오히려 제 시간에 일을 끝내지 못하는 무능한 사람이라고 오해받을 수 있다.

또한 2020년대에는 한국사회에서 상사의 골프준비를 위해서 일요일에 자기시간을 희생하여 일하는 부하는 임원진을 빼놓고는 우선 있을 수도 없으며, 만약 그런 상사가 있다면 꼰대 경영자로 인터넷에 등장할 것이다. 근무시간에 열심히 일하는 것은 바로 퇴근 후 가족과 또는 사랑하는 사람과 시간을 보내든지 기타 자신의 자유로운 개인시간을 갖기 위해서라는 현재 한국인의 판단이다.

과거만 해도 사적인 영역과 공적인 영역을 엄격하게 구분하는 것을 이기적이라고 보는 한국사회의 공동체적 기업관과 그것에서 파생되는 고용 관행에서는 회사 사정이 나쁘다고 해서 근로자를 해고 한다든지 또는 근로자가 더 좋은 대우를 해주는 회사로 이리저리 옮겨 다니는 일은 부도덕한 행위로 생각했지만 최근에는 그렇지 않다.

과거에는 평생직장을 원했다면 지금은 평생직업을 원하고 있다. 그렇다고 해서 서구사회에서처럼 사원 채용 시에 직무, 또는 책임의 범위를 명확하게 구체적으로 기술하는 관행도 한국사회에서는 아직은 없다. 일단 회사에 들어오면 이것저것 따지지 않고 다 같이 일을 끝낼 수 있도록 전력을 다하는 것을 이상적으로 생각한다. 그래서 신입사원을 연수시킬 때도 실무에 대해서 구체적으로 가르치는 것이 아니라 조직생활에 대한 융화라든지 정신 자체, 또는 회사에 대한 소속감과 공동체 의식을 우선 배양하는 데 주력한다. 그러나 21세기의 한국에서도 아직은 어느 기업은 신입사원 연수를 군대의 유격을 연상케 할 만큼 단결과 협동을 중요시한다고 하여 매스컴에 등장하기도 한다.

3) 공동체적 기업관리 고용 관행과 정리해고

서구사회에서는 이해하기 어렵지만 아직도 한국사회에서는 위기상황에서 대기업의 회장이 대기업의 회장이나 재벌 총수에게 개인 재산까지 내놓을 것을 요구하고 이것이 대중의 인기를 얻는 것도 공사의 구분 없이 사적인 재산이나 이익을 공동체를 위해 희생할 것을 요구하는 공동체적 정서에 그 뿌리를 두고 있다고 할 수 있다.

서구사회에서는 이해하기 어렵다. 선진국인 한국이 아직도 이란 사고를 갖는 것을 이해 하기 어렵다. 서구에서의 기업의 주인은 경영자나 재벌회장이 아니고 주주이기 때문이다. 회장이나 사장은 주주의 이익을 극대화하기 위한 기관이며 주주의 이익이 무시될 경우에는 즉시 교체되기 때문이다.

상술한 가족공동체적 고용 관행은 경제가 급속도로 성장할 때는 별 무리 없이 지속될 수 있었다고 오히려 한국문화의 특징인 것처럼 인식하기도 하였다. 1960년대-1970년대 말까지 연 10% 이상 경제가 성장할 때 기업의 규모 또한 급속도로 성장했고, 관리직은 지속적으로 공급되었다. 그러나 자본주의 경제에서 언제나 경기가 좋을 수만은 없는 것이다. 특히 1990년말 IMF 외환위기 이후 경기가 위축되고 성장이 둔화되면서 공동체적 고용 관행은 파괴되었다.

그래서 기업의 입장에서는 반강제적인 퇴직을 요구하게 되며, 이것이 소위 요즘 말하는 명퇴(명예퇴직)가 시작된것이다. 아직도 한창 일할 나이인 40대중반부터 간접적으로 해고당하는 것이다. 정리해고가 현실적으로 불가피하지만, 정리해고를 당하는 자의 입장에서 한국사회에서는 1960년대에 한국여자가 집안에서 쫓겨나는 것만큼 충격이 크다. 남자에게 실직이 고통스러운 것은 단지 수입의 근거를 잃었다는 것에 있지않다. 이 상실감은 여자보다 남자에게 훨씬 심각하다. 왜냐하면 공동체의 중심은 남자에게 있었으며 외부일은 남자가 한다고 믿었기 때문이다. 과거에는 여자들은 한국사회에서는 애초부터 공동체적인 고용 관행의 대상도 되지 못했기 때문이다. 지금은 많이 변했지만 한국사회에서는 2000년대 초기까지 여자들의 일은 대부분 가정생활과 양립하기 때문에 아웃사이더로 보고 있으며 조직에 대한 충성을 강조하는 일터에서 일하는 사람들은 대부분 남자들이라고 생각한다.

따라서 한국사회에서는 남성이 명퇴나 정리해고 당하는 것에 대해서는 아직도 저항이 심하다. 주주가 회사의 주인인 이상 기업은 주주의 이윤극대화를 위해 정리해고가 필요하다. 정리해고가 기업에서 불가피하게 필요하다면 우리가 이제껏 가져왔던 공동체적 기업관리 고용 관행을 변해야 하며 조금씩 변하고 있다. 기업의 비효율성이 심각해져서 기업 자체가 도산하느냐 마느냐 하는 문제에 부닥치게 되면 직원의 감축은 기업으로서는 어쩔 수 없는 현실이다. 기업이 도산하게 되면 정리해고가 아니더라도 일자리를 잃어버리게 되니 전문가들은 '공동체적 기업사회'에서의 한국의 정리해고에 대한 인정적 인식은 이제는 거의 사라졌다고 보고 있다.

4. 한국의 문화와 기업경영의 특성

한국의 문화는 벼농사의 농경문화가 한국사회의 2천년을 이어오는 기초적인 '외관적 문화'라고 한다면 유교문화는 조선시대로부터 이어온 약 6백년간을 이어온 '내면적(정신적)문화'라고 할 수 있다. 그리고 내면적문화 함께 약50년간 등장한 군사문화는 산업화시대와 함께 우리에게 빨리빨리문화로 이어지고 있다.

그리고 한국기업의 경영특성은 재벌중심으로 생각하면 한국식경영 = 한국의 재벌경영(한국식+일본식경영)+미국식경영과 한국식경영= 한국의 재벌경영(한국식 문화)+미국식경영 으로 나뉘어지는데 60년이상의 재벌은 전자이지만 재벌이분화되면서 새롭게 등장한 재벌2세, 3세의 기업경영은 한국식경영= 한국의 재벌경영(한국식 문화)+미국식경영 으로 보는 것이 타당하다.

그리고 기업에서는 '회사가족', '기업공동체' 등의 말을 사용하여 왔고 회사사장은 부하직원들을 가족처럼 여겨 회사는 대가족제도처럼 비춰졌다. 1990년대 IMF 외환위기 이후에는 공동체사회안의 이익사회를 중시하는 움직임으로 변하게 된다. IMF 외환위기를 겪다보니 너무나 이익을 무시한 공동체사회는 기업을 도산시키고 한국을 망하게 한다는 인식을 갖게 되었다. 한국사회에서의 공동체사회의 인식은 조금씩 변화되고 있다. 특히 단독주택보다는 아파트생활이 정착된 현재에는 사적인 생활에서의 공동체문화는 사라지고 있지만 아직도 공적인 생활(조직) 에서는 정신적인 공동체문화가 강하게 존재하고 있다.

필자는 한국에서는 기업을 「이익중심의 사회적 조직이며 공동체사회」라고 주장한다. 물론, 한국 기업을 '공동체'로 파악하기 위해서는 적어도 게마인샤프트(Gemeinschaft)를 이해하여야 한다. 게마인샤프트를 번역할 때 우리는 일본식의 번역을 기초로 '공동체'라는 의미로 번역 하지만, 사실은 게마인샤프트는 단순한 공동체를 의미하는 것이 아니라 '혈연, 지연등 비 타산적의식을 바탕으로 한 공동사회', '친족, 마을과 같은 지역의식이 비슷한 가치관 집단'이라고 하는 편이 타당하다고 한다.

많은 학자들은 한국사회가 아직도 공동체사회를 유지할 수 있는가? 그리고 최근의 젊은이들이 과연 지역사회의식이 있는가? 서울공화국이며 중앙집권체제인 한국에서 케케묵은 공동체의식을 갖고 21세기의 최첨단 기술의 기업에 들이 대는 것은 맞지 않는다고 지적할 수도 있다. 그러나, 필자는 한국경제는 세계에서 보기 드물게 빠른 압축성장(Compression Growth)으로 농촌에서 밀려온 근로자들은 지역 사회를 대신할 수 있는 지역사회를 찾을 수 없었고, 경제적 뿐만 아니라 심리적, 사회적으로 불안정한 생활을 보낼 수밖에 없었으므로 지금도 추석이나 구정(설날)에 10시간을 걸려 도착하는 귀성길, 귀향길은 한국인의 마인드에 게마인샤프트(Gemeinschaft)인 공동체 사회가 존재한다고 생각한다. 이런 근로자들을 대신해서 기존 공동체로서의 역할을 이익사회로 표현되는 게젤샤프트(Gesellschaft)인 기업이 한국에서는 대신 등장한 것이다. 자영업자들이나 정치인들은 호남향우회나 영남향우회로 모였지만 기업에서는 이를 초월한 현대나 삼성이 된 것으로 파악한다. 지금도 한국사회에서 대학생이 취직을 못하는 것은 단순히 취직을 못했다는것 보다도 소속(지역의식)의 결여이므로 한국 사회에서는 본인은 물론, 부모들도 힘들어한다.

즉, 인간의 사회적 욕망이나 인간적인 교제, 지위, 명예, 신뢰 등은 과거에는 혈연·지연 사회(게마인 샤프트)에서 요구되어 왔지만, 이들의 충족을 현대의 게젤샤프트인 한국의 기업 내부에 담당하게 되었기 때문이다.

따라서 한국기업은「이익중심의 사회적 조직이며 공동체사회」이므로 다시말하면 게젤 샤프트의 성격과 게마인 샤프트 (공동체)로서의 성격을 동시에 띠게 된다. 따라서 한국사회에서는 '공동체로서의 기업' 의 이미지가 등장한 것이다.

사회학자로 알려진 로버트 벨라(1985)에 의하면, 미국과 같은 개인주의적 색채가 강한 사회에서 개별 인간은 완전히 독립적인 존재이며 모든 공동체에 앞서 있는 주체 라는 자기중심적인 가치관이 전제가 되고 있다[230]고 한다.

집단주의 의 대표적 국가로 알려진 일본에서는 일본형 공동체사회로 표현하는데 서양의 개인주의적사고 보다는 집단지향적사고로서 일본을 표현한 것으로 간주한다. 그래서 필자는 헤이르트 호프스테더(Geert Hofstede)[231]의 문화 차원 이론(Cultural Dimensions Theory)을 보기로 했고 그의 개인주의-집단주의(Individualism-Collectivism)를 비교해보면 미국 (91), 영국 (89)등 으로 역시 서양권은 개인주의 가 발달 되어 있음을 알 수 있다. 그러나 여기에 비해 동양의 선진국이며 집단주의 국가로 알려진 일본 (46)은 약하게 나타나 있다. 따라서 서양에서는 일본을 '집단주의 국가'로 인식하고 있지만 한국을 살펴보면 오히려 한국이 (18)로 세계에서 제일 강한 집단주의라서 모두들 깜짝 놀란다. 한국은 자랑

230) Robert N. Bellah, Richard Madsen, Willian M. Sullivan, Ann Swidler, Steven M. Tipton, Habits of the Heart: Individualism and Commitment in American Life, University of California Press, 1985, p. 65.

231) Hofstede, Geert (1984). Culture's Consequences: International Differences in Work-Related Values 2. Beverly Hills CA: SAGE Publications.

할 거리는 아니지만 세계적인 집단주의 국가이며 세계적인 공동체 사회이다.

서양에서는 "기업이란 사람들이 생활을 위해 일시적으로 머무르는 곳"이라는 인식232)이 지배적이지만, 한국사회는 집단주의가 강하고 자기 자신보다 자신이 속한 조직에서의 소속감을 중시하는 나라이므로, 집단에서의 고립을 본능적으로 두려워하다보니 공동체사회로서의 기업이 등장한 것으로 판단된다.

물론 서양에서도 기업을 공동체로 표현하기도 하지만 역시 우리 한국과는 다르다. 서양에서는 기업은 개인보다 더 큰 공동체의 멤버인 동시에 기업 자체도 공동체로서의 성질을 갖는다고 한다.

솔로몬(Robert Solomon;1994, 2000)은 기업을 "공유된 부, 목적, 책임을 지닌 공동체"233) 또는 "공통 목적의 실현을 위해, 사람들이 협동하는 공동체"234) 등으로 정의하고 있다. 이것은 서양의 기업을 좀 더 협동적인 의미, 확대적 의미로 표현한 공동체를 말하는 것이지만 한국에서의 기업은 이것을 초월하는 문화적특성 과 사회적특성의 개념인 공동체로서의 기업인 것이다.

232) Ronald Dore. Stock Market Capitalism: Welfare Capitalism: Japan and Germany versus the Anglo-Saxons, New York and Oxford: Oxford University Press, 2000

233) Robert Solomon, "The Corporation as Community: A Reply to Ed Hartman," Business EthicsQuarterㅎly, Vol. 4, No . 3, 1994, p. 27

234) Robert Solomon, "Historicism, Communitarianism, and Commerce: An Aristotelean Approach to Business Ethics," Contemporary Economic Ethics and Business Ethics, Springer Berlin Heidelberg, 2000, p. 125.

참고문헌

국 내 문 헌

강만길, "이조 후기 상업구조의 변화 ; 창작과 비평", 『분단시대의 역사인식』, 1978.

강철규, 『재벌개혁의 경제학』, 다산출판사, 1999.

강행우 외, 『한국 경제론』, 열사람, 1990.

김기원, 미군정의 경제정책에 관한 연구, 『논문집 5』, ;미군정기의 경제구조—귀속기업체의 처리와 노동자 자주관리운동을 중심으로—,한국방송통신대학교, 1986.

공병호, 『한국 기업 흥망사』, 명진출판사, 1993.

공제욱, 1950년대 한국의 자본가연구』, 백산서당, 1993.

김성수, 『한국경제의 발전』, 한문사, 1996.

김인규 지음, 『박정희, 압축 민주화로 이끌다』, 기파랑 펴냄, 2015.

김영모, 『조선지배층연구, 일조각』, 1977.

김원수, 『경영윤리론』, 서울대학교 출판부, 1995.

대한상공회의소, 『한국 기업가정신의 현황과 시사점』, CEO 리포트, 2005

레스터 서로우, 『지식의 지배』, 한기찬 옮김, 생각의 나무, 현대경제연구원, 1999.

박세길, 『한국경제의 뿌리와 열매』, 돌베게, 1991.

박우희, 『한국자본주의의 정신』, 박영사, 2001.
사공일·존스, 『경제개발과 정부 및 기업가의 역할』, 한국개발 연구원, 1981.
삼성경제연구소,『호암의 경영철학』, 1989.
삼일 컨설팅 그룹, 『한국기업의 성공조건』, 매일경제신문사, 1992.
삼일컨설팅그룹, 『한국기업의 성공조건』, 매일경제신문사, 1992.
새뮤얼 헌팅턴, 로렌스 해리슨 공편, 『새뮤얼 헌팅턴의 문화가 중요하다』, 이종인 옮김, 김영사, 2001.
송기헌, 『경영사』, 박영사, 1982.
신유근, 『한국기업의 특성과 과제』, 서울대학교 출판부, 1985.
안병태, 『한국근대경제와 일본제국주의』, 백산서당, 1982.
유승주, 「조선후기 貢人에 관한 일연구(상)(중)(하), 『역사학보』 71·78·79권, 1976년 1978년.
유원동, 『조선후기 상공업사 연구』, 1968.
이경태, 『산업정책의 이론과 현실』 산업연구원 KIET, 1992.
이관희, 『오늘의 한국적 경영』, 경문사, 1991.
이규억·이성순, 『기업결합과 경제력 집중』, 한국개발연구원, 1985.
이덕훈, 『기업과 환경 제3판』 비엔엠북스, 2017.
----, 『글로벌 기업경영』, 학문사, 1999.
----, 『창업학의 이해 제4판』, 비엔엠북스, 2021.
----, 『화교 경제의 생성과 발전 제4판』, 한남대학교 출판부, 2011.
이병철, 『호암자전』, 중앙일보사, 1986.
이북만, 『이조말기의 사회경제 분석』, 민족문화 논문집, 1946.
이상호, 베트남전쟁 파병 국군 전사자 현황과 국내 언론 보도, 『역사와 현실』 vol.116, 2020.
이하영, "우리나라 재벌의 다각화전략이 경영성과에 미치는 영향에 관한 연구", 서울대학교 경영학 석사학위논문, 1986.
이한구, 『일제하 한국기업 설립운동사』, 청사, 1989.
전영재, 『대한민국경제 60년의 대장정』, 삼성경제연구소, 2008. 8. 13.
정병휴 양영식,『한국재벌부문의 경제분석』, 한국개발연구원, 1992.
조기준, 『한국자본주의 성립사론』, 대왕사, 1973.
----, 『한국기업사연구』, 박영사, 1983,
조동성, 한국재벌연구, 매일경제 신문사 회사연감, 1990
조용법·정윤형, 『한국 독점자본과 재벌』, 풀빛, 1984.
존 네이스비트, 『GLOBAL PARADOX』, 세계일보, 1994.
주종환, 『재벌경제론』, 정음문화사, 1985.
프랜시스 후쿠야마, 『대붕괴신질서』, 류화선 역, 한국경제신문, 2001.
-----------------------, 『트러스트』, 구승희 옮김, 한국경제신문, 1997.
한국사회 과학 연구소, 『다이어그램 한국 경제』, 의암출판, 1993.
한우근, 「이조후기 공인의 신분·대동법실시이후 공물청부업자의 기본 성격」, 『학술원론문집』 5, 학술원, 1965.
한우근, 『한국 開化期 의 商業硏究』, 일조각, 1982.
함재봉, 『탈근대와 유교』, 나남출판, 1998.
황명수 외 6인, 『한국의 시장 상업사』, (주)신세계백화점 출판부, 1989.
황인학, 『재벌의 다각화와 경제력 집중』, 한국경제연구원, 1992:2

▌국 외 문 헌

〈일 본〉

李悳薰, 日本の經營の比較史的考察 －儒教文化.韓日比較を中心として－ , 『三田商學研究』, 慶應義塾大學商學會, 1984年 4月, 32-4號.

----, 戰後日本の鐵鋼業における企業家精神の考察 , 『產業經理』 (財) 產業經理協會, Vol.51-4, 1992.

-----, 日本の自動車產業における企業成長と產業政策 , 『三田商學研究』, 慶應義塾大學商學會, 1993年 8月, 36-3號182).

----, 日本の近代における企業家の役割 , 『三田商學研究』, 慶應義塾大學商學會, 1990年 8月, 33-3號.

----, 產業發展と企業家活動－後發國の產業化を中心として－ , 『三田商學研究』, 慶應義塾大學商學會, 35-4號, 1992年 10月.

中村元一他 譯, 『企業家精神と經營戰略』, 日本能率協會.

高宮 普, 『現代の經營』, ダイヤモンド 社, 1982年, p.118.

山本安次郎, 『經營學研究方法論, 丸善, 1975. pp.61-63.

藤森三男, 福澤と實業の精神 『三田商學研究』, 慶應義塾大學商學會, 32-2號, 1989年 12月.

加藤哲治, 『韓國ニ於ケル本邦貨物販路取調報告』, 伊藤書房, 1908年(明治40年), 東京高等商業學校.

高橋龜吉, 『現代朝鮮經濟論』,千倉書房, 1935

片山正人 『現代アフリカ · クーデター全史』 叢文社 2005年 pp236-237

柳町 功, 1960年代における韓國·三星財閥の新規事業展開 : 肥料プロジェクトの挫折と 電子事業への進出, 『三田商學研究』, 49卷6號, 2007.

Bernard Groethuysen 著、野澤協 譯 『ブルジョワ精神の起源:教會とブルジョワジー』 法政大學出版局、1974年。

〈구 미〉

A. H. Cole, Business enterprise in its social setting, Harvard University Press, 1959.

Adam Smith, an Inquiry into Nature & Wealth of Nations, 1776.

Alwyn. Young, Tyranny of Numbers: Confronting the Statistical Realities of the East Asian Growth Experience, NBER Working Paper, No. 4680(March), 1994.

Ansoff, H. I., Business Strategy(London: Penguin Books, 1969).

B. Ohlin & P. Hesslborn, International Allocation of Economic Activities, Nobel Sympolium, New York: Homes & Meir, 1977.

Benedix, Reinhard, Nation-Building and Citizenship, Newyork, Wiley, 1964.

Apter, David E., The Politics of Modernization, University of Chicago Press, 1965.

B. F Hoselitz and W. E. Moore (eds), Industrialization and Society (Unesco_Moution), 1963.

Carroll, A. B, A Three-dimension Conceptual Model of Corporate Performance,

Academy of Management Review, ol. 4, No.4, 1982.

Charles W. L. Hill. Global Business Today, Fifty Edition. Mc Graw-Hill, 2008.

Chalmers Johnson, MITI and Japanese Miracle, Stanford University Press, 1982.

Coase, R. H., "The Nature of the Firm", Economica(Nov. 1937).

D. Helliegel and J.W. Slocum, Management, addison wesley, 1992.

David S Landes, The Wealth and Poverty of Nation, Nofton & Co, 1998.

Dwight Perkin, There are at least there Models of East Asian Development, world Development No.22-4, 1994.

E. Suleiman, "Industrial Policy Formulation in France", in Warneck & Suleiman, 1975.

Eells & Walton, Conceptual Foundation of Business, Homewood: Richard D. Irwin, Inc, 1961.

Eells, Richard, The Meaning of Modern Business, 1960.

F. Hoselitz and Wilbert E. Moore (eds), Industrialization and Society.(The Hague: UNESCO and Moution) 1963.

Frank Baldwin (1975) America's rented troops: South Koreans in Vietnam, Bulletin of Concerned Asian Scholars, 7:4, 33-40, 1975.10.

F. G Adams, L. Klein, "Industrial Policy for Growth & Competitiveness" Lexington book, 1985.

F. Redlich, "Innovation in Business: A systematic presentation", American journal of Economics & Sociology, Vol.10, No.3, Apil, 1951, pp.285-291.

Frederick, W. C., ET Al., Business and Society: Corporate Strategy, Public Policy, Ethics, 7thed., Newyork, McGRAW-HILL, 1992.

G. Lantos, An Ethical Base for Marketing Decision Making, Journal of Business and Industrial Marketing, 1987.

G. Pinchot, Intraprenuring, Harper & Row, 1985.

Gareth R. Jones, Jennifer M. George, Charles W. L. Hill, "Contemporary Management", Irwin McGraw-Hill, 2008.

Herbert Werlin, Ghana and South Korea: Lessons from world bank case studies May/June 1991, Public Administration and Develpoment, pp245-255.

Hoselititz, Bert F., Socialogical Aspects of Economic Growth, Free Press, 1960.

J. A. Pearce, P. B. Robinson, Management, McGraw-Hill, 1989.

J. Ekstrom, Changes in Earopean Industry, Louvain: Bruxelles Vander, 1969.

Jacoby, Neil H. Corporate Power and Social Responsibility, 1973.

Jerry W. Anderson Jr, Corporate Social Responsibility, 1989.

Jiyoung Kim, WIDER Working Paper No. 2013/12 Aid and state transition in Ghana and South Korea ,November 2013.

Krugman Paul, The Myth of Asian's Miracle, Foreign Affair, Vol.73, November, December, 1994.

Larsen, Stanley R. and James Lawton Collins, Allied Participation in Vietnam, Vietnam Studies. Washington: U.S. Government Printing Office, 1975.

Levit The Ordore, The Danger of Social Responsibility, Harvard Business Review. sep-oct. 1958.

Lewis, W. Arthur, The Theory of Economic growth, London, George Allen & Unwin, 1959.

Lloyd G. Adu Amoah, Ghana-Korea Economic Relations – The Record after 40 Years and the Future, AFRICAN AND ASIAN STUDIES 18(2019) 6-39.

World Economic Outlook - GDP per capita (IMF, 2021)

M. B. Low, C. MacMillan, Entrepreneurship: past Research and Future Challenge, Journal of management, 1988, Vol.14.

Mahathir Bin Mohamed, The Malay Dilemma, Federal Publication, 1982.

Martin J. Wiener, English Culture And The Decline of The Industrial Spirit (1850-1980), Penguin Books, 1992.

McGuire, Business and Society, McGraw-Hill, 1963

Murray, K. B & Montanari, J. R., Strategic Management of the Socially Responsible Firm: Integrating Management and Marketing Theory, Academy of Management Review, Vol.11, No.4, 1986.

Marion J Levy Jr., "Social Patterns (Structure) and Problems of Modernization", Wilbert E Moore AND Robert M Cook (eds)

Reading on Social Change Prentice Hall.,Englewood Clifts N. J. 1967 Harvard Business School Press, 1990.

Nash. L. L, Good Intensions Aside, A Mangers Guide to Resolving Ethical

Problems, Neil S. Smelser, "Mechanism of Change and adjustment to Change" in Bert

P. A Hall and D Soskice, Varieties of Capitalism, Oxford University Press, 2001.

P. F. Drucker, Innovation and Entreprenur, Harper & Row, 1988.

Perkins, P. H. Agricultural Development in China, 1368-1968. Chicago: Aldine Publishing Co. 1969.

Peter. F. Drucker, "Innovation & Entrepreneur Ship" Practice & Principle, Harper & Row Publish, 1986.

R. D. Hisrich, M. P. Peters, entreprenurship, Irwin, 1992, 2nd.

Ronald. J. Ebert & Ricky, The attempt of a business to balance its commitments to groups and individuals in its environment, including customers, other businesses, employees, and investors: Business Essentials. W. Griffin. 1995.

S. Warncke, 'Industrial Policy of the E.C. in Warnecke & Suleiman', 1975.

Schumpeter, Theorio der Wirtchiftlichen Entwicklung (Duncker & Humblot, Berlin, 1952).

Stogdill, Ralph M., Individual Behavior and Group Achivement, New York: Oxford University Press, 1969.

T. L. BEAUCHAMP & N. E. BOWIE(ED) ETHICAL THEORY & BUSINESS PRENTICEHALL. 1979.

T. V. Purcell, Ethics Committee on Board of Director? The Norton Experience in Hoffman, W.J. Moore, J.M. & Fedo, D.A.(eds), Corporate Governance and Institutionalizing Ethics, Lexington Books, 1983, pp.193-204.

Wade Robert, Governing the Market, Economic theory and the role of the Government in East Asian Industrialization, Princeton University Press, 1990.

Walt W. Rostow, The Stage of Economic Growth, Cambridge University Press, 1960.

Wright, A. F. ed. Confucianismand Chinese Civilization. Stanford: Stanford University Press, 1959.

Yong Mun Cheong, Asian Traditions and Modernization TIME Academic Press. 1992.

Yoshino, M. Y. Japan's Management system: Tradition and Innovation, Harvard University Press, 1968.

이덕훈(李悳薰, Lee, Duk-Hoon)

* 일본 게이오대학(慶應義塾大學) 상학(경영, 회계학) 박사
* 일본 게이오대학 상학부 객원 교수
* 미국 뱁슨칼리지(Babson College) Arthur M Blank center 기업가 객원 교수
* 한남대학교 일본연구소장, 경영연구소장 역임
* 한남대학교 학술정보처장, 학생처장, 기획조정처장 역임
* 한남대학교 총장 역임
* 대한경영학회장 역임
* 현 한국전통시장학회장, 한남대학교 경영학과 명예교수

◉ **저서**

- 일본의 기업사회, 학문사(1995)
- 기업과 환경, 학문사(1996)
- 국제경영학, 한남대 출판부(1996)
- 기업과 인간, 한남대출판부(1997)
- 신 경영학원론(공저), 학문사(1997)
- 기술혁신과 산업과학기술정책(공저), 기업기술연구원(1998)
- 글로벌기업경영, 학문사(1999)
- 현대경영의 이해(공저), 진영사(1999)
- 화교경제의 생성과 발전, 한남대 출판부 제4판(2011)
- 국제기업과 환경, 교우사 개정판(2002)
- 현대경영학(공저), 교우사(2002)
- 이덕훈의 경제이야기, 교우사(2004)
- 국제 기업전략, 한남대 출판부(2005)
- 벤처와 창업경영, 글누리 제3판(2007)
- 글로벌 기업과 전략, 교우사(2007)
- 국제경영, 교우사 제2판(2008)
- 창업과 벤처, 교우사(2008)
- 창업과 경영, 도서출판 서연(2008)
- 21세기 현대경영의 이해(공저), 도서출판 서연(2008)
- 일본의 경제발전과 무사도(2009)
- 국제비교경영, 글누리 제2판(2009)
- 국제기업과 전략, 도서출판 두남(2015)
- 기업과 환경 제3판 비엔앰북스(2017)
- 창업학의 이해 제4판 비엔앰북스(2022)
- 일본은 우리의 적인가 (2021) 실크로드
- 국제경영학 제2판 도서출판 두남(2022)

◉ **역서**

- 유교자본주의 운명과 대안(1999), 시공아카데미.

◉ **논문**

- "The Role of Entrepreneurs in the Development of Japanese Automotive Industry", KEIO Buniness Review, No 32, KEIO University.
- "東南亞華僑 資本蓄積過程" 『三田商學硏究』 42卷 4号, 慶応義塾大學商學會, 1999.
- "韓國の経濟發展と韓國的資本主義の課題" 『三田商學硏究』 52卷 5号, 2009.
- "글로벌무역으로서의 마닐라 갈레온무역과 중국인과 일본인의 교역" 『일본문화학보』, 62집, 2014.
- "스페인 식민지시기의 필리핀에서의 중국계 메스티조의 등장과 역할" 『동남아시아연구』 24권 4호, 2014. 외 다수

한국의 기업경영 (제 6 개정판)

Korean Business & Management

2002년 3월 28일 초판 발행
2022년 8월 31일 제 6 개정판 발행

저 자 • 이 덕 훈
발행자 • 이 광 섭
발행처 • 한남대학교 탈메이지교양 · 융합대학(글누리)
대전광역시 대덕구 오정동 133
전화 • (042) 629-7722
인쇄처 • 정우COM.
전화 • (042) 255-9707~8

ISBN 978-89-7066-413-2 93320
〈정가 13,000원〉